서울대학교 행정대학원 국가리더십연구센터
국가리더십연구총서 5

환경정책의 역사적 변동과 전망

박순애
김성배 나태준
문성진 문태훈
문현주 윤순진
정회성 조용성

문우사
MoonWoo

발간사

어떻게 하면,

국민들이 바라는 그런 나라를 만들 수 있을까?

어떻게 하면,

전 세계가 부러워하는 그런 국가를 만들 수 있을까?

어떻게 하면,

그런 모범적인 국가를 만들 수 있을까?

서울대학교 행정대학원 국가리더십센터는 우리나라가 '모범국가'로 발전하고 성숙하는 데 기여하기 위해서 2013년 3월 설립되었다. 어떤 조직, 어떤 사회, 어떤 국가의 흥망과 성쇠는 지도자에 달려있다고 해도 과언이 아니다. 한 나라가 모범국가로 발전하는 과정의 핵심도 국가의 지도자이다. 국가지도자의 비전과 역량에 따라 모범국가로 나아가기도 하고, 형편없는 국가로 머물러 있거나 또는 추락하기도 한다. 그들이 무엇을 시대적 과제로 인지하고 국가의 비전으로 설정하며, 이것을 달성하는 과정에서 어떻게 국민의 지지를 확보하면서 동시에 여러 가지 어려움과 저항을 극복하는지에 따라 모범국가로 나아갈 수도 있고 그렇지 않을 수도 있다. 그것도 한 세대가 아니라 세대를 이어가면서 국가지도자들이 각 시대의 국가적 과제를 어떻게 설정하고 이를 추진하는지가 중요하다. 다음, 그리고 그 다음 세대를 책임지는 국가의 지도자들이 계속해서 보다 나은 국가에 대한 비전을 설계하고 이를 잘 성취할 수 있는 지혜를 가진다면, 우리나라는 그야말로

발간사

전 세계가 부러워하는 모범국가로 발전할 수 있을 것이다.

국가리더십센터는 바로 그러한 지혜의 원천이 역사에 있다고 보고, 정부수립 이후 정부정책의 역사적 변동을 연구하게 되었다. 정부의 정책은 각 시대별 국정의 비전 및 목표와 이를 달성하기 위한 수단이 투영되어 있기 때문이다. 정치, 경제, 사회적 제약조건 속에서 무엇이 각 시대별 국가의 목표로 설정 및 변동되어 왔는지 그리고 그것을 달성하기 위한 전략과 수단은 또 각각 무엇이었는지를 잘 학습하여 이를 미래의 지도자들에게 전수하고자 한다. 그래서 지금부터 70년 뒤에는 우리가 광복 70년 동안 산업화, 민주화, 선진화 등의 단계를 거치면서 이룩해왔던 것보다 더 많은 발전을 이룩하고 그리고 그로부터 다시 70년 뒤에는 그야말로 전 세계가 부러워하는 모범국가로 우뚝 서는 데 기여하고자 한다.

이러한 정책변동 연구 사업의 하나로 환경정책을 연구하게 되었다. 환경은 국민 한 사람 한 사람의 삶의 질을 결정하는 기초이자 국가공동체를 지속가능하게 만드는 핵심 요소로, 모범국가로 일컬어지려면 환경의 질이 전제되어야 하기 때문이다. 이렇게 중요한 환경을 정부가 경제발전을 위해서 한때는 통제하기도 하였지만 지금은 정부의 어느 누구도 그 가치를 부인하지 않는다. 대신 지속가능성이라는 공존패러다임으로 개발과 보전이라는 두 가치를 동시에 추구하고 있다. 그러나 이 두 가지 가치는 서로 충돌할 가능성이 많기 때문에 절묘한 조화를 이룰 수 있는 정책적 묘수가 필요하다. 바로 그러한 묘수는 역사에서 배울 수 있기 때문에 환경정책의 '역사적 변동'을 출간하게 된 것이다.

본서의 집필진은 환경정책을 가까이에서 관찰하고 경험한 학자들을 중심으로 구성되었다. 이들이 자신의 경험과 관찰을 나누려고 하지 않았다면 이 책은 세상에 나오지 못하였을 것이다. 자신의 소중한 경험과 지식을 책으로 출간해주신 모든 집필자 분께 깊은 감사를 표하는 바이다. 특히 본서의 발간을 위하여 책의 체계와 구성, 전문가 섭외, 수차례의 세미나, 원고 독려 및 검증 작업 등의 전 과정을 맡아서 수고해주신 박순애 교수님께 특별한 감사의 말씀을 드리는 바이다.

서울대학교 행정대학원 국가리더십연구센터

소장 김병섭

머리말 Intro

1987년 세계환경개발위원회에서 글로벌 환경레짐으로 '지속가능한 발전' 개념이 제안된 이래 '지속가능한 발전'은 개발과 보전의 공존 패러다임으로 해석되어 왔으며 그 적용범위 또한 환경분야에 한정되지 않고 사회, 경제를 포괄하는 광범위한 영역으로 확대되었다. 따라서 지속가능한 발전에 기반한 환경정책 수립은 국가 경쟁력을 높이는 데 필수불가결하다.

우리나라 최초의 환경법인 「공해방지법」이 제정된 1963년 이후 50여 년 동안 환경부문의 공공조직 및 정부 예산은 꾸준히 증가하였다. 이명박 정부에서는 저탄소 녹색성장이라는 환경 아젠다가 핵심 국정과제로 제안되는 등 환경정책의 지위는 격상되었고 타 부처와의 긴밀한 협력이 요구되는 환경문제의 특성상 정부의 환경 리더십의 중요성이 더욱 강조되고 있다. '지속가능한 발전'은 사회적 요구와 시대적 요청에 부합하는 비전을 제시할 수 있어야 지속가능할 수 있다. 따라서 지속가능한 발전의 환경레짐 관점에서 바라본 우리나라 환경정책 50여 년은 당시의 환경이슈가 의제 설정으로 이어져 정책화되거나 기존의 정책이 수정되는 일련의 정책변동, 경우에 따라 새로운 환경이슈에 대한 대응책이 촉발되는 정책형성 과정이라 할 수 있다.

이에 정책변동과 정책형성의 시각에 입각해 환경 패러다임 변동의 원동력은 무엇이었는지, 우리나라의 환경정책 및 환경행정이 어떻게 진화·발전되어 왔는지를 역사적으로 검토하였다. 본서의 총론에 해당하는 제1편 〈환경패러다임 변화와 정책 변동〉에서는 각 시기별 환경조직, 법령, 예산의 변화 내용에 기초하여 환경정책의 변천과정을 분석하고 환경 패러다임에 입각한 정부의 대응 양상을 제시함으로써 우리나라 환경정책을 개괄한다. 특히 정책문제, 정치적 환경 등 여러 정책변수 간의 상호작용으로 정책이 형성된다는 가정 하에 한국 환경정책 50여 년의 정책변동 추이를 분석한다. 또한 각론에 해당하는 제2편 〈환경정책의 주요 이슈〉에서는 환경오염매체, 환경정책 거버넌스, 국제협력 등의 주제와 관련하여 정책변화를 추이를 살펴보고 정책변동 사례를 통해 정책적 시사점을 제안한다. 제2편은 총 8장으로 구성되며 구체적인 내용은 다음과 같다.

제1장

'**토지이용과 환경보전의 거버넌스: 제도적 변천과 향후의 과제**'에서는 우리나라 토지이용제도가 국가계획의 일환으로 변천되었다는 시각에 입각해 제도 변천 과정 및 국토이용 현황에 대해 논의한다. 1960~1970년대 '제도 태동 및 형성기'는 중앙정부의 규제와 통제가 주(主)가 되었던 정책 태동기 그리고 1970년대 국토이용계획의 도입으로 토지이용계획제도의 골격이 형성된 정책 형성기로 구성된다. 한편 1980년대 '제도 정착기'에 이르러 토지이용과 개발체제가 구비되었으며 1990년대에는 국민에게 필요한 토지를 원활히 공급하고 국토이용관리체제를 보전과 개발이 조화를 이루는 체제로 바꾸며 규제의 유연화를 도모하는 '제도의 전환기'가 도래하였다. 또한 2000년대 '제도의 성숙기'에 접어들면서 도시재생정책 및 토지이용정보 정책이 새롭게 도입되었다.

머리말 Intro

제2장

'**국제환경협약과 우리나라의 정책방향**'에서는 환경문제가 인간의 생존권을 위협하는 사회문제이며 협력적 공동 대응을 필요로 하는 사안이라는 철학에 기초하여 우리나라가 가입한 국제환경협약을 중심으로 협약 실천 현황에 대해 논의한다. 우리나라는 1990년대 들어와 본격적으로 환경문제 극복을 위한 국제적 협력 움직임에 동참하였는데, 본 장에서는 각 협약의 이행을 위해 우리 정부가 추진한 사업의 실태 및 관리 현황에 대해 분석한다.

제3장

'**유해화학물질관리정책과 지속가능한 발전: 시대적 변천 및 전망**'에서는 우리나라 유해화학물질 정책이 화학물질 사고로 인한 안전관리 요구 그리고 국제적인 화학물질 관리 정책 강화에 따른 대응책 모색의 일환으로 형성되었다고 전제한다. 이러한 전제에 입각하여 유해화학물질관리정책 변동과정을 '독극물 중심 관리기'에서부터 '화학물질 유해성 심사제도 도입기'를 거쳐 '사전예방적 위해관리 실현기'로 이어졌음을 제시하고, 최근에 마련된 「화학물질의등록및평가등에관한법률」 관련 쟁점을 논의한다.

제4장

'**우리나라 자연환경보전정책의 변화와 과제**'에서는 우리나라 자연환경보전정책이 역대 정부별로 태동기(박정희), 준비기(전두환 · 노태우), 발전기 및 국제적 동조기(김영삼), 생태계보전과 국토이용 조화기(김대중 · 노무현), 생물자원 이용 촉진기(이명박)로 변화해 왔음을 밝히고, 이러한 정책변화를 정부별 정책기조, 세계환경논의의 영향, 국민과 시민단체, 그리고 기업측의 대응, 정책유형별 정책특징이라는 이론적 관점에서 설명하고 있다. 그리고 자연환경보전정책의 발전을 위해서는 자연환경의 중요성에 대한 국민인식의 증진, 관련부서와의 협력 및 조정메커니즘의 강화, 환경영향평가의 충실한 수행이 필요함을 제안하고 있다.

제5장

'**물환경정책의 변화와 이슈**'에서는 물환경정책이 정책수요와 물환경 이슈에 대한 대응책으로 마련된 법제에 따라 변동되었다는 가정하에 시기별 물환경정책의 핵심적 특징을 제시한다. 구체적으로 '정부 수립기'에는 수자원 정책이 치수 및 이수 위주로 추진되었고, '경제개발시대'에 들어와 오염피해 감소를 위한 소극적 · 방어적 위생개념으로 다루어졌다. 또한 '환경보전법 시기'에 이르러 물환경정책이 비로소 환경기준 관리체제로 자리 잡았고, '수질환경보전법 시기'를 거쳐 2000년대의 '유역관리체계 시기'에 이르러 사전예방적인 정책 기틀이 마련되었다.

제6장

'**한국 기후변화정책의 흐름과 쟁점**'에서는 우리나라 정부별 기후변화 대응 계획 및 정책을 분석한다. 기후변화정책 수립 시 갈등과 마찰이 야기되는데, 본 장에서는 우리나라의 온실가스 감축목표 및 정책수단 설정, 관리체계 수립 과정에서 유발된 이슈를 검토함으로써 정책수립을 위한 실천적 대안을 제안한다.

제7장

'**한국의 폐기물관리와 자원순환 정책**'에서는 1961년 오물청소법이 제정된 이래 폐기물 수거 및 관리체계의 발전 과정과 최근 자원순환 및 폐기물 에너지화 추진에 따라 폐기물 관리 정책이 지속적으로 진화된 과정에 대해 기술한다. 본장에서는 폐기물 관리 체계가 생태계를 포괄하는 자원순환체계로 전환되어야 지속 가능하다는 시각에 입각해 폐기물 관리 정책에 있어서 시사점을 제공한다.

제8장

'**21세기 대기환경정책의 역사: 도전과 과제**'에서는 대기오염 이슈에 대해 논의하고 대기환경정책 관련 법령 체계와 행정조직을 연대기별로 개관한다. 또한 연료사용 규제, 대기배출부과금, 수도권 사업장 대기오염물질 총량관리제도, 이동오염원 규제정책 등 대기환경보전 관련 주요 정책을 소개함으로써 에너지 정책 그리고 유해대기오염물질 관리에 대한 정책적 시사점을 제안한다.

이 책에서는 핵심적인 환경정책 이슈들을 중심으로 정책형성 및 변동 과정을 조명하고 있다. 그럼에도 불구하고 우리나라 환경행정 50년을 이끈 환경 패러다임에 대해 충분한 담론의 장을 펼치지 못하였다. 하지만 이 책에서 다룬 각 분야별 논의들을 통해 환경 패러다임이 어떻게 정책변동을 향도하는지 추론해 볼 수 있을 것이다. 마지막으로 이 책을 기획하고 집필, 발간하는 데 도움을 준 문우사와 박하나 연구원, 최동훈 박사, 김경은 박사께 깊은 감사의 마음을 드린다. 특히 이 책을 국가리더십 센터 연구총서의 하나로 출간을 지원해주시고 책의 기획부터 마무리까지 세심하게 챙겨주신 김병섭 소장님께 공저자를 대표해서 심심한 사의를 표한다.

2015년 10월

집필자를 대표하여

서울대학교 행정대학원 박순애

차례 Contents

발간사 iii
머리말 vi

제1편

1장 환경 패러다임 변화와 정책변동 3
박순애

Ⅰ. '지속가능한 발전'은 실현되고 있는가 3
Ⅱ. 시기별 환경정책 현황 5
Ⅲ. 시기별 환경 패러다임과 정부의 대응 24
Ⅳ. 결어 37

제2편

1장 환경보전을 위한 토지이용의 거버넌스: 제도적 변천과 향후의 과제 45
김성배

Ⅰ. 문제의 제기 45
Ⅱ. 이론적 배경 48
Ⅲ. 우리나라 토지이용제도의 변천 56
Ⅳ. 현행 제도와 국토이용 현황 74
Ⅴ. 논의의 종합 및 향후 전망 83

2장 국제환경협약과 우리나라의 정책방향 89
나태준

Ⅰ. 머리말 89
Ⅱ. 정책분야별 국제협약과 한국의 정책방향 92
Ⅲ. 함의와 전망 123

3장 유해화학물질관리정책 역사적 변천과 전망: 「화학물질의 등록 및 평가 등에 관한 법」을 중심으로 129
문성진

Ⅰ. 서론 129
Ⅱ. 유해화학물질관리정책의 시대적 전개 및 변천 132
Ⅲ. 화평법의 주요 내용과 쟁점 145
Ⅳ. 결론 : 함의와 전망 159

차례 Contents

4장 우리나라 자연환경보전정책의 변화와 과제(1960~2013년) 168

문태훈

Ⅰ. 서론 168
Ⅱ. 자연환경보전정책에 대한 기존연구 169
Ⅲ. 자연환경보전정책에 대한 분석의 대상과 관점 171
Ⅳ. 우리나라 환경정책과 자연환경보전정책 변화 개관 177
Ⅴ. 정부별 자연환경정책의 변화 182
Ⅵ. 자연환경보전에 대한 국민의식과 시민단체의 대응 197
Ⅶ. 자연환경보전정책에 대한 산업계의 대응 204
Ⅷ. 토론과 앞으로의 과제 206

5장 물환경정책의 변화와 이슈 221

문현주

Ⅰ. 서론 221
Ⅱ. 물환경정책의 발전 222
Ⅲ. 물환경 상태의 변화 239
Ⅳ. 물환경정책 이슈와 전망 243

6장 한국 기후변화정책의 흐름과 쟁점 253
윤순진

Ⅰ. 서론 253
Ⅱ. 국제기후변화협상의 전개와 국내 기후변화 대응정책의 전개 257
Ⅲ. 한국의 온실가스 배출 추세와 국내 기후변화정책 수립의 주요 쟁점 275
Ⅳ. 결론 305

7장 한국의 폐기물관리와 자원순환 정책 312
정회성 · 이승지

Ⅰ. 서론 312
Ⅱ. 자원이용과 폐기물관리 문제 313
Ⅲ. 우리나라 폐기물관리 정책의 변천과정 318
Ⅳ. 종합 평가와 향후 과제 351

8장 21세기 대기환경정책의 역사: 도전과 과제 359
조용성

Ⅰ. 서론 359
Ⅱ. 시대별 대기오염 원인 및 피해 사례 361
Ⅲ. 대기환경정책 관련 법 및 행정 조직 367
Ⅳ. 대기환경보전 관련 주요 정책 382
Ⅴ. 요약 및 결어 395

색인 407
저자 약력 412

제 1 편

환경 패러다임 변화와 정책변동[1]

CHAPTER 01

박순애(서울대 행정대학원 교수)

I ‘지속가능한 발전’은 실현되고 있는가

우리나라의 환경정책은 1960년대의 ‘위생’ 정책에서 1970년대의 ‘반공해’ 정책을 거쳐 1980년대에 들어서 ‘환경’ 정책으로 정착되었으며(허장, 1998) 1990년대 이후로 그 중요성이 더욱 강조되었다. 특히 최근에는 저탄소녹색성장이라는 환경 아젠다가 국정과제로 제안되면서 환경정책이 국가정책에서 차지하는 비중이 더욱 커지게 되었다. 그러나 이러한 환경정책의 발전이 단순한 상징적 현상인지 실질적 발전인지 또는 국가의 자발적 의지에 따른 것인가 국민들의 강력한 요구에 의한 것인가에 대해서는 논란의 여지가 많다. 특히 일반적으로 경제성장과 상충관계에 있는 것으로 인식되는 환경정책이 경제성장을 국가의 최고 목표로 추구해 온 우리나라에서 급속히 확대되어 왔다는 역설적인 측면에 대해서 의문이 제기되고 있다. 이에 대해 일련의 학자들은 첫째, 환경문제로 직·간접적 피해를 본 시민들이 환경문제에 대한 경각심을 강조하고 문제 해결을 촉구함에 따라 국가가

1) 본고는 「국가운영시스템」(최병선 외, 2007)의 8장 〈지속가능한 발전과 환경〉, 「지속가능한 사회이야기」(문태훈 외, 2008)의 2장 〈성장과 환경: 지속가능한 사회로의 진화〉를 엮어서 수정·보완한 글임.

불가피하게 환경정책을 확대해 왔고 둘째, 경제성장을 통치이념으로 설정한 국가가 환경파괴 및 오염의 심각성을 깨닫고 환경정책을 강화해 온 것이며 셋째, 그렇지만 이러한 환경정책의 발달은 상징적 미사여구나 수사학적 담론에 그칠 뿐이고 국민들의 환경 의식도 그다지 철저하지 않았다고 해석하기도 한다(정수복, 1994; 최병두, 2004: 243).

그러나 이러한 논란은 전 세계적으로 '지속가능한 발전'의 개념이 확산됨에 따라 경제성장과 환경 간의 긴밀한 관계 구축에 더욱 관심을 기울이는 것으로 대체되었다. 지속가능한 개발이 현 세대의 개발 욕구를 충족시키면서도 미래세대의 개발능력을 저해하지 않는 '친환경적인 개발'을 의미한다는 점에 비추어 봤을 때 개발과 환경 간 상호공생의 중요성을 인정하고 이들 간의 조화를 추구하는 것이 21세기를 살아가는 모두에게 중요한 과제가 된 것이다.

우리나라 환경정책은 당시 조성된 환경이슈의 흐름, 환경이슈를 둘러싼 다양한 이해 및 가치들 간의 관계양상, 그리고 문제해결을 위한 정책대안에 따라 각기 다른 패러다임을 형성하는 가운데 발전되었다. 이 글에서는 우리나라 최초의 환경법인 「공해방지법」이 제정된 1963년부터 지금에 이르기까지의 환경정책을 각 시기별 환경 패러다임에 입각해 분석한다. 즉, 우리나라 환경정책 50여 년 역사를 3・4・5 공화국의 정책형성기(1963~1987), 노태우・김영삼 정부의 정책성장기(1988~1997), 김대중・노무현 정부의 지속가능 발전기(1998~2007), 그리고 이명박 정부에서 현재에 이르기까지의 녹색성장기(2008~)로 구분하여 각 시기의 정부에서 당시의 환경이슈와 환경수요에 적절하게 부응하는 정책을 펼쳤는지 살펴봄으로써 시의성과 대응성을 갖춘 환경정책 비전을 제안하고자 한다.[2)]

Ⅱ 시기별 환경정책 현황

1960~1980년대 '정책형성기'에는 환경문제가 오물처리 수준의 위생문제로 다루어지다 본격적인 산업화로 인해 환경이슈가 공론화됨에 따라 정책의제로서 논의되기 시작하였다. 또한 1980년, 환경권이 헌법상 기본권의 하나로 채택되면서 환경이 단순한 규제 또는 관리 대상이 아니라 국민의 권리 행사의 소재로서 그 개념이 확대되었고, 결과적으로 환경정책 주무관청의 지위가 격상되었으며 환경법제가 보다 전문화되는 가운데 '정책성장기'로 접어들게 된다. 1990년대에 들어와 환경문제가 인류공동의 문제로 공론화되고 우리나라에서도 선진국형 환경문제가 대두됨에 따라 개발과 보전 간의 조화를 지향하는 '지속가능 발전기'로 이어진다. 최근에는 환경과 경제의 선순환을 통해 시너지 효과 창출을 추구하는 '녹색성장' 환경레짐이 정책 설계의 기준으로 제안된 바 있다.

1. 환경부 조직[3)]

1) 정책형성기 : 부속조직에서 환경청으로

1962년부터 경제개발5개년계획이 추진되는 가운데 1967년, 보건사회부 보건위생과를 환경위생과로 개편하고 공해계를 둠으로써 우

2) 환경정책의 발전 시기는 다양한 수준에서 논의되고 있다. 예컨대 OECD에서는 환경정책의 발전단계를 1970년대 사후처리적 환경관리 시대, 1980년대 사전예방적 환경관리 시대, 1990년대 지속가능발전 추구 시대, 2000년대의 통합전략 시대로 구분한다. 한편 정회성(2014)의 경우 「환경보전법」 제정을 기준으로 1977년 이전의 '환경정책 태동기', 1977년 이후의 '환경정책 도입기', 1990년대 '환경정책 발전기', 2000년 이후의 '환경정책 확장기'로 구분하며(정회성 외, 2014: 56), 박순애·이영미(2008)에서는 1970년대 '암흑기', 1980년대 '형성기', 1990년대 이후의 '성숙기 및 지속가능성 모색기'로 환경정책 발전 추이를 설명한다(박순애·이영미, 2008).

3) 환경부(2006, 2010a), 환경부(www.me.go.kr)를 바탕으로 재구성

리나라 최초의 환경 담당부서가 설치되었다. 1970년에 다시 환경위생과를 3급에 해당하는 위생관리관으로 확대하면서 그 밑에 공해담당보좌관을 신설하였다. 4공화국 시기인 1973년 환경정책 전담과인 공해과로 확대되었으며, 1975년에는 위생국을 환경위생국으로 개편하고 그 밑에 공해관리관(3급)을 두면서 수질보전과를 신설하였다. 또한 제4차 경제개발5개년계획을 추진하면서 1977년 보건사회부에 국(局) 단위의 환경관리관(2급)을 신설하고, 그 밑에 과장급의 환경기획・대기보전・수질보전 담당보좌관을 두었다.

1980년 1월 환경정책을 전담하는 중앙행정기관으로 보건사회부 외청인 환경청이 설립되었다. 당시 환경청은 본청 246명과 국립환경연구소 93명을 포함하여 총 339명으로 3국1관20과의 모습을 갖추고 있었다. 또한 「환경측정관리사무소의 명칭, 위치 및 관할구역에 관한 규칙」에 의거, 환경오염도를 측정하고 측정자료를 관리하기 위한 조직으로 1980년 7월 서울・춘천・대전・광주・대구・부산에 6개의 환경측정관리사무소가 설치됨으로써 환경청은 연구기관과 지방조직을 둔 중앙행정기관으로서의 형태를 갖추게 되었다.

5공화국 시기 1986년 10월에는 인구증가 및 경제성장에 따른 생활 및 산업 폐기물의 급속한 증가에 따라 폐기물관리국이 신설되었고 지방환경행정을 체계적으로 수행하기 위해 6개 지방환경지청(각 청별 3개과)이 정비되었다.

2) 정책성장기 : 환경처에서 환경부로

6공화국에 들어와 행정개혁위원회에서 이해관계가 얽힌 환경정책의 원활한 조정을 도모하고자 환경청을 장관급 부서로 격상시키면서

도 '부'가 아닌 '처'로 승격시킬 것을 대통령에게 건의하였다. 이에 환경청은 국무총리 소속하의 환경처로 승격되어 4국(환경정책국, 대기보전국, 수질보전국, 폐기물관리국), 1관(기획관리관), 23과에서 2실(기획관리실, 조정평가실), 4국(대기보전국, 수질보전국, 폐기물관리국, 시설기술국), 4관(공보관, 감사관, 비상계획관, 유독물질관리관) 31개과로 조직이 확대 개편되었다. 또한 지방환경지청이 지방환경청으로 승격되고, 국립환경연구원에 훈련부, 폐기물연구부, 자동차공해연구소가 신설되었다.

김영삼 정부 출범 후 1994년 12월 기존의 환경처가 총 정원 1,364명, 2실5국4관35과를 갖춘 환경부로 승격되었고 5월에는 상하수도국이 신설되었다. 상하수도국은 낙동강 수질오염 사건을 계기로 정부의 수질관리 기능 일원화 방침에 따라 설치되었는데 건설부의 3개과(수도정책과, 하수도과, 수도관리과)와 보건사회부의 1개과(음용수관리과)가 이관됨으로써 재정비되었다.

3) 지속가능 발전기 : 산하기관에서 독립부처로

IMF 경제위기와 함께 작은 정부를 지향했던 김대중 정부에서는 대대적인 조직 및 인력 감축을 추진하였다. 그 일환으로 1998년에는 내무부의 자연공원과 국립공원관리공단을 환경부로 이관하고, 1999년 5월 민간 경영진단을 통해 2실5국36과에서 1실6국3관33과로 환경부 조직을 축소 개편하였다. 이때 환경정책실이 환경정책국으로 축소되고 공보담당관과 환경조사과가 폐지되었으며 한강유역관리청이 신설되는 등 조직 개혁이 단행되었다. 또한 2001~2002년에는 각 수계수질 개선 특별법이 신설되고 사전예방기능을 중심으로 지방청 및 하부

조직 개편이 이루어졌다. 구체적으로 2001년 5월 부산지역의 환경문제를 해결하기 위하여 낙동강환경관리청 산하 부산환경출장소가 신설되었고 2002년 1월 본부 수질보전국에 유역제도과가 설치되어 유역관리체계로의 전환이 이루어졌다. 또한 2002년 10월 지방환경관서에서 담당하던 산업단지 내 환경오염물질 배출업체 관리업무를 시・도지사에게 위임하여 정원 86명을 지방자치단체로 이체하고 4대강 환경감시대를 정규 조직화함으로써 특별사법경찰 기능을 강화하였다.

노무현 정부에 들어와 2004년 3월 환경정책국을 환경정책실로 조정하였다. 또한 각 오염매체별 관리를 통합하는 방향으로 대대적인 자체조직 개편이 이루어졌으며 환경영향평가체계의 정비를 위하여 환경정책국의 국토환경보전과와 환경평가과를 자연보전국으로 이관하고 3대강 수질오염총량관리를 위하여 수질총량제도과를 신설하였다. 그리고 2005년 7월에는 국립환경연구원을 국립환경과학원으로 변경하여 기존의 6부24과5연구소에서 6부23과6연구소로 개편하였으며, 2006년 2월 지방환경청에 환경평가과・화학물질관리과・수질총량관리과를 신설하였다. 2007년 8월 환경부는 2실(정책홍보관리실, 환경정책실) 5국(자연보전, 대기보전, 수질보전, 상하수도, 자원순환) 4관(감사, 국제, 홍보관리, 재정기획) 41과로 구성되었으며 총 정원 1,744명 중 484명이 본부에, 1,260명이 소속기관에 배치되었다.

4) 녹색성장기 : 물환경・대기환경・화학관리 전담기구 설치

이명박 정부가 출범하면서 2008년 2월 환경부 본부 조직을 2실3국6관38과(3팀)로 개편한 데 이어 2009년 2월에는 조직의 간소화 및 운영 효율화를 위해 2실3국7관32과4팀1기획단으로 조정하였다. 또한 2011년 9월 낙동강생물자원관 설립을 위해 한시 조직인 낙동강생물자원관추진기획단을 설치하였고, 2012년 1월에는 온실가스관리팀 및 환경보건관리과를 신설하여 온실가스 목표관리 및 석면피해구제 기능을 보강하였다. 한편 4대강 사업과 같은 국책과제를 추진하면서 환경 이슈에 대한 정부의 대응체계를 마련하여야 할 필요성이 더욱 커졌다. 이에 2012년 7월 4대강 수질관리 및 환경감시 기능을 수행하는 수질관리과를 본부에 신설하였고, 새만금사업지역 환경관리 기능 강화의 일환으로 전주지방환경청 기관명칭을 새만금지방환경청으로 바꾸며 기관장 직급을 4급에서 고위공무원단으로 상향 조정하였다.

최근 박근혜 정부에서는 화학사고 예방대응체계를 구축하기 위해 2013년 9월 화학물질안전원을 소속기관으로 신설하고 화학전담기관

[표 1] 환경부 조직 변동(1963~2012)

	3공화국	4공화국	5공화국	6공화국
조직	보건사회부 공해계	공해과	환경청 (3국1관20과)	환경처 (2실4국4관31과)
변동	환경담당 부서 신설	환경 전담과로 확대	• 폐기물 관리기능 추가 • 지방 환경조직체계 구축	환경문제의 부처 간 통합 조정 필요성 대두
	김영삼 정부	김대중 정부	노무현 정부	이명박 정부
조직	환경부 (2실5국4관35과)	환경부 (1실6국3관34과)	환경부 (2실5국4관41과)	환경부 (2실3국6관38과) → 2실3국7관32과4팀 1기획단으로 개편
변동	• 수계별 관리체계 구축 • 수질관리 일원화 • 상하수도국 신설	• 자연환경보전기능 이관됨 • 유역관리체계로 전환 • 사전예방 강화 위한 하부조직 개편	• 매체별 통합관리체계 구축 • 환경영향평가체계 변화 모색 • 생활환경으로 변화	• 온실가스 목표관리 및 석면피해 구제기능 보강 • 물환경 관리 기능 강화

자료 : 환경부(www.me.go.kr) '연혁' 재구성

이 없는 원주·대구지방청에 화학물질관리과를 설치하였다. 또한 2015년 1월에는 화학물질관리 강화와 화학사고 예방·대응 강화를 위해 본부의 화학물질과를 화학물질정책과와 화학안전과로 분리하고 6개 환경청의 화학물질관리과를 화학안전관리단으로 개편하여 현장관리 기능 강화를 도모하였다. 대기부문의 경우, 2014년 5월 국립환경과학원에 대기질통합예보센터를 신설하고 2015년 1월에는 배출권거래제도 시행을 위해 기후변화대응과를 마련하였다. 그 밖에 정책홍보팀과 환경감시팀을 설치하고 환경산업실증연구단지추진단을 구성하였다.

2. 환경법[4)]

우리나라의 환경법은 1963년 「공해방지를위한경찰법」에서 「공해방지법」이 독립됨에 따라 발전하기 시작하였다. 그러나 「공해방지법」은 전문이 21개조에 불과하여 규제범위가 협소할 뿐만 아니라 후속입법이 미비하였고 경제개발을 최우선적 과제로 인식하는 당시의 사회분위기 때문에 실효성을 거둘 수 없었다. 사실상 적극적 규제의 의미를 가진 환경법의 역사는 1977년 종전의 「공해방지법」을 대체하기 위해 제정된 「환경보전법」과 함께 시작한다. 환경 관련 법령 제정과 관련하여 1960년대 6개의 법률 제정을 시작으로 1970~1980년대 9개 그리고 1990년대 이후 다수의 법률이 제정되어 2015년 현재 환경부가 관장하는 법령은 총 160개이며 이 중 법률은 총 40여개에 이르고 있다.

4) 환경부(www.me.go.kr)를 바탕으로 재구성함.

사실상 우리나라의 환경입법은 대중들의 주민운동과 환경보호운동을 토대로 환경법제가 조성된 일본이나 미국과는 달리 전적으로 정부 주도하에 추진되었다는 점에서 전형적인 위로부터의 개혁에 해당한다(홍준형, 2005: 52). 한편 환경부 소관 법제는 환경이슈와 정책수요에 따라 개별 법령들이 제정 또는 개정의 과정을 거치면서 보다 정교화되었는데, 〈표 3〉과 같이 환경 관련 규정이 여러 부처에 산재되어 있고, 환경의 범위가 매우 넓기 때문에 환경부가 단독으로 모든 환경정책을 관장하기 보다는 부처 간의 적극적인 협력이 요구된다고 할 수 있다.

1) 정책형성기 : 환경보전 법제 기틀 마련

3공화국 시기에는 빠른 경제성장의 이면에 누적되어 온 환경문제에 대한 관심이 증가하면서「공해방지법」,「조수보호및수렵에관한법률」,「독물및극물에관한법」,「오물청소법」,「하수도법」,「수도법」총 6개 법률이 마련되었다. 한편 급속한 산업화와 도시화가 이루어지면서 4공화국 때 환경문제가 심각한 사회문제로 대두되기 시작하였고 이에 1977년「환경보전법」이 제정되었다. 이 법에서는 환경영향평가제도, 환경기준, 산업폐기물처리제도를 새롭게 도입하는 등 공해 방지뿐 아니라 넓은 의미의 자연환경 보호까지 포괄하여 현 세대와 미래 세대의 환경권을 보장하고자 하였다는 점에서 기존의「공해방지법」에서 진일보하였다. 그 밖에 1979년과 1980년에 각각「합성수지폐기물처리사업법」과「자연공원법」이 제정되었다. 한편, 1980년 헌법 개정 시에 환경권이 기본권으로 명문화되면서 5공화국 때부터 환경법이 체계적으로 정비되기 시작하였다. 즉「환경보전법」을 포함하여 일련의 법 개정이 이루어졌고 「환경오염방지사업단법(1983)」, 「폐기물관리법(1986)」, 「환경관리공단법(1987)」도 제정되었다.

2) 정책성장기 : 환경법제의 전문화

1980년대 후반에는 경제구조의 고도화로 환경문제가 심각해지고 피해 유형도 다양해지자 오염분야별 대책법 제정이 불가피하다는 인식이 확산되었다. 이에 「환경보전법」이 이른바 환경 6법이라 일컬어지는 「환경정책기본법」, 「대기환경보전법」, 「수질환경보전법」, 「소음・진동규제법」, 「유해화학물질관리법」, 「환경분쟁조정법」으로 분리됨으로써 환경법이 복수법 체계로 이행되었다(환경부, 2013: 558). 1991년 2월부터 시행된 「환경정책기본법」에서는 헌법상의 환경권에 근거하여 환경보전에 관한 국민의 권리와 의무 및 국가의 책무를 명확히 하고 환경보전 시책의 기본 이념과 방향을 정하며 환경 분야별 개별법에 공통으로 적용되는 사항을 규정하고 있다. 또한 환경기준, 배출허용기준, 영향권별 환경관리, 환경영향평가 등에 관한 규정을 두는 한편, 환경오염에 의한 재산상의 피해에 대해서도 무과실책임을 인정하고 있다(홍준형, 2005: 53). 또한 「오수・분뇨및축산폐수의처리에관한법률」, 「자원의절약과재활용촉진에관한법률」, 「폐기물의국가간이동및그처리에관한법률」 등 다수의 법률이 마련되었다.

3) 지속가능 발전기 : 친환경법제로의 도약

김대중 정부 시기에는 정부조직 개편에 따라 「자연공원법(1998)」, 「조수보호및수렵에관한법률(1999)」이 환경부 소관으로 이전되었다. 또한 독도를 비롯한 도서지역의 생물다양성과 수려한 경관을 보전하기 위한「독도등도서지역의생태계보전에관한특별법(1998)」, 한강수계의 수질개선을 위한「한강수계상수원수질개선및주민지원등에관한법률(1999)」이 제정되었고, 습지를 효율적으로 보전·관리하기 위한「습지보전법」도 마련되었다. 2002년에는 낙동강, 영산강, 금강의 수질 개선을 위하여 사전예방중심의 오염물질총량관리제도에 기반하는「낙동강특별법」, 「영산강특별법」, 「금강특별법」이 제정되었다.

노무현 정부가 들어선 2003년 이후에도 다수의 환경법이 새롭게 마련되거나 개정되었다. 2007년 지속가능한 발전을 위한 법제 마련의 일환으로「지속가능발전기본법」이 제정되었고, 「수도권대기환경개선에관한특별법」, 「건설폐기물의재활용촉진에관한법률」, 「백두대간보호에관한법률」, 「야생동·식물보호법」, 「악취방지법」, 「남극활동및환경보호에관한법률」, 「문화유산과자연환경자산에관한국민신탁법」, 「잔류성유기오염물질관리법」, 「전기·전자제품및자동차의자원순환에관한법률」 등이 제정되었다.

4) 녹색성장기 : 경제발전 이니셔티브로서의 환경

'녹색성장'을 새로운 패러다임으로 제안한 이명박 정부에서는 지구온난화와 같은 환경이슈, 그리고 자원고갈 및 에너지 위기 등의 문제를 타개하기 위한 방안으로 신성장 동력 창출 필요성을 강조하는 가운데 경제와 환경의 조화 및 균형성장을 추구하였다. 정부 출범 직후인 2008년에는「환경보건법」을 제정하여 환경보건종합계획, 환경유해인자의 위해성 평가 및 관리, 개발사업 건강영향평가, 국민환경보건 기초조사 및 어린이 활동공간·용품 대책 마련 등을 추진하였고(환경부, 2010b: 8), 환경교육을 체계적, 종합적으로 진흥·지원하기 위하여 「환경교육진흥법」을 제정하였다. 또한 2009년에는 한국환경자원공사와 환경관리공단을 통합하여 한국환경공단을 설립하고 「한국환경공단법」이 마련되었다. 이어서 2010년에는 「악취방지법」, 「저탄소녹색성장기본법」, 2011년에는 「석면안전관리법」이 제정됨으로써 생활환경권 구현을 위한 법적 기반이 구축되었다. 또한 「수도권매립지관리공사의설립및운영등에관한법률」, 「문화유산과자연환경자산에관한국민신탁법」, 「환경분쟁조정법」이 제정되었으며 기존의 「지속가능발전기본법」이 「지속가능발전법」으로 개정되면서 주요 내용이 「저탄소녹색성장기본법」으로 흡수되었다.

[표 2] 환경법 제정 현황(1963~2012)

3공화국	4공화국	5공화국	6공화국
• 공해방지법('63)-폐지 • 조수보호및수렵에관한법률('67)-폐지 • 독물및극물에관한법('63) • 오물청소법('61) • 하수도법('66) • 수도법('61)	• 환경보전법('77) • 자연공원법('80) • 합성수지폐기물처리사업법('79)	• 환경오염방지사업단법('83) • 환경관리공단법('83) • 폐기물관리법('86)	• 환경정책기본법('90) • 대기환경보전법('90) • 소음 · 진동규제법('90) • 수질환경보전법('90) • 자연환경보전법('91) • 환경범죄의단속에관한특별조치법('91) • 환경분쟁조정법('90) • 환경개선비용부담법('91) • 유해화학물질관리법('90) • 오수 · 분뇨및축산폐수의처리에관한법률('91)-폐지 • 자원의절약과재활용촉진에관한법률('92) • 폐기물의국가간이동및그처리에관한법률('92)

김영삼 정부	김대중 정부	노무현 정부	이명박 정부
• 다중이용시설 등의 실내공기질 관리법('96) • 독도등도서지역의생태계보전에관한특별법('97) • 토양환경보전법('95) • 환경개선특별회계법('94) • 환경기술개발및지원에관한법률('94) • 폐기물처리시설설치촉진및주변지역지원등에관한법률('95) • 한국환경자원공사법('93) • 먹는물관리법('95)	• 한강수계상수원수질개선및주민지원등에관한법률('99) • 낙동강수계물관리및주민지원등에관한법률('02) • 금강수계물관리및주민지원등에관한법률('02) • 영산강, 섬진강수계물관리및주민지원등에관한법률('02) • 습지보전법('99) • 환경・교통・재해등에관한영향평가법('99) • 수도권매립지관리공사의설립및운영등에관한법률('00)	• 지속가능발전기본법('07) • 악취방지법('04) • 수도권대기환경개선에관한특별법('03) • 남극활동및환경보호에관한법률('04) • 친환경상품구매촉진에관한법률('04) • 환경분야시험・검사등에관한법률('06) • 백두대간보호에관한법률('03) • 문화유산과자연환경자산에관한국민신탁법('06) • 야생동・식물보호법('04) • 잔류성유기오염물질관리법('07) • 가축분뇨의관리및이용에관한법률('06) • 전기・전자제품및자동차의자원순환에관한법률('07) • 건설폐기물의재활용촉진에관한법률('03)	• 환경보건법('08) • 환경교육진흥법('08) • 한국환경공단법('09) • 석면피해구제법('10) • 2012세계자연보전총회지원특별법('10) • 악취방지법('10) • 저탄소녹색성장기본법('10) • 석면안전관리법('11) • 수도권매립지관리공사의설립및운영등에관한법률('11) • 문화유산과자연환경자산에관한국민신탁법('11) • 생물다양성보전및이용에관한법률('12) • 인공조명에의한빛공해방지법('12) • 환경분쟁조정법('12) • 지속가능발전법('12)

주 : 괄호 안 년도는 제정일

자료 : 환경부(www.me.go.kr) '환경법령', 환경부(2013) 재구성

환경부 이외의 타 부처가 소관하는 환경관련 법령은 60여 개 이상으로 파악되고 있으며 관련 부처도 15개 이상에 달한다(환경부, 2013: 565). 〈표 3〉과 같이 대기오염과 관련하여서 「자동차관리법」 등 10개 법률, 수질오염과 관련하여서는 「해양환경관리법」 등 8개 법률, 소음의 경우 「도로교통법」을 비롯한 3개 법률을 타 부처에서 소관하고 있다. 그리고 국토이용・공장설립・도시개발 등에 관련된 법규, 농업 관련 법규, 축산 관련 법규, 수산・항만 관련 법규, 산림 관련 법규 등도 환경정책과 관련된 조항을 담고 있다(정회성, 2014: 79~80). 이처럼 환경 관련 규정이 여러 부처 법에 산재되어 있기 때문에

환경정책은 필수적으로 부처 간 정책방향의 조율을 필요로 하며 법령 입안 시 부처 간의 긴밀한 협조가 요구된다.

[표 3] 타 부처 소관 환경관련 법령

부문별	법령명
대기오염 관계	도로교통법, 자동차관리법, 원자력안전법, 원자력손해배상법, 석유및석유대체연료사업법, 에너지법, 건설기계관리법, 집단에너지사업법, 신에너지및재생에너지개발이용·보급촉진법, 오존층보호를위한특정물질의제조규제등에관한법률
수질오염 관계	해양환경관리법, 지하수법, 하천법, 공유수면매립법, 골재채취법, 공유수면관리법, 온천법, 댐건설및주변지역지원등에관한법률, 소하천정비법
소음 관계	도로교통법, 학교보건법, 집회및시위에관한법률
일반	국토기본법, 국토의계획및이용에관한법률, 건축법, 도시공원및녹지등에관한법률, 산업집적활성화및공장설립에관한법률, 공익사업을위한토지등의취득및보상에관한법률, 도시개발법, 산업입지및개발에관한법률, 택지개발촉진법, 수도권신공항건설촉진법, 신항만건설촉진법, 제주특별자치도설치및국제자유도시조성을위한특별법, 수도권정비계획법, 국제회의산업육성에관한법률, 도시및주거환경정비법, 주한미군공여구역주변지역등지원특별법, 주한미군기지이전에따른평택시등의지원등에관한법률, 광산피해의방지및복구에관한법률, 동서남해안및내륙권발전특별법, 주택법
농업	농약관리법, 농어업인의삶의질향상및농어촌지역개발촉진에관한특별법, 농어촌정비법, 농지법, 동물보호법, 식물방역법, 농어업재해대책법
축산	축산법, 낙농진흥법, 초지법
수산·항만	수산업법, 어촌·어항법, 항만법
산림	산림기본법, 사방사업법, 산지관리법
기타	기업활동규제완화에관한특별조치법, 문화재보호법, 환경친화적산업구조로의전환촉진에관한법률, 광산보안법, 관광진흥법, 과학기술기본법, 광업법, 내수면어업법, 자연재해대책법, 경범죄처벌법, 대외무역법 등

자료 : 환경부(2013), p.565~566

3. 환경부문 예산

우리나라 환경예산 통계의 시계열 편제는 아직 완성되지 못한 상태이다. 따라서 정책형성기의 경우, 환경청 발족 전후의 자체 예산 현황을 통해, 그리고 환경정책 주무기관이 환경처로 승격된 6공화국 이후의 경우 중앙정부의 환경부문 예산 및 오염매체별 예산 현황을 통해 환경예산의 변화 추이를 살펴보기로 한다.

1) 정책형성기 : 빈약한 환경예산

1960~1970년대 고도성장기에는 환경문제에 대한 인식이 미흡하였기 때문에 환경부문에 대한 투자가 거의 이루어지지 않았고 산업화를 위한 수자원 확충의 일환으로 댐 건설과 상수도시설 확충에 정부 예산의 일부만이 지원되었다(노상환, 1997). 당시 보건사회부 내의 환경 분야에 배정된 예산을 살펴보면 1976년 13억 원, 1977년 22억 원, 1978년 25억 원, 1979년 52억 원으로, 일반회계에서 차지하는 비중이 0.1%도 차지하지 않을 만큼 미미하였다. 1980년 환경청이 발족되어 환경예산 규모가 확대되었지만 여전히 일반회계 대비 0.18% 수준에 머물러 있었다.

1970년대 후반 산업공해에 대한 관심이 높아지면서 1980년대 중반 무렵부터 환경부문 예산이 증가하기 시작하였다. 5공화국 시기에는 1983년 한강 수계의 환경보전을 위한 장기종합계획 마련을 위하여 조사사업이 실시되었고, 1984년 전국적인 환경보전장기종합계획이 수립됨에 따라 환경부 예산은 1984년 343억 원에서 1987년 671억 원으로 2배 가까이 증가하였다(노상환, 1997).

[표 4] 정책형성기 예산현황(1976~1980)

(단위 : 억 원)

연도	1976	1977	1978	1979	1980
환경예산(A)	13	22	25	52	120
일반회계(B)	22,585	28,669	35,170	52,134	64,785
A/B(%)	0.06	0.08	0.07	0.1	0.18

자료 : 노상환(1997) 재구성

2) 정책성장기 : 오염대책 및 수질 예산 증가

한편 6공화국 시기인 1991년, 건설부의 하수처리장 업무가 인수되어 전년 1,172억 원에서 2,718억 원으로 예산액이 132% 증가하였지만 1992년에는 하수처리장을 비롯한 4개 사업의 지방양여금사업 전환에 따라 전년대비 49%의 예산이 삭감되었다.

김영삼 정부 출범 이후 1994년 환경부문 예산이 급격하게 증가하였다. 1994년에는 지상방수도 등 업무인수에 따른 이체증액 1,379억 원으로 인해 작년 대비 150% 증가한 4,716억 원의 예산을 배정받았고 총 1,606억 원이 배정된 4대강 수질개선대책의 시행으로 인하여 예산액이 전년 대비 43% 증가하였다. 이는 1995년에 환경처가 환경부로 승격됨에 따라 조직규모가 커진 데 따른 결과라고 할 수 있지만 무엇보다도 1994년의 낙동강, 영산강 수질오염사고로 인한 환경수요 급증이 주된 요인으로 작용한 것으로 볼 수 있다. 한편 4대강 수질관리개선대책 마련을 위해 1994년부터 1998년까지 4년간 총 1조 6천억 원, 연평균 4천억 원 수준의 투자가 계획되었는데, 1994년 환경부 예산액이 4,716억 원 수준이었음을 감안할 때 매우 큰 규모였다고 할 수 있다. 이에 따라 전체 정부예산에서 중앙정부 환경부문의 예산이 차지하는 비중은 1990년대의 1%대에서 1995년 2.39%로 크게 증가하였다.

3) 지속가능발전기 : 대기 및 수질 보전 예산 증가

김대중 정부에 들어 환경부예산은 점진적으로 증가하였으나 정부예산대비 비중은 1% 내외 수준에 머물렀다. 2000년대 소폭 증가하였으나 수질보전 사업예산과 대기 및 자연보존 예산에 한정되었다.

노무현 정부에 들어와 2003년 노후수도관 개량 등 융자예산이 대폭 감소하고 동강생태계보전대책과 같은 신규지원 사업의 시행, 경기진작을 위한 1회 추가경정예산 편성에 따라 환경부는 전년도에 비해 다소 감소한 1조4,037억 원의 예산을 배정받았다. 그러나 2005년, 수질오염방지 지방양여금 사업이 환경부 소관 환경개선특별회계 및 농업특별회계 사업으로 전환되고 수도권대기개선대책 등 대기분야 예산이 증가됨에 따라 예산액이 전년 대비 96.7% 증가한 2조8,557억 원으로 책정되었다.

4) 녹색성장기 : 범환경 예산의 증가

정부예산 및 국내총생산이 지속적으로 증가하는 가운데 이명박 정부에서는 환경부문 예산이 2008년 36,568억 원에서 2012년에 이르러 51,496억 원으로 약 40% 증가하는 추세를 보였다. 한편 오염매체별 예산 중 상수도 및 수질관리 예산이 가장 큰 비중을 차지하고 있는데, 이 중 상수도의 경우 1997년 2,727억 원에서 2012년에는 2조3,444억 원으로 급격히 증가하였고, 대기보전, 자연보전, 환경연구 및 관리 기타에 관한 예산도 꾸준히 증가하는 추세를 보이고 있다.

한편 박근혜 정부에서는 환경부문 예산이 2013년에는 4조6,538억 원, 2014년은 4조8,772억 원으로 집계되었고, 오염매체별 예산에 있어서 상수도 및 수질보전 부문의 예산이 가장 높은 비중을 차지하는 등 이전 정부의 예산배분 현황과 유사한 양상을 보인다.

(단위 : 억 원)

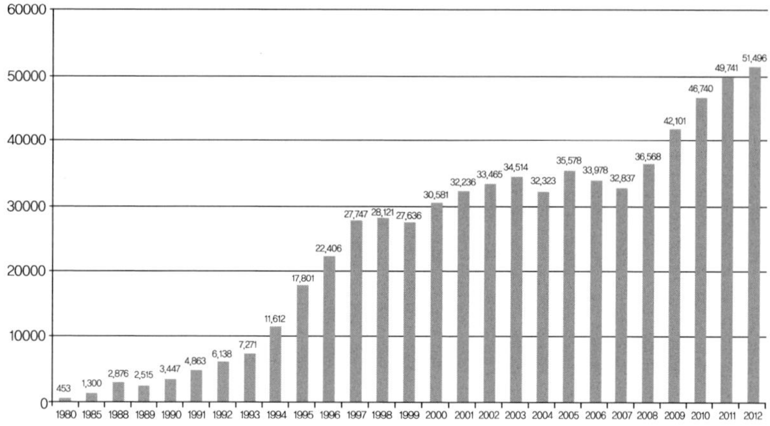

자료 : 환경부 환경통계포털(stat.me.go.kr)

[그림 1] 환경부문 예산(1980~2012년)

[표 5] 환경부문 관련 중앙정부 예산(1980~2012)

(단위 : 억 원)

정권		연도	환경부문 예산			환경부 예산			정부예산	국내총생산
			예산액	전년도 대비 증가율(%)	정부예산 대비(%)	예산액	전년도 대비 증가율(%)	정부예산 대비(%)		
정책형성기	5공	1980	453	-	0.53	121	133	0.14	86,478	368,570
		1985	1,300	27.1	0.87	420	22.7	0.28	150,003	793,011
정책성장기	6공	1990	3,447	37.1	1.06	1,172	81.7	0.36	325,369	1,782,621
		1991	4,863	41.1	1.24	2,718	131.9	0.69	393,669	2,142,399
		1992	6,138	26.2	1.40	1,396	48.6	0.32	438,421	2,387,046
	문민 정부	1993	7,271	18.5	1.42	1,887	35.2	0.37	511,879	2,774,965
		1994	11,612	59.7	1.80	4,716	149.9	0.73	644,575	3,234,071
		1995	17,801	53.3	2.39	6,729	42.6	0.90	745,344	3,773,498
		1996	22,406	25.9	2.63	8,851	31.5	1.04	853,083	4,184,790
		1997	27,747	23.8	2.82	10,802	22.0	1.10	983,299	4,532,764
지속가능발전기	국민 정부	1998	28,121	1.3	2.55	11,131	3.0	1.01	1,103,139	4,443,665
		1999	27,636	1.7	2.30	11,536	3.6	0.96	1,200,206	4,827,442
		2000	30,581	10.7	2.44	13,023	12.9	1.04	1,251,792	5,786,465
		2001	32,236	5.4	2.31	14,143	8.6	1.01	1,398,487	6,221,226
		2002	33,465	3.8	2.24	14,336	1.4	0.98	1,497,133	6,842,635
	참여 정부	2003	34,514	3.1	2.12	14,037	2.1	0.90	1,628,435	7,246,749
		2004	32,323	6.3	2.00	14,519	3.4	0.90	1,612,627	7,784,446
		2005	35,578	10.1	2.19	28,557	96.7	1.70	1,679,332	8,158,099
		2006	33,978	4.5	1.94	29,992	5.0	1.71	1,753,882	8,769,957
		2007	32,837	3.4	1.86	32,203	7.4	1.82	1,767,561	9,011,887
녹색성장기	이명박 정부	2008	36,568	11.4	1.87	35,514	10.3	1.82	1,951,002	9,462,481
		2009	42,101	15.1	1.94	40,282	13.4	1.94	2,174,723	10,295,000
		2010	46,740	11	2.07	44,832	11.3	2.07	2,259,682	11,279,800
		2011	49,741	6.4	2.11	47,778	6.6	2.11	2,356,000	12,407,410
		2012	51,496	3.5	2.07	49,897	4.4	2.07	2,486,125	13,392,620

자료: 환경부 환경통계포털(stat.me.go.kr)

[표 6] 오염매체별 예산(1988~2012)

(단위 : 억 원)

시기	년도	환경부 예산		오염매체별 예산					환경일반	
		환경부	정부예산 대비	상수도	수질 보전	폐기물 관리	대기 보전	자연 보전	환경기술 및 연구	환경관리 기타
정책 성장기	1988	773	-	-	195	187	24	4	15	348
	1989	645	-	-	406	38	23	-	-	178
	1990	1,172	0.36	-	476	69	41	-	-	586
	1991	2,718	0.69	-	1,848	245	31	3	19	572
	1992	1,396	0.32	-	125	289	20	3	43	916
	1993	1,887	0.37	-	183	351	24	3	74	1,252
	1994	4,716	0.73	-	2,534	1,193	27	9	543	2,449
	1995	6,729	0.90	-	3,938	1,456	29	30	747	529
	1996	8,851	1.04	-	4,940	1,881	105	49	1,217	775
	1997	10,802	1.10	2,727	2,957	2,717	89	63	1,335	914
지속 가능 발전기	1998	11,131	1.01	2,171	3,520	2,666	74	483	1,184	1,033
	1999	11,536	0.96	2,416	3,552	2,686	95	592	1,140	1,055
	2000	13,023	1.04	2,442	4,092	2,865	465	742	1,267	1,150
	2001	14,143	1.01	2,836	3,691	3,024	615	848	1,875	1,254
	2002	14,336	0.98	3,296	3,322	2,889	647	887	1,895	1,400
	2003	14,037	0.90	2,433	3,366	3,086	856	913	1,813	1,569
	2004	14,519	0.90	1,958	3,773	2,867	1,042	1,102	2,068	1,709
	2005	28,557	1.70	2,034	16,311	2,787	1,933	1,262	2,243	1,987
	2006	29,992	1.71	15,438	2,483	2,761	3,295	1,594	3,384	
	2007	32,203	1.82	16,797	2,870	2,771	3,486	1,992	3,131	
녹색 성장기	2008	35,514	1.82	17,959	3,315	2,869	3,522	2,778	3,836	
	2009	40,282	1.94	20,581	4,361	3,189	3,180	3,591	4,121	
	2010	44,832	2.07	23,520	5,059	2,780	2,851	4,175	5,202	
	2011	47,778	2.11	25,361	5,546	2,707	3,010	4,115	5,567	
	2012	49,897	2.07	23,444	7,885	2,883	3,233	4,422	6,558	

자료 : 환경부(2005, 2007), 환경부(www.me.go.kr) 재구성

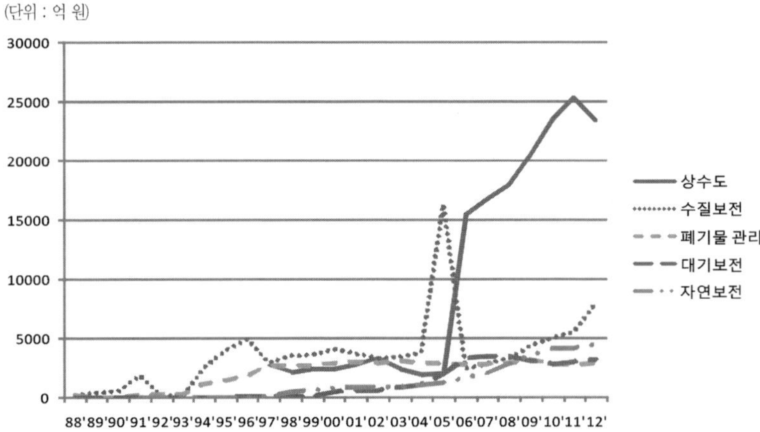

[그림 2] 오염매체별 예산(1988~2012년)

환경부 예산은 상수도, 수질보전, 폐기물 관리, 대기 보전, 자연보전, 환경기술 및 연구, 기타 환경관리 부문으로 나뉘어 편성된다. 〈표 6〉의 오염매체별 예산 배분 현황을 살펴보면 2005년에는 수질오염방지 지방양여금 사업이 환경부 소관으로 변경됨에 따라 수질보전 예산이 크게 상승하였다. 한편 2006년부터 '환경기술 및 연구'와 '환경관리 기타'가 '환경일반' 항목[5]으로 통합되어 집행되고 있으며, 같은 해 상수도 관련 예산액이 급격히 증가한 이래 최근까지 상수도 부문에 가장 많은 예산이 투입되고 있다.

5) '환경일반'에 해당하는 예산은 환경정책, 환경보건, 국제협력, 환경연구·교육, 기타 환경관리 부문에 지출된다.

Ⅲ 시기별 환경 패러다임과 정부의 대응

우리나라의 환경정책은 각 시기에 대두된 환경문제가 사회적으로 공론화됨에 따라 정책이슈화 되고, 정책이슈가 정책의제로 채택되어 정책화되는 일련의 과정을 정책흐름의 관점에서 접근할 수 있다. Kingdon(1984)에 따르면 정책문제흐름(policy problem stream), 정치흐름(political stream), 정책대안흐름(policy alternative stream)이 하나로 결합될 때 정책의 창(policy window)이 열리면서 정책이 변동된다고 한다.[6] 오염과 피해발생 간의 시차, 오염원인과 영향 간의 인과관계 규명이 곤란한 경우 이러한 관점은 뚜렷한 인과성 때문이 아니라 주어진 상황조건들 간의 결합으로 환경정책이 형성 또는 변동되는 사례를 설명하는 데 유용하다.

한편 경제성장을 이루면서 동시에 환경오염을 최소화할 수 있는 대안으로서 엄격한 환경규제, 경제 자유화, 비공식적 규제의 활성화(pervasive informal regulation) 등을 제안하는 견해(Dasgupta et al., 2002)에 따르면 환경정책은 정책수요와 정책 필요성을 고려한 정부의 의사결정에 따라 변동된다. 박순애・이영미(2008)에 따르면 정부의 정책과 환경규제가 환경오염 감소에 긍정적인 영향을 미치므로 환경에 대한 정부의 적극적인 개입은 지속가능한 발전을 추동하는 결정적인 요인으로 작용하는데, 이 견해 역시 환경정책을 사회적 요

6) Kingdon(1984)이 제안한 정책흐름모형은 실제로 정책결정이 일정한 규칙에 따라 움직이는 것이 아니라 쓰레기통처럼 뒤죽박죽 움직인다는 쓰레기통모형 이론에 기반을 두고 있는, 정책형성의 우연성을 강조하는 개념이다. 정책흐름모형에서의 정책문제흐름은 지표의 변동, 위기 또는 재난, 환류 등으로 인해 발생하고 정치흐름은 정권교체, 국회의석 수 변화, 국민적 분위기, 이익집단의 압력 등, 그리고 정책대안흐름은 정치체제의 분화 정도, 정책 활동가의 활동, 이익집단의 개입 등에 의해 나타난다(양승일, 2006: 51).

구에 대응하는 정부 활동의 결과로 바라본다는 점에서 정책변동에 있어 정책결정자의 의지를 중요한 요인으로 상정한다.[7)]

[표 7] 시기별 주요 환경정책 변수

시기	정부	연도	환경정책 변수
정책형성기	3공화국	1961.12	수도법 제정
		1963.11	공해방지법 제정
		1967.12	국립공원 최초 지정(지리산 국립공원)
		1972.2	UN 인간환경회의 개최
	4공화국	1978.7	국립환경연구소 신설
		1979.2	대기환경기준 설정(아황산가스)
	과도정부	1980.1	환경청 출범, 자연공원법 제정
	5공화국	1982.10	최초 환경백서 발간
		1984.2	환경오염 중앙지도 점검반 발족
		1987.3	한미 환경협정 체결
정책성장기	6공화국	1988.2	환경보전장기종합계획 확정
		1988.9	88올림픽 개최
		1990.1	환경처로 승격
		1990.4	수질특별대책예정지역을 청정지역으로 지정
		1990.8	환경분쟁조정제도 시행
		1991.12	환경개선비용부담법 제정
		1992.6	환경보전을 위한 국가선언문 공포
	김영삼 정부	1994.12	환경부 승격
		1995.1	쓰레기 종량제 전국 시행
		1996.6	환경의 날을 법정기념일로 지정
지속가능 발전기	김대중 정부	1999.1	천연가스버스 보급
		2002.1	3대강 수계특별법 제정
		2002.7	종합환경연구단지 준공
	노무현 정부	2004.3	UNEP 특별총회 및 세계장관회의(제주)
		2005.3	MECD 2005 개막(서울)
		2005.6	국가지속가능발전 비전 선언
녹색성장기	이명박 정부	2008.8	저탄소 녹색성장 비전 선언
		2009.11	세계자연보전총회(WCC) 유치 확정

자료 : 환경부(2010a)

7) 구체적으로 환경오염 감소를 유도하는 요인으로서 환경정책의 집행(De Bruyn 1997), 기술발달과 엄격한 환경규제(Hettige & Wheeler 2000), 경제 자유화와 같은 시장 유인적 수단, 시민단체 등 제3섹터의 감시 및 규제 활동(Crigg 1990; Agarwal et al. 1982; Clifford 1990; Dasgrupta et al. 2000) 등을 제시한다(박순애·이영미 2008 재인용).

이상의 견해들을 종합해 보았을 때 사회·경제 변화와 환경이슈의 촉발로 인해 정책문제가 부상되고, 경우에 따라 국내 또는 국제 정치환경이 정책과정에 압력을 가하고 환경문제에 대한 정부의 대응활동의 일환으로 환경정책이 새롭게 만들어지거나 변동된다고 볼 수 있다. 이에 지난 50여 년 동안 여러 정책변수 간의 상호작용[8]에 의해 환경정책이 형성·변동되었다는 관점에 입각해 우리나라 환경 패러다임 변화와 정책변동 양상을 살펴보고자 한다.

1. 정책형성기 : 환경정책 기틀 형성

1960년대 초부터 추진된 경제개발계획과 함께 강조된 경제성장 제일주의는 국민들로 하여금 환경문제를 외면하게 하는 데 영향을 미쳤다. 또한 환경오염 방지에 투자하여야 할 산업체들이 오히려 환경 대책 마련에 반대하였는데, 선거에 의하여 선출되는 정치가들은 이러한 산업체의 입장을 의식하지 않을 수 없었다(환경부 2010a: 44). 결과적으로 1960년대 환경문제는 오물처리 수준의 위생문제로 다루어졌고 환경정책은 곧 위생행정 및 규제정책 집행으로 인식되었다.

1960년대 후반부터 도시에 인구가 집중됨에 따라 수도, 전기, 하수 및 분뇨처리, 생활재 공급, 교육과 보건의료 등의 공공재 수요가 급격히 늘어났으며 이에 대한 적정 관리의 한계가 드러났다(김선명·정순관, 2005: 247). 또한 급속한 산업화 과정에서 유발되는 환경오염과 피해확산이 심각한 사회문제로 대두되었다. 일례로 1967년 울

8) 우리나라의 환경 관련 정책변수로 경제성장과 소득·소비 증가, 국토개발전략의 변화, 환경사고의 발생, 환경단체의 활동, 세계화와 국제행사 개최, 국제기구 가입 및 국제환경협약 체결, 지방자치제도의 시행을 제시하기도 한다(정회성 외, 2014).

산공단에서 배출된 황산가스에 의하여 주민의 호흡기 질환이 발생하고 주변 임야의 수목이 고사한 공해사건을 비롯해 1969년에는 울산공단에서 불소가스와 황산가스가 배출되어 벼가 고사하는 사건이 발생하여 울산 지역 주민대책위원회가 구성되었다. 또한 1972년에는 중화학공단 입지로 인해 오염이 발생하자 여천－광양 지역 주민들이 피해보상운동을 전개하기도 하였다. 하지만 이러한 주민들의 움직임은 지역적인 환경문제 제기 수준에 머물렀고 조직적인 결집이 이루어지지 못하는 등 권위주의 정부의 통제 하에서 시민사회나 노동계의 대응은 극히 한정적이었다.

그러나 산림녹화사업, 새마을운동 등의 생활환경 개선사업에 의해 환경보전의 싹이 트게 되었고, 1971년에는 개발제한구역 제도가 시행됨에 따라 급속한 경제성장의 이면에 가려진 환경이슈가 정책의제로 다루어질 수 있는 조건이 조성되었다. 특히 1972년에 스톡홀름 UN 인간환경회의가 개최되어 선진국을 중심으로 환경입법 및 환경정책 추진 움직임이 나타났으며 국내에서도 1977년부터 자연보호운동이 전국적으로 전개되었다.

1980년대 5공화국 시기, 3저호황에 따른 경제성장이 지속되는 가운데 산업계도 환경부문에 대한 투자여력을 확보하였고 1986년 아시안게임과 1988년 서울올림픽을 계기로 한강수질개선 등 환경문제 해결에 대한 정부의 노력도 가시화되었다. 그러나 울산·논산·여천 공단 공해병(1985) 등 여전히 산업화로 인한 환경오염문제는 지속되었다.

2. 정책성장기 : 환경정책의 성장

1) 환경의식의 변화

〈표 8〉에서 나타난 전국적인 환경의식 조사 결과에 따르면 1982년에는 환경문제가 매우 심각하다고 답한 비율이 17.2%였는데 1997년에는 42.2%로 증가하였고, 심각하다는 응답까지 합할 경우, 1982년 71.4%에서 1997년 94.2%로 증가하는 추세를 보인다. 또한 다른 여러 가지 사회문제와 비교하였을 때 환경문제가 얼마나 중요하느냐는 질문에 1996년, 1997년 모두 환경문제가 가장 중요하다고 응답하고 있다.

[표 8] 환경 의식의 변화(1982~1997)

연도	문제의 중요성 및 순위		문제의 심각성(%)	
	환경문제(%)	순위	매우 심각	매우 심각+심각
1982	5.7	7/14	17.2	71.4
1987	17.1	3/9	-	-
1990	20.8	2/7	15.6	77.2
1992	-	-	27.3	75.6
1996	33.1	1/6	37.5	90.6
1997	22.7	1/7	42.2	94.2

자료 : 환경부(2010a)

한편 1995년 환경부에 등록된 민간단체 수가 204개에 달하는 등(환경부, 2010a) 시민사회의 영향력이 커지는 가운데 정책과정에서 환경단체의 압력도 더욱 강하게 작용하기 시작하였다. 특히 1994년 WTO 출범으로 국제적인 환경규제가 무역과 환경을 연계하는 경향을 띠자 기업의 환경문제에 대한 인식이 변화되기 시작하였다. 즉 선진국을 중심으로 자국의 환경보호뿐 아니라 지구환경을 보호한다는 명목으로 무역규제 수단을 동원하고, 국제환경협약에서도 협약 이행의 실효성 확보를 위하여 무역제재 수단을 채택하자 주요 수출 대상국인 선진국들의 환경기준에 맞추어 우리의 환경정책 수준을 높이고(환경부, 2010a: 68) 기업 역시 생존을 위해서 환경문제를 심각하게 고려하지 않으면 안 된다는 인식을 갖게 된 것이다.

2) 노태우 정부(1988~1992)

노태우 정부에 들어서도 환경문제는 사회적 이슈로 확대 재생산되었다. 수돗물 파동(1989~1990), 두산 페놀오염사태(1991) 등이 사회적 이슈로 지목되었고, 「환경보전법」 개정으로 환경영향평가 대상이 확대되었음에도 불구하고 경제부처의 비협조로 정책취지가 무력화되었다. 특히, 기업의 공해방지시설 설치 의무화, 자동차 배출가스검사의 의무화 조항이 기업단체들의 반대로 완화되는 등(이상호, 2003: 463) 환경정책이 견실화되기 어려운 상황이었다.

그 가운데 민주화 전후로 국민들의 환경의식은 고양되었다. 환경청이 1987년에 실시한 한 조사에 따르면 응답자의 69%가 공해문제에 불만을 가지고 있고, 88.7%가 경제발전과 환경보전은 균형을 이루어야 한다고 답하였으며 90% 이상이 기회가 주어진다면 기꺼이 환경운동에 가담하겠다고 응답하였다(부산일보 1989.1.9; 문태훈, 1999: 387). 또한 1980년대 초부터 집중적으로 시행된 신도시 건설 사업에 대한 환경영향평가 시행을 통해 국민들의 인식 속에 주거지 녹지 확보, 교통소음 저감, 대기질 관리, 폐기물 대책 등이 주거지의 중요한 생활환경 조건으로 자리 잡게 되었다(환경부, 2010a: 59). 더 나아가 노동자, 농민계층을 중심으로 한 경제우선주의에 반대하는 세력들이 등장함에 따라 사회복지 또는 삶의 질 등의 이념을 지향하는 분위기가 조성되었다.

이렇듯 환경문제에 대한 국민적 관심은 환경보전 가치의 타당성 확보로 이어졌고 이에 힘입어 새로운 환경정책의 수립에 필요한 조직적・제도적 기반이 구비되었다. 즉 조직적 차원에서 기존의 환경청이 환경처로 승격되었다. 또한 제도적 차원에서도 9차 개헌 헌법에 건강하고 쾌적한 환경에서 생활할 권리로서의 환경권이 국민의 기본권으로 명문화되고 1981년, 1986년 두 차례에 걸쳐 「환경보전법」을 포함한 일련의 법 개정이 추진됨에 따라 환경법이 절충주의에서 복수주의로 전환되었으며 오염원인별로 법적 대응이 가능하게 되는 등 환경정책이 도약하기 위한 환경입법 기반이 구축되었다.[9] 이러한 조직규모의 확대와 제도 구비 흐름에 따라 1980년대와 1990년대 초반의 환경정책은 양적인 성장과 함께 전문화된 대응성을 갖추게 되었다.

3) 김영삼 정부(1993~1997)

1991년과 1994년 두 차례에 걸쳐 발생한 낙동강 수질오염[10] 그리고 1995년 시프린스호 남해 기름유출사고로 인해 환경문제에 대한 경각심이 고조되었다. 이에 김영삼 정부에서는 환경조직을 수질관리

---

9) 1981년 「환경보전법」 개정 시, 환경오염사전예방의 원칙과 환경문제에 경제원칙이 적용될 수 있는 기틀로서 환경영향평가제도와 배출부과금 제도, 환경오염방지기금조성 등이 마련되었다. 또한 1986년 개정에서는 민간사업에까지 환경영향평가가 확대되었다.

10) 1991년 낙동강 수질오염은 구미공단에 소재하는 인쇄회로기판용 수지 제조업체에서 페놀이 누출되어 발생하였고, 1994년의 경우 대구 소재 폐수수탁처리업체에서 유기용제 폐수를 금호강에 누출시켜 발생하였다. 이 두 건의 사고에 대한 정부의 대처 과정에서 음용수 관리 문제점이 노정되었고, 낙동강을 식수원으로 하는 주민들의 불신감이 증폭되었다. 이 사건으로 환경처 장차관이 동시에 경질되었고 이회창 국무총리가 직접 4대강 수질개선대책을 발표하기에 이르렀다. 또한 건설부의 하수도 관련 업무와 보건사회부의 음용수관리 업무가 환경처로 이관되었고 환경처는 환경부로 개편되었다(환경부, 2010b: 65).

중심으로 개편하였고 환경문제에 적극적으로 대처하기 위해 환경처를 환경부로 승격시켰으며 지방환경관서와 지방자치단체의 환경 관리 역할을 강화함으로써 지방의 환경정책 위상을 높였다(김선명 · 정순관, 2005: 253).

한편 1992년 리우환경정상회의 개최에 이어 1997년에는 교토의정서가 채택되는 등 환경오염이 인류 공동의 문제로 논의되었고 우리나라는 1990년대 이후 환경문제 극복을 위한 세계적 협력 움직임에 동참하였다. 또한 1994년 WTO 체제가 출범하였고 1996년에는 우리나라가 OECD에 가입함으로써 세계화의 조류에 합류하였다. 이 가운데 산업계에 대한 지나친 규제는 국제경쟁력 저하를 초래한다는 우려에서 사전예방적인 환경관리와 경제적 유인을 환경규제 수단으로 도입하였다. 구체적으로 경제적 유인제도로서 폐기물부담금(1993년), 수질개선부담금(1995년) 제도를 마련하였고, 환경마크제도(1992년)를 시행하였으며 「환경영향평가법」을 제정하였다. 김영삼 정부는 '지속가능한 발전'이 환경레짐으로 등장한 시기에 출범함으로써 개발과 보전 간의 균형을 조율하는 환경정책을 추진하였지만, 일각에서는 시장논리를 강조하고 경제 활성화라는 명목으로 환경기준을 완화시켰다고 평가하기도 한다.

3. 지속가능 발전기 : 보전과 개발의 조화

1990년대에는 화학물질 안전관리 문제와 종의 다양성 보호가 세계적인 환경이슈로 부각되었다. 국내에서는 팔당호 상수원 수질보호를 위한 환경규제에 대한 지역 주민들의 반발(1998년), 대구 위천공단 조성 갈등(2002년) 등 이해관계를 둘러싼 환경갈등 문제가 대두되었다. 한편 시민들의 환경의식 고양으로 환경수요가 매우 높아졌으며 친환경주의적인 소비경향도 나타났다.

1) 김대중 정부(1998~2002)

김대중 정부에서 가장 큰 사회적 논란이 되었던 환경사안은 동강댐 건설사업 백지화, 새만금 간척 사업 유지 그리고 그린벨트 해제이다. 동강댐 사업의 경우, 여론과 전문가 검토 결과를 고려하여 철회를 선언하였고 새만금 간척사업의 경우 자문기구인 지속가능발전위원회의 부정적 평가에도 불구하고 유지를 결정하였으며 그린벨트 해제는 경제발전을 위한 각종 환경규제 정책 완화의 일환으로 실시되었다. 이를 두고 신자유주의적 정책기조를 유지하면서 경제주의적 진보관에 따라 환경정책을 결정한 것이라고 해석하기도 한다.

한편 김대중 정부 환경정책의 가장 큰 특징은 매체별 환경관리 패러다임을 사후처리 중심에서 사전예방체계로 전환함으로써 환경관리 효율화를 제고한 것이다. 제도적 측면에서 살펴보면 「4대강특별법」을 제정하고 오염총량관리제와 수변구역 지정 등 사전예방적인 유역 통합관리체계를 정착시키고자 하였다. 또한 대기질 개선을 위해 천연가스버스를 도입하였고 수도권대기질개선특별대책시안을 수립하였으며 폐기물 재활용 촉진을 위해 생산자책임재활용제도(EPR)를 도입하였다.

2) 노무현 정부(2003~2007)

노무현 정부에서도 환경문제는 사회적 논란과 대응을 유발시키는 사안으로 부각되었다. 대표적으로 2007년 발생한 태안 기름 유출 사고는 환경의 불가역성으로부터 비롯되는 문제점에 대한 상기뿐만 아니라 사후처리를 위한 시민사회의 동참이 필요함을 확인시켜 주었다.

한편 2004년 각 오염매체별 관리를 통합하는 방향으로 자체조직을 개편하였고 제도적 측면에서는 환경보건 10개년 종합계획 수립(2006~2015), 위해성에 근거한 화학물질 관리정책 수립, 사전예방적 환경관리체계 구축을 위한 전략환경평가제도 시행 및 자연경관심의제 도입(2006년), 총량관리제도 시행을 추진함으로써 지속가능한 발전을 계승하고자 하였다. 그러나 핵심 국정과제였던 국가균형발전과 지방분권은 형평성과 참여를 기본가치로 하는 지속가능한 발전과 맥락을 같이하는 정책이었음에도(문태훈, 2015) 주요 국정과제 중에서 환경과 직접 관련된 정책은 '참여복지와 삶의 질 향상'에 관한 세부과제 중 하나인 '지속가능한 발전과 쾌적한 환경조성'에 포함되어 있을 뿐 국정과제 전반에서 환경정책의 위상은 낮은 편이었다.

4. 녹색성장기 : 경제발전 이니셔티브로서의 환경

2000년대에 들어와 기상이변이 속출하여 기후변화 문제를 둘러싼 지구생태계 및 인류 생존의 위기감이 세계적으로 팽배해졌다. 또한 새집증후군과 화학물질 과민증 등이 발생하자 신종 환경성 질환에 대한 우려가 급속히 확산되었다(환경부, 2010a: 81~82). 전 세계적인 저성장, 자원고갈과 에너지 위기 등의 인류 공동의 문제가 제기되는 상황에서 출범한 이명박 정부는 경제살리기 우선주의에 입각해 환경정책에 새로운 가치를 부여한 '녹색성장' 패러다임을 제안하였다. 녹색성장은 화석에너지 의존 경제구조 극복을 새로운 성장동력으로 삼는 발전전략이자 지속가능발전의 추상성과 광범위성을 정책실현 가능성 면에서 보완하는 개념으로(이병욱, 2013; 문태훈, 2013: 677),

환경과 경제가 상충된다는 고정관념에서 탈피해 환경을 경제발전 추동 요인으로 바라보는 이념이다.

녹색성장정책[11]은 역대 정부 중 처음으로 환경의제가 핵심 국정과제로 제안된 사례로, 정부는 행정부처의 업무전반에 녹색성장 패러다임을 적용하라고 주문하였고 조직개편과 관련 법령 정비, 기반시설 확충 등을 통해 정책 비전 구현을 시도하였다. 우선 조직적 차원에서 환경부에 녹색환경정책관을 신설하고, 온실가스 줄이기 국민운동을 위한 민관 협력체인 그린스타트를 구축하였다. 또한 법령 정비의 일환으로 「환경보건법」을 제정하여 환경보건을 위한 종합계획을 수립하고 건강한 생활환경 조성을 위한 실천방안을 구체화하였으며 2010년에 제정된 「저탄소 녹색성장 기본법」에 기초하여 2011년 온실가스 에너지 목표관리제를 도입하였다. 한편 신성장 동력 창출의 일환으로 차세대 핵심환경기술개발사업에 투자하고, 폐자원 에너지화 정책 추진 기반을 마련하였다. 또한 수도권 매립지의 환경 명소화, 생태관광 활성화 사업을 추진하였으며 4대강 사업을 '생태적으로 건강한 물 환경 조성'이라는 친환경적 이슈로 접근하려는 전략을 꾀하였다(환경부, 2010b). 녹색성장은 국민들의 낮은 인지도와 경제성장 위주의 사업 추진이라는 한계점이 지적되기도 하지만(문태훈, 2010), 환경을 통해 경제발전 욕구를 충족시키는 정책이라는 점에서 지속가능한 발전에 대한 사회적 공감대를 넓힐 수 있는 기회를 제공하였다.

---

11) 녹색성장은 환경보전이 경제성장의 새로운 동력이 되며 녹색기술과 녹색산업이 경제활동의 생태효율성을 높인다는 생각(환경부, 2010a: 84)에 기초한 환경이념이다. 정부는 녹색성장을 위한 10대 전략으로 녹색기술의 신성장동력화, 온실가스 감축 및 저탄소·친환경 경제산업구조 구축, 국가브랜드를 높이는 외교정책, 환경친화적 세제 개편, 녹색교육 및 문화정책, 소비에서 의식주까지의 생활혁명, 국토·도시·건축·교통 개조 및 그린 인프라 구축, 기업의 경쟁력 강화, 새로운 일자리 창출 전략, 고도의 융합기술정책을 한국형 녹색성장의 길로 제안하였다(환경부, 2008).

[표 9] 시기별 정책변수와 정책 패러다임

<table>
<tr><th>시기</th><th colspan="3">정책변수</th><th></th><th>정책 패러다임</th></tr>
<tr><td rowspan="7">정책형성기
(1963~1987)</td><td rowspan="2">정책문제</td><td>사회·경제 변화</td><td>• 고도성장
• 생활환경 기반시설 수요 증가
• 서울 아시안게임 개최(1986)</td><td rowspan="7">⇒</td><td rowspan="7">환경정책 기틀 형성</td></tr>
<tr><td>환경이슈 발생</td><td>• 산업체의 환경대책 마련 외면
• 환경오염과 피해 확산
• 울산·온산·여천 공단 공해병(1985)</td></tr>
<tr><td rowspan="2">정치적 환경</td><td>국내 정치환경</td><td>• 권위주의 정부의 보상운동 통제
• 자연보호운동 전개</td></tr>
<tr><td>국제 정치환경</td><td>• 침묵의 봄(Silent Spring) 발간(1962)
• 로마클럽의 '성장의 한계' 발간(1972)
• 스톡홀름 UN 인간환경회의(1972)
• 브룬트란트 보고서 발간(1987)
• 몬트리올 의정서 채택(1987)</td></tr>
<tr><td rowspan="2">정부 대응</td><td>조직</td><td>• 환경청 설립(1980)</td></tr>
<tr><td>법제</td><td>• 위생행정 및 규제정책
• 환경보전법 제정(1977)
• 헌법상 환경권 규정 신설
• '경제사회발전5개년계획'(1982)에 따른 환경부문 계획 수립</td></tr>
</table>

▼

<table>
<tr><th>시기</th><th colspan="3">정책변수</th><th></th><th>정책 패러다임</th></tr>
<tr><td rowspan="6">정책성장기
(1988~1997)</td><td rowspan="2">정책문제</td><td>사회·경제 변화</td><td>• 서울 올림픽 개최(1988)
• OECD 가입(1996)</td><td rowspan="6">⇒</td><td rowspan="6">환경정책의 성장</td></tr>
<tr><td>환경이슈 발생</td><td>• 수돗물 파동(1989~1990)
• 두산페놀오염사태(1991)
• 낙동강 수질오염(1991, 1994)
• 시프린스호 남해 기름유출 사고(1995)</td></tr>
<tr><td rowspan="2">정치적 환경</td><td>국내 정치환경</td><td>• 국민 환경의식 고양
• 민간환경단체 활동 급증
- 녹색소비자연대 설립(1996)</td></tr>
<tr><td>국제 정치환경</td><td>• 리우환경정상회의 개최(1992)
• WTO 출범(1994)
• 교토의정서 채택(1997)</td></tr>
<tr><td rowspan="2">정부 대응</td><td>조직</td><td>• 환경처로 승격(1990)
• 환경부로 개편(1994)</td></tr>
<tr><td>법제</td><td>• 환경보전법 분법화
• 사전예방적 환경관리 수단 및 경제적 유인수단 채택</td></tr>
</table>

▼

시기	정책변수				정책 패러다임
지속가능 발전기 (1998~2007)	정책문제	사회 · 경제 변화	• 환경문제의 인류공동의 문제화 • 한일 월드컵 경기 개최 (2002)	⇒	보전과 개발의 조화
		환경이슈	• 대구 위천공단 조성 갈등 (2002) • 태안 기름유출사고(2007) • 선진국형 환경문제 대두		
	정치적 환경	국내 정치환경	• 민간환경단체 급증		
		국제 정치환경	• 지속가능발전 세계정상회의 (2000)		
	정부 대응	조직	• 지속가능발전위원회 설치 (2000)		
		법제	• 지속가능발전기본법 제정 (2007) • 사전예방적유역통합관리 체계 정착 • 생산자책임재활용제도 (EPR)도입 • 전략 환경평가 제도시행		

▼

시기	정책변수				정책 패러다임
녹색성장기 (2008~)	정책문제	사회 · 경제 변화	• 저성장 • 자원고갈 및 에너지 부족 문제	⇒	경제발전 이니셔티브로서의 환경
		환경이슈	• 낙동강 페놀오염(2008) • 구미 불산 유출 사건(2012) • 안전한 먹거리 문제 • 기상이변 속출 • 신종 환경성 질환 출현		
	정치적 환경	국내 정치환경	• 보수정권으로 교체 • 경제살리기 우선주의		
		국제 정치환경	• 람사르 총회 한국 개최(2008)		
	정부 대응	조직	• 녹색성장위원회 설치(2009)		
		법제	• 저탄소녹색성장기본법 제정 (2010)		

자료 : 박순애 · 이영미(2008), 환경부(2010a), 정회성 외(2014) 재구성

Ⅳ 결어

우리나라에서 환경 관련 이슈는 1960년대 전후 산업사회의 부산물로 등장한 대기오염, 수질오염, 유해폐기물 처리에 관한 문제로부터 지속가능한 발전의 패러다임으로 변화되어 왔다. 특히 2000년대에 들어서면서 환경문제가 더욱 세분화되어 기후변화에 대한 범국가적인 대응, 지속가능한 발전을 위한 생태계 보전, 생태효율적인 산업구조와 도시 공간구조의 마련, 건강한 생활을 위한 안전한 먹거리의 생산과 배분, 내분비교란물질로부터의 안전성 확보 등이 주요 이슈로 제기되고 있다. 최근에는 정부의 과학기술에 대한 높은 기대와 투자의지에 따라 환경기술(ET)도 환경정책에서 주목하여야 하는 분야로 대두되는 가운데(심준섭, 2013: 38~39) 국민행복 시대에 부응하는 환경복지가 강조되고 있다.

정책은 동태적인 상황에서 복잡한 문제를 해결하려는 노력이자 일회적이 아닌 계속적인 결정이다(김영평, 1991). 이러한 맥락에서 이 글에서는 여러 정책변수가 상호작용하는 가운데 새로운 환경정책이 형성되거나 변동되는 양상을 우리나라 환경정책 50여 년 동안의 시기별 환경 패러다임에 따라 분석하였다. 1960~1980년대의 '정책 형성기'에는 환경정책 기틀이 구축되었고, 환경부문의 조직 확대와 법제의 전문화가 본격화된 1990년대의 '정책 성장기'에는 환경정책이 양적으로 성장하였다. 한편 환경문제를 인류 공동의 문제로 인식하면서 보전과 개발 간의 균형을 추구한 김대중·노무현 정부의 '지속가능 발전기', 그리고 2000년대 후반에 들어와 환경을 경제·사회발전의 동력원으로 인식하는 '녹색 성장기'를 거치면서 환경정책의 포괄

범위는 더욱 확대되었다.

최근의 환경정책은 자연환경에 대한 이해와 관리 차원에만 머무는 것이 아니라 경제, 사회, 문화 등 다양한 영역과의 연계를 고려하여 설계되어야만 그 실효성이 높아지고 정책수요에 대한 대응성을 확보할 수 있다. 또한 '지속가능한 발전' 패러다임 역시 시대적 변화와 사회적 요구에 부합할 수 있도록 조정되어야만 지속 가능할 수 있다. 그러므로 우리나라 환경정책 50년 과정에서의 환경 패러다임 변화와 정책변동은 국가 및 사회 발전과 양립하여 왔으며, 이러한 맥락에서 성공적인 환경정책일수록 시의성이 강하게 반영된다고 할 것이다.

참고문헌

- 김광임. (1996). 韓國의 環境五十年史. 한국환경기술연구원.
- 김선명, 정순관. (2005). 환경정책의 중앙-지방 정부간 권한 조정에 관한 역사 제도적 접근. 한국정책학회 춘계학술대회 세미나자료집.
- 김영평. (1991). 불확실성과 정책의 정당성. 고려대학교 출판부.
- 노상환. (1997). 환경예산과 정책목표. 한국환경기술개발원.
- 문태훈. (1999). 환경정책론. 형설출판사.
- ______. (2010). 환경문제의 개선을 위한 공공적 접근방법의 확대: 필요성과 가능성 그리고 과제. 한국행정논집, 22(3):799~820.
- ______. (2013). 새 정부 환경정책의 과제와 환경정책의 발전방향. 한국사회와 행정연구, 24(2):673~701.
- ______. (2015). 우리나라 자연환경보전정책의 변화와 과제 - 1960 ~2013. 환경정책 23(2):57~95
- 박순애 · 이영미. (2008). 성장과 환경: 지속가능한 사회로의 진화. 문태훈 외. 지속가능한 사회 이야기. 법문사.
- 심준섭. (2013). 새 정부의 과학기술, 정보통신 및 환경 에너지 정책 방향. 한국정책학회 The KAPS, 32:36~39.
- 양승일. (2006). 정책변동론. 양서원.
- 이상호. (2003). 생태친화적 경제와 한국경제의 지속가능성 - 김대중 정부의 환경정책을 중심으로. 사회경제평론, 21:443~493.
- 정수복. (1994). 환경정책의 근본적 전환을 위한 모색. 한국사회학회 편, 한국사회개혁의 과제와 전망, 새길.
- 정회성 외. (2014). 한국의 환경정책. 환경과 문명.

• 최병두. (2004). 참여정부의 정책기조와 환경정책 평가. 도시연구, 9:241~260.
• 최병선. (2007). 국가운영시스템: 과제와 전략. 나남.
• 환경부. (2005). 환경예산과 예산제도 2005. 환경부: 기획관리실.
• ______. (2006). 2006 환경백서.
• ______. (2007). 2007 환경부 세입세출 예산개요.
• ______. (2010b). 이명박 정부 2년 환경정책 10대 뉴스와 발전방향.
• ______. (2010a). 환경30년사.
• ______. (2013). 2013 환경백서.
• 허장. (1998). 우리나라 환경정책의 형성과 발전에 관한 연구. 국토계획, 22(4):221~241.
• 홍준형. (2005). 환경법 제2판. 박영사.
• Agarwal, A. and Sharma, C. (1982). State India Freshwater. A Citizen Report centre for science and Environment.
• de Bruyn, S. M. and Opschoor, J. B. (1997). Development in the Throughput-Income Relationship: Theoretical and Empirical Observation, Ecological Economics, 20:255~268.
• Dasgupta, S., Laplante, B., Wand, H., and David, W. (2002). Confronting the Environmental Kuznets Curve, Journal of Economic Perspectives, 16(1): 147-168.
• Hettige, H., Mani, M., and Wheeler, D. (2000). Industrial Pollution in Economic Development: The Environmental Kuznets Curve Revisited, 62(2): 445-476.
• Kingdon, J. W. (1984). Agendas, Alternatives and Public Policies. New York.

- 부산일보(1989. 1. 9)
- 환경부. www.me.go.kr
- 환경부 환경통계포털. stat.me.go.kr

제 2 편

환경보전을 위한 토지이용의 거버넌스: 제도적 변천과 향후의 과제

CHAPTER 01

김성배(숭실대 행정학부 교수)

I 문제의 제기

거버넌스 시각에서 토지이용과 환경보전의 문제를 보면 양자는 한마디로 이율배반적 관계에 있다는 생각을 하게 된다. 그것은 인간이 환경에 영향을 미칠 수 있는 가장 직접적이고 강력한 메커니즘이 토지이용이지만, 그것을 통제하려는 정책적 노력은 여러 가지 이유로 해서 매우 취약하기 때문일 것이다.

인간 삶의 대부분이 토지이용에서 시작되었고, 삶을 위한 토지이용과 개발행위는 지속적으로 환경에 영향을 미쳐왔다. 도시화 및 산업화를 통해 인간 삶의 공간적 영역을 넓혀가는 과정에 환경은 지속적으로 파괴되었고 자원은 고갈되었으며, 다양한 형태의 환경오염이 발생하였다. 특히 식량 확보를 위한 토지이용 행위는 직접적으로 산림을 훼손하였고, 대기오염이나 수질오염 등을 유발해 왔으며, 자연재해로 인한 피해의 원인이 되기도 하였다. 최근에는 토지이용의 결과로 나타난 사람들의 이동 패턴이 에너지 사용량에도 영향을 미치고, 그 영향이 누적되어 지구온난화와 기후변화에까지 영향을 미치고 있다.

하지만 토지이용이 환경에 미치는 영향이 매우 직접적이고 광범위함에도 불구하고 정책적으로 양자 간의 관계는 아주 느슨한 연결고리에 기초하고 있다. 다시 말해, 토지이용 행위를 통제함으로써 환경보전을 이루려는 노력은 여러 가지 이유로 반대에 부딪히게 되고, 따라서 최소한의 수준에서 정부 개입이 이루어지고 있는 것이다.

왜 그런가? 크게 세 가지 측면에서 그 원인을 찾아볼 수 있다. 우선적으로 그 한 가지 이유는 토지자원의 속성에서 발견할 수 있다. 토지자원은 일반적인 환경자원들, 예컨대 대기나 수자원 등과 달리 전형적인 사유재라고 할 수 있다. 일반적으로 환경재는 사적 소유권 설정이 어려워서 "공유의 비극" 문제를 유발하므로, 그 문제의 해결을 위해 정책적 개입이 많이 이루어진다. 심지어는 그 문제를 해결하는 가장 효과적인 방안으로서 사적 소유권의 확립이 거론되기도 한다. 그러나 사적재인 토지자원의 이용에는 공유의 비극 문제가 발생하지 않으므로, 정책적 개입은 외부효과의 해소 즉 토지이용의 효율성 제고의 영역에 한정되어 이루어지며, 따라서 그 범위가 크게 축소되고 있다.

다음으로 토지이용과 환경보전의 관계는 개발과 보전의 전형적인 상충관계의 한 유형이라는 점을 들 수 있다. 토지이용은 환경보전에 대해서는 부정적인 영향을 미칠 가능성이 크고, 실제로도 그러한 영향을 미친다. 반면 토지이용은 인간 삶의 질 향상을 위해서도 필연적으로 이루어져야 하는 활동이다. 그러다 보니, 토지이용을 둘러싸고는 환경보전보다는 개발이 우선적으로 고려되고, 토지이용을 다루는 정책부서도 개발지향적인 정책을 만들어내는 경향이 있다.

그런가 하면, 토지이용과 환경보전 간에는 행위와 영향 간의 불일치 문제도 빈번하게 발생하고 있다. 물론 토지이용이 시간적으로나 공간적으로 한정되어 환경에 부정적인 영향을 미치는 경우에는, 그 실효성에 정도의 차이는 있지만, 정책적 개입을 통해 그 영향의 대부분은 해소될 수 있다. 그러나 토지이용의 영향은 특정 시점과 특정한 공간의 범위를 넘어서서 나타나는 경우가 허다하다. 이 경우에는 그 영향의 해소를 위해 정책적으로 노력을 가하는 일이 현실적으로 매우 어렵다. 그로 인해 토지이용 행위와 영향 간에는 항상 괴리가 발생할 수밖에 없다. 토지이용행위와 그 영향 간의 시간적 차원에서의 괴리는 토지가 한정된 자원이어서 발생하는 현상이다. 즉 한정된 토지자원의 이용을 둘러싸고 현 세대와 다음 세대 간에 이해의 상충이 발생하는 것이다. 반면, 토지이용행위와 그 영향 간의 공간적 차원에서의 불일치는 제한된 공간에 대해서는 환경에 무해한 토지이용행위들이 누적적으로 불어나 생태계 차원에서는 부정적인 영향을 초래하는 경우를 말한다. 예로서, 개별 국가단위의 산림벌채가 지구차원의 기후변화 문제를 초래하는 경우를 들 수 있다.

이 연구는 이처럼 본질적으로 취약한 연결고리에 바탕을 둔 환경보전을 위한 토지이용정책이 우리나라에서 어떻게 변화되어 왔는지를 살펴보고, 향후에 추구해야 할 정책방향의 전망을 그 목적으로 한다. 서론에 이어서 제 2장에서는 이율배반적이고 복잡한 토지이용과 환경보전의 관계를 보는 시각을 정리해 봄으로써 이어지는 논의의 토대를 마련하였다. 토지자원의 본질적 속성, 토지이용과 환경보전의 관계, 그리고 양자를 거버넌스할 수 있는 메커니즘들을 정리하였다. 이 부분은 이 연구의 전체적인 개념 틀이라고 할 수 있다.

제 3장에서는 주어진 개념적 틀에 비추어 1960년대 이후 지난 50여년 간 우리나라에서 이루어졌던 환경보전을 위한 토지이용의 거버넌스 노력들을 정리하였다. 특히 특정한 제도도입의 배경이 되었던

시대적 상황이나 인식의 변화가 무엇이었고, 어떠한 평가를 얻었고, 그리고 정책적으로는 어떠한 후속적인 변화가 일어났는지를 논의하였다. 제 4장에서는 지난 50여 년간의 정책 변천의 결과로 정착된 현행의 환경보전을 위한 토지이용의 거버넌스 시스템을 정리하였고, 그 결과로 나타난 우리나라의 현재 토지이용상황을 정리하였다. 제 5장은 향후의 전망에 해당하는 부분으로서 현재 우리나라의 환경보전을 위한 토지이용 거버넌스 제도의 문제점을 지적하고, 앞으로 나아가야 할 방향을 제시함으로써 연구를 마무리하였다.

Ⅱ 이론적 배경

환경보전을 위한 토지이용 거버넌스 제도들을 정리하기 위해서는 먼저 양자 간의 관계를 바르게 이해하는 것이 중요하다. 토지이용이 환경에 미치는 영향이 매우 다양한 만큼 양자 간의 관계도 다양한 각도에서 조망하고 정리할 필요가 있다. 이 글에서는 토지자원의 특성, 토지이용이 환경에 미치는 영향 그리고 토지이용의 거버넌스 메커니즘 등 세 가지 측면에 대해 정리하였다.

1. 토지자원의 특성

일반적으로 지구상의 대표적 자연자원으로 대기, 수자원, 그리고 토지가 거론되고 있다. 이 가운데 대기나 수자원은 공유재의 속성을 띠기 때문에 그 이용을 전적으로 개인들에게 맡길 경우에는 고갈될 가능성이 크다고 인식되어 그 이용에 대한 정책적 개입이 비교적 용이하게 이루어진다. 하지만 토지의 경우는 재산권이 명확하게 규정되는 사유재이므로 환경보전을 목적으로 그 이용에 정부가 개입하는 데에는 많은 어려움이 초래된다(Tarlock, 2006). 토지이용이 환경에 대해 여러 가지 영향을 초래함에도 불구하고 토지자원의 속성 때문에 정부 개입이 용이하지 않다는 문제가 발생하는 것이다. 이러한 이유로 해서 토지이용과 관련한 환경문제에 대해서는 흔히 "공유재의 비극"이 아닌 "사유재의 비극(Tragedy of private property)"이라는 표현으로 그 문제를 지적하기도 한다(Young, 2006). 토지이용으로 인해 사유재의 비극이 발생한다는 것은 토지 소유자의 입장에서 볼 때 최선의 토지이용행위가 사회 전체적으로는 비극적인 결과를 초래할 수도 있다는 것을 의미한다.

Young(2006)은 토지이용행위로 인해 사유재의 비극이 발생할 수 있는 이유로서 다음의 세 가지를 지적하였다. 우선적으로 토지소유자의 합리성과 사회적 합리성 간의 괴리를 지적했다. 사적 소유권이 보장되는 재화의 경우에 그 소유자가 더 많은 이익을 추구하여 해당 재화의 용도전환을 도모하는 것은 합리적이라고 할 수 있으나 사회 전체적으로 볼 때에는 그 행위가 바람직하지 않을 수도 있다는 것이다. 예를 들면, 우량 농지를 도시적 목적으로 용도 전환함으로써 식량부족 문제가 초래되는 경우를 들 수 있다. 둘째, 사적재인 토지의 이용 결정에는 시장가치만 고려되고, 시장에서 평가되지 않는 가치는 무시될 가능성이 크다는 점을 지적하였다. 예컨대, 환경보전을 위한 토지이용이 창출하는 가치는 일반적으로 시장에서 평가되지 않는 가치일 가능성이 크며, 따라서 토지이용이 환경훼손을 초래할 가능성도 크다는 것이다. 셋째, 사적 소유권에 기반을 둔 토지이용 결정이 예상하지 못한 파급효과를 가져올 가능성을 지적하고 있다. 여기서 예상하지 못한 파급효과란 토지이용행위가 의도하지 않게 다른 사람들의 후생 수준에 영향을 끼치는 경우를 말한다. 예를 들면, 산지의 소유자는 나무를 벌목하여 수익을 얻거나 산지를 도시적 목적으로 개발할 수 있지만, 그러한 행위가 누적되어 전 지구적으로 이산화탄소 배출이 늘어나고 그 결과 지구온난화와 기후변화가 발생한다면, 다른 사람들의 후생수준에 영향을 미칠 수 있을 것이다.

2. 토지이용과 환경보전의 관계

1) 전통적 시각

환경보전과 토지이용의 관계는 토지이용 현상을 보는 우리의 시각이 바뀌면서 함께 변해온 것을 알 수 있다. 토지이용을 보는 전통적 시각은 토지이용이 국지적인 현상인 만큼 토지자원은 주어진 상황에 맞게 효율적으로 이용해야 한다는 것이다. 이러한 시각에 의해 토지이용의 거버넌스가 이루어진다면 그 목표로는 토지이용의 효율성 제고가 우선적으로 고려될 것이다.

효율성의 추구라는 목표에 초점을 맞춘 토지이용 활동은 환경보전의 측면에서는 다음과 같은 결과를 가져올 수 있다. 우선 토지용도의 결정 권한을 가진 정부는 주변의 여건을 고려하여 경제적 이익이 최대화되도록 해당 토지에 대한 용도를 지정할 것이다. 그 결과 경제적 수익성이 떨어지는 토지와 특별히 보존이 필요한 지역들이 환경보전 목적의 용도로 지정될 것이다. 다음으로 정부는 토지이용이 유발하는 외부효과가 최소화되도록 정책적 개입을 시도할 수 있다. 여기서 외부효과란 주로 인접한 토지들이 상호 간에 미치는 영향을 말한다. 특히 부정적인 외부효과가 발생하는 경우에는 서로 상충되는 토지이용을 분리시키거나 또는 토지이용이 유발하는 사회비용에 해당되는 만큼의 세금이나 부과금을 부과함으로서 그 부정적 효과를 내재화할 것이다. 그런가 하면, 시장을 통해 확보할 수 없는 토지이용의 경우에는 정부가 정책적으로 그러한 토지이용을 확보함으로써 환경보전의 목적을 달성할 수 있다. 예를 들면, 도로나 공원 그리고 생태적으로 보전이 필요한 지역 등이 여기에 해당한다. 정부는 수용을 통해 이러한 목적에 필요한 용지를 확보하거나, 또는 규제를 통해 보전이 그러한 지역을 지정함으로써 그 목적을 달성할 것이다.

2) 지속가능성의 시각

토지이용과 환경보전의 관계를 보는 시각은 토지이용이 환경에 미치는 영향에 대한 인식의 폭이 넓어지면서 변화가 일어나게 되었다. 우선적으로 그 인식의 폭은 시간적 차원에서 변화가 일어났다. 토지이용이 불가역적 활동이고, 한정된 토지자원의 고갈 문제를 수반할 수 있으므로, 토지이용의 거버넌스가 추구해야 할 주요한 목표의 하나로 지속가능성의 실현을 고려하게 되었다. 이에 따라 토지이용과 환경보전과의 관계에 대한 인식도 변하였다. 환경보전이 토지이용의 결과로 남은 부분에 대한 것이라는 일방향적인 시각에서 양자의 관계를 투입과 산출의 양방향적인 관계로 이해하기 시작하였다. 이러한 생각은 전통적 시각에 기초한 환경문제 해결 노력은 궁극적으로 자원 고갈의 문제를 양산할 수 있으므로 보다 근본적으로 사용하는 토지자원의 양을 줄이려는 노력이 필요하다는 인식으로 이어졌다. 예를 들면, 물질균형접근법의 시각에서 토지이용문제를 보는 관점이 여기에 해당할 것이다.

이 관점에 기초하여 이루어지는 환경보전을 위한 토지이용의 거버넌스 노력은 우선적으로 토지이용 수요에 대응하여 새로운 토지를 개발하기보다는 기존의 토지자원을 재활용함으로써 사용하는 토지의 양을 줄이는 노력을 들 수 있다. 다른 정책적 노력으로는 토지이용의 생산성을 높임으로써 투입되는 자원의 양을 줄이는 것도 포함할 수 있을 것이다. 결국 전통적 시각이 정태적 시각에서 토지이용과 환경보전의 문제를 보는 것이라면 이 관점은 동태적 시각에서 그 문제를 보는 입장이라고 할 수 있을 것이다.

3) 생태계 서비스의 관점

토지이용과 환경보전 간의 관계에 대한 인식은 공간적 차원에서도 그 폭이 넓어지게 되었다. 이러한 변화는 경제활동이 미치는 영향이 글로벌화되면서 나타나기 시작한 현상이다. 그동안 토지이용은 일반적으로 로컬 환경 문제로 인식되어 왔다. 그러나 최근에는 토지이용이 미치는 세계적인 영향에 대해 관심이 높아지고 있다(Foley et al. 2005). 그동안 전 세계 60억 인구가 식량, 식수 및 주거 등의 목적으로 국지적으로 행한 토지이용행위의 결과가 가져온 전 세계적인 숲의 변화, 농지의 전환, 식량 확보를 위한 토지이용패턴의 변화 등에 주목하기 시작한 것이다. 즉 이러한 행위들이 누적되어 나타나면서 전 지구적 차원에서 발생하는 토지이용의 영향을 고려하기 시작한 것이다.

이러한 관점으로 토지이용과 환경보전의 관계를 보면, 환경보전 위해서는 토지이용이 가져올 국지적인 영향뿐만 아니라 국지적 토지이용이 누적되어 나타나는 글로벌 차원의 영향도 고려하게 된다. 즉,

토지이용의 의사결정시에는 그러한 결정이 가져올 다양한 지리적 스케일과 다양한 생태적 차원에서의 영향을 모두 고려해야 할 것이다. 비록 우리가 토지이용을 통해서 국지적 차원에서 편익을 얻고, 또한 그러한 편익을 얻는 것은 당연하지만, 동시에 생태적 서비스와 같은 더 큰 차원에서 발생하는 영향도 염두에 두고 토지이용 정책을 수립할 필요가 있다는 것이다. 이 입장은 토지이용과 환경보전의 관계를 국지적으로 일어나는 행위와 글로벌 영향 간의 연결고리에 초점을 맞추어 보는 시각이라고 할 수 있을 것이다.

3. 거버넌스 메커니즘

환경보전을 위한 토지이용의 거버넌스 메커니즘은 토지와 거버넌스의 특성에 따라서 다양하게 분류된다. 일반적으로 거버넌스의 대상, 거버넌스 수단의 유형, 그리고 거버넌스의 공간적 또는 시간적 영향 범위 등에 따라서 그 메커니즘들을 구분할 수 있다. 여기서는 환경에 미치는 영향보다는 거버넌스의 대상을 중심으로 그 수단들의 분류하였다. 이후의 논의에서는 거버넌스 메커니즘들을 토지이용 거버넌스 제도, 토지개발 거버넌스 제도, 그리고 토지이용 정보제공제도 등 세 가지 유형으로 구분하여 정리하였다.

1) 토지이용 거버넌스 제도

토지이용 거버넌스 제도들은 토지이용행위를 통해 궁극적으로 달성하고자 하는 토지이용의 모습을 제시해 주는 방안을 말한다. 가장 대표적인 방안으로는 토지이용계획이나 용도지역지구제 등을 들 수 있다. 이 제도들은 궁극적으로 가야할 토지이용의 모습을 제공하지만, 거기에 도달하기 위해서는 다양한 부수적인 방법들이 활용되고 있다. 정부가 직접 개입하는 방안들이 주로 활용되지만, 경우에 따라서는 시장 메커니즘을 통해서도 그 문제를 해결하기도 한다.

[표 1] 토지이용의 거버넌스 수단

구분	제도	세부내용
토지이용	토지이용계획제도	광역도시계획, 도시기본계획, 도시관리계획, 지구단위계획 등
	용도, 지역, 구역 지정제도	용도지역의 지정, 용도지구의 지정, 용도구역의 지정, 용도지역안에서의 행위제한 등
토지개발	토지개발제도	주택지조성사업, 택지개발사업, 토지구획정리사업, 시가지조성사업 등
	개발행위허가제도	건축물의 건축, 공작물의 설치, 토지의 형질변경, 토석의 채취, 토지분할 등
	환경영향평가제도	환경영향평가, 전략환경영향평가제도
정보제공	토지적성평가제도	평가체계1, 평가체계 2
	생태계자연도제도	생태적 가치, 자연성, 경관적 가치 등에 따라 1~3 등급화
	국토환경성평가지도제도	환경적 가치에 따라 전국을 5개 등급으로 구분

2) 토지개발 거버넌스 제도

토지이용이 정태적 측면에서 토지형태를 결정하는 것이라면 토지개발은 동태적 측면에서 토지이용을 가져오는 행위를 말한다. 정적인 토지이용은 동적인 토지개발의 결과로 창출되는 것인 만큼 양자 간의 관계는 매우 높다고 할 수 있다. 토지개발이 특정한 방향으로 토지이용이 이루어지도록 변화를 가하는 행위인 만큼, 토지개발 거버넌스 제도에는 다양한 토지개발 관련 제도들이 포함될 수 있다.

환경보전과 밀접한 연관성을 갖는 토지개발 관련제도도 다양할 것인데 우선적으로 개발행위허가제를 들 수 있다. 이 제도는 토지개발계획의 적절성, 기반시설의 확보여부, 주변 환경과의 조화 등을 고려하여 토지개발행위에 대한 허가여부를 결정함으로써 환경보전에 영향을 미칠 것이다. 또 다른 제도로는 토지개발이 환경에 미칠 수 있는 영향을 사전에 평가하여 필요한 경우에 그러한 영향을 저감하도록 하는 환경영향평가제도를 들 수 있다. 구체적인 수단으로는 환경영향평가제도와 전략환경영향평가제도 등을 들 수 있다.

3) 토지이용을 위한 정보 제공수단

토지이용을 위한 정보 제공수단은 바람직한 토지이용을 위해 필요한 정보를 제공하는 방안들을 말한다. 토지이용을 위한 정보도 그 본질적 속성을 감안할 때 민간을 통해서는 필요한 만큼 충분히 생산되지 않을 것이다.[1] 따라서 토지이용 시 고려해야 할 정보를 정부가 생산하여 배포함으로써 토지이용을 바람직한 방향으로 유도하는 노력이 필요하다. 토지이용을 바람직한 방향으로 유도하기 위해 필요한 정보를 제공하는 수단으로는 토지적성평가제도, 생태자연도 및 국토환경평가지도 등을 들 수 있다.

---

1) 정보는 일반적으로 부분배제성과 비경합성을 갖는 재화라고 알려져 있다. 부분 배제성으로 인해 그 생산이 민간에 의해서는 충분히 이루어지지 않을 것이고, 비경합성으로 인해 생산의 한계비용이 거의 제로에 가까우므로 더 많은 사람들이 그 정보를 활용할 수 있도록 하는 것이 바람직할 것이다.

III 우리나라 토지이용제도의 변천[2)]

이 장에서는 우리나라에서 토지이용제도가 어떠한 변화를 거치면서 진화해 왔는지를 살펴보고자 한다. 우리나라 토지이용제도의 변천은 크게 4단계로 나누어 정리해 볼 수 있다. 우선 1970년까지는 국토의 이용과 관련되는 기본적인 제도들이 갖추어진 시기로서 '제도의 태동 및 형성기'로 분류할 수 있다. 다음으로 '제도의 정착기'라고 할 수 있는 1980년대에는 토지이용 관련 제도들이 하나씩 제자리를 잡으면서 국토 전체를 관리할 수 있는 토지이용 메커니즘들이 갖추어졌다. 그런가 하면, 1990년대에는 우리 경제가 크게 성장하여 선진국의 문턱에 이르면서 여러 가지 측면에서 정책전환이 일어났는데, 토지이용 관련 정책도 그러한 변화를 경험하여 이 시기를 '제도의 전환기'로 분류하였다. 끝으로, 2000년대에는 토지이용정책의 무게중심이 개발보다는 보전 쪽으로 이동했고, 아울러 규제 중심의 기존 제도에 토지이용 관련 정보 제공 제도들이 더해지면서, 토지이용 거버넌스가 성숙된 모습을 갖추게 되어 이 시기를 '제도의 성숙기'라고 분류하였다.

1. 제도의 태동 및 형성기(1960~1970년)

1) 토지이용

1960년대에 도입된 토지이용제도들은 두 가지 측면에서 두드러진 특징을 갖고 있었다. 그 하나는 토지이용의 유도보다는 규제 쪽에 중

2) 이 부분은 「국토50년」 제7장 토지정책의 내용에 기초하되 최근의 변화를 포함시켜서 작성한 것이다.

점이 두어졌다는 것이고, 다른 하나는 전체적 관점에서 토지이용을 유도하는 제도라기보다는 부분적인 목적을 위해 도입된 제도들이 대부분이었다는 것이다. 그것은 당시의 토지이용제도가 급속한 도시화에 수반되었던 과도한 개발을 통제를 하려는 의도에서 만들어졌기 때문이었다. 구체적인 사례로는, 1961년 「산림법」이 제정되어 보전임지의 고시와 전용제한, 보전임지의 지목변경금지, 보안림의 지정과 행위제한 등 산지이용에 관한 사항들과 「수도법」의 제정으로 상수원 보호구역의 지정과 행위제한에 관한 사항이 제도화되었다.

한편 도시지역에 대해서는 「도시계획법」에 의한 용도지역지구제가 도입되었다. 그동안 도시지역에서 토지이용을 위해 시행되어 왔던 조선시가지계획령의 규정내용이 현실과 부합되지 않았으므로 이를 대체하기 위해서 1962년에 도시계획법이 제정되었고, 그에 근거한 용도지역지구제가 정착되었다. 그리고 비슷한 시기에 「건축법」이 제정되어 개별건축행위에 대한 사항들이 명시되었을 뿐만 아니라 용도지역·지구 안에서 건축행위에 대한 사항들이 구체적으로 명시되어, 실질적인 의미에서 토지이용규제를 위한 기반이 구축되었다.

종합한다면, 1960년대의 토지이용정책은 토지이용을 유도하기 보다는 토지개발로 인해 생겨나는 토지이용의 무질서를 통제하는 수단으로 인식되었고, 따라서 그 적용범위도 개발이 빈번하게 일어났던 도시지역에 한정되었다. 그러므로 국토이용계획제도가 도입되기 이전의 토지이용제도란 사실상 도시지역, 그것도 서울시 도시계획구역에 한정된 것이었다 해도 과언이 아닐 것이다.

1960년대를 토지이용정책의 태동기라 한다면, 1970년대는 그 형성기라고 할 수 있다. 1960년대 후반부터 가속화된 경제성장은 토지수요의 증대를 가져왔고, 그에 따른 개발로 인해 국토공간을 체계적이고 효율적으로 이용·관리할 필요성이 매우 높아지게 되었다. 1970년대에 형성된 토지이용정책들을 살펴보면 대체로 두 가지 특성을 갖고 있다는 것을 알 수 있다. 그 하나는 1960년대에 시작된 규제 중심 토지이용정책의 성격을 승계하여 여전히 규제 중심의 정책이 추진되었다는 점이고, 다른 하나는 국지적으로 발생하는 미세한 토지이용문제보다는 중앙정부가 주도하는 국토개발상의 필요에 따라 토지이용제도의 개편이 이루어졌다는 것이다.

1970년대의 토지이용제도로는 다음 몇 가지를 들 수 있다. 첫째, 1972년에 「국토이용관리법」이 제정되면서 국토이용계획제도가 도입되었다. 도시계획법의 제정으로 도시지역에 대해서는 계획적 토지이용을 위한 제도적 장치가 마련되어 있었으나, 비도시지역에 대해서는 토지이용을 계획적으로 유도할 수 있는 메커니즘이 존재하지 않았으므로, 이러한 미비점을 보완하기 위해 국토이용계획제도가 도입된 것이다.

국토이용계획은 국토를 그 기능과 적성에 따라 가장 적합하게 이용·관리하기 위해 용도지역 또는 용도지구로 구분·지정하는 토지이용계획을 그 주된 내용으로 하는 제도이다. 도입 당시 국토이용계획상의 토지이용계획은 토지이용기본계획과 토지이용시행계획으로 구분되었다. 전자는 국토건설종합개발계획에 따라 국토를 6개 용도지역으로 구분·지정하고, 후자는 용도지역을 보다 효율적으로 이용·관리하기 위해 세부적인 용도지구로 구분·지정하도록 하였다(표 2 참조). 그리고 국토이용계획에 의해 결정된 토지이용계획은 다른 법령에 의한 토지이용계획의 기본이 되도록 했다.

우리나라의 토지이용계획제도는 국토이용계획의 도입으로 비로소 그 골격이 형성되었다고 할 수 있다. 즉 국토이용에 관한 계획체계는 최상위 계획인 국토건설종합계획과, 이를 실현하기 위한 수단으로서 전 국토를 대상으로 수립되는 국토이용계획, 그리고 여기에 기초하여 각 개별법에 의해 수립되는 토지이용계획 등으로 하향적인 체계를 갖추게 되었다. 그리고 토지이용계획은 도시지역과 비도시지역에서 각기 다른 체제를 갖추게 되었는데, 국토이용계획에서 도시지역으로 지정된 지역은 도시계획법과 건축법에서 정한대로 토지이용을 하고, 비도시지역은 국토이용관리법과 기타의 개별법에서 정한대로 토지이용을 하게 되었다.

이 당시 도입된 제도로서 환경보전의 측면에서 특별한 의미를 부여할 수 있는 제도는 개발제한구역이 있다. 1960년대부터 시작된 산업화의 진행으로 1970년대 초반부터 서울을 비롯한 중추도시의 인구가 급증하면서 도시가 밖으로 팽창해 나가기 시작하였다. 도시가 무질서하게 외곽으로 확산되는 경우 교통·주택·환경문제는 물론, 도시 내부의 토지가 비효율적으로 될 수 있고, 도시 외곽의 녹지가 무분별하게 훼손되는 등 많은 문제를 초래할 수 있는데, 이러한 문제를 미리 방지하기 위하여 1971년도에 「도시계획법」(현재는 개발제한구역의지정및관리에관한특별조치법)을 개정하여 개발제한구역제도를 도입하였다. 1971년 서울을 시작으로 1977년까지 8차례에 걸쳐 14개 권역에 걸쳐 전, 답 등의 농경지와 임야, 대지 및 일부 자연취락지 등을 포함하여 전 국토의 5.4%에 해당하는 5,397.1㎢가 개발제한구역으로 지정되었다.

2) 토지개발

1960년대 초는 해방과 더불어 해외에서 귀환한 동포들과 6.25동란으로 인한 월남민들이 이미 도시인구로서 자리를 잡고 있었고, 취업의 기회를 찾아 이농향도한 농촌인구들이 가세하면서 도시지역은 폭발적인 인구의 증가를 경험한 시기였다. 또한 국가적으로는 개발과 성장을 최상의 가치로 추구했으며, 토지정책 차원에서도 「토지수용법」, 「도시계획법」, 「토지구획정리사업법」 등의 제정을 통해 다양한 토지개발제도를 도입하여 시행했던 시기이기도 하다. 모든 국력을 개발에 경주하다보니, 환경보전 차원에서는 무질서한 개발을 통제할 제도적 장치의 마련이 필연적으로 요구되었던 것이다.

1970년대에 도입된 토지개발과 관련된 정책으로서 환경보전에 지대한 영향을 끼칠 수 있었던 제도로 환경영향평가제도를 들 수 있다. 정부는 1977년 제정된 「환경보전법」에 근거를 마련하여 환경영향평가제도를 도입하였다. 그리하여 행정기관이 시행하는 도시개발, 산업입지조정, 에너지 개발 등에 대한 협의 근거를 마련함으로써 처음으로 도입이 되었다. 그러나 구체적인 시행지침이 마련되지 않아 상당기간 환경영향평가가 실시되지 못하였다.

2. 제도의 정착기(1980년대)

1) 토지이용

1980년대는 도시지역의 토지이용 계획체계에 커다란 변화가 생겨난 시기이다. 우선, 도시기본계획제도의 도입을 들 수 있다. 토지이용계획의 체계상으로 볼 때, 이 제도는 장기적인 도시발전의 방향을 제시함으로써 법적 구속력을 갖는 도시재정비 계획의 지침의 역할을 하도록 도입되었다. 이로써 도시계획은 도시기본계획-도시재정비계획 - 연차별집행계획으로 이어지는 일련의 체제를 구비하게 되었다.

[표 2] 용도지역지구의 변경내용

<table>
<tr><th colspan="2">변경 전*</th><th>변경 후</th></tr>
<tr><td colspan="2">1. 도시지역</td><td>1. 도시지역</td></tr>
<tr><td rowspan="2">2. 농업지역</td><td>1. 경지지역</td><td>2. 경지지역</td></tr>
<tr><td>2. 취락지역</td><td>3. 취락지역</td></tr>
<tr><td rowspan="2">3. 산림지역</td><td>3. 산림보전지역</td><td>4. 산림보전지역</td></tr>
<tr><td>4. 개발촉진지역</td><td>5. 개발촉진지역</td></tr>
<tr><td rowspan="2">4. 공업지역</td><td>5. 공업전용지구</td><td rowspan="2">6. 공업지역</td></tr>
<tr><td>6. 준공업지구</td></tr>
<tr><td rowspan="5">5. 자연 및 문화재 보전지역</td><td>7. 자연환경보전지구</td><td rowspan="3">7. 자연환경보전지역</td></tr>
<tr><td>8. 문화재 보전지구</td></tr>
<tr><td>9. 해안보전지구</td></tr>
<tr><td>10. 관광휴양지구</td><td>8. 관광휴양지역</td></tr>
<tr><td>11. 수산자원보전지구</td><td>9. 수산자원보전지역</td></tr>
<tr><td colspan="2">6. 유보지역</td><td>10. 유보지역</td></tr>
</table>

자료 : 국토 50년(1996) p.772.
주 : * 1972년 국토이용계획상의 용도지역

또한, 이 시기에는 국토이용의 기본이 되는 국토이용계획제도에도 큰 변화가 일어났다. 제2차 국토종합개발계획의 효과적인 추진을 위해 새로운 국토이용질서의 확립이 요청되는 가운데, 지속적인 도시화・산업화가 국토이용의 수급에 적지 않은 압력을 가하게 됨에 따라 국토를 보다 효과적으로 이용하고 합리적으로 관리할 필요성이 강조되었던 것이다. 1982년 말 국토이용관리법이 개정됨으로써 국토이용계획제도가 대폭적으로 개편되었다. 중요한 변화로는 국토이용기본계획과 토지이용시행계획으로 이원화되어있던 토지이용계획을 국토이용계획으로 일원화한 것을 들 수 있다. 또한, 〈표 2〉에서 보는 바와 같이 전 국토를 6가지의 용도지역으로 구분하고 이를 다시 11가지의 용도지구로 세분하던 것을, 10가지 용도지역으로 구분하여 일원화하고 예외적으로 용도지역을 세분할 수 있게 하였다.

1980년대 후반에 들어서는 과도한 토지이용규제로 인한 국민생활의 불편을 해소하려는 취지에서 국토이용계획제도의 부분적 개편이 이루어졌다. 1980년대 후반 이후에 발생한 토지시장의 과열 현상으로 토지공개념제도를 도입하는 등 정부의 정책적 대응이 강화되면서 토지이용 시장여건이 불필요하게 경직됨에 따라 기업 등 실제 이용자들의 불만이 고조되었다. 특히 신규로 공장을 설립하거나 이전하고자 하는 기업의 경우에는 토지이용규제가 과도하여 심각한 어려움을 겪는다는 주장이 제기되었다. 이에 따라 과다하게 세분화되어 있는 개발촉진지역의 용도지구를 종전의 9가지에서 4가지로 통폐합하였다. 또한, 농촌지역의 경제 활성화 및 농산물 가공산업의 육성을 위해서 경지지역 및 산림보전지역에 대한 행위제한을 일부 완화하였다. 그런가 하면, 토지용과 관련한 중앙과 지방 간의 권한 배분에도 변화가 일어났는데, 국토이용관리법의 시행령 중 일부를 개정하여 시·도지사에 대한 권한 위임을 확대함으로써 지역실정에 맞는 토지이용을 꾀하였다. 즉, 지방의 자율적인 국토이용 관리의 폭을 넓힌다는 취지에서, 그동안 15만 제곱미터 미만의 토지에 대해서만 시·도지사에서 위임되고 있던 국토이용계획결정 및 변경권한을 30만 제곱미터미만(약 9만 평) 규모까지 확대하여 융통성을 부여했다.

2) 토지개발

1980년대에 들어서는 토지문제의 원인이 토지수급의 불균형에 있다는 인식이 팽배해지면서, 토지정책의 초점이 토지공급의 확대로 모아지게 되었다. 토지공급을 늘리기 위해서는 토지이용 관련규제를 완화하거나 토지개발의 시점을 조절하는 방법이 사용될 수 있다. 이 시기에는 주로 전자보다는 후자 쪽에 정책의 초점이 맞추어졌다. 그것은 한편으로는 규제완화가 무질서한 토지이용을 가져올 수 있다는 우려와 다른 한편으로는 도시지역에서 빈 땅이 존재한다는 것은 토지이용의 비효율성을 의미하는 것이라는 잘못된 인식에 기인한 선택이었다.

후자의 접근법에 근거한 정책의 대표적인 예로는 기업의 비업무용토지와 개인의 공한지에 대한 중과세 정책을 들 수 있다. 비업무용토지에 대한 정책은 기업이 필요로 하는 땅을 업무용과 비업무용으로 구분하여 비업무용 토지에 대해서는 여러 가지 측면에서의 불이익을 가함으로써 토지보유를 억제하는 것이다. 공한지중과세는 활용하지 않는 땅에 대해 무거운 세금을 매기면 토지를 개발할 것이고 그 결과 토지개발이 이루어진다는 것이다. 두 경우 모두 토지의 보유에 중과세함으로써 과대한 토지보유를 억제하면 나머지는 자연히 시장에 방출되고 그 결과로 토지공급이 늘어날 수 있으리라는 기대에서 나온 정책이었다. 그러나 토지개발을 이런 방식으로 강제하기 위해서는 그 결과 이루어지는 토지이용이 바람직한 방향으로 이루어질 수 있도록 유도하는 장치가 존재하지 않았고, 따라서 이러한 정책은 토지개발을 강제한 정책으로는 볼 수 있으나, 토지개발정책으로는 성공적이었다고 할 수 없을 것이다.

한편 토지개발 관련 제도로서 환경보전의 측면에서 중요성이 높은 제도로는 환경영향평가제도를 들 수 있다. 이 제도는 앞서 언급한 바와 같이 1977년 제정된 환경보전법에서 도입근거를 마련하였으나, 구체적인 시행지침이 마련되지 않아 상당기간 실시되지 못하였다. 그러나 1981년에 환경청 고시로 환경영향평가서작성에 관한 규정이 제정 고시되면서 이 제도가 본격적으로 실시되었다.[3] 이후 환경보전법의 개정을 통해 대상사업의 범위가 지속적으로 확대되었는데, 행정기관뿐만 아니라 공공단체, 정부투자기관 및 민간이 시행하는 사업까지도 그 대상에 포함될 수 있도록 그 범위가 확대되었다.

3. 제도의 전환기(1990년대)

1) 토지이용

토지이용정책에 있어서 1990년대는 정책의 방향에 커다란 변화가 일어난 시기라고 할 수 있다. 그동안 경제성장 과정에서 누적적으로 불어난 토지이용관련 제도들이 서로 중복·상충되고 있다는 비판이 제기되었고, 무한 경쟁을 위해서는 토지이용의 효율성을 제고하는 것이 무엇보다도 중요하다는 데에 인식이 모아지면서, 기존의 토지이용계획 및 규제 체계를 근본적인 시각에서 재검토하게 되었다.

이와 같이 정책의 근본적인 변화를 모색하게 한 결정적인 요인으로는 두 가지 통계자료를 들 수 있다. 하나는 우리나라에서 도시적 목적으로 이용되는 지역의 면적이 전 국토 면적의 4.4%에 불과하다는 통계였고, 다른 하나는 전 국토의 15.6%에 해당하는 도시지역에서도 제약이 가해지는 녹지지역을 제외하면 개발이 가능한 면적은 2.2%에 불과하다는 것이었다. 게다가, 토지이용에 관한 행위 규제방식도 시대적 변화에 부응하지 못하고 있음이 지적되었다. 즉, 기존의 허용행위열거방식에 기초한 규제체계로는 시대적 변화에 신속히 대응할 수 없고, 국민 생활에 여러 가지 불편만을 초래한다는 비판이 제기되었다.

---

3) 환경청 고시 제81-4호.

이러한 지적에 대한 대응책으로서 가장 먼저 제기된 것은 바로 국토이용계획제도의 개편이었다. 그러한 배경 하에서 이루어진 1994년의 제도개편은 그 방향전환의 획기성이나 내용적인 깊이 등으로 볼 때 우리나라 토지이용정책사에 하나의 전기가 되었다고 평가되기도 한다. 제도 개편의 기본 이념은 국민경제생활에 필요한 토지를 원활히 공급하고, 보전위주로 되어 있던 국토이용관리체제를 보전과 개발이 조화를 이루는 체제로 바꾼다는 것이었다. 그리고 행위규제 방식도 시대적 변화에 유연하게 대처할 수 있도록 바꾼다는 것이었다.

제도개편의 주요 골자는 당시 10개 지역으로 분류되고 있는 국토이용계획상의 용도지역을 도시지역, 준도시지역, 농림지역, 준농림지역, 자연환경 보전지역의 5개 지역으로 변경한 것이다. 또한, 당시

[표 3] 용도지역의 변경내용

<table>
<tr><th>구분</th><th>현행</th><th>개정</th><th>구분</th></tr>
<tr><td rowspan="5">개발</td><td>도시지역</td><td rowspan="2">도시지역</td><td rowspan="5">개발</td></tr>
<tr><td>공업지역</td></tr>
<tr><td>취락지역</td><td rowspan="3">준도시지역</td></tr>
<tr><td>개발촉진지역</td></tr>
<tr><td>관광휴양지역</td></tr>
<tr><td rowspan="8">보전</td><td>경지지역</td><td rowspan="3">준농림지역
(비농업진흥지역 + 준보전임지)</td><td rowspan="3">개발 · 보전</td></tr>
<tr><td>- 비농업진흥지역</td></tr>
<tr><td>- 농업진흥지역</td></tr>
<tr><td>산림보전지역</td><td rowspan="3">농림지역
(농업진흥지역 + 보전임지)</td><td rowspan="5">보전</td></tr>
<tr><td>- 준보전임지</td></tr>
<tr><td>- 보전임지</td></tr>
<tr><td>자연환경보전지역</td><td rowspan="2">자연환경보전지역</td></tr>
<tr><td>수산자원보전지역</td></tr>
<tr><td>유보</td><td>유보지역</td><td colspan="2">폐지</td></tr>
</table>

자료 : 국토 50년(1996) p.772.

거의 모든 경우에 적용되었던 허용행위열거에 기초한 행위규제 방식을 새로이 개발 가능한 용도로 편입되는 토지에 대해서는 허용행위열거에서 제한행위열거방식으로 전환했다. 그리고 「국토이용관리법」과 「농어촌발전특별조치법」, 「산림법」 등에 의해 중복규제되고 있었던 농업진흥지역과 보전임지에 대한 행위제한은 「농어촌발전틍별조치법」과 「산림법」 등 개별법을 통해서만 이루어지도록 함으로써 중복규제를 해소하였다.

여기서 특히 주목할 것은 준농림지역의 지정이었다. 그 지정 목적은 이용 및 개발이 엄격히 제한되고 있던 농업진흥지역 이외의 농지와 준보전임지를 준농림지역으로 변경하여, 환경오염정도가 심한 시설이나 대규모개발행위 등 반드시 규제가 필요한 행위 이외의 행위들은 폭넓게 허용할 수 있도록 규제를 완화함으로써 토지의 이용・개발을 촉진한다는 것이다.

국토이용계획제도의 이러한 개편에 대해서는 긍정적 시각과 부정적 시각이 팽팽하게 대립되었다. 우선, 제도 변화를 긍정으로 보는 입장에서는, 제도 변화가 가져올 토지공급 확대효과를 높이 평가하였다. 긍정적 입장에서 장점으로 꼽았던 것들을 구체적으로 나열해 보면, 첫째 경지지역과 산림보전지역 중 보전적 가치가 상대적으로 낮은 일부의 땅을 준농림지역으로 지정 개발목적에 이용할 수 있게 한 것은 개발 가능지를 획기적으로 늘린 일이라고 보았다. 둘째, 토지이용규제 방식을 제한행위열거방식으로 변경한 것은 규제의 현실화를 도모한 것으로서, 토지공급의 증가에도 크게 기여할 것으로 평가했다. 이에 대한 반대 견해도 만만치 않았다. 특히 농수산부를 중심으로 하여 개진되었던 반대 의견의 골자는, 우리의 과거 경험에 비추어 볼 때 용도지역 개편은 토지 투기를 부추길뿐더러, 제시된 개편안이 합리적이지 못하다는 것이었다.

한편 1998년에는 그동안 거의 성역과 같이 여겨져 왔던 개발제한구역도 해제의 수순을 밟게 되었다. 개발제한구역은 도시의 확산을 방지하고 미래 도시발전의 대비한 공간을 확보한다는 역할에도 불구하고, 당초 구역이 불합리하게 지정된 사례가 있었고, 엄격한 행위제한으로 주민들의 불만이 지속적으로 제기되었다. 1998년 정부는 개발제한구역에 대한 근본적인 제도개선방안을 마련하였다. 주민대표, 환경단체 대표, 언론 및 학계 전문가 등으로 개발제한구역제도개선협의회가 구성되어 1998년 11월 제도개선방안 시안을 마련하였다. 이후 정부는 협의회가 마련한 제도개선시안을 중립적인 시각에서 검토하기 위해 영국의 도시농촌계획학회(TCPA)에 시안을 의뢰하는 등 필요한 절차를 거쳐 1999년 7월 개발제한구역 제도개선 방안을 마련하였다.

2) 토지개발

토지개발과 관련해서는 환경청 고시에 기초하여 이루어져 왔던 토지개발사업들에 대한 영향을 평가하는 환경영향평가제도가 이 시기에 「환경정책기본법」에 포함되었다. 이로서 환경영향평가에 관한 사항이 법적으로 규정되었고, 주민의견수렴 및 사후관리제도가 도입되는 등 환경영향평가제도가 한 단계 발전하게 되었다. 하지만. 「환경정책기본법」에서 환경영향평가 대상사업의 범위, 시기, 협의절차 등 구체적인 집행사항까지 정해야 하는 입법 기술상의 문제가 발생하여 그러한 문제를 해소하기 위해 1993년에는 「환경영향평가법」을 제정하여 독립법으로 이 제도를 다루게 되었다. 한편 1999년에는 「환경교통 재해 등에 관한 영향평가법」이 제정되었는데, 이는 그동안 환경, 교통, 재해 , 인구 등 영형평가가 각각 다른 법률에 근거를 두고 시행됨으로써 동일한 사업이 2가지 이상의 영향평가 대상이 되는 경우 절차의 중복과 비용의 과다 지출 등의 문제가 발생한다는 지적에 따른 것이었다.

4. 제도의 성숙기(2000년대)

1) 토지이용

2000년대에 접어들면서 지난번 제도 개편 이후에 준농림지역에서 발생했던 난개발 현상이 심각한 토지이용상의 문제로 지적되면서 토지이용제도는 다시 한 번 급격한 제도개편을 겪게 된다. 특히 도시 주변지역의 준농림지역에서 발생했던 포도송이식의 난개발 문제가 토지이용을 유도할 수 있는 계획시스템의 부족에 기인했다는 지적이 힘을 받으면서 국토이용계획제도는 보다 정교하게 개편되었다. 따라서 제도개편의 골자는 그동안 수많은 계획가들이 주장해 왔던 선계획·후개발의 이념이 국토이용계획 체계상에 실제로 녹아들어갈 수 있도록 한다는 것이었다.

이러한 의도로 추진된 제도개편의 골자는 〈표 4〉에 나타난 바와 같이 「국토건설종합계획법」, 「국토이용관리법」, 「도시계획법」으로 구성되어 있던 국토에 관한 세 개의 법률들을 「국토기본법」과 「국토의계획및이용에관한법률」의 2법 체계로 개편하는 것이다. 2법 체계로 단순화하는 것의 의미는 도시지역과 비도시지역의 계획체계를 통합하여 일원화하겠다는 것이었다. 즉 도시지역과 비도시지역에서 이원화되어 관리되던 토지이용체계를 「국토의계획및이용에관한법률」로 통합 일원화함으로써 그간의 경제성장 과정에서 발생한 토지수요의 급격한 증가, 도시의 과밀화와 그에 따른 난개발 등 토지이용상

발생하는 여러 환경보전과 관련된 문제를 종합적으로 조정하면서 국토를 계획적으로 관리하는 방안을 마련한 것이라 할 수 있다. 아울러 국토계획법은 국토공간체계를 개편하여 시군종합계획을 도시계획과 일치시킴으로써 국토계획과 도시계획 간의 연계가 이루어지도록 했다는 의미도 부여할 수 있다.

이러한 제도개편은 용도지역상에도 커다란 변화를 가져왔다. 과거 전 국토를 도시지역, 준도시지역, 농림지역, 준농림지역 및 자연환경보전지역으로 구분하던 용도지역지정 시스템은 도시지역, 관리지역, 농림지역 그리고 자연환경보전지역으로 구분하는 4개 용도지역 시스템으로 변경되었다.

특히 이 개편에서 중요한 것은 관리지역의 도입부분이다. 관리지역은 과거의 준도시지역과 준농림지역이 합쳐진 지역인데, 이 지역을 다시 보전관리지역,[4] 생산관리지역[5] 그리고 계획관리지역[6]으로 구분하여 각 지역의 지정 목적을 더 세분하였고 아울러 지역별 용지지역 안에서의 행위제한의 내용을 한층 강화함과 동시에 지역별로 차등화함으로써 규제의 유연성을 확보하는 성과를 얻어 내었다.

4) 보전관리지역은 자연환경보호, 산림보호, 수질오염방지, 녹지공간확보 및 생태계 보전 등을 위해 보전이 필요하나, 주변의 용도지역과의 관계를 고려할 때, 자연환경조전지역으로 지정하여 관리하기가 곤란한 지역에 대해 지정하고 있다.

5) 생산관리지역은 농업, 임업, 어업생산 등을 위해 관리가 필요하나, 주변의 용도지역과의 관계 등을 고려할 때 농림지역으로 지정하고 관리하기가 곤란한 지역에 대해 지정하고 있다.

6) 계획관리지역은 도시지역으로의 영입이 예상되는 지역 또는 자연환경을 고려하여 제한적인 이용, 개발을 하려는 지역으로 계획적·체계적인 관리가 필요한 지역에 대해 지정하고 있다.

종 전	
국토이용관리법	도시계획법
도시지역	주거지역 상업지역 공업지역 녹지지역
준도시지역	
준농림지역	
농림지역	
자연환경보전지역	

➡

현 행	
국토의계획및관리에관한법률	
도시지역	주거지역 상업지역 공업지역 녹지지역
관리지역	계획관리지역 생산관리지역 보전관리지역
농림지역	
자연환경보전지역	

[그림 1] 용도지역개편의 내용

한편 정부는 2012년에 국토이용제도에 더하여 「토지이용규제기본법」을 제정하여 도입하였다. 이 법은 토지이용과 관련된 지역과 지구의 지정과 관리에 관한 기본적인 사항을 규정하여 토지이용규제의 투명성을 확보하고 국민의 토지이용상의 불편을 줄이며 국민경제의 발전에 이바지함을 목적으로 하는 것이다. 이 법에서 특히 주목할 필요가 있는 부분은 토지이용규제심의위원회를 둔다는 것이다. 그 위원회 구성을 보면 위원장은 국토교통부 장관이 되고 부위원장을 환경부 차관을 임명하도록 하여 토지이용 규제와 관련하여 국토개발과 환경보전이 조화될 수 있는 가능성을 높였다는 점을 지적할 수 있다.

2) 토지개발

2000년대에 도입된 토지개발제도로는 우선 「도시재생활성화및지원에관한특별법」의 도입을 통해 2013년 12월부터 시행되고 있는 도시재생정책을 들 수 있다. 도시재생정책은 명시적으로 그 효과를 드러내고 있지는 않지만 환경보전의 차원에서 큰 영향을 미칠 수 있는 정책이다. 이 제도는 지속적 경제성장 및 사회적 통합을 유도하고 도시문화의 품격을 제고하는 등 국민 삶의 질을 향상시키기 위하여 도입되었다. 전체 인구의 91%와 각종 산업기반이 도시에 집중되어 있는 우리나라의 경우에 도시의 주거·경제·사회·문화적 환경을 건전하고 지속가능하게 관리하고 재생하는 것이 국가경제 성장과 사회적 통합의 안정된 기반을 구축하는 데 필수불가결한 과제이었다. 그러나, 현행 제도로는 도시재생에 필요한 각종 물리적·비물리적 사업을 체계적·효과적으로 추진할 수 없었다. 따라서 이 법을 제정함으로써 계획적이고 종합적인 도시재생 추진체제를 구축하고, 물리적·비물리적 지원을 통해 민간과 정부의 관련 사업들이 실질적인 도시재생으로 이어지도록 하였다.

도시재생정책의 주요내용으로는 도시재생을 종합적·계획적·효율적으로 추진하기 위하여 국가도시재생기본방침을 10년마다 수립하고, 필요한 경우 5년마다 그 내용을 재검토하여 정비하도록 한 것을 들 수 있다. 또한, 국가 또는 지방자치단체는 도시재생활성화를 위해 도시재생기반시설의 설치·정비에 필요한 비용 등에 대하여 그 비용의 전부 또는 일부를 보조하거나 융자할 수 있도록 한 것도 중요하다. 그리고, 도시재생에 관한 정책을 종합적이고 효율적으로 추진하기 위하여 국무총리 소속으로 도시재생특별위원회를 두도록 하였고, 도시재생전략계획과 도시재생활성화계획의 심의 등을 위해 지방자치단체에 지방도시재생위원회를 두도록 한 것 등을 들 수 있을 것이다.

다음으로 토지개발에 직접적인 영향을 미치는 제도로는 2000년에는 도시지역에 한정하여 그리고 2002년에는 전국적으로 확대 도입된 개발행위허가제도를 들 수 있다. 이는 개발행위에 대해 계획의 적정성, 기반시설의 확보여부, 주변환경과의 조화 등을 고려하여 그 허가여부를 결정함으로써 난개발을 방지하는 제도이다. 특히 토지이용과 관련된 개발행위 중 도시계획 차원에서 검토가 필요하거나 관리하는 것이 타당하다고 판단되는 경우에는 특별시장, 광역시장, 시장 또는 군수의 허가를 받아서 개발을 하도록 하여 그 목적을 달성하는 제도이다. 현행 제도하에서는 개발행위허가의 대상이 되는 개발행위는 크게 다섯 가지로 구분할 수 있다. 건축물의 건축과 공작물의 설치, 토지의 형질변경과 토석의 채취행위, 토지분할행위 그리고 관리지역 또는 자연환경보전지역에 물건을 1개월 이상 쌓아 놓는 행위들이 여기에 포함된다. 이상의 행위들 중 대규모 개발의 경우는 지구단위계획이나 도시계획시설사업 등 별도의 행정절차를 거쳐 개발이 가능하도록 하고 있다.

2000년대에 환경보전의 차원에서 큰 의의가 있는 제도로서 전략환경영향평가제도를 들 수 있다. 전략환경영향평가제도는 환경에 영향을 미치는 상위계획을 수립할 때 환경적 측면에서 계획의 적정성, 입지의 타당성 등을 검토하여 지속가능한 발전을 가능하게 하는 제도이다. 그동안 환경영향평가제도는 「환경정책기본법」에 따른 사전환경성평가제도와 「환경영향평가법」에 따른 환경영향평가로 이원화되어 있었다. 사전환경성평가제도는 행정계획과 개발사업계획수립단계에 환경영향평가제도는 대규모 개발사업을 대상으로 사업시행에 따른 환경영향을 최소화하기 위해 도입되었다. 그러다 보니, 유사목적의 평가제도가 각각 다른 법률에 규정되어 평가절차가 복잡하고 환경영향평가의 일관성과 연계성이 부족하다는 점이 문제로 지적되어 왔다. 따라서 법 개정을 통해 「환경정책기본법」의 사전환경성검토제도를 「환경영향평가법」에 통합하여 환경평가제도를 전략환경영향평가, 환경영향평가, 소규모 환경영향평가 등으로 구분하여 운영할 수 있는 제도적 기반을 마련한 것이다. 이로서 개발사업뿐만 아니라 상위계획을 수립할 때에도 환경영향을 평가할 수 있게 되어 제도적으로는 개발사업의 환경적 영향을 평가할 수 있는 완벽한 시스템을 갖추게 되었다.

3) 토지정보

1960년대 이후 이루어진 토지이용에 대한 정부개입이 대부분 규제나 개발에 그 초점이 맞추어져 왔던 데 반해, 2000년대에 들어서는 토지이용의 정보를 확충하는 일에 대한 노력이 크게 늘어났다. 토지이용 관련 정보를 제공하는 것은 필요한 정보를 정부가 생산하여 배포함으로써 토지이용을 바람직한 방향으로 유도하는 노력의 일환으로 볼 수 있다. 이러한 노력의 일환으로 도입된 제도로는 우선적으로 토지적성평가 제도를 들 수 있다. 이 제도는 각종 토지이용계획이나 주요시설의 설치에 관한 계획을 입안하고자 하는 경우에 토지의 환경생태적·물리적·공간적 특성을 종합적으로 고려하고 개별 토지가 갖는 환경적·사회적 가치를 과학적으로 평가함으로써 보전할 토지와 개발가능한 토지를 체계적으로 판단할 수 있도록 계획을 입안하는 단계에서 실시하는 기초조사이다. 토지적성평가는 도시계획법과 국토이용관리법을 통합하여 2002년 2월에 제정된 「국토의계획및이용에관한법률」에 의해 도입되어 2003년부터 시행되었다.

다음은 생태자연도를 들 수 있다. 생태자연도는 산, 하천, 내륙습지, 호소, 농지, 도시 등에 대하여 자연환경을 생태적 가치, 자연성, 경관적 가치 등에 따라 세등급으로 등급화하여 작성한 지도이다. 「자연환경보전법」의 개정을 통해 2011년에 도입된 제도로서 환경부장관은 토지이용 및 개발 계획의 수립이나 시행에 활용할 수 있도록 하기 위하여 환경에 대한 조사결과를 기초로 하여 전국의 자연환경을 1~3

등급의 권역과 별도관리지역으로 구분하여 생태·자연도를 작성하도록 하고 있다.

끝으로, 국토환경성평가제도를 들 수 있다. 이 제도는 「환경정책기본법」에 의해 2005년에 신설된 제도이다. 이 제도의 도입으로 환경부 장관은 국토환경의 효율적인 보전과 환경친화적인 국토의 이용을 위하여 국토에 대한 환경적 가치를 평가하여 등급으로 표시한 환경성평가지도를 작성·보급해야 한다. 여기서 국토의 환경성평가란 환경자원의 지속가능한 보전을 통한 토지의 환경 생태적 건강성, 환경정의, 쾌적성 등을 도모하기 위해 토지가 지닌 물리적, 환경적 가치를 중점적으로 평가하고, 보전이 요구되는 토지의 환경적 가치 정도를 판단하거나 인근의 개발로 인한 특정 토지의 환경영향평가 정도를 평가하는 과정을 말한다.

IV 현행 제도와 국토이용 현황

1. 현행 제도

1) 토지이용제도

〈그림 2〉는 우리나라의 현행 국토이용계획체계를 보여주고 있다. 우리나라 국토이용은 「국토기본법」에 의한 국토계획과 「국토의계획및이용에관한법률」에 의한 국토이용계획에 의한 관리되고 있다. 국토계획은 전 국토를 대상으로 수립되는 국토종합계획을 필두로 하여 도에서는 도종합계획을 수립하도록 하고 있다. 한편 시군에서는 국토이용계획과 도시계획을 통합하여 관할구역에 대한 공간구조와 장기

발전방향을 제시하는 도시기본계획을 수립하고, 그 계획의 집행을 위해서는 도시관리계획을 수립하여 5년마다 재정비하고 있다.

시도에서 수립하는 시군관리계획은 용도지역, 지구, 구역의 내용을 담고 있는데, 우선적으로 용도지역은 도시지역, 관리지역, 농림지역 및 자연환경보전지역 등 4개 용도지역으로 구분되고 있다. 도시지역은 다시 주거지역, 상업지역, 공업지역 및 녹지지역으로 구분된다. 또한 도시지역은 다시 도시관리계획에 의해 여러 가지 형태의 용도지구로 지정되고 있다. 용도지구는 토지의 이용 및 건축물의 용도, 건폐율, 용적률, 높이 등에 대한 용도지역의 제한을 강화 또는 완화하여 적용함으로써 용도지역의 기능을 증진시키고 미관, 경관, 안전 등을 도모하기 위해 지정하는 지구를 말한다.

도시지역에 지정되는 지구 중 환경보전의 차원에서 그 중요성이 두드러지는 지구로는 세 가지를 들 수 있다. 우선 자연경관지구, 수변경관지구 및 시가지 경관지구를 포함하는 경관지구를 들 수 있다. 다음으로는 중심미관지구, 역사미관지구, 일반미관지구 등을 포함하는 미관지구를 들 수 있다. 끝으로, 문화자원보전지구와 생태계보존지구[7] 등을 포함하여 지정되는 보존지구 등을 들 수 있다.

환경보전의 차원에서 특히 중요한 용도지역은 관리지역인데, 앞서 언급한 바와 같이 이 지역은 다시 세 가지 유형으로 세분되고 있다. 한편 도시지역에 대해서는 도시관리계획에 의해 다시 4개의 용도구역을 지정하고 있다. 용도구역의 경우는 용도지역 및 용도지구의 제한을 강화하거나 완화하여 난개발의 확산을 미리 차단하거나, 계획적이고 단계적인 토지이용의 종합적 조정 및 관리를 위해 결정하는 지

7) 생태계보존지구의 경우는 야생동식물서식처 등 생태적으로 보존가치가 큰 지역의 보호와 보존을 위해 필요한 지구에 대해 지정되는 지역을 말한다.

역을 말한다. 대표적인 용도구역으로는 국토계획법에 의한 시가화예정구역, 개발제한구역, 수자원보호구역, 도시자연공원 구역 등을 들 수 있다. 또한 다른 법령에 의한 구역은 상수원보호구역, 해양보호구역, 수변구역, 문화재보호구역, 상대·절대정화구역 등을 들 수 있다. 여기서 환경보전과 관련해서 특히 그 중요성이 부각되는 지역은 개발제한구역이다. 개발제한구역은 국토이용관리법상 도시지역에만 적용되는 구역의 하나로서, 특별히 도시가 무질서하게 외곽으로 확산되는 것을 방지하기 위하여 도시 외곽의 녹지지역 일부를 대상으로 지정되는 지역을 말한다.

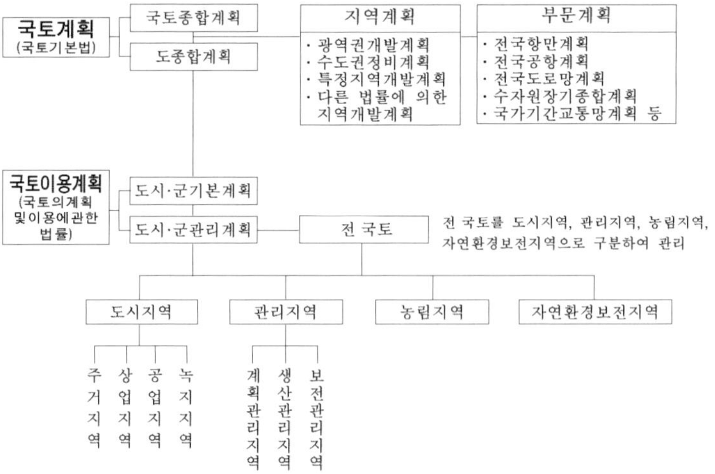

[그림 2] 국토이용계획체계

2) 토지개발제도

현행 토지개발정책으로서 환경보전에 영향을 미칠 수 있는 제도로는 도시개발법의 도입을 들 수 있다. 「도시개발법」은 토지개발의 핵심적인 법으로서 다양한 개발수단을 운영에 관한 사항을 담고 있지만, 도시개발은 기본적으로 개발에 초점을 맞춘 정책이므로 여기서는 개발과정을 통제함으로써 환경보전의 측면에 영향을 미칠 수 있는 제도들을 정리한다. 반면 2012년 이루어진 법 개정으로 토지개발의 영향을 통제하는 방안으로서 환경영향평가제도는 적어도 형식적인 측면에서는 이제 선진화된 체계를 갖추게 되었다. 그동안 동일 목적의 평가제도가 2개의 법률에 의해 운용되어 왔는데 근거법을 일원화하여 제도 이원화에 따른 문제점을 개선하였다.

3) 토지정보 제도

주로 2000년대 들어서 이루어진 제도 개편으로 현재 토지정보를 제공하는 정책수단으로는 크게 세 가지를 들 수 있다. 국토교통부가 관리하는 토지적성평가제도와 환경부가 관리라는 생태계 지도와 국토환경성평가지도 등을 들 수 있다. 토지적성평가는 각종의 토지이용계획이나 주요시설의 설치에 관한 계획을 입안하고자 하는 경우에 토지의 환경생태적·물리적·공간적 특성을 종합적으로 고려하여 개별토지가 갖는 환경적·사회적 가치를 과학적으로 평가함으로써 보전할 토지와 개발가능한 토지를 체계적으로 판단할 수 있도록 계획을 입안하는 단계에서 실시하는 기초조사이다. 생태·자연도는 산, 하천, 내륙습지, 호소, 농지, 도시 등에 대하여 자연환경을 생태적 가치, 자연성, 경관적 가치 등에 따라 등급화(1~3등급 및 별도관리지역)한 지도이다. 국토의 다양한 환경정보(65개 항목)를 종합적으로 평가하여 환경적 가치에 따라 전국을 5개 등급으로 구분하고 색채를 다르게 표시하여 누구나 알기 쉽게 작성한 지도이다.

그러나 기존의 토지정보 제도들은 환경보전을 위한 토지이용 거버넌스라는 측면에서는 몇 가지 측면에서 미흡하다고 할 수 있다. 국토교통부가 담당하고 있는 토지적성평가제도는 기본적으로 개발가능지를 파악할 목적으로 수행하는 것이다 보니 보전해야 할 대상보다는 개발불능지를 분류하게 되는 경향이 있다. 이는 개발의 측면에서는 문제가 없지만 양질의 자연환경을 유지하는 데는 한계가 있다고 할 수 있다. 반면 환경부가 시행하는 국토환경성평가제도, 생태자연도, 녹지지연도 등은 개발과 보전 등급에 관한 정보만을 제시할 뿐이지, 개발에 따른 자연환경훼손이나 생태계의 단절 등의 문에 대해서는 소홀하게 대처하게 되는 것이다. 따라서 실질적인 환경보전이 가능하기 위해서는 개발가능지 분석 시 토지의 생태적 특성을 고려할 수 있도록 제도를 개편할 필요가 있다. 생태적 특성을 고려한다는 것은 지형조건보다 생물의 서식환경과 생태계의 연결성을 고려하는 것을 의미한다. 특히 비오톱의 유형, 수리와 수문, 대기 및 기상 등의 기초 정보 중첩을 통해 계획대상지와 그 주변을 포함한 생태계 구조와 기능을 평가하여 녹지축을 설정하고 토지의 보전등급을 구분할 필요가 있을 것이다(최영국, 2013).[8]

---

8) 현재와 같이 자연녹지도, 국토환경평가지도, 생태자연도 등에 의해 보전대상을 제외하고, 지형조건을 중심으로 개발가능지를 분석할 경우, 표고가 낮거나, 경사가 완만한 곳 등 개발이 용이한 지역이 개발대상으로 선정될 가능성이 크다. 이러한 분석에 의해 개발이 이루어지면, 녹지의 단절이나 고립된 식생공간의 양산 등의 문제를 초래하여 생태계 구성요소간 연결성 결여에 따른 녹지기능 저하로 자연환경의 질을 제고하는 데 한계가 있을 것이다(최영국, 2013).

2. 국토이용 현황

1) 용도지역, 지구 및 구역의 지정

(1) 용도지역

그러면 이러한 제도가 운영된 결과 현행 토지이용의 양상은 어떠한가? 〈표 4〉는 현행 국토의 용도지역 지정현황을 보여주고 있다. 현재 우리나라 국토에 대해 지정된 용도지역 가운데, 도시지역은 우리나라 전체 면적의 16.6%를 차지하고 있다. 이 지역은 인구와 산업이 밀집되어 있거나 밀집이 예상되어 당해 지역에 대해 체계적인 개발, 정비, 관리, 보전 등이 필요한 지역을 말한다. 「택지개발촉진법」에 의한 택지개발예정지구, 「산업입지및개발에관한법률」에 의한 국가산업단지와 지방산업단지, 「전원개발특례법」에 의한 전원개발사업구역 및 예정구역 등이 포함된다.

[표 4] 용도지역의 지정현황

구분		면적(㎢)	비율(%)
합계		100,539.2	100.0
도시지역		16,770.1	16.7
관리지역	계	27,004.5	26.9
	보전관리지역	10,182.1	10.1
	생산관리지역	4,859.5	5.2
	계획관리지역	11,962.8	11.9
농림지역		49,488.2	49.2
자연환경보전지역		7,276.4	7.2

자료 : 국토이용연차보고서(2013)

다음은 관리지역으로서 우리나라 전체면적의 25.4%를 차지하고 있다. 이 지역은 종전 준도시지역과 준농림지역을 통합한 지역으로서 지역의 인구와 산업을 수용하기 위해 도시지역에 준해 체계적으로 관리할 필요가 있거나, 농림업의 진흥, 자연환경 또는 산림의 보전을 위해 농림지역 또는 자연관경보전지역에 준해 관리가 필요한 지역을 말한다. 관리지역은 다시 계획관리, 생산관리, 보전관리 지역으로 세분하여 개발할 곳과 보전할 것을 구분하여 보다 친환경적 계획적으로 개발될 수 있도록 하였다. 우리나라 토지의 49.2%를 차지하는 농림지역은 도시지역에 속하지 아니하고 「농지법」에 의한 농업진흥지역 또는 「산지관리법」에 보전산지 등으로서 농림업의 진흥과 산림의 보전을 위해 필요한 지역이다. 농림지역은 우리나라 전체 용도지역 중 가장 넓은 면적으로 차지하고 있다.

끝으로, 자연환경보전지역은 전체 용도지역 지정면적의 11.4%를 차지하고 있다. 이 지역은 자연환경, 해안, 생태계 및 문화재의 보전과 수산자원의 보호 육성 등을 위해 필요한 지역이다. 「자연공원법」에 의한 공원구역, 「수도법」에 의한 상수원보호구역, 「문화재보호법」에 의한 문화재보호구역 및 「국토의이용및계획에관한법률」에 의한 수산자원보호구역 등이 포함되고 있다.

(2) 용도구역

용도구역의 지정과 관련하여 환경보전 측면에서 가장 중요한 의미가 있는 개발제한구역의 지정 현황은 〈표 5〉에 정리되어 있다. 이 구역은 1970년대 지정된 이후 성역처럼 지켜져 왔으나 1998년 개선안이 마련된 이후에는 실제로 해제 수순을 밟아왔다. 이후 개선안에 따라 제주(2001.8), 춘천(2001.12), 청주(2002.1), 여수(2003.1), 전주

(2003.6), 진주(2003.10), 통영(2003.10) 등 7개 중소도시는 전면 해제되었고, 고리원전 주변지역(2002.1), 시화·창원산업단지(2001.1, 2001.9) 등 지정당시 목적을 달성한 것으로 인식된 지역들도 해제되었다. 또한 주민생활 불편완화를 위해 20호 이상 집단취락 1,800여 개소가 해제되었고, 환경평가 결과 보존가치가 낮은 지역을 대상으로 국민임대 주택, 산업 물류단지, 보금자리주택 등을 건설하기 위해 해체를 추진하는 등 2012년까지 전체의 28.2%인 1,523.5㎢가 해제되었으며, 2012년 말 현재 71.8%인 3,873.6㎢가 남아 있다.

[표 5] 개발제한구역 지정현황

권역	지정현황					최초지정일
	당초지정	해제면적	%*	현재면적	%**	
총계	5,397.1	1,523.5	28.2	3,873.6	100.0	
대도시	4,294.0	420.4	9.8	3,873.6	100.0	'71.7~'76.12
수도권	1,566.8	149.0	9.5	1,417.8	36.6	'71.12
부산권	597.1	174.2	29.2	422.9	10.9	'72.8
대구권	536.5	20.0	3.7	516.5	13.3	'73.1
광주권	554.7	35.8	6.5	518.9	13.4	'73.6
대전권	441.1	12.2	2.8	428.9	11.1	'73.6
울산권	283.6	13.7	4.8	269.9	7.0	'73.6
창원권	314.2	15.5	4.9	298.7	7.7	'73.6
중소도시	1,103.1	1,103.1	100.0	0.0	-	
춘천권	294.4	294.4	100.0	0.0	-	'73.6
청주권	180.1	180.1	100.0	0.0	-	'73.6
전주권	225.4	225.4	100.0	0.0	-	'73.6
여수권	87.6	87.6	100.0	0.0	-	'77.4
진주권	203.0	203.0	100.0	0.0	-	'73.6
통영권	30.0	30.0	100.0	0.0	-	'73.6
제주권	82.6	82.6	100.0	0.0	-	'73.3

자료 : 국토이용연차보고서(2013) p. **에서 재작성

주 : *는 당초 지정면적에 대한 해제면적의 비율

**는 현재 지정면적에 대한 해당 도시면적의 비율

2) 토지개발의 동향

토지개발 동향과 관련하여 농지는 2004년 18,716㎢에서 2011년에는 26,980㎢으로 지난 10년간 총 1,781㎢가 감소하였다. 그러나 2012년에는 총 경지면적이 17,300㎢으로 2011년에 비해 1.88%가 증가하였다. 2007~2010년에는 국토개발과 대규모 신도시개발사업 등으로 농지가 매년 20천ha 정도 전용되었으니 2011년부터 농지전용면적은 점차 감소하는 추세에 있다. 이는 세계경제 침체 여파에 따라 국내경기 침체, 부동산 경기 하락 등으로 대규모 개발사업에 대한 수요가 감소하였기 때문으로 판단할 수 있다. 향후 경제활성화를 위한 규제완화, 내수 경기진작 등으로 공공 및 민간 부분의 농지전용수요는 꾸준히 있을 것으로 전망된다. 이에 따라 집단화되고 생산기반이 정비된 농업진흥지역 등 우량농지는 적극 보전하되, 농업진흥지역 밖의 농지전용에 대해서는 경제활성화 및 개발 수요 대응 측면에서 탄력적인 운용이 필요할 것으로 판단된다.

한편 산지의 경우는 최근 발표된 자료에 의하면 우리나라 산림면적은 2010년 말 기준으로 63,688㎢으로서 이는 우리나라 국토면적의 64%에 해당하는 것이다. 산지는 주로 농지, 택지, 공장용지, 도로시설, 골프장시설 등의 용도로 전용되고 있는데, 감소되는 산지의 면적은 2008년 이후 점점 줄어들고 있는 추세에 있다.

또한, 지속적인 경제성장과 인구증가에 따른 토지수요증대에 대응하여 외연적 확장사업으로 매립, 간척사업을 추진해 왔다. 현재는 국토의 전체적인 기능과 용도에 적합한 환경과 조화되도록 공유수면을 관리하기 위하여 주로 국가 및 지방자치단체가 시행하는 어항시설, 도로 등 공공시설 위주로 매립이 불가피하게 최소한의 범위에서 공유수면 매립계획을 수립하여 시행하고 있다.

V 논의의 종합 및 향후 전망

지금까지 논의는 우선 환경보전을 위한 토지이용 거버넌스의 개념적 틀을 제시했고, 그 틀에 비추어 60년 이후 지난 50여 년간 이루어진 토지이용 거버넌스 제도의 변천과정을 살펴보았다. 이어서 그러한 변천의 결과로 정착된 토지이용 거버넌스 체계와 그 결과로 나타난 우리나라의 현재 토지이용상황을 정리해 보았다.

이상의 논의를 종합해보면 우리나라의 현행 토지이용 시스템은 환경보전을 위한 토지이용의 거버넌스라는 차원에서 본다면 적정한 수준에 있다고 할 수 없을 것이다. 앞서도 언급한 바와 같이 최근에 우리나라의 국토정책에는 지속가능한 국토와 친환경적 개발을 목표로 하고 있지만 각종 정책들은 여전히 경제적 효율성에 초점을 둔 기존 패러다임에 의해 추진되고 있다. 〈국토기본법〉과 〈국토의 계획 및 이용에 관한 법률〉에서 국토이용 및 관리 원칙으로 자연환경 및 경관의 보전, 훼손된 자연환경 및 경관의 개선, 복원 등을 제시하고 있으나, 이를 구체적으로 실행할 수 있는 제도적 장치가 미흡한 것이 현실이다. 또한 각종 개발사업 추진을 위한 계획은 자치 환경성 검토 또는 환경영향평가를 거치지만, 국토의 난개발이나 자연환경 훼손 및 생태계 단절을 예방 또는 대응하는 데에는 한계가 있다고 할 수 있다.

한편 환경정책은 환경을 고려한 국토개발 및 국민의 쾌적한 삶의 영위를 목표로 하고 있으나, 국토개발 및 이용에 따라 야기되는 국토의 훼손을 다루는 데는 소극적이다. 우선 친환경적 국토개발을 명시하고 있는 「환경정책기본법」과 「자연환경보전법」은 국토환경 훼손문제를 개발 주체 스스로 해결하도록 하고 있을 뿐, 개발 사전 사후의 환경변화에 대한 대응과 문제해결을 위한 구체적인 실행수단을 갖추고 있지 못하다. 또한, 환경보전계획은 대기 및 수질 등의 환경오염, 보전지역과 멸종위기 종 보호에 초점을 두어 작성되며 각종 개발사업 추진과정에서 발생하는 자연훼손 및 생태계 단절 문제를 공간관점에서 다루는 환경계획은 부재하다고 할 수 있다. 따라서 환경보전과 국토개발이 조화된 환경보전을 위한 토지이용의 거버넌스를 위해서는 국토정책과 환경정책 간의 협력방안을 모색하는 것이 매우 중요하고 할 수 있을 것이다.

이에 대한 대응책으로서 크게 세 가지 정책방향을 제시할 수 있다. 첫째, 정책의 대상에 대한 전환이 필요하다. 이를 위해서는 정책대상을 공히 국토로 하여 개발과 보전이 하나라는 인식으로 상호보완적 관계형성 시스템을 구축할 때 환경과 조화된 국토개발이 가능해질 것이다. 또한, 국토이용 이용 및 개발에 따른 국토훼손을 해결하려면 국토정책과 환경정책이 통합, 연계, 협력으로 전개되도록 하는 구체적인 실행수단을 마련할 필요가 있을 것이다. 그런가 하면, 국토정책의 환경정책의 조점을 개발과 보전에서 국토관리의 수준으로 높여서 두 정책의 목표를 국토품격의 제고와 국민의 삶의 질 향상에 두도록 할 필요가 있을 것이다.

두 번째 방안으로는 국토 및 환경정책의 상호 협력 과제로서 생태계 서비스에 기초한 국토 및 환경정책의 협력체계 구축을 들 수 있다. 생태계 서비스는 자연이 주는 혜택을 가치화 함으로써 사회구성원의 공감대 형성 및 이해관계를 도울뿐더러, 올바른 방향으로 정책을 제시함으로써 보다 많은 사람들이 자연의 혜택을 누리게 하고 생태계의 가치를 보전하는 개념이다. 생태계 서비스는 자연으로부터 얻게 되는 서비스를 공급하는 지역과 이익을 받는 사람들의 공간적 관계를 체계적으로 분석하여 특정 생태계 서비스 제공에 따라 손상된 다른 생태계 서비스의 대체재 확보 또는 조정할 수 있는 수단으로 활용될 수 있다.

끝으로, 환경보전을 위한 토지이용의 거버넌스를 위해서는 토지이용과 환경보전의 관리를 위해서는 다계층 거버넌스 체계를 구축할 필요가 있다. 다계층 거버넌스란 중앙정부, 광역자지단체 및 기초자치단체 등 각 계층의 정부들이 모두 참여하여 상호조정과 협력함으로써 특정한 목표를 달성해나가는 거버넌스 체계를 말한다. 환경보전을 위한 토지이용의 거버넌스 방안으로서 다계층 거버넌스의 중요성이 높아지고 있는 것은 기후변화에 대응한 토지이용의 거버넌스가 필요하기 때문이다. 현재 예상되는 기후변화의 규모와 정도를 감안할 때 그에 대응한 토지이용의 거버넌스로서 다계층 거버넌스가 필연적으로 요구된다. 기후변화에 대응책으로서 종래와 같이 지방정부 차원에서의 토지이용 노력만으로는 충분하지 않다. 기후변화의 영향은 지방의 경계를 넘어서 발생할 것이므로 공간적으로 더 큰 단위에서의 계획과 정책조정이 필요한 것이다. 반면 지방정부 차원 노력의 중요성도 높아질 것인데, 지방정부 차원의 다양한 노력들은 정책의 실험실과 같은 효과를 제공함으로써 중앙정부 차원에서 추진하는 정책들이 잘못될 가능성을 크게 줄여주기 때문일 것이다.

참고문헌

- 건설교통부(1999), 준농림지 토지이용실태조사 및 계획적 관리방안 연구, 건설교통부.
- 건설교통부(2000), 국토이용 계획체계의 개선방안에 관한 연구, 건설교통부.
- 국토해양부(2011), 「개발제한구역 40년」, 국토해양부.
- 국토교통부(2013), 「국토이용연차보고서」, 국토교통부.
- 국토교통부(2011), 「국토이용연차보고서」, 국토교통부.
- 국토개발연구원(1996), 「국토 50년」, 서울 프레스.
- 김성배(1998), "시장기능 활성화를 위한 토지이용정책의 방향", 「국토정보」 10월호, 국토개발연구원.
- 김성배(1999), "개발제한구역제도 개선의 의의와 추진경위", 「도시문제」 제34권 제370호, 1999년 9월.
- 김성배(2000), "토지이용에서 시장과 정부간 적정 역할분담에 관한 연구", 「지역연구」 제16권 제2호, 한국지역학회, 2000년 12월.
- 김성배(2002), "재산권 구조개편과 정부의 역할: 그린벨트의 해제를 중심으로", 「지역연구」 제18권 제2호, 한국지역학회, 2002년 8월.
- 김성배(2003), "토지이용의 적정 거버넌스(governance) 모형에 관한 연구", 「국가, 시장 그리고 공공선택: 공공선택 이론과 한국사회」 2003년 한국공공선택학회 학술발표회, 2003년 1월 20일.
- 김성배(2007), "산지이용활성화를 통한 토지공급확대정책", 〈국회공청회 주제 발표〉, 국회의원회관 소회의실, 2007.6.14.

- 문태훈(2007), “지속가능한 발전을 위한 환경용량의 산정과 토지이용행태 연구 - 수도권 지역을 중심으로”, 한국 시스템 다이나믹스 연구 8(2): 51-82.
- 유재윤 외(2013), “도시재생의 필요성과 정책과제”, 국토정책 Brief. No. 416.
- 정회성(2008), “자원순환 사회를 향한 환경정책과제와 방향”, 녹색환경포럼발표자료.
- 채미옥 외(2003), 토지적성평가제도의 개선방안 연구, 국토연구원.
- 최영국(2013), “환경과 조화된 국토개발을 위한 국토정책과 환경정책 협력방안”, 국토정책 Brief No. 425.
- 환경부(2012), 환경영향평가법 제도.
- 환경부(2012), 환경영향평가법 전부 개정법률안 설명자료.
- 환경부(2013), 「환경백서」 환경부.
- Dale, Virginia H.(1997), “The Relationship Between Land-Use Change and Climate Change,” Ecological Applications 7(3): 753-769.
- Dietz, T., E. Ostrom, and P. C. Stern.(2003), “The Struggle to Govern the Commons.”*Science* 302:1907-912.
- Foley et al.(2005), “Global Consequences of Land Use,” Science vol. 309, 570-574.
- Ostrom, E.(1990), *Governing the Commons: The Evolution of Institutions for Collective Action.* Cambridge, UK: Cambridge University Press.
- Ostrom, E.(2007), “A diagnostic approach for going beyond panaceas.” *Proceedings of the National Academy of Sciences* 104:5181-5187.

- Ostrom, E., J. Burger, C. Field, R. Norgaaed, and D. Policansky. (1999), "Revisiting the Commons: Local Lessons, Global Challenges." *Science* 284: 278-82.
- Ostrom, E., T. Diez, N. Dolsak, P. Stern, S. Stonich, and U. W. Elke, eds.(2002), *The Drama of the Commons.* Washington, DC: National Academy Press.
- Randolph, John(2003), Environmental Land use Planning & management, Island Press.
- Sax, J. L.(1970), "The Public Trust Doctrine in Natural Resources Law: Effective Judicial Intervention." *Michigan Law Review* 68:471-66.
- Tarlock, A.(2007), "Land Use Regulation: The Weak Link in Environmental Protection." Washington Law Review. vol.82, pp. 651–666.
- Vitousek, P., H. Mooney, J. Lubchenko, and J. Mellilo.(1997), "Human Domination of Earth's Ecosystems." *Science* 277:494-99.
- Young, O. R.(1994), "The Problem of Scale in Human/Environment Relations." *Journal of Theoretical Politics* 6:429-47.
- Young, Oran R.(2008), The Architecture of Global Environmental Governance: Bringing Science to Bear on Policy, Global Environmental Politics, Volume 8, Number 1, February 2008, pp. 14–32

국제환경협약과 우리나라의 정책방향[1)]

CHAPTER 02

나태준(연세대 행정학과 교수)

I 머리말

인류사회는 문명의 발전과 더불어 폭발적 인구성장을 바탕으로 근대화, 산업화, 도시화를 이루는 데 성공했다. 산업혁명에 성공한 인류의 기술적 진보는 전 세계에 걸친 물질적 풍요로움을 가져오게 되었다. 그러나 한편, 유한자원을 근거로 하는 현대사회의 경제발전은 자원고갈, 환경오염, 생태계 파괴 등 기존에는 전혀 생각조차 하지 못했던 문제를 초래하였다. 경제발전의 그늘이라고도 할 수 있는 환경의 문제는 최근 몇십 년에 걸쳐 큰 사회적 문제로 부상하면서 인류 공통의 관심사가 되었다. 특히 화석연료 사용에 따른 온실가스의 발생과 그로 인한 지구온난화와 기후변화의 문제는 인류의 지속가능발전 여부에 대한 의문을 제기하였다. 현재의 경제적·사회적 기조가 유지된다면 인류는 성장의 한계에 다다르게 된다는 위기의식을 낳게 된 것이다(Meadows, 1972).

환경의 문제는 인간의 생명, 안전, 복지와 직결된다. 따라서 환경문제의 초래는 인간의 생존권을 위협하는 크나큰 사회적 문제이며 협

1) 본 장은 국제환경협약의 이해(나태준 외, 2013)의 내용을 기반으로 작성되었음.

력적 공동 대응을 필요로 한다. 환경문제의 속성 중 하나는 인위적 국경을 초월한다는 점이다. 많은 경우, 지역별·국가별 노력으로는 난제의 극복이 어렵다. 이와 같은 맥락에서 환경 문제에 대한 전지구적 대응의 필요성은 국제환경협약(International Environmental Agreements, IEA)의 필요성을 잉태했다. 국제환경협약은 자연자원에 대한 인간 영향의 예방 또는 관리라는 목적을 달성하기 위한 법적 구속력을 지닌 정부간 문서이다(Kanie, 2007: 68).

국제환경협약의 특징으로는 1) 체결의 용이성을 위해 일반적 의무만 당사국에 부과하고 세부사항은 후속작업으로 남겨두는 골격협약(framework convention)이라는 점, 2) 골격이 되는 협약이나 의정서 이후 관련 내용을 구체적으로 규정하기 위해 과학적, 기술적 규정이나 절차 등에 관한 사항을 담고 있는 부속서(appendix)를 수반한다는 점, 3) 일정 숫자 이상의 당사국 비준으로 발효하며 비준국의 제반 여건에 좌우된다는 점, 4) 국제정치경제적 측면에 따라 협약의 운명이 결정되나 그에 대한 효과적 수단과 기제가 마땅하지 않다는 점, 5) 사무국과 당사국 총회로 협약을 관리해나간다는 점 등을 들 수 있다(노명준, 2003: 27-33; 한국환경정책·평가연구원, 2004: 12-15; DeSombre, 2005; UNEP, 2006).

이러한 성격을 지니고 있다 보니, 인센티브의 구조, 시점, 불확실성, 참여국가 등에 따라 체결의 용이성이 달라지며, 체계적이기보다는 분절적이고(patchy), 협약의 내용간 병렬적 구조로 인해 경쟁, 갈등, 불일치, 중첩, 상반 등이 일어나기도 한다. 또한, 거시적 시각과 미시적 내용의 연결고리가 부재하여 그로 인한 비용이 수반되기도 한다.

국제환경협약은 기본적으로 자국의 이익 보호에 유리한 방향에서 체결되기 마련이다. 환경보호를 위한 공동의 노력은 국가의 첨예한 이해관계 대립으로 인해 약속과 규범 준수에 한계를 가지고 있는 것도 사실이다. 기후변화협약에서 관찰되듯이 수많은 국제환경협약은 선진국과 개도국의 대립, 경제와 환경의 대립, 규범과 현실의 대립 등으로 점철된다. 특히, 구속력을 지니기 어렵다는 연성적 성격을 가지고 있어 국제환경협약의 효과성에 의문이 제기되기도 한다. 그러나 이러한 많은 문제점과 한계에도 불구하고, 국제환경협약의 성과를 무시하기는 어렵다. 몇십 년간 쌓아온 국제환경협약과 그를 달성하기 위한 노력이 없이 개별 국가의 노력만으로 현재 상태에 도달하기란 불가능하였을 것이다.

1950년부터 2011년까지 체결된 국제환경협약의 총 개수는 2,400건을 넘어선다. 특히 1970년대와 1990년대는 협약체결이 가장 빈번하게 이루어진 시기이다. 전체적으로는 양자협약이 많으나 2000년대 이후에는 다자협약의 체결건수가 더 많다. 분야별로는 어업 관련 협약이 764건으로 가장 많다.

우리나라는 2011년 현재 총 56개의 환경협약에 가입하였는데, 분야별로 보면 대기기후 8개, 해양어업 23개, 자연·생물 8개, 핵안전 7개, 유해물질·폐기물 3개, 기타(세균, 남극, 기술군사 등) 7개로 이루어져 있다. 이 장에서는 우리나라가 가입한 각 분야별 대표적 협약에 대해 살펴보고자 한다.

Ⅱ 정책분야별 국제협약과 한국의 정책방향

1. 해양분야 : 폐기물 해양투기

1) 1972년 런던협약

폐기물 해양투기는 폐기물 및 기타물질을 선박이나 항공기로 해양에 폐기하는 것을 의미한다. 해양투기는 내수면이 아닌 해양지역에 투기하므로 별도의 처리비용이 들지 않는다는 점에서 각국이 경제적으로 선호하여왔다. 누구든지 제한 없이 유린할 수 있는 지역으로 생각되던 공해상은 거대한 오염에 시달리게 되었고, 이에 대한 적절한 제한을 가할 필요성이 절실해지자 비로소 규제 노력이 시작되었다.

그 대표적인 것이 바로 1972년 런던협약이다. 해양투기는 각국이 오랜 기간 자행하여왔고, 1970년대부터 그로 인한 악영향과 규제 필요성을 인식하게 되었다. 런던협약은 1972년 채택되고 1975년 발효되었으며, 이 협약에는 2013년 현재 미국, 프랑스, 독일, 영국 등 87개국이 가입되어 있다. 런던협약은 내수면(internal waters) 이원의 모든 해양지역에 모든 종류의 폐기물의 해양투기를 금지하고 있다. 해양투기 문제 관련 최초의 다자협약이라는 의의가 있으나. 최소한의 국제기준을 설정하는 수준에 머물고 있으며, 각국이 보다 엄격한 관련 국내규제를 통해 행동하도록 권장하고 있다(대검찰청, 2002).

협약성사의 배경으로는 첫째, 환경보호에 대한 관심이 고조되던 1972년 유엔인간환경선언의 구체적 결실의 필요성과 둘째, 유사성격의 지역협약인 오슬로협약의 전 지구적 확대, 셋째, 1990년대 초반 러시아 동해 지역의 핵폐기물 투기행위가 공개되어 우리를 비롯한 많은 국가들이 각성하였다는 점, 넷째, 이 과정에서 강대국인 미국이 적극적으로 개입하였다는 점 등을 들 수 있다.

2) 1996년 런던의정서

1996년에는 런던협약의 구체적 사항이 진척되고 개정되면서 그 일환으로 런던의정서를 채택하게 되었다. 예를 들어, 런던협약의 부속서는 투기금지 품목(black list)과 비소 등을 상당히 포함한 물질(grey list)의 투기를 금지하여 두었는데, 어떤 물질이 이 품목에 해당되는지 여부를 판정하기가 용의하지 않아 많은 갈등이 발생하였다. 이와 같이 구체적 기준이 제공되지 않아 혼란이 야기되자 이를 바로 잡기 위해 런던의정서에는 투기허용물질을 구체적으로 열거하는 방식(positive list system 혹은 런던협약의 black list에 반해 reverse list라고도 함)으로 전환하게 된다. 이 방식은 투기허용품목을 확실히 규정하는 매우 경직적인 방식이라 할 수 있다(홍기훈, 2011).

런던의정서 내용 중 주목할 것은 탄소 포집・저장(carbon capture and storage)과 해양시비(ocean fertilization)의 해양투기 해당 여부이다. 탄소 포집・저장은 지구온난화를 막기 위한 목적으로 대기

[표 1] 런던협약과 런던의정서의 비교

구분	1972년 런던협약	1996년 런던의정서
규제 방식	해양투기를 허용하되 특정물질만 금지	해양투기를 금지하되 특정물질 허용
일반 원칙	예방, 오염자 부담	예방, 오염자 부담
적용 범위	내수면 적용 배제	해양투기 및 해양소각 규제를 내수면에도 적용
목적	해양투기 통제	모든 오염원(육상오염원 포함)으로부터 해양환경 보호, 해상소각 금지

출처 : 해양투기종합관리시스템 홈페이지(oceandumping.re.kr/web.web/?p_name=london_overview)

중 이산화탄소를 포집하여 해저에 격리·매장하는 것으로 심해저에 가라앉혀 안정화시키는 방식, 응고시키는 방식 등 다양한 방법이 존재한다. 그러나 런던의정서는 해저 지질층에 물질을 투입하거나 저장하는 것을 해양투기로 보고 있으므로 과연 탄소 포집·저장 행위가 런던의정서를 실질적으로 위반하고 있는지 여부가 논쟁거리가 될 수 있다. 탄소 포집과 지중 저장은 온실가스 저감을 위한 바람직한 의도를 실현하는 것으로 그것만 별도로 고려한다면 문제 소지는 없다. 그러나 탄소포집·저장 과정상 사고나 기술적 미숙함 등으로 인한 이산화탄소의 유출 가능성을 완전히 배제하기 어렵다. 인위적으로 대량 저장되었다가 사고 등으로 유출되는 이산화탄소는 해수의 산도를 높여 해양 생태계뿐 아니라 상부 수역에도 치명적 악영향을 줄 수 있다(김정은, 2011). 논란 끝에 런던의정서는 폐이산화탄소의 해저 지중 저장을 허용하였고 이를 위한 해외 반출까지도 가능하게 하였다. 대기 중 이산화탄소 농도를 낮추는 포집 및 저장행위가 해수의 산성화를 방지하여 해양환경을 보호하고자 하는 런던협약의 근본적 취지를 위배하고 있다고 보기 어렵다는 결론에 도달하였기 때문이다.

해양시비(ocean fertilization)는 식물성 플랑크톤이 이산화탄소를 흡수하는 특성에 착안한 것으로, 플랑크톤의 먹이가 되는 철, 인, 질소 등의 영양물질을 뿌리거나 심해수 용승(upwelling)을 통해 영양물질을 확산·부유시켜 플랑크톤이 보다 더 잘 양육되도록 함으로써 식물성장을 인위적으로 촉진하려는 행위이다. 해양시비는 생물다양성협약과도 연관성이 깊다. 2008년 9차 생물다양성협약 당사국회의에서는 해양생물에 대한 악영향 가능성이 크며 따라서 사전예방 원칙에 따라 해양시비를 정당화할 수 있는 과학적 근거가 미약함에 우려를 표명하고 이 활동을 효과적으로 규제할 수 있을 때까지는 시비를 하지 않을 것을 촉구했고 이듬해인 2009년 발간된 생물다양성협약이 발간한 보고서에서는 해양시비가 수중 생태계에 미치는 효과에 대해 여전히 과학적 불확실성이 존재함을 밝혔다. 이에 따라 2010년 제10차 당사국총회에서는 해양시비 사업을 포함하여 생물다양성에 영향을 주는 모든 지구공학적 활동은 허용하지 않기로 결의하였다. 그럼에도 불구하고 앞서 밝힌 대로 탄소포집·저장행위에 대해서만은 예외적으로 허용하고 있다(박수진, 2011).

3) 우리나라의 정책방향

우리나라는 1993년에 런던협약에 가입하였으며 2009년 런던의정서에도 가입함으로써 폐기물의 해양 투기 금지에 원칙적으로 동의를 표하였다. 그럼에도 불구하고 우리나라는 1988년부터 해양투기를 시작하였는데 런던협약에 가입한지 20년이 넘는 2014년까지도 해양투기가 이루어지고 있어 협약 가입국의 면모를 무색하게 하고 있다.

(1) 정책과정 및 현황

한국은 런던협약 가입 5년 전인 1988년부터 폐기물의 육상처리를 회피하고 하천과 연안 보호를 목적으로 해양투기를 시작하였다. 게다가 1988년 육상폐기물해양배출제도 도입과 1993년 배출해역까지 지정하게 되면서 육상폐기물의 해양투기량이 큰 폭으로 증가하게 되었다. 특히 기존에는 분뇨가 대부분을 차지하였으나, 1993년부터는 오니, 1997년에는 축산 폐수, 2004년에는 음식물 쓰레기 처리폐수 등이 허용되면서 해양투기를 감소하려는 국제적 움직임과는 반대되는 모습을 보였다. 1990년 100만여톤의 배출량은 2005년 993만여톤을 기록하여 15년 사이 무려 10배나 증가하였다(이봉길 외, 2006년). 그러나 2006년 정부는 「육상폐기물 해양투기관리 종합대책」을 수립하여 2012년부터는 하수 오니 및 가축분뇨를, 2013년에는 음폐수, 분뇨, 분뇨처리 오니를, 2014년부터는 산업폐수와 폐수오니를 금지하였다. 2015년부터는 폐수 및 폐수 오니에 한해 불가피한 경우에만 한시적으로 일부 허용하도록 강화하였으며, 2016년부터는 전면 금지된다.

그럼에도 불구하고 현실적으로는 2012년 음폐수, 분뇨처리 오니, 산업폐수 오니 등 해양투기가 여전히 이루어지고 있지만, 그래도 전반적으로 해양투기가 매년 상당량 감소하고 있다. 2014년 현재 총 427개 기업이 폐기물 52만8,764톤을 해양에 배출하겠다고 정부에 신고하였는데 이것은 2013년에 비해 50% 감소한 수준이다(연합뉴스, 2014.1.3.).

한편, 환경단체 측은 산업폐수 유예기간에 대해 기술적 한계를 근거로 대체시설 설치에 비협조적인 기업과 기업의 입장을 수용하고 유예기간을 인정한 정부에 문제를 제기하고 있다(서울신문, 2014.1.2.). 사실 정부는 그동안 강력한 규제보다는 오히려 조장 혹은 묵인한 측면이 강하다. 우리나라가 런던의정서 가입국 중 유일한 해양투기를 허용하는 국가이기 때문에 환경단체 등의 비난에서 자유로울 수 없다. 해양투기는 런던의정서를 통해 금지되었으나, 우리나라의 경우 해양 배출업의 집단적 반발, 양돈업계, 음식물 처리업계까지 반대하는 실정에서 정부는 강제적으로 규정을 집행하지 못했다. 런던협약 가입 당시에는 큰 갈등이 나타나지 않았는데, 이것은 협약은 강제성을 가지지 않기 때문이었다. 이후 의정서에 가입하면서 해양투기 금지계획이 수립되어 관련업계에 강한 의무가 부과되자 민간업체들의 큰 반발이 일어난 것이다. 2011년 국토해양부의 해양환경관리법 시행규칙 개정안 입법예고에 반발하여 해양배출업계는 전면 파업에 돌입하였다. 우여곡

절 끝에 2012년 투기 금지는 예정대로 시행되어 하수 오니와 가축 분뇨의 해양투기는 금지되었다. 그러나 다시 2013년 음식물 쓰레기의 투기까지 금지되면서 음폐수 처리 수수료 현실화를 빌미로 업체의 파업이 다시 발생하는 등 관련 갈등은 완전히 해소되지 않았다.

(2) 정책특성

이와 같이 해양투기 금지라는 규범은 여전히 현재진행형이며, 갈등으로 점철되어 있는데, 앞서 논의한 국내 갈등뿐 아니라 외교적 갈등 소지도 존재한다. 한국은 현재 3개 해역에 폐기물을 분산배출하고 있다. 군산 서방 200km 위치한 서해병, 포항 동방 125km 위치 동해병, 울산 남동방 63km 위치한 동해정 3개 해역으로 나누어 배출하고 있으며 해역별로 지정한 폐기물의 종류도 다르다. 이 3개 해역에 최근 10년간 총 배출량은 60,000천㎥에 이르며 그중 동해병이 절반 이상을 차지한다.

[표 2] 해역별 육상폐기물 해양 투기 현황

(단위 : 천㎥)

구 분	'04	'05	'06	'07	'08	'09	'10	'11	'12	'13	합계
서해병[1)]	2,397	2,383	2,160	1,878	1,587	1,286	1,363	1,342	1,041	580	16,017
동해병[2)]	5,262	5,883	5,475	4,483	3,767	2,864	2,669	2,350	1,247	579	34,579
동해정[3)]	2,090	1,663	1,177	1,090	819	635	446	280	-	1	8,201
합 계	9,749	9,929	8,812	7,451	6,173	4,785	4,478	3,972	2,288	1,160	58,797
허용량	-	-	9,000	8,000	6,000	5,000	4,500	4,000	2,500	1,200	-

1) 서해병 해역 : 군산 서방 200km에 위치. 분뇨, 축산 폐수, 유기성 폐수, 하수 오니, 동식물 잔재물, 수저(水底) 준설 토사, 조개 껍질류 등 배출
2) 동해병 해역 : 포항 동방 125km에 위치. 서해병 해역 배출 가능 폐기물 외 광물성 폐기물, 하수도 준설토사, 건설공사 오니 배출
3) 동해정 해역 : 울산 남동방 63km에 위치. 분뇨, 축산 폐수, 유기성 폐수, 수산가공 잔재물 및 수저 준설 토사 배출

자료 : 국가해양환경정보통합시스템 및 해양수산부 해양폐기물 배출량 재구성

특히 서해병은 2000년 한중 어업협정의 잠정조치수역에 속하여 외교적 갈등소지가 높다. 이 수역에서는 한중 어업공동위원회를 통해 생물자원의 공동 보존 조치를 취하도록 되어 있는데, 한국의 서해병 투기물질 중에는 중금속 등 유해화학물질도 포함되어 있어 오염을 유발한다. 현재 서해병 중 약 20% 정도 해역이 오염되어 투기가 중단되어 있다. 특히 축산폐수 등 액상물질은 중국측의 배타적 경제수역으로 이동하기 용이하므로 향후 중국의 피해 보상 요구 가능성도 배제할 수 없다(최지영 외, 2012).

우리나라는 런던협약 가입국 중 유일한 해양투기국이다. 지난 이명박 정부가 추구한 녹색성장 선도국가로서는 매우 큰 불명예이다. 해양투기의 허용은 폐기물 재활용 기술개발 등의 동기를 약화시키기도 한다. 다행히도 가축분뇨법 개정 등 환경규제가 지속 강화되면서 축산업의 근본 체질이 개선되고 자원화 시설이 확충되어 2017년까지는 자원화율 91% 달성 계획이며, 2017년에는 액비유통센터를 통해 액비생산과 유통이 활성화될 전망이다.

2. 생물분야

1) 1972년 람사르협약과 습지보호

(1) 협약의 배경과 내용

우리나라 습지보전법에서는 "습지란 담수・기수 혹은 염수가 영구적 또는 일시적으로 그 표면을 덮고 있는 지역으로 내륙 습지 및 연안 습지"로 정의한다. 람사르협약에 따르면 습지는 통상 2~6m 수심으로 보며, 인접 하천변과 섬, 그 밖에 양어장, 농경지 연못, 관수 농경지, 저수지, 운하도 포함한다. 습지의 가치는 다양하다. 수많은 야생동식물의 서식지이며 오염물질을 정화하여 수질을 향상시키고 지하수를 충전하여 홍수와 폭풍을 방지한다. 완충지역을 형성하여 해안과 제방의 침식을 막고 기후조절에 이바지하며, 교육·연구·관광·여가활동의 장을 제공하기도 한다.

그러나 습지는 하찮고 쓸모없는 지역으로 인식되어 인간문명발달에 따라 장기간 훼손되어 왔고, 1960년대에 들어서야 습지의 생태적·경제적 중요성과 보호의 필요성을 깨닫게 된 세계자연보전연맹(International Union for the Conservation of Nature and Natural Resources, IUCN)을 중심으로 습지와 조류보호를 위한 국제적 공조노력을 전개하게 되었다. 이러한 노력의 결실로 1971년 이란의 람사르(Ramsar)에서 습지보호에 관한 협약, 일명 람사르협약이 체결되었다. 이 협약은 전문에서 "생태·사회·경제·문화적으로 커다란 가치를 지니고 있는 습지를 보전하고 현명한 이용을 유도함으로써 자연생태계로서의 습지를 범국가적 수준에서 체계적으로 보전하고자" 하는 목적을 가지고 있다.

람사르협약은 국제사회가 이동철새 개체군과 서식지의 감소를 막기 위해 생태계 중심주의를 채택한 최초 협약이다(Navid, 1989). 특정 생물종 보존을 넘어 특정 생태계의 보존을 대상으로 하는 협약으로(정장훈, 2012), 기존 협약이 흡수통합된 형태가 아니라 자연보전과 관련한 단일 형태의 최초협약이라는 의의를 지니기도 한다(김홍균, 2008). 람사르협약은 멸종위기에 처한 야생동식물의 국제거래관한 협약, 이동성 야생동물의 보전에 관한 협약, 생물다양성협약의 시초가 되기도 하며. 생물다양성협약, 사막화방지협약 등 관련 협약 및 기구들과 양해각서를 체결하고 긴밀한 교류를 하고 있다. 1975년 발효된 람사르협약은 2013년 현재 168개국을 당사국으로 두고 있다.

당사국은 협약가입시 자국 영역 내에 1곳 이상의 적절한 습지를 지정하여 등록해야 한다. 습지의 현명한 이용을 촉진하기 위해 국가차원의 계획을 수립하고 이행해야 한다(제3조 1항). 현명한 이용은 등록 습지 뿐 아니라 미등록 습지도 적용된다고 명시하고 있다. 그러나 현명한 이용의 구체적 내용이나 구성요건은 없기 때문에 논란 대상이 되어왔다. 이러한 문제 때문에 제3차 당사국총회에서는 현명한 이용이란 "생태계의 자연적 특성의 유지와 양립하는 방법으로 인류의 이익을 위한 지속가능한 이용"이라 설명하고 있지만, 모호성이 개선되었다고 보기는 어렵다. 설사 현명한 이용이 무엇인지 명확히 정의한다 하더라도 그를 위한 구체적인 의무를 부과하지 않고 있으며 기준도 없다. 정기적 보고의무 역시 없다. 심지어 당사국이 되고자 국가가 지정한 장소에 대한 심사절차도 없다. 대신, 이를 보완하기 위해 습지 목록 중 현재 위협받고 있는 곳을 알려주는데, 소위 몽트뢰 등재(Montreux Record)가 바로 그것이다. 즉, 여기에 등재된다는 것은 긴급한 보전 조치가 필요한 습지 지역임을 알려준다. 당사국은 긴급한 국가의 이익으로 인해 습지를 목록에 추가・확장하거나 삭제할 권리도 가지는데 이 역시 사무국에 통지만 하면 된다. 그러나 "긴급한 국가의 이익"이 무엇인지도 불분명하다(김홍균, 2008). 따라서 람사르협약은 사실상 습지보호를 위하여 각국의 의지와 노력에 맡겨두고 있는 성격이 강하다.

(2) 우리나라의 정책방향

우리나라는 1997년 람사르협약에 가입함에 따라 습지보호를 위한 정책적 노력을 기울이기 시작하였다. 우선 강원도 양구군의 대암산 용늪을 람사르습지로 선정하였고, 1999년에는 습지보전법을 제정하여 습지 조사 및 습지보전기본계획을 수립하였다. 관련 활동으로는 겨울철 조류 센서스, 야생조수 치료센터, 보호지역 지정과 모니터링, 생태공원 조성 등을 들 수 있다. 그러나 단위사업 형태로 진행되고 있는 점은 문제로 지적되고 있다(주기재 · 도윤호, 2006). 2013년 현재 경남 우포늪, 순천만 보성갯벌, 제주 물영아리오름, 울산 무제치늪, 전남 무안갯벌, 오대산 국립공원습지, 그리고 가장 최근에 등록된 한강 밤섬에 이르기까지 모두 18개소 177.172km2의 습지가 지정되었고, 화진포 등 5개 지역은 경관적 가치가 우수한 습지 후보로, 그리고 지리산 왕등재 등 4개 지역은 생태적 가치가 뛰어난 습지 후보로 각각 지정되어 있는 상태이다.

[표 3] 우리나라 습지보호지역 지정현황

구 분	습지보호지역 지정현황		람사르습지 등록현황	
	지정 개수	면 적	개 수	면 적
환경부	18개소	117.126㎢	13개소	13.682㎢
국토해양부	11개소	212.850㎢	5개소	163.49㎢
지방자치단체	3개소	6.634㎢	-	
총 계	32개소(336.610㎢)		18개소(177.172㎢)	

출처 : 환경부(2013)

우리나라는 2008년 경남 창원에서 “건강한 습지, 건강한 인간”이라는 주제로 제10차 당사국총회를 개최하였고, 이때 인류 복지는 건강한 습지에 달려 있다는 메시지를 담고 있는 창원선언문이 결의문으로 채택되기도 하였다. 창원 회의를 통해 일반 국민도 습지에 대한 관심을 가지게 되었으며, 우리나라 지자체의 단체장 지정 습지도 당사국 총회 이후 늘어났다. 그러나 본질적으로는 후속대책 없이 선언적 의미에 머물고 있는 습지보전법의 한계를 극복하여 지역 특성에 부합하는 구체적 실천계획이 도출되어야 할 것이다.

2) 1973년 CITES 협약과 야생동식물 국제 거래

(1) 협약의 배경과 내용

인간의 탐욕과 급격한 기후변화로 인한 야생동식물의 위기상황은 심각한 전 지구적 문제로 대두되었다. 멸종위기에 처한 야생종들이 국제적 거래는 매년 수십억 달러에 이른다. 야생동물의 암거래가 활성화되면 서식지 손실과 함께 종 감소가 이루어지며 결국 멸절상태에 이르게 된다.

이에 따라 1960년 세계자연보전연맹(IUCN)은 야생동식물 보호를 위한 국제적 협력 필요성을 제기하였다. 1973년 미국 워싱턴에서 멸종위기에 처한 야생동식물의 국제 거래에 관한 협약(Convention on International Trade in Endangered Species of Wild Fauna and Flora, CITES)이 체결되었고 1975년 발효하였다. CITES는 생물다양성협약과 함께 생물다양성 보전을 목적으로 하는 대표적 국제협약이지만, 개도국은 경제적 이유로 인해 야생 동식물의 보호를 외면하고 있는 실정이다.

(2) 주요내용과 쟁점

CITES는 멸종위기에 처했거나 보호가 필요한 야생 동식물의 과도한 포획과 거래를 방지하고 전체 거래량을 관리하기 위한 목적을 지니고 있다. 국제거래를 규제하기 위한 규정으로 당사국 조치사항, 비상사국의 거래에 관한 규정 등으로 구성되어 있다. 야생 동식물 해당종을 세 가지 범주로 구분하여 부속서로 규제하고 있다. 가장 까다로운 절차를 요하는 부속서 I의 경우, 멸종위기종을 대상으로, 규정된 종의 거래는 지정 당사국으로부터 사전에 수출입허가를 받아야 한다. 수입을 위해서는 해당 종의 생존에 위협이 되지 않고 표본을 수용하고 보호할 적절한 설비가 있어야 하며, 주상업적 목적으로 이용하지 않는 경우에 한하여 수입허가를 내는 등 매우 까다롭게 허가를 한다. 수출의 경우 살아 있는 표본은 상해, 건강피해 또는 학대 위험에서 최소화되어야만 한다. 부속서 I에 해당하는 종은 호랑이, 코끼리, 코뿔소, 고릴라 등을 포함하여 926종에 이른다. 부속서 II는 현재 멸종위기에 처해 있지는 않으나 규제하지 않으면 멸종위기에 처할 수 있는 종으로 하마, 왕뱀, 카멜레온 등이 대표적이며 그 숫자는 3만종을 넘는다. 부속서 III은 협약당사국이 자기 나라의 관할권 안의 과도한 이용방지를 목적으로 국제거래를 규제하기 위해 다른 협약 당사국의 협력이 필요하다고 판단하여 지정하는 종으로, 바다코끼리 등 266종을 지정하고 있다. 지정절차는 당사국 총회의 2/3 이상 찬성이 있어야 하며 멸종위기상황을 증명하는 관련 자료가 요구된다.

그러나 CITES는 규정위반에 대한 처벌을 가하지 않고 단지 수출국과 수입국에 의해 실시되는 허가제도이다(이상돈, 1990). 또한 회원국의 국내법을 대신하지 않는다. 따라서 별도의 국내법 제정이 없이는 CITES의 법적 구속력은 없으며, 국내법이 존재한다 해도 각국의 규제의 범위, 강도, 내용은 차이가 날 수 밖에 없다. 또한 CITES는 국제 거래만 다루기 때문에 각 회원국의 영토 안 문제에 대해서는 적용이 불가능하다. 또한 CITES는 해당종 지정을 위한 명확한 범위 및 기준이 명시되어 있지 않다. 어떤 종이 멸종위기종으로서 보호대상이 되어야 하는지 그 기준도 불분명하다. 따라서 모호한 기준은 국가간 분쟁의 씨앗이 되기도 한다. 자국의 경제적 이익만을 고려하는 움직임과 국제거래와 상관없이 멸종위기종을 보호대상으로 지정하려는 움직임이 동시에 존재하기 때문이다(이상돈 1990).

CITES의 예외조항은 규제 실효성을 약화시키기도 한다. 예를 들어, 당사국 영토를 단순 통과하는 경우 조사 대상에서 제외되는데, 밀매꾼들은 느슨한 규정을 악용하여 불법 거래에 활용한다. 보호 대상 이전에 취득한 야생동식물의 경우에도 규제 대상이 아닌데, 이것은 멸종위기종의 등재 절차가 오래 걸린다는 특성과 맞물려 악용되기 쉽다(최금란, 2005). 또한 비당사국과의 거래일 경우에는 CITES 규정을 적용하기 어렵다. 비당사국에게도 당사국과 유사한 사항을 요청하고 있지만 아무래도 철저한 규정 준수를 기대하기는 어렵다. 전반적으로는 야생동식물의 보호와 국가의 주권 침해 간에 대립이 되어 양자가 긴장관계가 형성된다고 볼 수 있다.

(2) 우리나라의 현황과 정책방향

우리나라는 1993년 120번째 CITES 가입국이 되었다. 당사국은 관련법규에 따라 야생동식물의 서식 실태 등을 파악하여 종합 보호 대책을 세워야 한다. 1997년 자연환경보전법은 멸종 위기 및 보호 야생동식물을 지정・관리하고 이들을 불법적으로 포획・채취할 경우 최고 5년 이하의 징역 또는 3천만원 이하의 벌금을 부과하는 벌칙 규정을 두었다. 2004년에는 기존의 「자연환경보전법」과 「조수 보호 및 수렵에 관한 법률」의 관련 규정을 통합하여 「야생동식물보호법」을 제정하였고, 이 법에 따라 멸종위기 야생 동식물을 I급으로, 보호 야생동식물을 II급으로 구분하여 관리하고 있다. I급은 자연적 또는 인위적 위협요인으로 개체수가 현저하게 감소되어 멸종위기에 처한 야생생물이며, II급은 현재의 위협요인이 제거되거나 완화되지 아니할 경우 가까운 장래에 멸종위기에 처할 우려가 있는 야생생물이다. I급으로는 조류 12종, 포유류 11종 등 총 51종, II급은 육상식물 68종, 조류 49종 등 총 195종을 지정하고 있다. 주무부처인 환경부는 5년마다 멸종위기야생동식물보호 기본계획을 세우고, 지자체가 세부계획을 통해 집행하는 체계를 갖추고 있다.

우리는 멸종 위기에 처한 야생동식물을 한약재 등 다양한 희귀제품의 제조원료 등으로 사용해왔다. 이러한 행위는 국제적 비난을 받아왔다(방용석, 1999). 특히 호랑이 가죽, 고기, 뼈(호골), 코뿔소의 뿔(서각), 고래와 상어의 불법적 포획, 보신식품으로 사용하기 위한 야생동물의 밀렵과 밀거래 등이 문제가 되어 국제적 감시대상이 되고 있다.

[표 4] 국내멸종위기 야생생물 지정 현황

구분	총계	포유류	조류	파충류	양서류	어류	곤충류	무척추 동물	육상 식물	해조류
전체	246	20	61	3	4	25	22	31	77	2
I 급	51	11	12	1	1	9	4	4	9	-
Ⅱ 급	195	9	49	2	3	16	18	27	68	2

출처 : 환경부 홈페이지

[표 5] 야생동물 밀렵 밀거래 단속현황

년 도	2000	2001	2002	2003	2004	2005	2006	2007	2008	2009	2010
단속 건수	834	1,401	1,033	808	762	603	678	804	819	726	771

출처 : 환경부(2011)

이와 같이 CITES 관련 문제점은 우선 CITES 규정 자체가 모호하다는 데 있다. 예를 들어, CITES 종 수입 허가 기준을 충족하기 위하여 부속서 I의 동식물의 경우 적절한 보호시설을 반드시 필요로 하는데도 불구하고 시설에 대한 명확한 기준이 없다. 또한, 국내 허가절차 관리도 취약하다. 수입 신청인에게 허가증 교부 시 현재는 매도확약서 등 제출로 우선 수입되는 행태를 보이고 있어 허점이 존재하며, 7일이라는 짧은 기간 내 이의신청을 처리하도록 되어 있는 점은 민원인에게는 유리하나, 사안에 대한 당국의 충분한 검토를 방해할 가능성이 있다. 또한 반입 이후의 적절한 관리도 어렵다. 부속서 II 해당종이 전체 수입의 거의 80%를 차지하는데 그중 90% 정도가 상업 및 거래 목적으로 수입된다(환경부, 2011a). 이러한 상황은 결국 특별한 자격요건이 없어도 개인적으로 유통되고 그 이후 관리는 어렵게 되는 결과를 낳는다. 당국의 관리실태 점검이나 과학적 조사를 위한 전문역량이 부족한 것 역시 한계이다.

3) 생물다양성

(1) 1992년 생물다양성협약

생물다양성협약(Convention on Biological Diversity, CBD)은 생물다양성과 관련된 모든 측면을 포괄하는 첫 국제협약이다. 생물다양성협약은 생물다양성의 가치와 중요성을 인식하고자 1992년 리우회의에서 기후변화협약과 함께 탄생하였으며, 사막화방지협약과 함께 유엔 3대 협약으로 꼽힌다. 지구상에는 3천만 종의 생물이 존재하는 것으로 알려져 있는데 이 중 매년 2만5천 종이 사라지고 있는 것으로 추산된다. IPCC 4차 보고서는 섭씨 1도 상승시 10%의 생물종이 멸종되는 것으로 보고하고 있다. 이러한 상황에서 생물다양성협약은 자원의 유한성 및 생물종 보존 필요성 확인의 전환점이 되었다. 본 협약은 특정 종의 보호보다는 포괄적 보존과 지속가능성에 중점을 두고 있어 기후변화노력의 일환으로 볼 수 있으며 실제 생물다양성과 기후변화 간의 관계에 대한 정보를 제공하고 있기도 하다(박수진, 2011). 본 협약은 생물다양성의 보존과 지속가능 이용을 위한 방법과 보상, 유전자원 이용에 관한 조절 및 통제, 생명공학 기술을 비롯한 기술의 이용과 이전, 과학기술협력, 피해 평가, 교육 및 홍보, 재정지원, 협약이행을 위한 국가보고서 작성을 내용으로 하고 있다.

협약의 특징으로는 첫째, 자원접근을 들 수 있다. 유전자원 접근 결정 권한은 해당국가 정부에 있으나, 다른 당사국들이 이용할 수 있는 여건을 조성해야 한다. 둘째 특징은 기술이전이다. 생물다양성의 보존과 지속가능한 이용과 관련되거나 환경에 심각한 피해를 끼치지 않는 유전자원 이용 기술에 대해 다른 당사국의 접근과 기술 이전이 제공되거나 용이하도록 해야 한다. 셋째는 이익배분으로, 협약 중 가장 민감한 사항이기도 하다. 유전자원의 이용으로 인해 발생하는 이익에 대해 자원제공국과 이용국 간의 공정한 이익배분이 일어나도록 해야 하며, 자원 이용국은 생명공학 연구활동에 유전자원 제공국이 참여할 수 있도록 적절한 조치를 취해야 한다.

CBD의 목적은 유전자원에 대한 적절한 접근, 관련 기술의 적절한 이전 및 재원 제공 등을 통해 생물다양성을 보존하고, 그 구성요소를 지속가능하게 이용하며, 유전자원의 이용으로부터 발생하는 이익을 공정하고 공평하게 공유하는 것이다. 전문(Preamble)에는 생물다양성이 지닌 다양한 가치와 중요성을 인식하고 지속가능한 방식으로 생물자원을 사용한다는 정신을 천명하고 있으나, 협상 과정에서 주로 빈국으로 구성되는 자원제공국과 주로 부국으로 구성되는 자원이용국 간의 협약 타결 가능성을 높이기 위하여 유전자원의 적절한 접근이라든가 기술의 이전, 이익의 공유 등의 내용이 포함되었는데, 이것이 오히려 생물다양성 보존이라는 근본취지를 무색하게 할 정도로 각국의 경제적 이익을 반영하고 있다.

생물자원을 개발・이용하려면 유전자 변형 생물체 발생 등의 악영향도 있을 수 있기 때문에 이를 규정하기 위하여 2003년 바이오안전성에 관한 카르타헤나의정서와 유전자변형 생물체의 국가간 이동에서 발생하는 피해에 체계적으로 대응하기 위하여 2010년 책임구제추가의정서가 대두되는 계기가 되었다. 국가 간 가장 첨예하고 대립하고 있는 문제는 유전자원의 상업적 이용에서 발생 이익의 공정하고 공평한 분배이므로 2010년에는 이를 다루기 위하여 나고야의정서가 제정되었다.

(2) 2010년 나고야의정서

나고야의정서는 국가 간 다툼을 방지하기 위하여 유전자원 이용에서 발생되는 이익을 자원제공국과 공유하도록 하고 있다. 나고야의정서는 생물다양성협약 제10차 당사국총회에서 채택되었다. 의정서의 핵심은 생물자원을 활용함으로써 생기는 이익을 공유하기 위한 지침(Access and Benefit Sharing: ABS)으로 자원제공국의 입장을 반영한 것이다. 생물다양성협약은 생물자원 이용의 이익 배분과 관련하여 국가 간 입장이 첨예하게 대립하였기 때문에 나고야의정서는 이러한 논란을 종식시키기 위해 양측의 입장을 적절하게 조정할 필요가 있었다. ABS 작업반은 이러한 필요성 때문에 "창의적 모호성의 걸작품(masterpiece of creative ambiguity)"이라고 일컬어질 정도로 모순적, 부분적이며 절충과 협상의 산물이 된 나고야의정서를 내놓게 된 것이다(장호민, 2012). 그럼에도 불구하고 나고야의정서에 모든 국가들의 입장이 반영된 것은 아니다. 예를 들어 아프리카 제반국가들은 생물다양성협약 발효 이전의 유전자원 이용분에 대해 소급적용을 원하며 파생물(derivatives)에 대해서도 적용을 원하였지만 반영되지 못했다. 인도, 중국 등 토착 전통지식의 인정범위와 관련된 논란도 있지만 역시 반영이 쉽지 않다. 또한 자원 불법 반출 검문소 기관의 지정을 주장하는 자원제공국과 자원접근 촉진 조치 체크포인트의 설치를 주장하는 자원이용국간 이익도 대립된다. 이와 같이 역시 나고야의정서가 지니고 있는 이익의 상충성과 동시에 의견조정의 한계를 잘 보여준다. 나고야의정서는 이러한 의견충돌을 완화하기 위해 단지 "적절하고 효과적이며 균형 잡힌 입법적, 행정적, 정책적 조치를 취할 것"이라는 매우 모호한 규정만을 가지고 있다.

이익공유는 기술 보전과 지속 가능이용에 이니셔티브를 주기 위해 포함된 것으로 자원보전 목적과는 다소 거리가 있다. 하지만 지나친 보전 강조는 비현실적이므로 이용의 타당성이 인정될 수밖에 없고, 그렇지 아니하고는 많은 국가들의 참여가 이루어지지 않으므로 불가피한 측면이 있다. 제약 식품, 화장품 등에서 ABS 분쟁이 끊임없이 발생하여 나고야의정서는 미발효 상태로 표류하다가 지난 2014년 우리나라 평창에서 개최된 제12차 당사국총회에서 드디어 발효되었다.

(3) 우리나라의 대응

생물다양성협약의 준수를 위해 각 당사국은 국가전략을 수립, 보고할 책임이 있다. 우리나라는 1997년과 2008년 두 차례에 걸쳐 국가전략을 수립한 바 있다. 정부는 나고야의정서 대책으로 2010년 관계부처 전담대응반 운영, 생물자원 확보, 국내이행법제 정비, 12개 부처 합동 세부이행계획을 제시하였다. 주된 내용으로 생물주권 확보, 생물자원 관련 산업 지원, 법제 정비 등이 포함되어 있다. 특히 나고야의정서와 관련하여서는 산업계에의 파급효과를 고려해야 한다. 우리나라는 생물유전자원의 해외의존도가 70%에 달하고 있으므로, 2014년 나고야의정서 발표로 인하여 제약품, 화장품, 건강식품 등에 필요한 생물자원 수입에서 적지 않은 타격이 예상된다. 생물자원확보가 어려워짐에 따라 차후 유전자원 조달처 다양화, 대체재 개발 등의 필요성이 더욱 절실해졌다. 생물자원 관련 우리 기업의 해외 로열티 지불규모는 연간 22억~71억 원으로 추산된다(박호정, 2012). 앞으로 5000억 원 정도의 손실이 추가 발생할 전망이며, 매년 최소 136억 원에서 최대 639억 원까지의 경제부담이 예상된다(환경부, 2011b).

한국은 생물다양성 정보공유체계를 운영하고 있으나 아직 부처 간 정보공유협력은 역부족이다. 또한 우리의 토착 유전자원보호와 접근통제도 필요하다. 나고야의정서 발효에 맞추어 우리나라도 보다 적극적 대처 방안이 필요한 실정이다.

3. 대기분야

1) 오존층보호

(1) 1985년 비엔나협약과 1987년 몬트리올의정서

오존층은 20~40km 대기 중에 위치하며 성층권 중간에 형성되어 있다. 오존은 자외선을 흡수하는데, 오존층은 인간이 배출하는 화학물질로 인해 파괴된다는 사실은 1970년 네덜란드 과학자 크루첸에 의해 발견되었다. 질소비료 성분 일부가 성층권에 올라가 산화질소로 변환되는데 이것이 오존층을 파괴하는 촉매역할을 한다는 것이다. 곧이어 염화불화탄소(CFCs)의 오존파괴 문제도 대두되었다. 염소 원자 하나가 10만 개의 오존분자를 파괴함으로써 오존층이 훼손되고 그를 통해 중범위 유해 자외선이 지표에 도달할 수 있다는 것이다.

UNEP은 국제사회의 연구와 오존층 파괴 모니터링 필요성을 제기하였으며 국제협약 제정을 추진하였고, 그 결실로서 1985년 비엔나협약이 체결되기에 이르렀다. 다시 UNEP은 협약의 규제수단을 담은 의정서를 도출하는데 이것이 1987년 몬트리올의정서이다. 비엔나협약과 몬트리올의정서의 체결은 선협약-후의정서 방식 성공이 공식화되는 계기가 되기도 했다. 이후 체결된 다른 많은 협약과 의정서도 이 방식을 채택하였는데, 기후변화(기후변화협약-교토의정서), 생물다양성(생물다양성협약-나고야의정서) 등이 그것이다.

협약의 제반 원칙으로는 오존층을 변화시키는 인간활동으로 인한 부정적 효과로부터의 인간보호, 특정물질 배출이 오존층 파괴를 야기한다는 인식, 기후변화에의 악영향 인식, 과학적 지식에 기초한 조치, 기술적 · 경제적 요소를 고려하여 배출총량을 공평하게 규제하도록 예방하는 것, 개도국의 수요 충족 등을 들 수 있다.

오존층보호협약은 다양한 국제환경보호 레짐 중 가장 성공적이라는 평가를 받는다. 비엔나협약과 몬트리올의정서는 유엔가입국 모두가 가입한 최초의 협약으로 2009년 현재 197개국이 가입하였고, 오존층 보호에도 성공하여 목표로 했던 감축년도에 비해 98%의 감축이 일어났다. 또한, 오존층 파괴물질은 동시에 온실가스이기도 하므로 온실가스 감축에도 기여하였다.

이와 같은 성공의 원인으로는 규제물질을 선정함에 있어 과학적 근거에 의한 평가를 중시하였다는 점, 선진국과 개도국 간 공통점을 모색하면서도 개도국의 특수 사정을 반영하려 노력하였다는 점, 산업계에 대해 일관성 있고 합리적 조치를 제시하여 산업계의 순응을 이끌어냈다는 점, 비당사국들이 무역 상 불이익을 받도록 설계되어 있어 당사국 가입을 유도하였고 이것이 의정서 확산으로 이어졌다는 점 등을 들 수 있다.

물론 다른 협약에서도 보듯이 국가 간 이익 대립이 일어났다는 점에서는 오존층보호협약 역시 예외가 아니었는데, 토론토 그룹(미, 캐, 노르딕)과 EC 간 이해가 대립하여 난항을 겪었다(Vorlat, 1993). 토론토 그룹은 CFCs 생산사용을 단계적으로 감축하자는 입장인데 반해 EC측은 즉각적 제한을 주문했기 때문이다. 몬트리올의정서는 CFCs와 할론을 오존층 파괴물질로 지정하고, 감축일정을 제시하였으나, 이후 수차례 변경하기도 하였다.

우리나라는 1992년 비엔나협약과 몬트리올의정서에 가입하였고, 그 이전인 1991년에는 「오존층 보호를 위한 특정물질의 제조 규제 등에 관한 법률」을 제정하기도 하였다. 우리나라의 관련 정책내용으로는 특정물질의 생산량 및 소비량 산정치 기준 한도를 정하거나 변경할 때 공고해야 한다는 것, 특정물질 제조를 위해서는 산업부 장관 허가를 득해야 한다는 것, 환경부 장관은 오존층 상황, 온실가스의 대기 내 상황, 대기 중 특정물질 농도변화상황을 관측하여 공고해야 한다는 것, 정부는 '특정물질 사용 합리화 기금'을 설치하여 대체물질 개발 등 이용의 의무를 진다는 점 등을 포함하고 있다.

2) 기후변화

(1) 1992년 기후변화협약(UNFCCC)과 온실가스 감축

기후변화는 인간의 활동으로 인한 것과 자연적 원인에 의해 일어나는 기후변동성으로 구분할 수 있는데, 국제협약에서 관심을 가지고 있는 것은 주로 지구 대기의 구성을 바꾸는 인류 활동에 의해 직간접적으로 발생한 부분에 대한 것이다(신의순 · 김호석, 2005). 그 주된 원인은 온실가스(Green House Gas: GHG)라고 불리는 이산화탄소, 메탄, 육불화황, 수소불화탄소, 과불화탄소, 아산화질소 등 6개의 기체의 증가에서 찾을 수 있다. 1970년에서 2004년 사이에 지구가 배출한 온실가스는 70%나 증가했는데, 이러한 온실가스의 증가가 지구온난화로 대표되는 해수면 상승, 봄꽃 개화시기의 변화, 극단적 기후변화 등과 밀접하게 연관되어 있다고 보게 된 것이다. 물론 이에 대해 과학적 근거가 불충분하다거나 순환주기적 현상일 뿐이라는 등 온실가스와 기후변화 간 직접적 연관성에 대한 회의적 시각이 제기되기도 한다(서울대 국제문제연구소, 2009).

기후변화협약(United Nations Framework Convention on Climate Change: UNFCCC) 성사 이전에 이미 많은 사전 노력이 존재하였다. 국경 월경성 이동 대기오염물질 통제를 위한 1979년 제네바협약, 인간활동의 기후 영향의 과학적 증명 위한 세계기후프로그램(WCP) 창설이 합의된 1979년 제1차 세계기후회의, 오존층 보호 기본골격을 위한 1985 비엔나협약, 온실가스 농도 증가가 기후 변화를 야기한다는 1985년 빌라크 회의, 오존층 보호를 위한 1987년 몬트리올의정서, 2005년까지 이산화탄소 배출량을 감축하자는 1988년 토론토회의, 1988년 기후변화에 관한 정부간협의체(IPCC) 수립, IPCC 1

차 보고서를 바탕으로 국제협약 채택하기로 합의한 1990년 제2차 세계기후회의 등 기후변화협약에 선행하여 매우 활발한 논의가 진행되어왔다. 이들의 공통적 목적은 결국 대기 중 온실가스 농도를 안정시키는 것이었다. 그 결과 1992년 브라질 리우에서 열린 회의에서 드디어 기후변화협약이 채택되었다. 그 목적은 기후변화로 인한 부정적 효과가 인류의 공통관심사임을 인시하고 기후체계가 인위적인 영향을 받지 않도록 대기 중 온실가스 농도를 안정시키고자 함이다(신의순 · 김호석, 2005).

기후변화협약의 대원칙은 기후변화의 예측 및 방지를 위한 예방조치 시행과 모든 국가의 지속가능한 성장을 보장하는 것이며, 이를 위해 각 국가는 "공동의 차별화된 책임"을 져야 한다(기후변화협약 홈페이지, 2012). 차별화된 책임을 달성하기 위해 국가들도 구분되는데, 이것은 교토의정서에 명시되었다. 부속서 I 당사국은 1992년 현재 OECD 가입국과 시장경제전환국가(EIT), 부속서 II 당사국은 OECD와 EU, 비부속서 I 당사국은 주로 개도국으로 구성되어 있다. 그러나 온실가스 배출량 통계작성과 제출, 국가정책 수립 및 시행은 공통사항에 해당한다(이연상, 2008).

(2) 1997년 교토의정서와 온실가스 감축

선언적 성격이 강한 기후변화협약에 비해 교토의정서는 온실가스 감축 의무국가를 구체적으로 명시하고 있으며, 국가별 감축량과 방법 등 구체적 실행사항을 규정하고 있다. 중국, 인도의 제외와 미국의 회피로 교토의정서는 한 때 심각한 무산위기에 처했으나 러시아의 비준으로 2005년 발효요건을 극적으로 충족시켰다. 부속서 I 국가는 2008~2012년 사이 1990년대 수준 대비 평균 5.2% (-8%~10%)의 감축의무를 진다. 교토의정서는 선진국의 구속력 있는 감축목표 설정과 공동이행제도(Joint Implementation: JI), 청정개발체제(Clean Development Mechanism: CDM), 배출권 거래제(Emissions Trading System: ETS) 등 시장원리에 입각한 유연성 메커니즘을 도입한 것이 특징이다. 이것을 교토 메커니즘이라고 하는데, 교토 메커니즘은 이산화탄소 배출 감소 노력이 쉽지 않기 때문에 이를 보다 촉진하기 위한 것으로, 이행주체 간 이산화탄소 감축의 한계비용이 각기 다르다는 점에 착안한 일종의 궁여지책이라고 볼 수 있다. 그러나 이러한 메커니즘보다 선진국의 국내 감축이 우선되어야 한다고 개도국들은 지적하고 있다(김성훈, 2004; 백진현, 2003). 또한 이러한 노력은 license to pollute, 즉 배출권을 거래하는 등 비용만 지불하면 오염할 권리를 부여하는 행위라고 비난받기도 한다(나태준, 2007).

이와 같이 교토의정서는 수립과 이행 상 갈등으로 점철되었다. 선진국과 개도국의 책임 공방, 재정지원 요구 등으로 기후변화협약은 절반의 성공만 거두었고, 흡수원 관련 미국과 캐나다의 삼림 인정 요구, 동구권의 노력 없는 자연적 감축 인정 여부 공방 등이 기후변화협약과 교토의정서를 둘러싼 국가 간의 첨예한 정치적 이해관계를 잘 대변하고 있다. 그로 인해 구속력 있는 감축목표나 시한 제시 등에 실패한 레짐으로 간주된다.

이러한 실패를 보정하고자 하는 노력의 일환으로 2005년에는 몬트리올 11차 당사국총회에서 포스트교토 체제에 관한 최초 논의가 이루어졌다(김현진 외, 2006). 2007년에는 발리로드맵을 통해 온실가스 협상대상을 확대하기로 하였으며, 2010년 칸쿤 16차 총회에서는 협상종료시점을 2011년으로 연장하기도 하였다. 2011년에는 남아공 더반에서 포스트 교토 체제의 로드맵을 제시하였는데 2012년말에 종료되는 교토의정서를 5년 혹은 8년 연장하기로 하고, 모든 당사국이 동일한 의무를 갖는 새로운 체제를 위한 더반 플랫폼 협상을 시작하였다(이은경, 2011). 그러나 일본, 캐나다, 러시아, 뉴질랜드는 2013년 교토의정서를 탈퇴하였다. 주요 배출국인 중국, 인도, 한국은 개도국으로 분류되어 감축의무대상에서 제외된 것도 문제이다. 교토의정서를 비준하지 않은 미국은 당연히 제외되어 있다. 이로 인해 교토의정서는 전 세계 배출량의 15% 내외만 다루는 한계를 지니고 있다(김윤옥, 2012).

(3) 우리나라의 대응

우리는 이산화탄소 배출 총량 세계 7위이며 1990년에 비해 2011년 현재 144% 증가하였다. 1인당 배출량으로는 세계 9위로 대외압력에 수세적 입장이다(예정처, 2007). 대외적으로는 우리 입장을 반영하려 노력 중이며, 대내적으로는 이행기반을 강화하려 노력 중이다(신의순・김호석, 2005). 그 일환으로 2008년에는 녹색성장을 선포하여, 신재생에너지 기술개발 및 이용보급 기본계획을 수립하였고, 2009년에는 녹색성장위원회가 출범하였다. 우리나라는 2009년 코펜하겐에서 개최된 제15차 당사국총회에서 2020년까지 국가 온실가스 배출 전망치 대비 30%를 감축하기로 선언하였는데 이것은 세계적으로도 유례없이 야심찬 계획이다. 그 일환으로 2010년에는 저탄소녹색성장기본법을 제정하였고, 2011년에는 온실가스 에너지 목표관리제를 도입하였으며, 2015년 배출권 거래제가 도입되었다. 그러나 이러한 일련의 움직임은 온실가스 감축만을 지나치게 강조한다는 비판을 받기도 한다(예정처, 2007). 기후변화 완화에 비해 적응 관련한 국가적 대비는 상대적으로 부족한 편이라는 지적이 있기 때문이다.

이후 제4차 기후변화 대응 종합대책(2008~2012년)에 이르러서야 마스터플랜이 확정되었다. 하지만 예산계획이 포함되어 있지 않는 등 기본계획으로는 부족한 측면이 여전하다. 더구나 2009년 녹색성장 5개년 계획과 2010년 녹색성장기본법 제정에 따라 기후변화 대책은 유명무실해졌고(윤경준, 2010) 양자간 중복성은 해소되지 않은 채 동시에 두 개의 기본계획이 진행되는 엇박자가 계속되고 있다.

4. 화학물질

1) 1998년 로테르담협약과 유해화학물질 교역

(1) 협약의 내용

1998년 체결된 로테르담협약의 정식명칭은 「특정유해화학물질 및 농약의 국제교역 시 사전통보 승인절차에 관한 로테르담 협약」이다. 화학물질은 잔류성, 생체누적성, 독성을 가지고 있어 반드시 사회적으로 엄격히 통제되어야 한다. 이에 따라 국제거래 시 사전통보의 필요성이 제기되었다. 화학물질은 전 세계 총 교역량의 약 10%를 차지하며, 국제적으로 거래되는 화학물질은 10만 종이 넘는다. 따라서 생산에서부터 이동, 사용, 폐기 및 재활용에 이르기까지 전 과정에 대한 체계적 관리가 필요한데, 1970년대 중반부터 화학물질을 규제하기 위한 필요성이 대두되었다. 특히 선진국에서 생산된 유해물질이 국제적 거래를 통해 개도국으로 이동하는 경우가 많아 환경역량이 취약한 수입 개도국의 환경·보건문제 발생을 예상하는 것은 어렵지 않다. WTO는 개도국에서 우발적으로 살충제에 중독되는 사람은 1백만 명에 이르고, 사망자는 2만 명으로 추계하고 있다.

UNEP은 1975년 유해화학물질 거래를 규제하기 위하여 유독성 화학물질등록소(IRPTC)를 설립하였고, 수입국이 인지하거나 승인하지 않은 물질의 수출은 금지하였다. 이후 FAO 등 국제기구에서 유사한 지침이 잇따라 채택되고 사전통보승인(Prior Informed Consent: PIC) 절차를 도입하여 유해화학물질 수출 국가들의 수입국 사전 통보 및 승인 체제를 마련하였다. 1992년 지구환경개발회의(UNCED)에서는 PIC절차가 법적 구속력을 지니도록 해야 한다는 논의가 대두되었고 1998년 드디어 로테르담협약이 체결되었다. 규제대상으로는 유해화학물질, 고유해성 농약제재가 포함된다.

(2) 우리나라의 대응

우리나라는 로테르담협약에 2003년 가입하였으나, 이미 그 이전인 1999년 유해화학물질관리법을 개정하여 농약은 농진청이, 산업용화학물질은 환경부가 전담하고 있다. 수입국 입장 통보와 사무국 통보는 환경부가 일괄처리하고 있다. 우리나라 수출업자가 승인 받아야 하는 화학물질은 70종에 이르며 확대추세에 있다. 특히 2015년부터는 「화학물질 등록 및 평가에 관한 법률」과 「화학물질관리법」이 시행되어 화학물질에 대한 인식이 점차 강화되고 있다.

2) 2001년 스톡홀름협약과 잔류성 유기오염물질

(1) 협약의 배경 및 내용

스톡홀름협약은 의도적으로 생산·사용되는 잔류성 유기오염물질(Persistent Organic Pollutants: POPs)의 규제, 비의도적으로 생성되는 잔류성유기오염물질의 규제 및 행동계획, 폐기물의 규제 등에 관한 내용을 담고 있다. 잔류성 유기오염물질은 환경 내에서 광화학적·생물학적 및 화학적 분해가 이루어지지 않고, 먹이사슬을 통해 동식물의 체내에 축적되는 유독성이 강한 유기화합물로서, 생식장애, 면역체계 파괴, 암을 유발하는 위해성 물질이다. 내분비계 장애를 가져와 흔히 환경호르몬으로 불리기도 한다. 지방조직에 축적이 되므로 먹이사슬을 통해 인체 농축도 일어난다. 잔류성 유기오염물질은 물에 잘 녹지 않아 담수나 해수를 통해 이동이 용이하며, 반휘발성으로 인해 대기확산도 가능하다. 증발과 침전의 과정을 반복하며 이동하는 메뚜기 효과(grasshopper effects)로 인해 심지어 극지방에서 검출되기도 한다.

잔류성 유기오염물질의 규제를 위한 구체적 논의는 1995년 UNEP 주도로 시작되었고, 이후 몇 년간 지속적인 정부 간 협상회의를 거친 끝에 2001년 스톡홀름협약이 체결되었다. 협약의 대상물질은 알드린, 클로르단, DDT를 비롯한 12개 물질이었으나 2009년 제4차 당사국총회에서 9가지 물질이 추가됨으로써 소위 dirty dozen + 9으로 통칭되며, 사용을 제한하고 있다.

스톡홀름협약의 의무사항은 1) PCB 등 9종의 제조와 사용을 금지하고, DDT는 말라리아 방제용으로 제한 2) 다이옥신 등 4종의 비의도적 부산물 배출 저감을 위해 최적가용기술과 최적 친환경적 운영을 실행 3) 잔류성 유기오염물질을 포함한 폐기물과 재고 제품을 환경친화적으로 처리 4) 비준 후 2년 이내에 국가 이행계획을 수립·제출하고 당사국총회에 보고 5) 협약효과 평가를 위해 지역 모니터링에 참여 6) 잔류성 유기오염물질 저감을 위한 연구개발과 개도국 기술지원, 정보제공 및 교육 활동 실시를 포함한다.

(2) 우리나라의 대응

우리나라는 2001년 스톡홀름협약에 서명한 이후, 2007년 비준에 앞서 협약 의무 이행의 일환으로 「잔류성유기오염물질관리법」을 제정하였다. 협약준수를 위해 우리나라는 국가이행계획서를 수립·제출하였으며, 국가모니터링을 위해 잔류성 유기오염물질 측정망을 운영 중이기도 하다. 정책적으로는 다이옥신 배출저감은 잘 되고 있다는 평가도 있으나(김병훈, 이지윤, 2010), 소각시설에서 배출되는 다이옥신은 허용기준을 초과하는 경우도 발견되고 있다. 이에 따라 환경부는 단속과 함께 배출기업이 자발적 협약을 채택하여 감축하도록 유도하고 있다.

5. 폐기물

1) 1989년 바젤협약과 유해폐기물

(1) 협약의 배경과 내용

폐기물은 산업·경제활동의 필연적 부산물이다. 선진국 일부 기업은 재활용이라는 명목 하에 자국의 엄격한 규제를 회피하기 위한 수단으로써 규제가 허술한 개도국으로 악성 폐기물을 운반·투기·매립해오곤 했다. 즉 오염을 수출하는 비윤리적 행위를 자행한 것이다.

국가 간 폐기물 이동 문제에 논란을 일으킨 대표적 사례는 농약 오염물질에 관한 프랑스와 이탈리아간 분쟁사례인 세베소 사건이다(김영생, 2008). 이탈리아 세베소의 농약공장에서 폭발사고가 나자 오염물질을 수거하여 프랑스 북부로 밀반출하는 일이 발생한 것이다. 이로 인해 국가 간 반목이 발생하게 된 것이다, 결국 농약공장 모기업 소속국인 스위스가 오염물질을 인수하는 선에서 마무리되기는 하였으나, 이 사건으로 인해 유해폐기물의 국가 간 교역 규제 필요성이 대두되었다. 1970년대 폐기물의 국제이동 현상이 극심해짐에 따라 UNEP은 환경적으로 건전한 유해폐기물 관리를 위한 지침 및 원칙을 천명하였고, 이것이 결국 바젤협약으로 이어지게 되었다.

바젤협약의 기본원칙은 1) 유해폐기물의 국가 간 이동은 환경적으로 건전한 관리와 부합되는 최소한의 수준으로 감소되어야 하며 2) 유해폐기물은 발생 장소에서 가장 가까운 위치에서 관리되고 처리되어야 하고 3) 유해폐기물은 발생지에서 발생이 감소되고 최소화되어야 하 4) 유해폐기물의 국가 간 이동은 금지되어야 한다는 것이다.

바젤협약은 가입국과 비가입국 사이의 유해폐기물 수출입을 금지하고 있다. 당사국 간 교역의 경우는 국가의 승인을 받도록 하고 당사국의 권리와 의무, 협조사항, 개도국 기술이전 등에 대해서도 규정하고 있다. 당사국은 처리방안을 마련해야 하고, 규제 대상 유해폐기물의 종류도 밝혀야 한다.

바젤협약은 규제대상을 산업폐기물이나 가정폐기물에 한정하고 방사성폐기물이나 선박의 활동에서 생기는 폐기물은 제외된다. 협약의 주요내용으로는 수입규제, 수출규제, 불법교역, 책임배상, 비무역조치에 관한 내용을 담고 있다.

(2) 협약의 문제점

바젤협약은 바젤협약에서 지정한 폐기물과 WTO 규칙상 제품의 정의가 불일치하는 문제가 있다. 예를 들어 바젤협약상의 폐기물이 WTO 규정상으로는 교역 서비스 대상이 될 수 있는 것이다. 즉, WTO

'서비스 교역에 관한 일반 협정'에 따라 폐기물을 처리하는 서비스를 거래하는 것으로 볼 수 있는데 이런 경우 바젤협약과 정면으로 상충된다. 또한, '관세 및 무역에 관한 일반협정(GATT)'에 따라 모든 WTO 회원국은 다른 회원국에 대해 최혜국대우(most favored nations treatment)를 해야 한다. 유사제품에 대한 통상관계 및 관세 부과에서 제3국에 부여하고 있는 조건보다 불리하지 않은 대우를 다른 나라에게 해주어야 한다는 것이다. 그런데 바젤협약 의무를 이행하기 위해 WTO 회원국 간 폐기물 수입금지 혹은 수출금지 조치를 취한다면 WTO 최혜국대우 원칙을 위반하게 되는 결과를 낳는다. GATT 최혜국 원칙은 바젤협약에서는 비당사국이나 WTO에서는 회원국인 경우 문제를 유발할 수 있다. 최근에는 특히 전자제품으로부터 나오는 전자폐기물이 문제가 되고 있다. 전자제품 재활용이나 기증으로 위장하여 국가 간 이동이 가능하기 때문이다.

(3) 우리나라의 대응

우리나라는 1991년 폐기물관리법을 제정하여 폐기물 발생을 최대한 억제하고, 발생된 폐기물을 적정 처리하여 환경보전과 국민생활을 질적으로 향상하려 노력하고 있다. 폐기물을 배출·운반 또는 처리시 폐기물 인수인계에 관한 내용을 전산처리하도록 투명화하였고, 바젤협약에 따라 유해폐기물의 경우 수출입허가를 받도록 하였다. 수출입 관리 대상 폐기물의 수출이나 수입을 위해서는 사업장 관할 유역·지방환경청장의 허가를 받아야 한다. 폐기물 관리의 문제점으로는 지정폐기물(국내관리용)과 국가간 이동통제 대상폐기물(수출입통제용)으로 이원화되어 관리되고 있다는 점이며, 특히 지정폐기물의 경우 제대로 관리되지 않고 있다(민달기, 2011). 현재 국내 지정폐기물 품목은 특정시설에서 발생되는 폐기물, 부식성 폐기물, 유해물질 함유 폐기물, 폐유, 의료폐기물을 비롯한 11종으로 대분류되고, 다시 총 70종으로 세분류되어 있으나 향후 품목 확대가 요구된다.

Ⅲ 함의와 전망

국제환경협약은 각국의 준수노력이 가장 중요하다. 결국 연성적 국제법 성격 때문에 국제환경협약은 상징적이고 선언적인 정도에 머무는 경우가 드물지 않으므로, 국제환경협약의 실천 여부는 각국의 의지와 역량에 달려있다. 협약에서 선언적 의미나 매우 모호한 정의를 내린 경우 당해 규정에 대한 해석 여지가 매우 크므로 당사국이 당해 협약을 채택 및 비준하였더라도 그 근본 취지와 정신을 존중하여 엄격히 준수하지 않으려고 하면 얼마든지 준수하지 않을 수 있는 것이다. 즉, 국제환경협약만으로 환경을 보호하고 지속가능한 발전을 기대하기는 어려우며, 협약 내용상에도 허점이 많이 있다. 더구나 협약 간 중복이나 상충도 발생할 수 있다. 따라서 이를 극복하기 위해서는 각국 실정에 맞는 관련 국내 환경법 제정 및 강화가 필요하다. 이 과정에서 산업계에의 파급효과를 고려할 필요가 있다. 현실적 대안을 제시하지 않으면 국내에서 스스로 불법적 행위를 조장하는 결과를 낳기 때문이다. 따라서 결국 국가 간 협조 노력과 국내의 현실적 대응이 병행되어야 할 것이다. 또한 당사국들이 많이 가입하고 협력할 수 있도록 하는 공조노력도 중요하며, 동시에 당사국과 비당사국

간의 거래를 금지하는 등 실효성을 높이기 위한 규제노력도 경주되어야 한다. 이를 통해 환경재가 가지고 있는 속성인 무임승차 문제가 보다 효과적으로 해결될 수 있을 것이다.

참고문헌

- 국회예산정책처(2007), '기후변화협약 종합대책' 평가, 기획재정부.
- 김병훈・이지윤(2010), 국내 잔류성 유기오염물질(POPs)의 정책 및 관리 방향, 「공업화학 전망」, 13(5): 1-10.
- 김성훈(2004), 국제환경레짐으로서 교토의정서가 갖는 한계에 대한 고찰, 「동아시아연구」, 9: 63-87.
- 김영생(2008), 유해폐기물의 국가간 이동에 대한 바젤협약의 무역제한 조치의 효과, 「상업교육연구」, 1(1): 351-371.
- 김윤옥(2012), 카타르 기후변화협약 당사국총회(COP 18) 논의 내용, www.emerics.org/-me-frica/newsbrief/weekly.do?action=adetail &brdctsno=110370.
- 김정은(2011), 한국의 이산화탄소 해저 지중저장에 대한 런던의정서 제6조의 개정이 가지는함의, 홍기훈 편, 「기후지구공학적 사업 관리 규범 개발 동향 분석」, 오름.
- 김홍균(2008), 람사르협약의 의의, 한계, 그리고 과제, 「환경법연구」, 30(3): 205-228.
- 나태준(2007), 정책도구로서의 배출권 거래제도의 작동기제와 적용사례에 관한 연구, 「정부학연구」, 13(2): 51-73.
- 노명준(2003), 「신국제환경법」, 법문사.
- 대검찰청(2002), 해양투기에 관한 국제법적 규제, 대검찰청 기타 연구논문.
- 민달기(2011), 국내 폐기물 분류체계 개선에 관한 연구, 「한국폐기물자원순환학회지」, 28(2): 184-190.

- 박수진(2011), 해양시비사업에 대한 민간, NGO, IGO, 생물다양성 협약의 동향, 홍기훈 편. 「기후지구공학적 사업 관리 규범 개발 동향 분석」, 오름.
- 박호정(2012), 유전자원 이용에 관한 나고야의정서의 산업계 파급효과 분석, 「한국경제포럼」, 5(3): 51-65.
- 방용석(1999), 국제적 멸종위기 야생 동・식물에 대한 국내거래(밀수포함)실태조사 보고서, 국회 발간 자료.
- 백진현(2003), 기후변화협약 체제의 의무이행 문제: 주요 쟁점과 향후 전망, 「국제・지역연구」, 12(4): 1-25.
- 서울대 국제문제연구소(2009), 포스트 교토 체제 준비의 국제적 추이와 한국의 기후변화협상전략.
- 서울신문(2014.01.02), 산업폐기물 해양투기금지법 '유명무실'.
- 세계일보(2012.09.24), 전국 폐기물 소각장 15% 다이옥신 배출허용기준 초과.
- 연합뉴스(2014.01.03), 산업폐기물 해양투기 급감…2016년에는 전면 금지.
- 신의순・김호석(2005), 「기후변화협약과 기후정책」, 집문당.
- 윤경준(2010), 기후변화 적응 논의의 동향과 전망, 「사회과학논집」, 24(1): 129-153, 한성대학교.
- 이봉길・김상운・김영환・현충국・이호성・김권중(2006), 폐기물의 해양 배출 현황과 관리대책, 「해양환경안전학회 학술발표대회 논문집」.
- 이상돈(1990), 멸종위기에 처한 야생동식물의 국제거래에 관한 협약에 대한 연구, 「환경법연구」, 12: 29-57.
- 이연상(2008), 쉽게 풀어보는 기후변화협약, 도서출판 한울.

- 이은경(2011), 제17차 기후변화협약 당사국총회(COP 17)결과의 주요 내용. 보험연구원 *KiRi Weekly*, 161(2): 27-28.
- 장호민(2012), 「바이오 분야 국제협약과 ABS 나고야의정서」, 과학기술정책연구원.
- 정장훈(2012), 국제환경 협력 참여의 결정 요인: 생태계 보호를 위한 람사협약을 중심으로, 「한국정책학회보」, 21(1): 155-189.
- 주기재 · 도윤호(2006), 람사르협약의 이해와 우리나라의 대응, 한국환경생태학회 학술대회발표논문, 3-16.
- 최금란(2005), 멸종위기 야생동물 보호와 국제거래에 관한 연구, 강릉대학교 대학원 석사학위 논문.
- 최지영 · 홍기훈 · 신창훈(2012), 런던의정서 가입 시 중국이 제출한 통지(선언)에 대한 검토, 「대한환경공학회지」, 34(2): 126-135.
- 한국환경정책 · 평가연구원(2004), 「국제환경협약 편람」.
- 해양투기종합관리시스템, www.oceandumping.re.kr/web/web/?p_name=london_overview
- 홍기훈(2011), '기후지구공학적 사업의 관리 규범 제정에 관한 국제동향: 런던의 정서를 중심으로', 홍기훈 편, 「기후지구공학적 사업 관리 규범 개발 동향 분석」, 오름.
- 환경부(2011a), 야생동식물보호 기본계획(2011~2015).
- 환경부(2011b), 나고야의정서 채택에 따른 산업계 파급 효과 연구.
- 환경부(2013), 환경백서.
- DeSombre, Elizabeth R.(2005), The Evolution of International Environmental Cooperation, *Journal of International Law & International Relations*, 1(1-2): 75-87.

- Kanie, Norichika(2007), Governance with Multilateral Environmental Agreements: AHealthy or Ill-Equiped Fragmentation?, *Global Environmental Governance: Perspectives on the Current Debate, edited by Walter Hoffman & Lydia Swart. 67-86. www.center-forunreform.org*
- Meadows, D. H.(1972), Club of Rome, The Limits to Growth; a Report for the Club of Rome's Project on the Predicament of Mankind, New York: Universe.
- Navid, D.(1989), The International Law of Migratory Species: The Ramsar Convention, *Natural Resources Journa*l, 29(4): 1001-1016.
- UNEP.(2006), Training Manual on International Environmental Law, www.unep.org
- Vorlat, Katrien(1993), The International Ozone Regime: Concessions and Loopholes?, *The Fletcher Forum*, 17(1): 135-156.

유해화학물질관리정책 역사적 변천과 전망: 「화학물질의 등록 및 평가 등에 관한 법」을 중심으로[1)]

CHAPTER 03

문성진(인하대 행정학과 교수)

I 서론

화학물질은 문명의 발전과 생활수준 향상에 중요한 역할을 해왔다. 풍요로운 소비문화나 산업 발전은 화학물질의 진보를 기반으로 이뤄졌다 해도 과언이 아닐 정도로 화학물질의 종류와 쓰임은 다양하고 광범위하다. 휴대폰, 컴퓨터, 건물의 내외장 페인트, 타이어, 방향제, 항균제, 세제, 소독제 등 화학물질을 사용하지 않은 것을 찾아보기 힘들 정도다. 전 세계적으로 현재 10만여 종의 화학물질이 상업용도로 유통되어 쓰이고 있고, 매년 2천여 종이 넘는 새로운 화학물질이 개발되어 시장에 진입하고 있다. 우리나라의 경우, 2010년 현재 국내 유통되고 있는 화학물질이 대략 4만6천 종에 이르며, 그 양은 4억3천3백만 톤으로 매년 물질의 수와 유통량이 급증하고 있는 반면, 유해정보가 확인된 물질은 그중 15%에 이를 정도로 화학물질에 대한 과학적이고 정책적인 대응이 부족한 실정이다.[2)] 이와 같은 증가 추세는 산업발전, 화학공업의 진보, 그리고 소비증가에 따라 지속될 것으로 예상된다.

---

1) 본 장은 이화여자대학교 법학논집 제19권 제2호(2014)에 게재된 논문을 전재한 것임.
2) 한국환경산업기술원, 『화평법 및 하위법령의 주요내용 분석과 기업 대응방안』 2014, 2~3면.

하지만, 화학물질의 발전과 광범위한 사용으로 인한 유용성과 편익 못지않게 화학물질의 부적절한 취급 및 사용에 따른 잠재적 위험성 또한 적지 않다. 적정한 화학물질 관리의 부재는 사람과 환경에 심각하고 치명적인 위해를 발생시킬 수 있다. 1960년 레이첼 카슨(Rachael Carson)이 그의 저서 "침묵의 봄"(Silent Spring)을 통해 화학물질 (DDT)의 사용에 따른 위험성을 세상에 알린 이래, 수없이 많은 화학물질 관련 사고가 보고되었다. 일본의 수은중독에 따른 "미나마타병"(1959)과 세계 여러 지역에서의 화학유출사고-1974년 영국 프릭스보로, 1976년 이태리의 세베소, 1984년 인도 보팔지역 등-로 인한 인명피해와 생태계파괴는 화학물질의 위험성을 보여준 대표적인 사례이다.

국내에서도 화학물질관련 사고 피해로 인한 화학물질 안전관리에 대한 국민적 염려가 높아지고 있다. 과거 원진레이온 공장 노동자의 이황화탄소 중독사태(1988)와 최근 가습기 살균제 피해 사고[3](2011)로 인한 인명피해와 사망, 구미 휴브글로벌 불산가스 유출사고(2012)

---

3) 2011년 사고 당시, 가습기 살균제는 생활화학가정용품에 해당하는 세정제로 분류되어 품질경영 및 공산품 안전관리법(이하 품공법)의 자율안전확인제도에 의해 관리되고 있었다. 자율안전확인대상 제품은 제품내의 화학적 안정성평가보다는 구조, 재질 및 사용방법 등과 같은 제품의 물리적 안정성에 초점이 맞춰져 있어(품공법 제2조), 제품의 소비자 사용에 대한 안정성을 확보하지 못하였다. 사고 이후 가습기 살균제는 가습기 내의 미생물 살균에 쓰이는 제품으로 분류되어 의약외품(보건복지부고시 제 2011-173호)으로 추가 지정되어 약사법의 관계 규정에 의해 관리되었다. 하지만 약사법상의 의약외품 허가과정에 필요한 안전성 및 유효성심사는 가습기 살균제의 안정성 평가에 중요한 흡입독성평가에 대한 자료 제출의무가 부과되지 않았다. 이와 같은 문제점은 추후 약사법 의약외품 품목허가 신고 심사규정의 개정을 통해 가습기 살균제의 흡입독성평가를 의무화 했지만, 약사법에 의한 품목별 의약외품 지정관리는 의약외품으로 지정되어 있지 않은 생활화학용품에 대한 위험을 사전에 방지하지 못하는 한계를 가지고 있다. 또한 사고 당시, 가습기 살균제 성분 중 문제가 되었던 화학물질인 phmg/pgh와 cmit/mit는 유해화학물질 관리법상 기존화학물질로 분류되어 있고 안정성 심사를 위한 자료 확보의 의무가 사업자가 아닌 정부에게 부여되어 안정성 평가가 제대로 이루어지지 않았다. 사고 이후 해당 화학물질은 유독물로 지정되어 관리되고 있다. 정남순, "가습기 살균제를 통해 본 화학물질관리제도의 현황과 문제점에 대한 고찰", 『환경법과 정책』(강원대학교 비교법학연구소, 2013), 35~43면.

로 인한 공장근로자 부상과 사망 및 농작물과 가축피해는 화학물질 안전관리의 중요성을 상기시켜주는 중요한 사건들이다. 현재 국내에서 유통되고 있는 화학물질 중 15%정도만 유해정보가 확인되고 있는 현실을 감안할 때 화학물질 안전사고는 언제든지 발생할 수 있다고 할 것이다.[4)]

화학물질의 사용으로 인한 안전관리는 국가 내의 문제를 넘어 국가 간의 문제로 확대되고 있다. 세계경제통합의 움직임에 따른 국가 간의 거래와 교역의 증대는 화학물질의 위험으로부터 국제사회의 안전을 담보해줄 국제수준의 화학물질 관리의 필요성을 인식시켜 주었다. 국제협약과 국제적 화학물질 규제는 이와 같은 배경에서 시작됐다. 1992년 브라질 리우에서 열린 "UN환경개발회의에서 채택한 의제21"의 주요 의제 중 하나인 '유해화학물질의 친환경적 관리'를 시작으로, 1998년 9월에는 '특정 유해화학물질 및 농약의 국제교역 시 사전통보 승인절차'에 관한 내용을 다룬 "로테르담협약"(Rotterdam Convention), 2001년 5월에는 '잔류성 유기오염물질의 규제 및 행동계획 및 폐기물 배출 규제'의 내용을 포함한 "스톡홀름협약"(Stockholm Convention on Persistent Organic Pollutants)은 이와 관련한 중요한 국제 협약이다. 그리고 2006년 12월에 제정된 EU의 강력한 신화학물질관리제도인 "REACH"(Registration, Evaluation, Authorization and Restriction of Chemicals)는 주요 교역국들의 화학물질 정책 강화와 국제 규제 레짐의 형성을 활발하게 주도했다.

일련의 국내외적인 화학물질 관련 사고와 국제 화학물질 관리 정책의 변화는 국내의 유해화학물질관리정책의 변화를 촉진시켰다. 국

4) 정남순, 앞의 각주 2, 36면.

내적으로 화학물질 제조, 생산, 소비의 증가와 다양성에 따른 화학물질관리체계 정비의 필요성과 크고 작은 유해화학물질 관련 사고는 정책변화의 중요한 촉발기제로서의 역할을 했다. 한편 국제적으로는 국제적 화학물질 규제 강화에 따른 국내적 대응체계 구축의 필요성이 정책 전환에 중요한 영향 변수로 작용했다. 무엇보다 국제사회의 지속가능한 화학물질관리 움직임과 EU의 REACH 도입에 따른 국제 화학물질규제 레짐의 강화는 「화학물질의 등록 및 평가 등에 관한 법(이하 화평법)」과 같은 화학물질 관리 정책의 전환에 중요한 영향을 끼쳤다.

본 장은 최근 제정된 화평법을 중심으로 우리나라 화학물질관리 정책의 시대별 전개 및 변화를 분석한다. 구체적으로 각 시대별 정책 변화의 배경과 발단을 살펴보고 관련 법안의 추진배경과 주요 내용을 탐색한 후 이를 통해 우리나라 화학물질관리정책의 흐름과 향후 전망을 제시한다.

Ⅱ 유해화학물질관리정책의 시대적 전개 및 변천

우리나라 유해화학물질관리정책은 독극물 중심의 화학물질관리를 시작으로 화학물질 유해성 심사와 위해성 중심의 화학물질 관리 기반 구축, 화학물질 전생애 위해성 평가, 그리고 사전예방적 위해관리와 같은 화학물질 관리제도 개선에 초점을 맞추어 변화되어 왔다. 최근에는 규제방법에 있어서도 전통적인 명령과 통제에 기반을 둔 규제일관적 방법에서 벗어나 유해화학물질 관리의 효율성을 높이기 위한 다각적인 방법(정보공개, 인센티브, 자발협약)의 시도가 함께 이뤄지고 있다. II장에서는 1960년대 이후 우리나라 화학물질관리정책이 어떤 법률 및 제도를 통해 어떻게 변천해 왔는지를 시기별로 살펴본다. 이를 통해 관련 정책들에 대한 심층적인 이해와 함께 다음 장에서 논의되는 화평법이 갖는 의의를 탐색하는 데에 중요한 기반을 제공할 것이다. 아울러 화학물질관련 규정에 관한 해외사례를 선행연구를 통해 분석하고자 한다.

1. 유해화학물질관리정책의 변화

1) 독극물 중심 관리(1963~1985년, 「독물 및 극물에 관한 법」)

우리나라의 화학물질 관리정책의 효시는 최초의 유해화학물질관리법인 「독물 및 극물에 관한 법률」(1963)의 제정을 통한 급성독성의 화학물질 규제였다. 이 법은 쥐약, 농약, 각종 시약 등과 같은 유통된 독성 화학물질의 취급을 일정한 자격요건을 갖춘 자로 한정하여 안전한 취급과 관리를 통한 중독사고 방지를 주된 목적으로 삼았다. 독극물 관리업무는 처음에는 보건사회부 내의 의약품 담당부처에서 이뤄지다 나중에 보건사회부 내에 신설된 환경부서로 이관되었다. 1980년에는 환경청의 신설로 관련업무가 환경청 수질보전국 내 토양관리과에서 재차 이관되어 업무가 이뤄졌다.[5)]

또한 1980년과 1981년에는 「독물 및 극물에 관한 법률」의 개정과 관련법 시행령이 통과되었는데, 법 개정은 당시 심각한 사회문제인 청소년 접착제 흡입에 대한 방안으로 신나 및 접착제를 환각물질로

5) 환경부(2014), 『환경백서 2013』, 49~59면.

지정하고 그 사용을 제한하였다.

하지만 독극물 중심 관리는 급성독성이 높은 독극물만을 규제 대상의 범주로 한정함으로써 유해화학물질 관리의 한계를 드러냈다. 특히, 1980년 이후 산업화 발전에 따른 화학물질의 종류와 사용이 증대되면서, 독극물로 지정되지는 않았지만 환경 및 인체에 위해성이 높은 합성화학물질은 관리되지 않은 채로 방치되는 환경규제의 사각지대를 초래하게 되었다.[6]

2) 화학물질 유해성(Hazard) 심사제도 도입(1986~1995년, 「유해화학물질관리법」)

독극물로 지정되지는 않았지만 위해성이 높은 합성화학물질의 관리를 위해 1986년에 환경보전법이 개정되어 "합성화학물질의 신고 및 심사제도"가 신설됨으로써 합성화학물질 관리의 법적 기반이 마련되었다. 즉, 합성화학물질의 제조 및 수입의 신고가 의무화되어 유해화학물질의 제조, 수입, 유통이 금지 또는 제한되었다. 1990년 8월에는 환경보전법이 「유해화학물질관리법」(법률 제4261호)을 포함한 이른바 환경 6법으로 분법되고, 이를 통해 종래 환경보전법과 독물 및 극물에 관한 법률로 이원화되어 있던 유해화학물질관리체계를 일원화하고 종합적이고 체계적인 유해화학물질관리의 기틀이 마련되었다.

「유해화학물질관리법」은 신규 화학물질 유해성 심사의무화와 화학물질 유통관리체계를 구축을 통한 유독물의 체계적인 관리를 골자로 한다. 주요 내용으로는 (1) 신규화학물질(국내제조 또는 수입)의 신고와 유해성심사를 의무화하고 심사 종료 전에 제조나 판매를 금

6) 환경부(2012), 『유해화학물질관리법 해설서』, 3면.

지, (2) 새롭게 유해성이 인정된 물질이나 외국에서의 규제대상 물질을 추가하여 지정, (3) 유독물 영업자의 등록, 유독물 제조 및 수입 제품에 대한 품목 등록, 특정 유독물의 제조, 수입, 판매, 사용 금지 및 제한, (4) 유독물 영업자에게 유독 관리자제도, 특정 유독물질 사용 허가제, 유독물 사고 발생 시 신고 의무화, 유독물 관리대장 작성 및 보관의무, (5) (청소년 부탄가스 흡입에 대한 대응책으로) 환각물질 흡입과 같은 목적의 사용, 판매, 공유하는 행위 금지 등을 들 수 있다. 특히, 유해화학물질관리법에서 신규화학물질이 유해성 심사[7]를 통과하지 않고는 국내시장에 진입할 수 없도록 한 조치는 신고 후 국내 시판을 허용한 종래 환경보전법하의 화학물질관리와는 차별성을 둔 사항이다. 그럼에도 불구하고 「유해화학물질관리법」은 규제의 범위나 강도라는 측면에서, 유해물질의 국제적 교역증대에 따른 국제사회에의 대응과 우리나라의 OECD 가입으로 인한 국제적 위상 변화에 따른 화학물질관리의 국제적 책임에 적절하고 능동적으로 부응하지 못하는 한계를 갖고 있다.

3) 화학물질관리 선진화기반 마련(1996~2000년, 「유해화학물질관리법」 전부 개정)

1996년 말에 「유해화학물질관리법」 이 전부 개정(법률 제5221호) 되었다. 전면개정은 1992년 브라질 리우 환경회의의 "의제21"에서 채택한 화학물질안전관리에 관한 국제사회의 공동 대응책 마련에 대한 촉구와 1996년 OECD 가입회원국으로서의 화학물질 규정의무

7) 1991년에 유해성 심사를 위해 유해성심사단을 설치 및 운영하였다.

이행[8]의 필요성이 직접적으로 작용한 결과였다.

「유해화학물질관리법」 전부 개정의 주요 내용으로는 (1) 다른 법에서 규정하는 화학물질(의약품, 농약, 화장품 등)이라도 그 법에서 운반, 보관, 저장에 관한 화학물질안전관리규정이 없는 경우, 「유해화학물질법」의 화학물질 운반, 보관, 저장기준을 적용, (2) 우수실험실제도[9](GLP: Good Laboratory Practice)의 도입과 시행을 통한 유해성 심사 자료의 객관성과 신뢰성을 확보, (3) 화학물질 유통량과 취급과정시의 환경에 배출되는 배출량 조사를 통한 유해성 관리를 위한 기초자료마련, (4) 화학물질의 제조, 수입, 사용 등을 금지하는 '금지물질'과 일부용도에 제한하는 '취급제한 유독물' 지정제도 도입[10]을 들 수 있다. 또한 1999년 2월 8일 일부 개정(법률 제5860호)에서는 유해화학물질의 효과적 관리를 위해 환경부장관으로 하여금 매 5년마다 "유해화학물질관리 기본계획"을 수립하도록 하고, 이를 관계중앙행정기관의 장이 유해화학물질관리 시책에 활용할 수 있도록 했다(제4조).

이러한 유해화학물질관리에 대한 법적 규제에도 불구하고 「유해화학물질관리법」의 개정은 국내 화학산업이 급속도로 성장하고, 아울러 화학물의 국제 교역 또한 빠르게 증가하는 환경에서 다양한 신규화학물질의 운반, 보관, 저장 등의 과정에서 신속하고 체계적으로 규율하는 데에는 제도적으로 한계점을 드러내었다.

---

8) 우리나라는 OECD 가입에 따른 화학물질 관리규정 20개 중 10개 규정을 수락하고 나머지 10개 규정은 조건부로 수용하였다. 환경부(2010b), 『환경 30년사』, 495면.

9) 1996년 OECD가입을 계기로 국제적 기준에 적합한 우수실험실 지정 규정과 시험방법에 대한 근거가 시행령을 통해 마련되었다.

10) 취급제한 유독물의 제조, 수입, 사용은 사전허가를 의무화하였다.

4) 제1차 유해화학물질관리 기본계획(2001~2005년, 위해성 화학물질관리의 개념 도입 및 기반 마련)[11)]

2000년대에 들어서면서 국내 화학산업의 급속한 성장 및 국제교역량의 증가는 화학물질의 사용량과 유통량의 증가, 신규화학물질의 지속적 도입을 촉진하였다. 특히 화학물질의 종류가 다양화되고 복잡성을 띠게 되면서 유해화학물질과 관련한 각종 인명사고와 환경 오염사고에 대한 위험성이 증대되었고, 이와 관련된 국제사회의 규제에 어떻게 대응해야 할 것인가에 대한 지속적인 논의가 시도되었다. 대표적으로 2002년에 남아프리카공화국의 요하네스버그에서 개최된 지속가능발전 세계정상회의(WSSD: The World Summit on Sustainable Development)에서는 화학물질의 안전관리에 대해 논의하였으며, OECD 국가를 중심으로 화학물질 규제 및 관리기준의 강화에 대한 국제적 결의가 발표되었다. 이와 같은 국제사회의 노력으로 말미암아 국내의 화학물질관리제도는 한층 더 발전적으로 정비하게 되는 계기를 마련하게 되었다. 특히 내분비장애화학물질의 유입으로 인한 수질오염문제와 유해화학물질의 매체 간의 이동과 같은 문제로 인해 화학물질관리 종합대책 마련의 필요성이 제기되었다.

2001~2005년의 "제1차 유해화학물질관리 기본계획"의 중점추진과제는 "위해성 화학물질관리를 위한 기반의 마련"에 초점이 맞춰져 있다. 관련 세부추진계획으로는, (1) 통합 GLP 운영(환경부, 복지부, 농림부 등의 각 부처가 인정한 GLP 기관의 자료를 상호 인정) 및 시험지침을 통한 위해성 평가의 기반 구축, (2) 환경오염물질의 통합관리를 위한 부처간 정보교류 및 협조체계 강화, (3) 화학 물질정보센터

11) 이 내용은 제1차 유해물질관리기본계획(환경부, 2000)의 내용을 재구성하여 정리하였다.

를 통한 유해화학물질 관련 정보의 제공 및 교류의 활성화, (4) 국제사회에서의 규제 대상인 내분비장애물질과 같은 유해화학물질 관리를 위한 적극적 준비와 대응, (5) 유해성화학물질로 인한 실질적 위해성 저감대책의 수립 및 시행, (6) 화학물질안전관리센터의 신설을 통한 화학물질의 사고 예방 등의 안전관리 강화를 들 수 있다. 추진계획은 매년 유해화학물질 대책위원회를 통해 사업성과를 평가하도록 하였다. 그리고 유해화학물질관리 기본계획은 2004년 12월 31일 유해화학물질관리법의 전부 개정(법률 제7292호)을 통해 위해성 평가제도의 법적기반을 마련했다.

1차 기본계획의 위해성 평가제도가 도입되었음에도 불구하고 여러 가지 보완되어야 할 점들이 제기되었는데 주된 내용은, (1) 위해성 평가와 관련된 시험 항목이 OECD나 EU의 국제기준에 크게 못 미치고, (2) 정책수립 과정에 산업계, 학계, 일반국민 등과 같은 이해당사자의 참여 제한, (3) 통합적 위해 대책마련을 위한 조정기구와 구체적 지침마련이 미흡한 점 등이다.

5) 제2차 유해화학물질관리 기본계획(2006~2010년, 화학물질 전생애 위해성 관리 기반 마련)

제2차 유해화학물질관리 기본계획의 수립은 제1차 기본계획에서 제시한 관리제도의 정착과 제도개선을 통해 국제 규제강화에 능동적인 대응체계를 구축하는 것을 주요 목표로 하였다. 국내 화학물질의 유통량과 소득이 증가하면서 "지속가능한 소비생활"에 대한 관심이 증대되고, 화학물질의 국제 교역량이 늘면서 국제 규제와 협력 강화의 필요성이 제기되면서 국내화학물질 관리의 변화를 이끌게 되었다. 국제적 규제레짐과 관련하여서, 2006년 2월에 채택된 국제화학물질

관리전략[12] (SAICM: Strategic Approach to International Chemicals Management)과 2006년 12월에 제정된 EU REACH는 위해성 최소화와 위해성 평가 정보제출 의무화와 같은 강력한 위해성 관리를 위한 규제기반을 마련했다.[13]

2차 기본계획의 세부 사항으로는 (1) 사전예방원칙[14](Precautionary Principle)과 위해성 평가를 위한 과학적 위해성 자료의 생산을 위한 국내 인프라의 구축, (2) 화학물질의 제조-유통-사용-폐기와 같은 전 생애(Life cycle)에 걸친 위해성 평가와 통합 관리 추진, (3) 잔류성 유기오염물질(POPs)관리법을 제정, 운영하여 스톡홀름협약 국내 이행의 법적 기반 마련, (4) 화학물질관리에 산업체를 중심으로 하는 이해당사자 참여 및 관련 부처와의 협력을 통한 정책 수립 및 추진, (5) 이해당자사 간의 위해성 정보 전달체계(Risk Communication) 구축 등을 들 수 있다. 이와 같은 계획의 효율적 이행을 위하여 (1) 위해성 평가 대상물질의 선정 기준, 방법, 절차 등에 대한 고시 의무, (2) 위해성이 높은 취급제한/금지 화학물질을 사후관리하기 위하여 지방 환경청에 화학물질관리과를 신설, (3) 유럽 REACH에 대응하기 위한 REACH 대응단을 설치하였다. 이와 같은 관리제도의 기본계획과 제도는 유해화학물질 관리법 전부 개정 시행령(2006.1.1)과 일부 개정절차(2008.6.28) 및 시행령개정(2006.1.1)을 통해 법적인 근거를 마련했다.

---

12) 이 전략은 2006년 2월 Dubai, United Arab Emirates에서 개최된 국제 화학물질 관리회의에서 채택됐다. SAICM은 2002년 지속가능발전 세계정상회의(WSSD)에서의 화학물질 안전관리에 대한 논의의 연장으로 지속가능한 화학물질의 사용과 관리체계를 제시했다.

13) 다니엘 파버(Daniel Farber), "Five Regulatory Lessons from the REACH Directive," 『서울대학교 법학』(서울대학교 법학연구소, 2008), 제49권 제4호, 145면.

14) 리우원칙 15조에서는 "심각하거나 회복 불가능한 피해의 우려가 있는 경우, 충분한 과학적 확실성의 결여가 환경악화를 방지하기 위한 비용-효과적인 조치를 지연하는 근거로 사용되어서는 안 된다"라고 규정하고 있다.

2차 기본계획의 한계로는 위해성 평가의 제도적·기술적 기반이 여전히 국제 기준에 미치지 못하다는 점이다. 구체적으로는 (1) 현재 신규 유해성 심사항목(9개)은 OECD의 최소수준(13개)에 미치지 못하고, (2) 유통되는 화학물질의 15% 정도만 유해정보가 확인되고 있으며, (3) 위해성 평가를 위한 GLP기관의 전문이력과 전문성 부족 등이 지적되고 있다.[15]

6) 제3차 유해화학물질관리 기본계획(2011~2015년, 사전예방적 위해관리 실현)[16]

SAICM과 EU의 REACH와 같은 국제 유해화학물질 관리제도가 본격적으로 시행되는 상황에 대비하여 일본, 중국, 미국[17] 등 주요 교역국들이 자국 내의 화학물질에 대한 규제를 강화하고자 하는 추세에 따라 우리나라의 화학물질에 대한 관리제도 역시 개편을 위한 뚜렷한 움직임을 보이기 시작했다. 특히 국제 수준에 맞는 포괄적인 위해저감관리 정책의 필요성은 국민건강의 보호뿐만 아니라 화학 산업계의 국제적 경쟁력의 확보를 위한 중요한 요인으로 작용했다.

이에 따라, 제3차 유해화학물질관리 기본계획은 사전예방적 위해관리의 실현과 화학산업의 국제 경쟁력 제고를 목표로 다음의 4가지 추진 전략을 제시했다. (1) 사전 예방적 위해관리 체계구축, (2) 유해화학물질 안전관리 강화, (3) 국제 화학물질 관리강화 및 대응, (4)

---

15) 환경부(2006), 『제2차 유해화학물질관리 기본계획』, 9~17면.

16) 이 내용은 제3차 유해물질관리기본계획(환경부, 2010a)의 내용을 재구성하여 정리하였다.

17) EU REACH의 시행과정에서 가장 크게 반대의사를 표명한 국가가 미국인데, 이는 미국이 세계 최대의 화학물질생산국이라는 이유 이외에도 미국의 화학물질규제방식이 유럽연합과는 다르기 때문이다. 미국은 산업체에 대한 기존화학물질의 강제적 시험과 평가의무 부과, 정보작성의 부과의무, 규제에 따른 위해성 입증책임의무의 부과 등 여러 측면에서 EU REACH에 비해 비교적 느슨한 규제강도를 보이고 있다.

화학물질 정보관리 선진화이다. 각각의 추진전략을 효과적으로 이행하기 위해 다음과 같은 핵심적인 추진과제가 선정되었다. 첫째, 사전 예방적 위해관리 체계구축을 위하여 화학물질 등록 및 평가제도의 도입과 시행을 위한 제도적 인프라의 구축[18], SAICM의 국내이행을 위한 구체적인 계획수립과 관계부처, 산업계, 및 전문가 등으로 구성된 SAICM 추진협의회가 주도하는 이행 평가의 실시, 통합 위해성 평가 관리시스템[19] 등을 추진하였다.

둘째, 화학물질 안전관리 강화와 관련하여 위해성이 높은 화학물질의 사용을 제한할 수 있도록 취급제한 및 금지물질 관리 강화, 취급 시설 기준의 세분화와 유독물 관련 전문인력의 양성을 통한 유독물 안전관리의 강화, EU 사고보고시스템(MARS, Major Accident Reporting System)과 같은 사고 통계・분석 관리시스템 운영을 통한 화학 테러와 사고 대응강화와 같은 추진 전략 등을 들 수 있다.

셋째, 국제적인 화학물질 관리 강화 및 대응과 관련하여, 2009년 5월에 개최한 스톡홀름협약 제4차 당사국총회에서의 POPs 관리대상 물질의 확대지정(브롬계난연제(BFR: Brominated Flame Retardant), 과불화합물(PFOS) 등 9종 추가)에 따른 POPs 관리강화, PCBs(폴리클로리네이티드비페닐) 함유 제품 및 폐기물 안전관리를 위한 대책의

---

18) 환경부와 국립환경과학원 내의 담당 조직의 신설 및 확대, GLP 시장의 활성화, 위해성 평가 관련 전문가의 양성을 통한 화학물질 정보생산 인프라의 확대 등을 들 수 있다.

19) 수용체 중심의 다경로, 다매체를 고려한 통합노출 위해성 평가이다. 예를 들어, 화학물질의 인체 노출을 수질, 대기, 토양 등의 한 가지 매체(media)에 한정하지 않고, 가능한 모든 경로를 종합적으로 고려하여 위해성 평가 결과를 도출한다. 인체를 중심으로 환경을 보는 입장(receptor oriented)에서는 오염물질에 인체가 노출될 수 있는 가능한 모든 경로를 종합적으로 평가하는 다중매체(multi-media)에 의한 위해도의 종합적 평가 결과가 요구된다. 이러한 시각에 의하면 환경오염물질은 수질, 대기, 토양 등의 한 매체에 국한되어 존재하는 것이 아니고 여러 매체에 존재하며 서로 이동하면서 여러 경로를 통해 인간에게 영향을 미치기 때문에 여러 매체로 이루어진 환경을 하나의 시스템으로 인식한다.

마련, 내분비장애 추정물질 실태 및 연구 관리, 유해중금속(수은, 납 및 카드뮴 등)관리, 나노물질 안전관리 등이 중점 과제로 추진되었다.

넷째, 화학물질 정보 관리 선진화 대책과 관련하여 신규 화학물질 유해성 심사 항목 확대 및 항목별 평가 지침의 마련, 화학물질 시험평가 방법에 국제수준의 검증원칙과 평가체계 마련, 화학물질 등록 및 평가를 위한 IT 시스템 구축, 화학물질 유통량조사제도 개선(기존 단위사업장별 취급량 조사와는 별도로 상세유통현황조사[20])를 추가적으로 추진), 기존 화학물질 배출량조사 개선[21], 화학물질 정보 생산 능력의 제고를 위해 GLP기관의 시험가능 항목을 REACH가 요구하는 시험항목에 적합하도록 확대하는 내용의 주요 추진 전략을 포함하였다.

제3차 유해화학물질관리기본계획은 화평법(법률 제11789호, 2013. 5.22. 공포, 2015.1.1. 시행)과 「화학물질관리법」(이하 화관법, 법률 제118625호, 2013.6.4.개정 · 공포, 「유해화학물질관리법」 전부 개정 법률)의 제정을 통해 법적 토대가 마련되었다. 화평법은 화학물질이 국내시장에 진입하기 전에 사전등록과 화학물질의 유해성 심사 및 위해성 평가를 통해 화학물질 안전에 관한 정보를 사전에 확보 · 공유하여 화학사고를 미연에 방지하는 것을 목적으로 한다. 반면, 화관법은 화학물질 안전관리와 사고에 대비한 위해관리계획 및 사고대응체계 수립을 통해 국민의 인명과 재산 또는 환경 피해를 최소화하는 것을 목표로 한다. 아래에서는 화평법의 주요 내용과 쟁점을 고찰한다.

---

20) 조사대상을 내분비계장애물질 등과 같은 위해우려 물질 위주로 하고, 조사내용은 화학물질 유통경로 파악에 필요한 상/하위 공급자의 정보 및 세부용도를 포함하도록 하고, 조사내용이 물질별 유통경로분석과 정보전달의 관리에 활용될 수 있도록 하였다.

21) 기존 화학물질 배출량 정보공개 시스템(ncis.nier.go.kr/triopen)에서 업종별, 지역별, 물질별로 통계화하여 공개하도록 한 사업장별 배출량공개의무는 위해정보소통을 위한 체계가 적절하게 마련되지 못하였다.

2. 선행연구 및 해외사례 분석

화학물질에 대한 규제 또는 관리정책에 대한 기존 연구들은 크게 다음과 같이 세 가지로 분류할 수 있다. 첫째, 정부 부처나 산하 연구기관 등에 의해 관련 분야의 규제와 정책의 배경, 목적, 주요 내용 등을 소개되는 연구로서, 이들 연구들은 학술적인 성격을 띠지 않지만 정책이나 법률의 성격이나 제정의 동기, 주요 내용 등을 이해하는 데에 중요한 역할을 하며, 이와 관련된 후속연구를 수행하는 데에 중요한 기반을 제공해 준다. 화평법과 관련해서는 주로 환경부에서 발간하는 보고서나 분석자료, 해설서를 비롯하여 환경관련 정부연구기관[22] 등이 연구의 주체가 되는데, 법률 및 그것을 통해 실현되는 규제의 내용과 효과 등에 관한 분석이 연구의 주요내용을 구성한다.

두 번째 유형은 기업의 이익을 대변하는 연구기관 등 정책분석집단들에 의해 이루어지는 연구로서, 앞서 언급한 첫 번째 유형에서 제시된 기본적인 정보나 데이터를 중심으로 특정 규제나 정책이 국가경제 또는 특정의 산업분야에 미치는 영향을 주로 계량적인 방법을 사용하여 분석한다. 이는 정책분석가의 유형 중 전형적인 '고객지향적인 분석가(clients'advocates)'[23]의 연구에 해당되는데, 화평법 관련하여 주된 내용은, 규제의 필요성에도 불구하고 일부 강력한 규제조항으로 인해 기업의 비용을 증가시켜 대기업뿐 아니라 중소기업에 경제적 부담을 줄 수 있으며, 국내 제조업 생산에도 악영향을 주어 경

22) 산업연구원(2014), "화평법, 화관법 하위법령 제정동향과 시사점," KIET Industry Brief, 1~32면.

23) 와이머(D.Weimer) and 바이닝(A.Vining), Policy Analysis: Concepts and Practice(Englewood Cliffs: Prentice Hall, 1992), pp.16~19. 와이머와 바이닝에 의하면 고객지향적인 분석가는 객관적 기술자(objective technician) 또는 쟁점옹호자(issue advocate) 분석가들과 비교하여 분석을 의뢰한 개인이나 집단들의 이해를 최대한 반영하는 방향으로 분석결과를 도출한다는 것이다.

제성장의 둔화를 야기할 것이라고 예상한다.[24] 더불어 이와 같은 기업에의 행정적 및 경제적 부담을 해소하기 위해서는 주요 쟁점분야에 대해서 하위법령 마련단계에서 구체적인 보완책을 강구해야 할 필요성을 제시하며[25], 특히 화평법 시행에 따른 명확한 비용을 산출하여 규제로 인한 편익과의 비교를 통해 그 정당성을 인정받아야 한다고 주장하기도 한다.[26]

세 번째 유형은 앞의 두 유형에 비하여 가장 학술적인 성격을 갖는 연구로서, 화학물질규제에 관한 해외사례를 단일사례로 분석하거나, 우리나라 사례와의 비교를 통해 시사점을 도출한다. 또한 화평법을 이행하기 위한 제재수단에 대한 분석이나 국가간 자유무역협정과 같은 국제적인 경제교류와의 상관관계 등에 대한 분석이 이 유형의 주요내용을 구성한다. 특히 화학물질 관리를 위한 선구적인 제도라고 할 수 있는 EU의 REACH를 비롯하여 미국의 TSCA(Toxic Substance Control Act), 일본의 화학물질관리제도인 「화학물질의 심사 및 제도 등의 규제에 관한 법률」, 그리고 대만의 「노공안전위생법」 등에 대한 연구들이 이에 해당된다.[27] 이들 연구들은 각 국가의 단일 규제사례에 대한 심층적인 연구 이외에도 우리나라의 화평법과의 비교분석을 통해 화평법에 의한 규제의 특성과 차별성, 그리고 효과 등을 분석하고 있다.

---

24) 이한웅, "현 화평법의 문제점 및 성공적 정착을 위한 해결방안," KERI Brief 13~32(한국경제연구원, 2013), 1면.

25) 경기중소기업종합지원센터, "화평법의 주요쟁점과 시사점," 중소기업 Report, 제10호, 33~34면.

26) 화평법 시행에 따른 직접비용 산출결과에 따르면, 산업연구원은 2조에서 7조여원인 반면, 환경부는 900억에서 4,000억여 원으로 큰 차이를 보이고 있다.

27) 박종원, "REACH 규칙과 사전배려원칙," 『환경법 연구』(한국환경법학회, 2009), 제31권 제3호, 109~148면; 강문경, 배정생, "각국의 화학물질 관리법제의 시행과 우리의 대응," 『법학연구』(전북대학교 법학연구소, 2014), 제41집, 477~503면; 전용일, 배정생, "일본의 화학물질 관리법제에 대한 고찰," 『법학연구』(전북대학교 법학연구소, 2014), 제41집, 505~530면.

III 화평법의 주요 내용과 쟁점[27)]

1. 도입 배경과 추진경과

2006년 EU REACH[29)]의 도입으로 시작된 한국형 REACH 제도의 도입방안에 대한 논의는 2008년 환경부 주도의 화학물질관리 선진화 포럼 구성을 계기로 새로운 화학물질관리제도 도입에 대한 구상 및 논의로 구체화되었다. 2010년 12월 선진화포럼을 중심으로 법안의 초안이 마련되었으나 산업계와의 의견조정이 어려워지면서 법안 제정에 어려움을 겪었다. 이후 가습기 살균제 피해사고(2011)와 구미산단 내의 불화수소 누출사고(2012)와 같은 연이은 화학물질사고가 발생하면서 유독물 안전관리대책의 필요성에 대한 사회적 인식이 확대되기 시작했다. 또한 EU REACH가 제정된 이후 일본(2010.4), 중국(2010.10) 등과 같은 주요 교역국들이 화학물질에 대한 규제를 강화하면서 새로운 화학물질 관리체계가 전환기를 맞이하게 되는 계기가 되었다. 화평법은 이와 같은 국내외적인 환경의 변화에서 제정의 필요성이 제기되었다.

화평법은 2012년 9월 28일에 정부가 국회에 제출한 화평법 제정 법률안과 2013년 4월 8일 환경노동위원회(이하 환노위)의 심상정 의

---

28) III장 중에서 화평법의 주요 법률내용에 대해서는 「화학물질의 등록 및 평가 등에 관한 법률」, 환경부 설명자료인 『화평법, 화관법 주요내용 및 계획』 (2013b) 및 『화평법 하위법령 협의체 논의 결과』(2013a)를 재구성하여 정리하였다.

29) 2006년에 도입된 EU의 엄격한 심사여건을 갖고 있는 화학물질규제정책으로 화학물질 사전예방원칙에 기초하여 제정되었다. 구체적으로는 신규물질과 연간 1톤 이상 생산하거나 수입하는 기존화학물질의 등록 의무화와 화학물질의 위해성 입증책임여부를 기존 규제자에서 물질생산 및 취급당사자에게 이전 등의 내용을 통해 화학물질 안전성과 사전예방에 중점을 두었다. 이유봉, "REACH의 규제상의 새로운 도전과 응전" 『법학논집』 (이화여자대학교 법학연구소, 2010), 제14권 제3호, 275~278면.

원이 대표발의한 화평법 제정 법률안을 통합한 화평법 제정 법률안 대안으로, 몇 차례의 환노위 전체회의와 환노위 법안심사소위원회 심사를 거쳐 본회의를 통과(2013.5)하여 제정 및 공포되었으며, 시행일은 2015년 1월 1일이다. 〈표 1〉은 화평법 추진경과와 법안의 정부안, 국회 환노위안, 그리고 공포 법률을 비교하여 제시한다.

[표 1] 화평법 추진경과 및 계획

추진경과	날짜
환경부 제정안 마련	2010년 12월
환경부 입법예고	2011년 2월
관계부처(8개) 및 산업계 등 관련 이해당사자 의견수렴(총 17회)	2011년 2월~2012년 8월
환경부와 산업부 정책 협의회 개최 및 공동시범 사업 실시	2012년 3월~2013년 2월
법안국회제출	2012년 9월 28일
국회 환경노동위원회 제정안 대표 발의	2013년 4월 8일(정부안 vs 국회안)
국회 환경노동위원회 대안 상정	2013년 4월 15일
국회 환경노동위원회 의결	2013년 4월 24일
국회 법제사법위원회 및 본회의 통과	2013년 4월 30일
화평법 제정 공포	2013년 5월 22일(시행 : 2015년 1월 1일)
화평법 협의체구성 및 운영 (산업계, 민간단체, 전문가, 관계기관 등 총 28명)	2013년 8월~9월
하위법령안 마련	2013년 12월
하위법령안 입법예고	2014년 2월 18일
관련세부고시 (등록대상 기존화학물질 리스트 포함)발표	2014년 10월 31일(사전예고)
화평법 시행령 제정	2014년 12월 9일
화평법 및 화평법 시행령 시행일	2015년 1월 1일

[표 2] 정부안, 국회환노위안, 공포 법률 비교

구분	정부안	국회 환노위안	공포 법률
제조 등의 보고	• 신규 · 기존 연간 1톤 이상 • 2년마다 • 제조 · 수입자	• 신규 모두 기존 연간 1톤 이상 • 매년 • 제조 · 수입 · 판매 · 사용자	• 신규 모두, 기존 연간 1톤 이상 • 매년 • 제조 · 수입 · 판매자
등록기준	• 신규 · 등록대상기존 연간 1톤 이상	• 신규 모두, 등록대상기존 연간 1톤 이상	• 신규 모두, 등록대상기존 연간 1톤 이상
위해성자료 제출	• 신규 · 기존 연간 100톤 이상	• 신규 · 기존 연간 10톤 이상 (단계적 강화-2020년까지 10톤)	• 신규 · 기존 연간 100톤 이상 (단계적 강화-2020년까지 10톤)

출처 : 환경부(2013b), 『화평법, 화관법 주요내용 및 계획』, 1면.

2. 제정 목적 및 주요 내용

한국의 REACH라고 할 수 있는 화평법은 'No Data, No Market (위해 관련한 자료 등록 없이는 판매 불가)' 원칙을 기반으로 화학물질의 등록 및 평가를 통한 안전관리를 위해 필요한 유해성이나 위해성 정보를 사전에 확보, 공유함으로써 국민건강이나 환경을 사전에 보호하는 '사전예방적 위해관리'를 목적으로 한다. 화평법 제1조에 제시되어 있는 제정 목적을 구체적으로 설명하면 다음과 같다.

첫째, 사전예방적인 화학물질 관리제도의 기반을 구축하는 것이다. 기존 「유해화학물질관리법」상의 유해성심사제도로는 국내에 유통되는 모든 화학물질의 안전관리에 필요한 유해성이나 위해성 정보의 확보가 어렵고 이로 인해 사전예방적 화학물질을 효과적으로 관리하는 것이 어려웠다. 따라서 화평법에서는 등록 및 평가 대상을 신규

화학물질 뿐 아니라 기존화학물질까지 확대하도록 하였다. 둘째, 기존 '유해성' 위주의 관리에서 노출을 고려한 '위해성' 관리 체계로 전환하고, 노출 우려가 큰 화학물질에 대하여 위해성 자료 제출을 의무화했다. 그리고 화학물질 허가와 금지제도를 통해 발암물질과 같은 고위해성 물질로 인한 위해를 사전에 차단할 수 있는 장치를 마련했다. 셋째, EU의 REACH제도 이후 주요 교역국이 화학물질에 대한 규제를 강화하면서 국내 기업들이 법적으로 이에 대응하고 동시에 친환경 대체물질을 개발함으로써 기업의 경쟁력을 확보하게 하였다.

한편, 화평법 시행 전과 후의 등록 및 평가 절차를 비교하여 요약하면 다음과 같다. 첫째, 화평법 시행 전에는 등록 및 유해성평가를 제조 및 수입되는 모든 신규화학물질에 한정하여 유해성 있는 물질에 대해서는 유독물 지정/고시하도록 한정한 반면, 시행 후는 등록 및 유해성평가 대상을 모든 신규화학물질뿐만 아니라 연간 1톤 이상의 "등록대상 기존화학물질"로 확대하였다.

둘째, 등록대상 화학물질에 대한 유해성 및 위해성(노출시나리오 포함)심사에 필요한 자료제출의 의무를 규제기관에서 사업자에게 부과함으로써 화학물질 안전관리에 필요한 정보를 확보하는 데에 용이하게 하였다. 셋째, 유해성평가뿐만 아니라 위해성평가를 통해 위해성이 있다고 우려되거나 인정되는 화학물질을 허가물질과 제한물질 또는 금지물질로 각각 지정하여 고시하도록 하였다. 즉, 기존의 유행성심사를 통한 제한 및 금지물질 지정 외에 허가물질을 추가함으로써, 특히 대체물질의 개발을 유도하려는 데 목적이 있다.

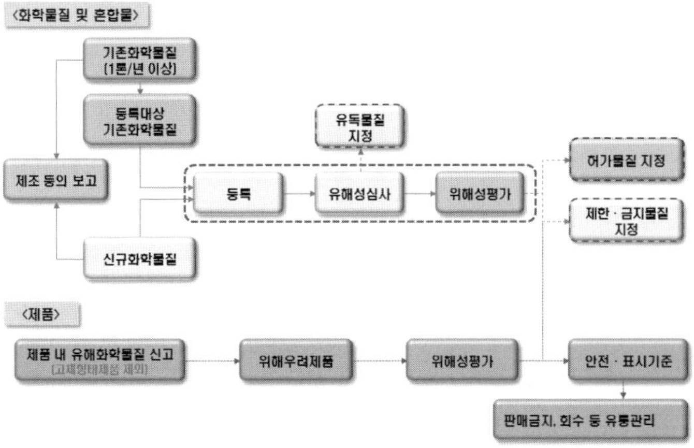

출처 : 환경운동연합(2014), 『2014년 환경운동연합 정책토론회 자료집 : 우리는 화학물질로부터 안전한가』, 58면.

[그림 1] 화평법 등록 및 평가 절차도

화평법[30]의 주요내용은 화학물질 보고제도, 화학물질 등록제도, 화학물질 유해성심사 및 위해성평가, 화학물질 정보제공, 위해우려제품 안전관리, 산업계 지원규정을 포함한다.

1) 화학물질 보고제도

"신규화학물질 또는 연간 1톤 이상의 기존화학물질을 제조, 수입, 판매하는 자"는 "화학물질의 용도 및 그 양 등을 매년 환경부 장관에게 보고"하도록 했다(제8조 제1항). 보고대상에 적용되지 않는 화학물질(제8조 제2항)로는 "기계에 내장되어 수입되는 화학물질", "시험

30) 이 법의 적용이 면제되는 화학물질은 다음과 같다(제3조). 1. 원자력법에 따른 방사성물질, 2. 약사법에 따른 의약품과 의약외품, 3. 마약류관리에 따른 마약류, 4. 화장품법에 따른 화장품, 5. 농약관리법에 따른 농약과 원제(농약원료물질), 6. 비료관리법에 따른 비료, 7. 식품위생법에 따른 식품과 식품첨가물, 8. 사료관리법에 따른 사료, 9. 군수품관리법 및 방위사업법에 따른 군수품, 10. 건강기능식품에 관한 법률에 따른 건강기능식품, 11. 의료기기법에 따른 의료기기.

운전용으로 기계 또는 장치류와 함께 수입되는 화학물질", "특정한 고체행태로 일정한 기능을 발휘하는 제품에 함유되어 그 사용 과정에서 유출되지 아니하는 화학물질", "그밖에 조사용, 연구용으로 제조, 수입되는 화학물질 등 대통령령으로 정하는 화학물질"이 있다.

2) 등록제도

신규화학물질 또는 연간 1톤 이상 등록대상기존화학물질을 제조, 수입하려는 자는 제조 또는 수입 전에 미리 등록하도록 하고 있다. "다만, 사람의 건강 또는 환경에 심각한 피해를 입힐 우려가 크다고 인정되어 평가심의위원회를 거쳐 환경부장관이 지정, 고시한 화학물질에 대하여는 제조량, 수입량이 연간 1톤 미만이더라도 등록하여야 한다"(제10조 제1항).

"등록대상 기존화학물질"은 해당 화학물질의 국내유통량과 유해성 또는 위해성에 관한 정보를 고려하여 평가위원회의 심의를 거쳐 지정, 고시하도록 하고 있다(제9조). 또한 대통령령으로 정하는 바에 따라 등록유예기간 동안은 등록을 하지 않고도 제조, 수입할 수 있도록 했다(제10조 제2항).[31]

또한 "국외에 전량 수출하기 위하여 연간 10톤 이하로 제조하거나 수입하는 화학물질 등 대통령령으로 정하는 화학물질로서 환경부장관의 등록면제 확인을 받은 물질"은 등록면제를 받을 수 있도록 했다. 〈표 3〉은 화학물질의 등록 신청시 제출 자료(등록신청자료)를 제시한다.

---

31) 등록유예기간에 대한 사항은 본 장의 화평법 주요쟁점중의 하나인 시험자료 생산에 따른 비용부담에 관한 부문에서 구체적으로 언급했다.

[표 3] 등록신청자료

등록신청자료	등록기준	비고
제조·수입자 정보	• 신규물질(모든) • 기존물질 (1톤 이상/연)	- 명칭, 소재지 및 대표자
물질 정보		- 명칭, 분자식·구조식 등 식별 정보
용도		
분류 및 표시		
물리·화학적 특성		
유해성		
안전사용을 위한 지침관련 자료		- 보호구, 폭발·화재·누출 시 응급조치사항 등
위해성	• 신규·기존 (100톤 이상/연) *단계적 강화	- 화학물질 전 과정 취급방법, 노출통제·관리방법을 기술한 노출시나리오 포함
시험계획서(대체 가능)	• 하위법령에 기준 마련	- 등록신청자료 일부를 대체하여 제출 가능
자료보호(요청 시)	• 자료제출 시	- 화평법 제45조(자료의 보호)에 따라 자료보호요청 가능

3) 화학물질 유해성(Hazard) 심사 및 위해성(Risk) 평가

등록된 화학물질은 이를 제조, 수입하려는 자가 제출한 유해성 심사에 필요한 자료를 참고하여 유해성심사 및 결과를 통지하고(제18조), 유해성이 있는 화학물질에 대해서는 대통령령의 기준에 따라 유독물로 지정·고시한다(제20조). 통지결과는 신청 후 30일 이내로 하되, 소량 신규화학물질의 경우 3일(구체적인 검토가 필요시 7일) 이내에 통지하도록 규정하였다(화평법 시행규칙 제10-12조).

위해성 평가에 관해서는, 2015년 1월 1일 시행일 기준으로 등록된 물질 중 연간 제조 또는 수입되는 양이 100톤 이상[32]인 화학물질이

32) 위해성자료 연간제출 기준은 단계적으로 강화되도록 조치하고 있다. 시행일 2015년 1월 1일에는 연간 100톤 이상, 2017년 1월 1일에는 연간 70톤 이상, 2018년 1월 1일에는 연간 50톤, 2019년 1월 1일에는 20톤, 2020년 1월 1일에는 연간 10톤 이상이다.

나 유해성 심사결과 위해성 심사가 필요하다고 인정되는 화학물질에 관해서 위해성평가를 하고 그 결과를 통지하도록 한다(제24조). 평가결과 위해성의 우려가 있는 화학물질은 허가물질[33]로 지정하여 고시하고(제25조 제1항), 위해성이 있다고 인정되는 화학물질[34]은 제한물질 또는 금지물질로 지정하여 고시한다(제27조). 허가물질로 지정하는 경우는 허가물질의 명칭, 허가를 받아야 하는 용도 및 허가 유예기간 등을 포함한다(제25조 제2항). 허가물질인 경우에도 다음의 경우에는 평가위원회의 심의를 거쳐 환경부장관은 허가물질의 지정을 해제하거나 고시한 내용의 전부 또는 일부를 변경할 수 있다. "허가물질을 대체할 수 있는 물질 또는 신기술을 개발하여 허가물질을 사용하지 않아도 되는 경우"(제26조 제1항), "신기술의 상용화로 허가물질을 사용하여도 위해성이 없는 경우"(제26조 제2항), 그리고 "허가물질의 위해성이 없다는 새로운 과학적 증거가 확인된 경우"(제26조 제3항)들이 이에 해당한다.

4) 화학물질 정보제공

"등록된 화학물질 또는 이를 함유한 혼합물을 양도하는 자는 양수하는 자에게 해당 화학물질의 등록번호, 명칭, 유해성 및 위해성에

33) 다음의 각 호의 어느 하나에 해당하는 화학물질의 경우는 관계 중앙행정기관의 장과의 협의와 평가위원회의 심의를 거쳐 제조, 수입, 사용 전에 환경부장관의 허가를 받아 허가물질로 지정하여 관리하도록 하고 있다(제25조 제1항 1~3호). 1. 사람에게 암, 돌연변이, 생식능력 이상 또는 내분비계 장애를 일으키거나 일으킬 우려가 있는 물질, 2. 사람 또는 동식물의 체내에 축적성이 높고, 환경 중에 장기간 잔류하는 물질, 3. 제1호 및 2호의 물질과 동등한 수준 또는 그 이상의 심각한 위해를 줄 수 있는 물질.

34) 위해성이 있다고 인정되는 경우는 다음과 같다. 1. 유해성심사 및 위해성평가 결과에서 인정하는 경우, 2. 국제기구 등이 인정하는 경우, 3. 국제 협약 등에 따라 제조, 수입 또는 사용이 금지되거나 제한되는 경우, 4. 지정 해제된 허가물질의 경우 위해성이 인정되는 경우(제27조 제1항 1~4호).

관한 정보, 안정사용 정보 등"을 일정양식에 따라 제공하도록 규정한다(제29조 제1항). 또한 "화학물질 또는 혼합물을 제조 수입하는 자는 해당 화학물질 또는 혼합물의 하위사용자 및 이를 판매하는 자가 요청하는 경우 그 자에게 화학물질의 특성, 용도, 제조량, 수입량, 안전 사용 정보 등을 제공하도록" 하고 있다(제30조 제2항).

5) 위해 우려제품[35]의 관리

"유해화학물질[36]이 함유된 제품을 생산하거나 수입하는 자는 제품에 함유된 화학물질별 총량이 연간 1톤을 초과하는 경우에 해당제품에 함유된 화학물질의 명칭, 함량 및 유해성 정보, 제품 내 유해화학물질의 용도에 대하여 생산 또는 수입 전에 환경부장관에게 신고" 하도록 하고 있다(제32조 제1항). 위해성 우려제품은 인체나 환경에 대한 위해를 예방하기 위해 제품의 품목별로 위해성을 평가하여 위해성 여부를 결정하고(제33조 제1~2항), 위해성평가가 완료된 경우는 생산되거나 수입되는 위해우려제품을 품목별로 위해성에 관한 안전기준, 표식기준에 따라 고시하도록 하고 있다(제34조 제1항).

6) 산업계 지원규정

화학물질 또는 제품을 제조, 생산, 수입하려는 자의 화학물질 보고(제8조), 등록신청(제10조 제3항), 신고(제32조), 심사, 평가 및 결과 통보와 같은 전 과정에 걸쳐 업무를 효율적으로 할 수 있도록 화학물

35) 위해 우려제품으로는 세정제, 방향제, 접착제, 광택제, 합성세제, 표백제 등 일반소비자가 생활용으로 사용하는 제품이나 방충제, 소독제, 방부제 등 살생물제(Biocide) 등이 해당된다.

36) 유해화학물질은 유독물질, 허가물질, 제한물질, 금지물질, 그밖에 유해성 또는 위해성이 있거나 그러할 우려가 있는 화학물질을 의미한다.

질 정보처리시스템을 구축하고 운영하도록 하고 있다(제39조 제1항).

또한 화학물질의 유해성과 위해성으로부터의 피해예방을 위한 관련 기술 개발 등의 업무를 수행하기 위해 "녹색화학센터"와 같은 전문기관을 지정해서 운영할 수 있도록 했다(제40조 제1항). 녹색화학센터의 주요업무는 화학물질의 정보생산, 유해성 및 위해성평가와 관련된 전문 인력의 양성 및 교육/훈련(제40조 제2항 1호), 위해성심사 및 위해성평가, 화학물질의 위해성 저감 및 예방 등과 관련한 기술개발(제40조 제2항 2호), 산업계의 화학물질의 위해저감활동과 화학물질로 인한 국민건강과 환경피해를 예방하기 위한 활동지원(제40조 제2항 3호) 등을 규정하고 있다.[37] 마지막으로, 중소기업의 화학물질 등록 및 평가 등의 원활한 제도 이행을 위해 조사, 연구, 교육, 홍보 등을 지원하도록 규정하고 있다(제4조 제4항).

3. 주요쟁점

주요쟁점은 화평법 도입을 통해 화학물질에 대한 규제부담을 기업들에게 지움으로써 산업계의 경쟁력이 약화될 것이라는 우려와 관련이 있다. 이와 같은 산업계의 우려를 고려하여, 정부는 산업계, 민간단체, 전문가, 관계부처로 민-관 협의체를 구성하고 협의하여 하위법령을 입안하였으며, 규제심사 및 법제처 심사 등 입법심사를 거쳐 2014년 12월 9일 화평법 시행령(대통령령 25835호, 이하 시행령)이

37) 녹색화학센터의 지정요건, 지정절차, 운영, 지정취소 사유 등에 관해서는 시행령 제25조~제28조에 규정하고 있다.

제정되었으며 2015년 1월 1일부터 시행되도록 공포되었다. 시행령에는 그동안 화평법이 기업에게 과도한 부담을 지울 수 있다며 소량 화학물질의 신규 등록 면제(시행령 제11조)와 등록신청 시 제출자료 생략(시행령 제13조) 등을 요구한 산업계의 의견이 반영되었다. 화평법의 제정과정에서 논의된 주요 쟁점들은 다음과 같다.

1) 연구개발용(R&D) 등록면제

화평법 제11조에서 등록면제 대상으로 규정한 제8조 제2항에 규정된 화학물질 중 "조사/연구용"의 면제대상 범위가 너무 포괄적이라는 지적이 있었다. 이에 따라 시행령에서 면제대상을 생산공정의 개선 및 개발, 시험용, 시범제조 또는 생산 등 연구개발용 물질로 구체화하여 적용하도록 하였다(시행령 제11조).

2) 소량 신규화학물질 등록

화평법 제10조와 제14조에서 각각 규정한 화학물질의 제조 또는 수입전 등록의무와 자료제출의무 규정과 관련하여 연간 1톤 미만(2020년에는 0.1톤)의 소량의 신규화학물질에 대해서는 등록 시 필요한 제출자료를 9개에서 4개[38]로 간소화하고, 등록통지기간(등록신청을 받은 날부터 등록여부 결정에 필요한)을 30에서 3일 이내 (추가 검토가 필요할 경우에는 7일)로 단축해 산업계의 편의를 증진시켰다.

---

38) 사업자정보, 용도, 식별정보, 사용용도 관련 노출정보

3) 화학물질 정보제공에 따른 영업비밀 침해우려

화평법 제29조와 제30조에서 규정한 공급망 내의 화학물질 정보제공(화학물질 양도자와 양수자 간에, 제조/수입자와 하위사용자/판매자 간에)과 관련하여 산업계에서는 화학물질 관련한 영업비밀이 침해될 우려를 밝혔다. 이와 관련하여, 화학물질의 성분이나 함량 등의 영업비밀에 해당하는 정보는 제외하고 제조, 수입, 사용, 판매량과 같은 정보는 임의로 생략 가능하도록 함으로써 영업 비밀침해가 최소화되도록 했다. 단, 화학물질의 안전정보에 필요한 사항인 명칭, 유해성, 제한용도, 주의사항 등은 반드시 포함되도록 했다.

4) 등록대상 화학물질의 시험자료 생산에 따른 비용의 부담

등록대상 화학물질의 시험자료 제출에 따른 산업계의 비용부담을 최소화하기 위해 화평법의 하위법령인 대통령령을 통해 제도적 장치를 구체화하였다. 이와 관련하여, 첫째, 등록대상 기존물질의 등록유예기간(등록하지 않고 제조 및 수입이 가능)을 규정하여 사전 준비가 가능하도록 했다. 구체적으로 등록대상 화학물질은 매 3년마다 지정함으로써 예견가능성을 부여하고, 등록 없이도 제조, 수입이 가능한 등록 유예기간을 3년 동안으로 규정하여 사전 준비가 가능하도록 했다(시행령 제10조).

둘째, 등록대상 기존화학물질의 등록 신청 시 자료 제출방법으로는 개별 등록을 기본으로 하되, 동일 기존화학물질을 제조, 수입하는 대기업과 중소기업과 같은 경우에 서로 합의하에 대표자를 선정하여 공동제출, 등록할 수 있도록 했다(화평법 제15조 제1항).

셋째, 화학물질등록 신청 자료에 관한 사항(제14조 제1항)과 관련하여, 동일하거나 유사한 화학물질구조에 관한 정보검색을 통해 화학물질의 유해성 파악이 가능한 경우는 시험자료를 제출하지 않아도 등록을 인정하도록 했다.

넷째, 시험자료 제출(제14조 제3항)과 관련하여, 국내 시험역량이 부족한 부문(예, 발암성시험, 생물 농축성시험 등)에 한하여 시험자료를 대신하여 시험의 내용 및 일정 등을 포함한 시험계획서로 대체 제출을 인정하도록 했다.

다섯째, 유해화학물질의 지정(제20조)과 관련하여, 유독물질 지정기준을 국제 화학물질 분류 및 표시기준(Globally Hormonized System [GHS] of Classification and Labelling of Chemicals)[39]로 통일하도록 하였다.

마지막으로, 중소기업의 화학물질 등록 및 평가 등과 관련된 부담을 완화하기 위해 등록 및 평가 관련 지원사업을 구체화하고, 물질정보 생산·관리에 관한 기술개발 사업지원에 필요한 정보시스템 구축과 녹색화학센터 지정·운영을 구체화했다. 또한, 등록, 신고, 변경등록에 따른 수수료 경감의 근거를 마련했다.

4. 기업의 새로운 대응행태

화평법 제정을 전후로 화학물질규제에 대한 기업의 대응은 수동적인 형태를 보여주고 있다. 화평법의 주요 이해관계집단인 기업은, 화

39) GHS는 1992년 리우 환경 회의에서 그 필요성이 논의된 이후 2002년 UN 화학물질회의와 UN 전문가회의에서 채택되어 승인된 이후 유럽, 일본, 미국 등 선진국에서 도입하여 시행하고 있다. 환경부에서는 2007년 유해화학물질관리법 시행규칙 제정을 통하여 GHS 도입과 시행을 위한 법적 기반을 마련했다.

학물질의 인체 및 환경에의 영향에 대한 사전예방적 규제로서의 화평법의 취지에는 동감하면서도 경제활동의 위축이나 생산비용의 증가를 야기할 것이라고 예상되는 역효과로 인해 규제의 완화를 지속적으로 요구해 왔으며, 이 과정에서 화평법이 해외 유사 사례에 비해 지나치게 높은 수준의 규제내용을 담고 있다고 주장하기도 하였다.[40] 이는 환경규제와 같은 전형적인 규제정책의 정책과정에서 규제기관(여기서는 규제를 집행하는 기관뿐 아니라 규제를 제정하는 기관까지 포함)에 대해 취하는 피규제집단의 일반적인 대응방식이다.

즉, 규제기관들(예를 들어 환경규제에서의 환경부나 지방환경청과 같은 특별지방행정기관, 지방자치단체의 환경부서 등)은 명령통제지향적(command and control)인 규제수단을 주로 사용하여 피규제집단의 경제행위를 통제하게 되는 반면에 기업과 같은 피규제집단은 규제의 수준이나 정도를 약화시키기 위해 다양한 종류나 형태로 정책과정이나 법률제정과정에 참여하게 된다. 이 과정에서 규제기관과 피규제기관 사이에 인식상의 차이 또는 양자간 갈등이 유발하게 되는데,[41] 환경정책분야에서의 이와 같은 갈등은 사회적 비용을 초래하게 되며, 더 나아가서는 지역사회의 통합과 국가수준의 국민통합을 저해하는 주된 요인으로 작용하기도 한다.

화평법 제정과정에서 유발된 집단간 대립을 해소하고, 기업의 과도한 부담을 완화시키기 위한 보완책을 마련하기 위해 정부는 화평법의 하위법령인 시행령을 통해 기업의 요구를 어느 정도 수용하였다고

40) 산업계는 화평법이 (1) 등록에 필요한 기업의 물질자료 생산 비용, (2) 1톤 이하 소량 화학물질 등록, (3) 조사 및 연구용 화학물질 등록 면제조항 삭제, (4) 양도자와 양수자간 정보제공에 따른 기업의 영업비밀 유출 등을 독소조항으로 제시하면서, 화평법이 다른 나라의 화학물질관리 제도에 비해 강력한 수준이라고 주장한다. 이한웅, 앞의 주 23, 2면.

41) 김필제, “토론자료: EU의 화학물질 정책과 한-EU FTA”『한국환경법학회 제118회 학술대회 자료집: 안전사회를 위한 화학물질관련법률의 재조명』(한국환경법학회, 2014).

평가된다. 하지만, 장기적인 관점에서 기업의 활동이 친환경적인 방향으로 나아가기 위해서는 환경규제 과정에서 규제기관과 피규제집단이 상호 수직적이고 적대적인 관계에서 벗어나 협력하고 조력하는 관계로 재설정될 필요성이 있으며, 이를 위해서는 무엇보다 기업의 능동적이고 적극적인 행태의 변화가 요구된다. 특히 화학물질관리와 관련해서는 글로벌 경쟁력의 확보 및 고부가가치화를 위한 친환경 소재의 개발, 화학물질 유해 안전성 평가에 능동적으로 대응할 필요성이 제기된다. 앞서 언급했듯이 화학물질에 관한 국제 규제수준이 점차 높아지고 있는 시점에서 기업들이 경쟁력을 유지, 향상시키기 위해서는 처벌을 회피하기 위해 규제에 순응하는 피동적이고 방어적인 대응행태에서 벗어나 혁신적이고 자발적인 환경보호 전략을 채택하고 있는 최근의 변화에 주목할 필요성이 있다. 과거에 기업들이 환경규제를 비용과 책임으로 인식하고 회피하고자 했다면, 최근에는 환경보호를 기업 환경이미지 제고와 상품 차별화 전략의 일환으로 여기면서 규제의 수준을 넘어서 자발적인 환경개선에 앞장서고 있다. 이와 같은 기업의 환경에 대한 태도의 변화는 글로벌 시장의 환경규제 압력뿐 아니라 친환경 소비자의 증가와 국내외 환경단체의 압력 등과 같은 주변 환경의 변화에 선제적으로 대응하기 위해 필수적일 것이다.

Ⅳ 결론 : 함의와 전망

본 장은 한국의 유해화학물질 관리정책의 변천을 시대적으로 구분하고 정리하였다. 유해화학물질 정책의 변천은 국내적인 화학물질 사고로 인한 화학물질 안전관리에 대한 우려와 더불어 국제적인 화학물질 관리 정책의 강화에 따른 대응책 모색의 결과로 나타났다. 특히, 1996년 한국의 OECD 가입에 따른 가입회원국으로서의 화학물질 관리규정의 준수에 대한 부담과 국제 화학물질 교역의 확대에 따른 국제사회의 화학물질 규제와 관리기준의 강화는 화학물질 관리정책의 변화를 야기하는 중요한 변수로 작용했다.

구체적으로 1990년의 유해화학물질 관리법 제정은 신규화학물질의 유해성심사 의무화를 통한 유해화학물질관리의 기반구축과 국제사회에서 요구하는 수준의 화학물질 관리의 기초를 마련하는 중요한 계기를 마련했다. 관리법 제정이후, 유해화학물질관리법 전부 개정(1996.12)이나 3차에 걸친 유해화학물질관리 기본계획을 통한 관리 시책의 결정은 화학물질관리 선진화를 위한 구체적인 노력의 결과였다.

화평법은 국제사회의 사전예방적 화학물질 위해관리체계 구축과 국제적 화학규제 강화의 움직임과 함께 제정의 필요성이 제기되었다. 무엇보다 EU의 강력한 화학물질규제정책인 REACH의 영향력은 국제적 경제통합과 교역확대와 함께 증대되었다. 특히, 2000년 이후 유럽의 경제통합에 따라 화학시장의 규모가 확대되고 적극적인 화학 위해를 저감하려는 노력으로 인해, 일본, 중국, 대만, 한국과 같은 주요 교역국의 화학물질관리정책이 중요한 전환점을 마련하는 데에 견인차 역할을 하였다. 즉, 2009년 5월에 일본의 화학물질 심사 및 규제 등에 관한 법률이 개정된 것을 시작으로, 중국의 신규화학물질의 환경관리제도의 시행계획 개정초안 발표, 2011년에 시행한 대만의 노공안전위생법의 개정, 그리고 한국의 화평법의 제정까지 유럽연합의 화학물질 규제정책은 전 세계적으로 중요한 영향력을 발휘했다. 이와 같은 화학물질의 규제가 강화되는 동시에 표준화되는 움직임은,

국제적 경제통합이 가속화되면서 무역자유화에 따른 시장의 상호의존도가 증대되면서 확대 및 강화될 것으로 기대된다. 이와 같은 움직임은 우리나라 화학물질에 관한 규제정책에 다음과 같은 몇 가지 중요한 시사점을 제시한다. 첫째, 능동적이고 적극적인 화학물질 규제정책을 통한 화학물질관리 능력과 인프라 구축이 중요하다. 이는 국내 관련 기업이 국제사회의 규제 움직임에 대한 대응력을 증대시키고 친환경 화학물질을 개발하기 위한 유인제공 및 녹색 화학 산업의 육성에 중요한 역할을 하리라 기대한다. 물론 국내의 화학물질에 대한 규제강화에 따른 관련 산업계의 규제비용과 산업계의 경쟁력 약화에 대한 우려의 목소리가 높다. 하지만 국제적 화학물질규제에 대한 대응력이 국제 교역과 국제 시장의 진입에 중요한 관건이 되고 있는 현실에 비추어 보면 규제 비용은 국제 경쟁력을 위한 중요한 투자라고 인식할 필요성이 있다. 또한, 화학물질에 대한 규제강화에 따른 단기적 비용은 인체와 환경의 보호에 미치는 중장기적 이득에 비하면 하찮은 수준일 수 있다. 한편, 규제를 강화하기 위해 필요한 비용은 규제당국의 자체적인 노력에 의해 큰 차이가 발생할 것이다. 화평법 도입으로 대기업보다 중소기업의 경제적 규제 부담이 가중될 것을 고려할 때 향후 중소기업 지원방안과 같은 제도적 노력이 필요하다. 또한 정보시스템 구축을 통한 관련 업무의 간소화 및 효율성 증진노력과 국내 화학물질의 관리인프라 구축(예, 국내 시험 역량 강화, 녹색 화학센터 운영)역시 시급한 과제이다. 마지막으로 연구개발용(R&D) 면제 대상의 범위를 구체화하고, 화학물질의 정보를 공유하는 과정에서 야기되는 영업 비밀의 침해를 최소화하는 방안 마련이 중요하다.

[부록 1] 유해화학물질관리정책 연혁

유해화학물질관리법	주요 목적	주요 내용	소관부처
1963년 "독물 및 극물에 관한 법률" 제정	취급자 안전과 보건사고	급성독성이 강한 화학물질(예, 쥐약, 농약, 각종 시약, 화학 약품 등) 규제	보건복지부
1980년 "독물 및 극물에 관한 법률" 개정과 1981년 관련법 시행령개정	신나와 접착제를 청소년들의 환각물질로 지정하고 그 사용 제한	환각물질인 접착제(본드)의 오용을 규제하는 법적 근거 마련	환경청
1986년 환경보전법을 개정하여 "합성화학물질의 신고 및 심사제도"를 도입	독극물로 지정되지 않았지만 환경에 위해성이 높은 합성화학물질 관리	1. 합성화학물질을 제조 또는 수입하는 자의 신고 의무화 2. 환경청은 해당 화학물질의 유해성 판단을 위해 제한적인 수준의 유해성과 안정성 시험 실시	환경청
1990년 "유해화학물질 관리법" 제정	종래 "환경보전법"과 "독물 및 극물에 관한 법률"로 이원화되어 있던 화학물질의 관리체계가 "유해화학물질 관리법"으로 일원화를 통한 체계적이고 종합적 화학물질관리	1. 국내에서 제조 또는 수입하고자하는 신규 화학물질에 대한 신고와 유해성 심사 의무 규정 신설 2. 유해성심사가 종료되기 전에 제조나 수입이 불가 3. 유독물(총 424종) 및 특정유독물(총 93종)의 지정 4. 유독물 제조·판매·취급하는자의(환경부장관에게) 등록과 소정의 시설 및 장비 의무화	환경처 ("화학물질 유해성심사단" 설치, 운영을 통해 유해성 심사)
1996년 "유해화학물질 관리법" 전부 개정	OECD 가입에 따른 OECD의 유해화학물질관리 규정 이행의무 준수	1. 다른 법에서 규정하는 화학물질이라도 해당 법에서 운반, 보관, 저장에 관한 안전 관리규정을 정하지 않은 경우는 유해화학물질관리법기준을 적용 2. 유해성 심사자료의 신뢰성 확보를 위한 우수시험시설운영 관한 법적 근거 마련	환경부 (유독물질 관리관직제가 없어지고 폐기물관리국에 화학물질과가 소속되는 형태의 직제 개편)

유해화학물질관리법	주요 목적	주요 내용	소관부처
		3. 화학물질 유통량 및 취급과정 시의 배출량 조사 의무를 통한 화학물질 유해성 관리의 기초자료 확보 4. 위해의 정도가 크다고 인정되는 화학물질 또는 유독물 사용 금지 및 제한 5. 일부용도에 한하여 제조, 수입, 사용을 허용하는 "취급제한 유독물 지정제도" 도입 6. 유독물 영업자의 유독물 사고 대응 자체방제 계획 사전 수립 의무화 및 사고 위험의 피해가 큰 인근 주민에 화학물질 종류와 위해성, 대피요령 등에 관한 정보 사전통보하도록 함	
2004년 "유해화학물질 관리법" 전부 개정	OECD, EU 등 국제사회 유해 화학물질관련 규정의 변화에 따른 대처와 사전적 화학물질 관리제도 정착	1. 환경에 위해가 큰 화학물질의 "위해성평가제도" 도입 등을 통한 화학물질관리제도 선진화 2. 기존의 확인증명제도에서 "화학물질 확인제도"로 변경하고, 화학물질 제조, 수입 시 당해 물질의 규제 대상여부를 사업자 스스로 확인하여 환경부 장관에게 제출토록 의무화함	환경부 1. 화학물질과를 환경보건정책과, 화학물질안전과, 유해물질과의 3개로 확대 2. 통합적 화학물질 관리를 위해 소속을 폐기물 관리국에서 환경정책실로 이관

유해화학물질관리법	주요 목적	주요 내용	소관부처
		3. 환경부장관이 필요하다고 인정될 때에 한하여 유해화학물질위원회의 심의를 거쳐 배출량 조사 외에 배출량 조사결과 공개할 수 있도록 규정	3. 2008년 이명박 정부 출범 후 화학물질안전과와 유해물질과를 화학물질과로 통폐합
2014년 화학물질의 등록 및 평가 등에 관한 법		1. 신규 및 연간 1톤 이상의 등록대상 기존화학물질을 매년 보고 및 등록 2. 사업자의 유해성 및 위해성 평가 등에 관한 자료제출의무 3. 위해성 자료 연간 제출 기준은 2015년 1월 1일 시해일 기준으로 등록한 물질 중 연간 제조 또는 수입량이 100톤 이상이나 유해성심사 결과 위해성이 필요하다고 인정되는 물질 4. 등록된 화학물질 정보를 하위사용자와 상호 공유 5. 위해성 우려 제품은 위해성평가를 하여 위해성에 관한 안전기준 및 표시기준을 정하여 고시 6. 산업계 지원규정(IT 기반으로 한 화평법제도 전 과정 업무효율성 증진, 녹색화학센터 운영, 중소기업 지원)	환경부

[부록 2] 화학물질 관리대상별 소관부처 및 관련법령[42)]

관리대상	소관부처	근거법령(제정연도)	입법목적
유해화학물질	환경부	화학물질의 등록 및 평가 등에 관한 법률(2014), 화학물질 관리법 (2013 개정)	유해 화학물질로부터 인체 및 환경보호
잔류성 유기오염물질	환경부	잔류성 유기오염물질 관리법(2007)	POPs로 인한 사람의 건강과 환경보호 및 국제협력
유해, 위험물질	노동부	산업안전보건법	산업재해예방 및 근로자의 안전보건의 유지 및 증진
농약, 비료, 사료	농림수산식품부	농약관리법(1957), 비료관리법(1976), 사료관리법(1963)	농약, 비료, 사료의 품질 향상과 수급관리
의약품, 화장품, 마약류	보건복지부 (식약청)	약사법(1953), 화장품법 (1999), 마약류 등 관리에 관한 법률(2000, 구 마약법 1957)	의약품 등의 적정관리를 통한 국민건강 증진
식품 첨가물	보건복지부 (식약청)	식품위생법(1962)	식품으로 인한 위해방지 및 식품영양의 질적 향상
위험물, 화약류	행정안전부	위험물 안전관리법 (2003, 구소방법 1958),	화재예방, 진압및재난등 위급상황에서의국민생명, 재산보호
		총포. 도검. 화약류 등 단속법(1961)	화약류 등으로 인한 위험과 재해방지
고압가스	지식경제부	고압가스안전관리법(1973)	고압가스로 인한 위해방지
		품질경영 및 공산품 안전관리법(1967)	공산품의 안전관리
방사능물질	교육과학기술부	원자력법(1958)	원자력 이용과 안전관리

42) 환경30년사(2010b)의 표를 일부 수정하였음.

참고문헌

- 강문경·배정생, “각국의 화학물질 관리법제의 시행과 우리의 대응,” 『법학연구』(전북대학교 법학연구소, 2014), 제41집, 477~503면.
- 경기중소기업종합지원센터, “화평법의 주요 쟁점과 시사점,” 『중소기업 Report』(2013) 제10권, 1~39면.
- 박종원, “REACH 규칙과 사전배려원칙.” 『환경법 연구』(한국환경법학회, 2009), 제31권 제3호, 109~148면.
- 산업연구원, “화평법, 화관법 하위법령 제정동향과 시사점,” 『KIET Industry Brief』 No 52 (2014), 1~32면.
- 이유봉, “REACH의 규제상의 새로운 도전과 응전.” 『법학논집』(이화여자대학교 법학연구소, 2010), 제14권 제3호, 271~297면.
- 이한웅, “현 화학물질 등록 및 평가에 관한 법률의 문제점 및 성공적 정착을 위한 해결방안” 『KERI Brief 13~32』(한국경제연구원, 2013), 1~12면.
- 전용일·배정생, “일본의 화학물질관리법제에 대한 고찰,” 『법학연구』(전북대학교 법학연구소, 2014), 제41집, 505~530면.
- 정남순,“가습기 살균제를 통해 본 화학물질관리제도의 현황과 문제점에 대한 고찰.” 『환경법과 정책』(강원대학교 비교법학연구소, 2013), 제11권, 35~56면.
- 조주현, “한국의 유해물질관리체계의 문제점과 개선방안에 관한 연구” 『동아대학교 대학원 박사학위논문』(동아대학교, 2003).
- 한국환경산업기술원, 『화평법 및 하위법령의 주요내용 분석과 기업 대응방안』(한국환경산업기술원, 2014).

- 환경부, 『제1차 유해화학물질관리 기본계획』(환경부, 2000).
- 환경부, 『제2차 유해화학물질관리 기본계획』(환경부, 2006).
- 환경부, 『제3차 유해화학물질관리 기본계획』(환경부, 2010a).
- 환경부, 『화학물질 등록 및 평가 등에 관한 법률 설명자료』(환경부, 2011).
- 환경부, 『유해화학물질관리법 해설서』(환경부, 2012).
- 환경부, 『화평법 하위법령 협의체 논의결과』(환경부, 2013a).
- 환경부, 『화평법, 화관법 주요내용 및 계획』(환경부, 2013b).
- 환경부, 『환경30년사』(환경부, 2010b).
- 환경부, 『환경백서 2013』(환경부, 2014).
- 환경운동연합, 『2014년 환경운동연합 정책토론회 자료집: 우리는 화학물질로부터 안전한가』(환경운동연합, 2014).
- 「화학물질의 등록 및 평가 등에 관한 법률」
- 「화학물질의 등록 및 평가 등에 관한 법률 시행령」
- R. Carson, *Silent Spring* (Houghton Mifflin Company, 2002)
- D. Farber, 이유봉 역, "*Five Regulatory Lessons from the REACH Directive*"『서울대학교 법학』(서울대학교 법학연구소, 2008), 제49권 제4호, 108~154면.
- D. Weimer and A. Vining, *Policy Analysis: Concepts and Practice* (Prentice Hall, Inc., 1992).

CHAPTER 04

우리나라 자연환경보전정책의 변화와 과제(1960~2013년)[1)]

문태훈(중앙대 도시계획부동산학과 교수)

I 서론

자연환경은 인간에게 필요한 의식주를 공급해주는 생활의 터전이며 모든 경제활동의 기반을 제공해 주는 생산기반이다. 최근에는 자연환경의 보전가치는 물론 경제적 가치에 대한 관심이 생물다양성협약의 진척과 더불어 급속히 높아지고 있다. 그러나 자연환경보전을 위한 우리나라의 정책은 그간 미미하였다.

1963년 우리나라 최초의 근대식 환경법이라 할 수 있는 공해방지법이 제정되고 1967년에는 보건사회부에 공해계가 설치되었으나 자연환경보전은 관심권 밖이었다. 그러나 환경정책이 아니라 산림정책으로서 자연환경보전에 대한 정부의 대응은 1960년대 상징적인 의미만 가지고 있던 환경정책과는 다른 면을 보여준다. 황폐한 민둥산을 녹화시키기 위한 산림녹화사업이 1960년대부터 추진되어 나무심기 운동이 범국가적으로 추진되었다. 그리고 1971년에는 도시주변의 녹지를 보전하기 위한 개발제한구역제도를 도입한다. 물론 산림녹화사

1) 본 장은 「환경정책」 제23권 제2호(2015)에 게재된 논문 "우리나라 자연환경보전정책의 변화와 과제: 1960~2013"을 일부 수정하고 보완한 것임.

업과 개발제한구역제도의 도입은 환경정책으로 시행된 것이 아니었으나 자연환경보전의 관점에서는 주목할 만한 정책이었다.

이후 우리나라의 자연환경보전정책은 1970년대와 1980년대에 대기, 수질 등 환경오염방지 우선시기를 거치고 1990년대 들어 자연생태계 보호의 중요성이 강조되면서 본궤도에 오르게 된다(환경부, 2010:129). 그리고 2000년대를 전후해서는 점차 생물자원의 경제적 가치에 국제적인 관심이 증대하였고 이에 따른 생물자원관리의 측면으로 자연환경보전정책이 변화하고 있다.

본 장의 목적은 우리나라 자연환경보전정책을 역대 정부별 정책의 변화, 국민의 여론, 시민단체들의 대응, 기업계의 대응의 관점에서 살펴보면서 자연환경보전정책 변화의 흐름과 동인을 파악하고, 자연환경보전정책의 발전방향을 모색하는 것이다. 연구질문은 우리나라 자연환경보전정책은 어떻게 변화해 왔는가? 이러한 변화의 동인은 무엇이었는가? 정책변화에 국민여론, 시민단체, 기업계의 영향은 어느 정도였는가? 변화는 정책유형별 정책특징을 설명한 정책이론의 관점에서는 어떻게 설명될 수 있는가? 우리나라 자연환경보전정책의 발전을 위한 과제는 무엇인가? 등이다.

II 자연환경보전정책에 대한 기존연구

우리나라 자연환경보전정책의 변화에 대한 기존연구는 매우 드물다. 환경문제에서 차지하는 자연환경보전의 중요성에 비교하여 자연환경보전 정책에 대한 연구는 드문 편이며 자연환경보전정책의 변화에 대한 통시적 관점에서의 연구는 더욱 미답의 상태에 머물고 있다.

행정학계와 정책학계에서 자연환경보전정책과 관련된 연구는 자연자산관리를 위한 중앙부처간 기능배분에 관한 연구(최홍석, 1997), 조선시대의 기록과 문헌검토를 통하여 조선시대 자연자원 관리체계를 살펴본 연구(오영석, 2000), 미국 바이오산업과 지역경제에 관한 연구(권오상, 2001), 자연환경보전정책의 이슈와 전망에 관한 연구(이민창, 2003), 우리나라 환경생태현황과 자연환경보전정책의 방향에 관한 연구(김지태, 2009), 산림행정변화에 관한 연구(이종열, 2013)가 있는 정도이다. 환경법학, 환경생태학, 환경영향평가학 등 타학계에서의 자연환경보전 정책에 대한 연구로는 자연환경 조사현황과 개선방향에 관한 연구(이상돈, 2003; 김창회 외, 2013), 자연환경보전대책(고재윤, 1999), 자연환경보전 관련 법체계 개선에 관한 연구(이종영, 2001) 등이 있고, 정책변화와 관련되는 연구로는 시민단체 활동에 따른 환경정책변화에 대한 연구(윤경환, 1999), 일본의 자연환경보전사에 대한 연구(김승환, 1989; 김용현, 2013) 등이 있다.

이 연구가 시도하는 자연환경정책의 변화와 관련이 깊은 연구로는 김광임(1996)의 연구가 있다. 김광임은 해방 이후 우리나라 환경현황의 변화추이를 파악하고, 환경자원의 관리를 위한 노력과 환경문제에 대한 인식을 새롭게 했던 각종 사건들을 분야별로 기록 · 정리하고 있다. 1945년부터 1995년까지 50년을 대상으로 하고 있는데 제1기 정부수립기(1945~1959), 제2기 경제개발기(1960~1979:1960~1970년대), 제3기 환경배려시기(1980~1995: 1980년대 이후)의 자연환경관리부문, 대기환경, 물환경, 폐기물관리 부문 등을 분야별로 통시적인 관점에서 다루고 있다. 이 중 자연환경관리부문은 삼림, 토양, 담수생태계, 육상동물생태계, 해양으로 세분하여 정책변화를 설명하고 있어 이 연구와 가장 관련된 연구로 볼 수 있다. 다만 연구가 1995년까지로 한정되어 있고, 부문별 자연환경 상태의 변화에 초점을 두고 있고 자연환경보전정책변화와 그 동인에 대한 설명은 취약한 한계를 지니고 있다.

이외에 환경부의 환경30년사(환경부, 2010), 환경정책평가연구원의 환경정책평가연구원 20년사(환경정책평가연구원, 2013)가 있는데 우리나라의 환경정책 변화를 백서 형식으로 정리한 간행물이어서 우리나라 자연환경보전정책의 변화를 추적하는 데 사료집으로서 유용한 가치가 있다.

III 자연환경보전정책에 대한 분석의 대상과 관점

이 논문에서 자연환경보전정책 분석대상은 역대 정부별 환경부서의 자연환경보전정책을 중심으로 그 변화를 검토하되 자연자원보전과 관련이 깊은 산림정책을 일정부분 같이 고찰하였다. 정책변화의 동인을 파악하기 위해서는 세계환경논의의 흐름, 대통령의 정책방향과 정부의 정책기조, 국민여론과 시민단체의 대응, 기업계의 대응이 정책변화에 미친 영향을 검토하였다. 그리고 이와 동시에 정책유형별 정책특징의 관점에서 자연환경보전정책의 변화를 분석하였다. 연구의 범위와 방법 그리고 분석의 관점을 상술하면 다음과 같다.

1. 자연환경보전정책의 대상과 범위

자연환경보전정책의 범위는 넓고 환경부를 비롯하여 해양수산부,

농림축산식품부, 문화재청, 국토교통부 등 여러 정부부서에서 관여하고 있다. 우리나라의 환경부의 자연환경보전정책은 첫째, 자연환경 생태계에 대한 조사연구, 둘째, 조사결과를 바탕으로 한 자연환경 우수지역의 보호지역 지정과 관리, 셋째, 야생동식물 보전대책의 마련으로 구성된다. 자연환경보전정책은 넓게 보면 정부의 각 부서에서 담당하고 있는 자연환경 부문이 모두 자연환경보전정책의 대상이고, 토양환경도 환경부의 자연환경보전 업무이다. 그러나 이 연구에서는 〈그림 1〉에서와 같이 환경부가 담당하고 있는 자연환경조사연구, 자연환경우수지역보존관리, 야생동식물보전대책을 연구의 대상으로 하였다. 그리고 역대 정부별로 자연환경조사연구, 자연환경우수지역보전관리, 야생동식물보전대책이 각각 얼마나 이루어졌는지를 중점적으로 검토하였다. 다만 산림관리는 산지가 67%를 차지하는 우리나라에서 자연환경보전에 중요한 비중을 차지하고 있으므로 산림관리 부문을 제한적으로나마 같이 고찰하였다.

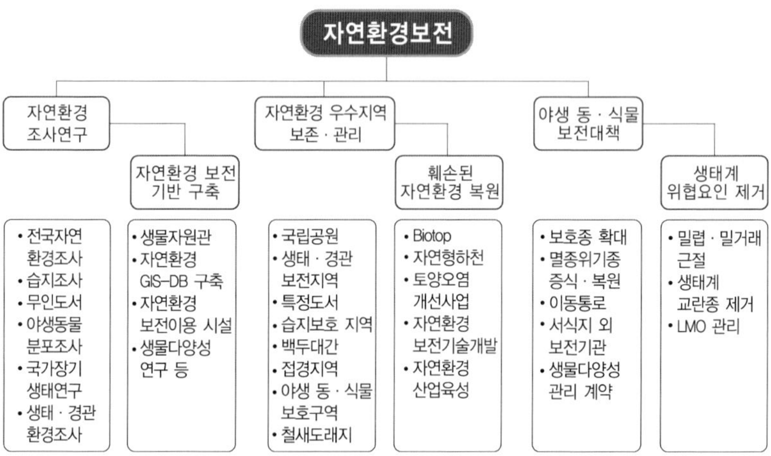

출처 : 환경부, 2010:131.

[그림 1] 환경부의 자연환경보전 관리체계

2. 역대 정부별 자연환경보전정책 변화의 파악

우리나라 환경정책의 변화는 세계환경논의의 흐름, 대통령의 국정철학과 정책기조, 국민여론과 시민단체의 대응, 기업계의 대응 등에 많은 영향을 받는다. 특히 대통령의 국정철학과 정책기조에 크게 영향받는다(문태훈, 1992, 2008). 자연환경보전정책도 이러한 큰 맥락 속에서 같이 변화해 왔을 것으로 추측할 수 있다. 본 연구에서는 우리나라 환경정책의 흐름을 크게 박정희(1963.12~1979.10), 최규하(1979.12~1980.8) 정부의 태동기, 전두환(1980.9~1988.2), 노태우 정부(1988.2~1993.2)의 정비기, 김영삼 정부(1993.2~1998.2)의 발전기, 김대중 정부(1998.2~2003.2), 노무현 정부(2003.2~2008.2)의 지속가능발전 진입기, 이명박 정부(2008.2~2013.2)의 저탄소녹색성장기로 대별하고(문태훈, 2013:673) 시기별 자연환경보전정책의 변화 흐름을 파악하고자 하였다. 그리고 이러한 변화에 국민여론과 시민단체의 대응, 기업계의 대응이 어느 정도의 영향을 미쳤는지 파악하고자 하였다.

3. 국민여론과 시민단체, 기업의 대응과 영향

정책에 국민여론과 시민단체 그리고 기업의 반응이 큰 영향을 미치는 것은 주지의 사실이다. 그러나 같은 자연환경보전정책이더라도 세부정책의 유형이 자연환경조사연구, 자연환경우수지역 보존관리, 야생동식물보전 관련 정책인가에 따라 국민여론과 기업의 대응은 달라질 수 있으며 그에 따라 정책변화에 대한 영향력도 달라질 수 있다. 이 연구에서는 국민여론의 변화와 시민단체의 대응, 그리고 기업측의 대응과 정책변화를 같이 고찰하면서 정책변화에 미친 상대적인 영향을 가늠해 보고자 하였다. 국민여론의 변화는 1982~2013년까지 환경부에서 수행한 '환경보전에 관한 국민의식조사'의 결과를 참고하였고, 시민단체의 대응은 환경시민단체들의 연합체인 환경운동연합의 1994~2013년 사이에 발표된 성명서 중에서 환경현안에 대한 내용을 자연환경보전정책을 포함한 세부 환경정책으로 분류하여 검토하였다. 그리고 기업측의 대응은 정책영향력이 큰 대기업 집단을 중심으로 보기 위하여 〈전경련 50년사〉에서 나오는 1961~2010년까지 전경련의 대정부 정책건의·의견 및 답신 연표를 참조하였다.

4. 정책유형별 특징의 관점에서 본 자연환경보전정책 변화의 검토

자연환경은 경관가치, 보전가치, 자원가치, 생물유전자원가치 등 다양한 가치를 복합적으로 포함하는 자원이다. 시대의 변화에 따라 자연환경의 가치는 다른 관점에서 평가되는데 최근에는 생물자원의 막대한 경제적 가치가 강조됨에 따라 생물자원으로서 자연환경의 가치가 부각되고 있다. 자연환경보전정책은 정책분류의 관점에서(Ripley & Franklin, 1984; Wilson, 1980) 다양한 유형의 자연보전정책으로 분류될 수 있다. 환경부가 수행하고 있는 자연환경보전정책(〈그림 1〉 참조)을 정책유형별로 구분하면 〈표 1〉과 같다.

[표 1] 자연환경보전정책과 정책유형

정책유형 / 정책	규제정책	배분정책	비고
자연환경조사연구		0	자연환경조사, 장기생태연구
자연환경보전기반구축		0	생물자원관, 자연환경GIS DB구축, 연구
자연환경우수지역보존관리	0		국립공원, 보전지역지정, 보호구역지정 기업가적정치상황
자연환경복원		0	Biotop, 자연형 하천, 기술개발, 산업육성
야생동식물보전		0	멸종위기종 복원, 이동통로, 보전기관
생태계위협요인제거	0		밀렵·밀거래 근절, 교란종제거, LMO관리 대중정치상황

자연환경조사연구와 자연환경보전기반의 구축, 자연환경복원, 야생동식물보전 정책은 배분정책의 특징을, 자연환경우수지역보존관리와 생태계위협요인제거 정책은 규제정책의 특징을 가진다. 자연환경조사연구와 자연환경보전기반의 구축을 위한 정책은 R&D와 보전시설의 설치, GIS-DB 구축 등을 위한 정책들이 다수를 점하고 있어 정부가 자원을 특정집단이나 개인에게 나누어주는 배분정책의 특징을 가진다. 이같은 경우에는 비용은 사회전체에 분산되고 이익은 특정 전문가 집단이 가지게 되는 고객정치 상황이 전개되는 특성을 가진다. 재원의 배분에서 시혜자와 수혜자가 발생하게 되어 양자 간에는 긴밀한 관계가 형성되고 조사와 기반시설 구축 관련 전문가의 영향이 정책의 내용과 방향을 좌우할 소지가 크게 된다. 경우에 따라서는 배분의 공정성과 집행의 타당성을 둘러싼 문제가 발생할 가능성도 높다.

한편, 자연환경우수지역의 보존과 관리는 보호구역을 설치하여 행위규제를 하는 경우가 많아 규제정책의 특징을 가진다. 이러한 경우에는 자연보호구역의 설치로 인한 편익은 대중들에게 널리 분산되는 반면, 비용은 재산권 행사를 제약받는 특정 집단이 집중적으로 부담하는 기업가적 정치상황이 전개될 가능성이 크며(Wilson, 1980), 보호적 규제정책의 특징을 가진다(Ripley & Franklin, 1984). 기업가적 정치상황에서는 편익이 광범위하게 대중으로 분산되므로 대중의 지지는 약한 반면 비용을 집중적으로 부담하는 피규제집단은 비용절감을 위해 강하게 저항하게 되므로 정책이 수립되기가 우선 힘들고, 수립된 정책도 강도가 약해질 가능성이 높게 된다. 그리고 보호적규제정책의 특성상 시간이 지남에 따라 외부의 강한 감시가 없으면 규제기관이 피규제자들에게 포획당하여 공익이 아니라 피규제자의 이익을 위한 규제로 전락하기 쉽다.

그러나 생태계위협요인 제거를 위해서는 불법수렵, 밀거래단속, LMO관리 등 불특정다수에 대한 행위규제가 행해지게 되는데 이런 경우에는 비용부담과 편익의 발생이 사회 전체적으로 널리 분산되기 때문에 이런 정책에 대해서는 강한 지지도, 강한 반대도 없는 대중정치상황이 전개될 가능성이 높아지게 된다. 강력한 리더십이나 전문가들의 강한 주장들이 없으면 수립되고 집행되기가 힘든 정책이 될 소지가 높아지는 것이다(Wilson, 1980; 문태훈, 1997:25~39). 다만 유전자변형생물체에 대한 규제는 외국의 다국적기업이나 기업체들의 저항에 직면할 가능성이 높아 정책의 형성이나 집행이 쉽지 않은 특징을 가진다.

이 연구에서는 우리나라 자연환경보전 세부 정책들이 이러한 정책유형별 특성에 따른 변화를 보이는지를 같이 검토한다.

IV 우리나라 환경정책과 자연환경보전정책 변화 개관

1. 우리나라 환경정책변화 개관

우리나라 역대 정부에서 환경문제가 핵심 정책의제로 부상한 적은 없었다. 환경문제는 경제성장에서 발생하는 파생적인 문제로 항상 후순위의 정책의제로 접근되어 왔다. 그러나 시대별로 환경정책의 변화를 보면 환경정책의 중요성과 정책범위가 점차 확대되어 왔음을 알 수 있다.

박정희 정부의 환경문제는 급속한 산업화로 인한 대기, 수질 오염으로 발생하는 공해병과 농축수산물의 수확감소가 가장 큰 문제였다. 이런 문제들은 매우 국지적인 문제들로 이해되고 접근되었다. 환경정책의 법적기반이 점진적으로 확충되고 환경정책의 수단들이 다양하고 정교하게 발전되어 나갔으나 환경문제에 대한 국지적인 관점에서의 접근은 전두환, 노태우 정부에서도 크게 변하지 않았다. 국내의 지역적 환경문제 중심의 환경정책은 세계화를 표방한 김영삼 정부에 들어서면서 새로운 변화를 겪는다. 야생동식물국제거래에 관한 협약(1993.7), 폐기물 해양투기 금지 런던협약(1993.12), 기후변화협약(1993.12), 바젤협약(1994.2), 생물다양성협약(1994.10), 환경보호에 관한 남극조약 의정서 비준(1996.1), 습지보호를 위한 람사르협약(1997.4) 등 환경관련 국제협약에 다양하게 가입하면서 정책 범위가 세계 환경이슈와 동조화되는 경향을 보이면서 넓어지기 시작한 것이다. 김대중 정부 시대 우리나라 환경정책은 대통령 직속의 지속가능발전위원회가 2000년 9월에 출범하면서 중요한 변화를 보인다. 환경보전이 경제성장의 후순위가 아니라 적어도 수사학적으론 경제성장,

사회발전과 동등한 중요도를 가지고 동시에 달성해야 할 정책과제로 범위가 넓어지고 위상이 격상된 것이다. 지속가능발전위원회의 기능은 노무현 정부 시대에 들어와서 제도적으로 확충된다. 지속가능발전위원회의 기능에 사회갈등조정기능이 추가되었고 지속가능발전기본법이 제정되었다(2007.8). 이로서 국가지속가능발전위원회는 법률상 위원회로 격상되었으며 그 활동에 대한 법적기반을 가지게 되었다. 노무현 정부의 핵심 국정과제였던 국가균형발전과 지방분권은 형평성과 참여를 기본가치로 하는 지속가능발전과 맥락을 같이하는 정책들이었다.

지속가능발전에 대한 정부차원의 관심과 정책은 이명박 정부에서 저탄소녹색성장으로 새로운 변화를 겪게 된다. 이명박 정부의 녹색성장은 환경과 경제가 상생하는 새로운 국가발전의 패러다임으로 제시되었고 이의 추진을 위하여 저탄소녹색성장기본법이 제정되었다(2010.1.13). 동법의 제정으로 기존의 지속가능발전기본법과 지속가능발전위원회는 무력화되었다. 지속가능발전기본법이 지속가능발전법으로 개정되면서 사문화되었고, 주요 내용은 저탄소녹색성장기본법으로 흡수되고 국가지속가능발전위원회는 환경부 소속으로 격하되고 녹색성장위원회가 실질적으로 지속가능발전위원회의 기능을 대체하였다. 이런 흐름은 환경정책의 대상범위가 국지적인 오염문제에서 국제적인 환경이슈로, 그리고 환경·경제·사회를 포괄하는 지속가능발전을 지향하다가 환경과 경제의 상생, 그러나 경제성장에 초점이 주어진 녹색성장으로 환경정책의 내용적 범위가 축소되는 변화를 보인 것으로 정리할 수 있다(문태훈, 2013:679~680).

2. 우리나라 자연환경정책변화 개관

자연환경보전정책 분야에서는 온산공해병(1985), 수돗물파동(1989~1990), 두산페놀오염사태(1991), 낙동강 수질오염(1994) 등과 같이 국민여론을 획기적으로 전환시키거나 행정부의 책임이 심각하게 거론된 사건이 드물었다. 자연환경보전과 관련한 환경사건은 주로 골프장건설로 인한 생태계훼손문제(1989, 1990), 발전소건설을 둘러싼 생태계파괴문제(지리산 산청 양수발전소건설, 1993), 국립공원 지역 내 개발사업으로 인한 자연생태계파괴문제(덕유산 향적봉 국제스키장 건설문제, 1998) 등이었다. 자연환경과 관련하여 큰 관심을 불러일으킨 환경사고로는 유조선 기름누출사고(시프린스호 남해 기름유출사고, 1995)로 인한 해양오염문제, 러시아의 핵폐기물 동해투기로 인한 해양생태계의 방사능오염문제(1993), 태안반도 삼성중공업 예인선 크레인과 허베이스피리트호 충돌로 인한 대규모 기름유출사고(2007.12) 등이었다. 그러나 태안반도 기름유출사고 같은 큰 환경사고들은 범국민적인 자원봉사로 이어지는 큰 관심이 있었으나 이 사고에 대한 후속처리과정은 미흡하였고, 지속적인 국민관심의 대상이 되지 않았다. 다른 자연환경관련 사고 대부분은 일회성 사고로 처리되었다. 이런 연유인지 자연환경보전정책이 이러한 사고들을 계기로 획기적인 전환을 한 예는 찾아보기 힘들다. 그럼에도 불구하고 대기, 수질분야 환경규제정책의 진전이 매우 느리게 진행되었던 것과는 달리 자연환경에 대한 정부의 대응은 산림녹화 사업, 자연환경보전선언 등으로 비교적 일찍부터 발전하기 시작하였다. 특히 환경정책으로 시행된 것은 아니었으나 산림녹화 등 일정부분에 있어서는 괄목할 만한 성과를 보이기도 하였다.

〈표 2〉는 2013년 현재 환경부 소관 자연환경보전 관련 법률을 나타내고 있다. 1980년대에 자연공원법(1980)이 제정되어 국립, 도립, 군립공원의 지정과 공원계획과 공원사업의 시행이 법제화되었고 1990년대에는 자연환경보전법(1991), 독도 등 도서지역의 생태계보전에 관한 특별법(1997), 습지보전법(1999) 등이 법제화되었다. 자연환경보전법이 자연환경보전의 원칙, 방침, 계획의 수립을 정하고 생태계보전지역의 지정과 관리, 그리고 자연환경의 조사에 대하여 규정하고 있었으니 자연환경보전정책은 1990년대에 들어서서 비로소 체계화되기 시작한 것을 알 수 있다. 동법에서는 매 10년마다 실시하는 전국자연환경조사, 자연환경보전기본계획수립, 자연생태계 보전지역의 지정 관리, 특정야생동식물 지정, 자연생태계보전지역 지정 등의 내용을 포함하고 있었다. 2000년대 초에는 백두대간보호에 관한 법률(2003), 야생생물보호 및 관리에 관한 법률(2004), 문화유산과 자연환경자산에 관한 국민신탁법(2006)이 제정되었고, 2010년대에는 환경영향평가법(2011), 생물다양성보전 및 이용에 관한 법률(2012), 국립생태원의 설립 및 운영에 관한 법률(2012) 등이 제정되었는데 최근으로 올수록 생물자원의 보전, 관리, 이용에 대한 자연환경보전정책이 강화되고 있다.

[표 2] 환경부 소관 자연환경 관련 법률

법명	제정	주요내용
자연공원법	1980.01	국립, 도립, 군립공원의 지정 공원계획수립 및 공원사업시행
자연환경보전법	1991.12	자연환경보전원칙, 방침, 계획수립 생태계보전지역의 지정 관리 자연환경의 조사 생태자연도 작성
독도 등 도서지역의 생태계보전에 관한 특별법	1997.12	생태계우수 무인도서의 조사 특정도서 지정 및 보전계획수립 시행
습지보전법	1999.02	습지, 갯벌조사 및 습지보전계획 수립 습지보호지역의 지정 관리
백두대간보호에 관한 법률	2003.12	백두내간보호 기본계획 수립 시행 백두대간 보전지역 지정 및 훼손지 복원
야생동물 보호 및 관리에 관한 법률	2004.02	야생동물 및 멸종위기 야생생물 보호 생물자원 보전 및 수렵관리
문화유산과 자연환경자산에 관한 국민신탁법	2006.03	문화유산, 자연환경, 국민신탁법인 설립 문화유산 및 자연환경자산 목록작성 등
환경영향평가법	2011.07	환경영향평가서의 작성 협의 환경영향평가 대행자 등록, 협의내용 관리 등
생물다양성 보전 및 이용에 관한 법률	2012.02	생물다양성 및 생물자원보전 외래생물 및 생태계교란 생물관리 등
국립생태원의 설립 및 운영에 관한 법률	2013.06	국립생태원의 역할 및 운영 생태와 생태계에 관한 조사, 연구, 전시, 교육

출처 : 환경백서 2013. p.225.

V 정부별 자연환경정책의 변화

자연환경보전정책의 변화는 국제환경과 국가정책의 변화, 환경정책 변화의 흐름에 직접적인 영향을 받는다. 그리고 대통령, 환경부장관, 다른 부서와의 관계, 국민여론과 시민단체, 기업의 대응에 따라 영향을 받는다. 역대정부별 자연보전정책 변화의 흐름은 크게 태동기(박정희 정부), 준비기(전두환 · 노태우 정부), 발전기 및 국제적 동조기(김영삼 정부), 생태계보존과 국토이용 조화기(김대중 · 노무현 정부), 생물자원이용촉진기(이명박 정부)로 대별된다. 상술하면 다음과 같다.

1. 박정희 정부의 자연환경보전(1963.12~1979.10) – 태동기[2)]

1960년대 우리나라 자연환경보전은 산림녹화정책에서 시작하였다. 1960년대의 산림관리는 자연환경보전 측면이 아니라 연료림 조성, 화전민 정리, 홍수피해를 막기 위한 치산치수의 개념으로 산림을 관리하는 것이었다. 특히 임목의 도벌과 남벌을 막기 위해 토탄을 이용하여 연료문제를 해결하려 하였으나(1953~1965) 큰 성과가 없었고, 1961년에는 산림법이 제정되었으나 농촌연료를 해결하지 않으면 산림관리가 안된다는 인식이 강하였다. 이에 따라 연료림 단기조성계획(1966~1967)이 세워지고 1967년에 약 14억 그루 이상의 연료림 수

2) 최규하 정부(1979.12~1980.8) 포함

종을 식재하였는데 이는 우리나라 조림사상 최고의 물량으로 기록된다(김광임, 1996:93~94). 이후에도 박정희 정부는 치산녹화사업을 강력하게 추진하는데 제1차 치산녹화10년계획(1973~1982), 2차 치산녹화10개년계획(1979~1988)이 이 시기에 수립되어 추진된다.

특히 1970년대 초 박정희 대통령 시대에 추진된 강력한 산림녹화사업은 이후 30여 년간 100억 그루 이상의 나무를 심는 성과를 거두어 민둥산이 없어지고 현재 우리나라의 임목축적량은 62,440만m^3, ha당 82m^3에 이르고 있다. UN은 한국을 이스라엘과 더불어 20세기의 대표적인 산림녹화사업 성공국가로 꼽고 있다(환경부, 2010:129). 우리나라 산림녹화의 성과에 대하여 서울대학교 수목원장 박필선 교수는 다음과 같이 말한다.

1970~1980년대 14년 간에 걸쳐서 100억 그루 이상의 나무를 심었다. 1960년대 우리나라 산에서 자랐던 나무들의 입방면적은 6~8m^3/ha였던 것이 이제는 152.62m^3/ha가 되었다. 여기에는 박정희 대통령의 역할이 컸다. 그때 전개된 산림녹화의 성공이 경제발전의 토대가 되었다고 본다. 치수관리가 이루어져 농업피해를 막았다. 또 중공업 시설에는 용수확보가 관건인데 이를 해결해 준 것이다(조선일보, 2014.3.31).

상징적으로만 존재했던 공해계의 신설과는 달리 연료림 식재는 1967년 한해에만 14억 그루의 대규모 사업으로 집행되었다. 또 이 시기에 1967년 지리산 국립공원 지정, 1978년 자연보호헌장의 선포는 주목할만하다.

1) 국립공원의 지정(1967)과 자연보호헌장의 선포(1978)

1967년에는 우리나라에서 최초로 지리산국립공원을 지정함으로써 국립공원시대를 열어 자연보전정책의 단초가 만들어졌고 1977년에는 민간단체로서 자연보호중앙협의회가 결성되어(10.28) 자연의 훼손과 오염을 방지하기 위한 범국민적인 자연보호운동을 시작하였다. 전국 224개의 시도군구 자연보호위원회가 발족되고 각급 자연보호위원회가 구성되어 활동을 시작하였으며(환경백서, 1992:246), 1978년에는 자연보호 헌장을 선포하는 등 국민운동 차원에서 자연보전정책을 보완하고자 하였다. 1980년 1월에는 환경청이 출범하고 자연공원법이 제정되는데 우리나라 자연환경보전정책의 기반이 박정희 정부에서 태동되었음을 알 수 있다.

2) 자연환경의 조사연구, 자연환경우수지역의 보존과 관리

1950~1960년대까지의 육상동물 생태계 관리는 학계의 조사연구를 중심으로 이루어졌으며 정부의 관리정책은 미미하였다. 따라서 1970년 이전은 비무장지대에서의 조류에 대한 조사 등 학술사가 중심이 된다. 야생동식물의 보호관리로 1960년 초 낙동강 하류 지역을 철새도래 시에는 수렵금지구역으로 지정한 바 있고, 1962년 문화재보호법 제정 공포에 따라 천연기념물이 지정되었고, 우리나라 특유의 동물 및 서식지 등을 지정하여 보호하기 시작하였다(김광임, 1996:152~156).

3) 제1차 치산녹화10년계획(1973~1982)과 연료림의 조성

1973년 산림청이 농림부에서 내무부로 이관되고 제1차 치산녹화계획이 수립되었다. 이때 범정부적인 녹화임정체계를 구축하고 새마을

운동과 연계한 집중적인 녹화사업이 추진되었다. 도에는 산림국, 군에는 산림과를 신설하고 치산녹화를 위하여 모든 주민조직, 지방행정조직, 경찰조직, 산림요원과 임계교를 산지개발에 투입하였다. 그 결과 제1차 10개년 계획은 4년을 단축시켜 1978년에 종료되었는데 100만ha 계획 조림면적 대비 108만ha를 성취시킴으로써 108%의 진행을 보였다. 이 시기의 산림녹화는 국제식량농업기구(FAO)에서도 성공적인 것으로 평가하였는데 동민들의 전통적인 단결력이 주요한 성공요인으로 지목되었다. 또, 당시 폭우로 인한 인명피해와 재산피해를 극복하기 위하여 자생적 또는 정부주도에 의하여 조직되고 운영된 산림계가 여러 가지 측면으로 녹화에 기여해온 것으로 평가받고 있다(김광임, 1996:96~109).

2. 전두환(1980.9~1988.2) · 노태우 정부(1988.2~1993.2)의 자연환경정책 – 준비기

이 시기 자연환경보전정책은 1980년 환경청이 발족되면서 중요한 변화를 겪는다. 헌법에 환경권 조항이 최초로 명시되고(1980) 전국 자연환경조사가 처음으로 시행되기 시작하였고(1986) 환경보전장기종합계획(1988)도 수립되었다. 환경처(1990)가 환경부로 승격되고(1994) 자연환경보전법이 제정(1991)되면서 자연환경보전정책의 기틀이 이 시기에 만들어지기 시작하였다.

1) 전국자연환경조사의 시행(1986~1990)

1980년대 환경청이 발족한 후 자연환경보전 부문에서의 첫사업은 우리나라 자연생태계의 실태를 조사하여 보존방안을 검토하는 것과 자연환경보전행정에서 구속력있는 제도적 장치가 미흡한 점을 보완하는 수단으로 자연보호운동을 추진하는 일이었다. 환경보전법(1977)에 따라 1차 전국자연환경조사(1986~1990)가 처음으로 수행되었다. 조사에서 주요 자연생태계와 야생동식물 분포를 확인하여 1987년부터 보호할 필요성이 높은 지역을 자연생태계보호지역으로 지정하는 한편 멸종 우려가 큰 생물종을 보호종으로 지정하여 관리하기 시작하였다. 그리고 동 조사가 1990년 만료됨에 따라 1991년부터는 자연환경보전기본계획을 수립하여 시행하게 된다. 그러나 1980년대의 환경정책은 대기, 수질 등 환경오염방지에 우선순위를 두고 있었고 자연생태계 보호는 우선순위의 환경정책은 아니었다. 자연환경보전에 관한 법제가 미비하여 법적 뒷받침이 따르는 집행력이 취약하였다.

2) 자연환경의 관리 : 자연환경보전법의 제정과 시행

1990년대에 들어서면서 자연생태계 보호의 중요성이 강조되기 시작하면서 자연환경보전법(1991)이 제정되었다. 자연환경보전업무는 자연환경보전법을 시행함에(1992.9) 따라 기본적으로 체계를 갖추게 되었다. 자연환경보전법은 자연환경보전 기본방침을 수립하고 이를 바탕으로 자연환경보전계획을 수립하도록 되어있다. 자연환경을 효과적으로 보호, 관리하기 위하여 보호구역을 지정하였는데 자연생태계의 자연경관, 수자원, 문화재의 보전을 위하여 자연환경보전지역을 지정하며, 자연상태가 원시성을 가지거나 자연자원이 풍부하여 보호 및 연구의 가치가 큰 지역은 자연생태계보전지역으로 지정하도록 하였다. 자연환경보전법에 따라 자연생태계보전지역은 보호대상지역의 특성에 따라 녹지보전지역, 자연생태계보호지역, 특정야생동식물 보호지역 및 해양생태계보호지역으로 세분되었다. 환경부는 2005년까지 자연생태계보전지역을 전 국토의 5%로 확대할 계획이었다(김광임, 1996:198). 유적, 명승지, 천연기념물 등의 보존 관리를 위해서는 문화재보호구역, 자연경관의 보전 관리를 위해서는 자연공원을 지정관리하였다(환경백서, 1992:241~242).

3) 야생동식물의 보호

야생동식물의 보호관리는 개별법에 따라 천연기념물은 문화재관리국, 조수보호 및 수렵에 관해서는 산림청, 수산생물보호는 수산청 및 시도에서, 파충류, 양서류, 곤충류, 식물류 등에 관해서는 환경처에서 보호 · 관리하고 있었다. 야생동식물의 보호사업으로는 멸종위기에 있거나 감소추세에 있는 야생동식물 179종을 특정야생동식물로 지정하고 불법포획과 채취로부터 보호하였다. 자연휴식년제(1990.1)를 도입하고 있었으나 야생동식물들에 대한 서식지 중심의 보호정책은 이루어지지 않고 있었다(환경백서, 1992:245).

4) 산지자원화계획(1988~1997)

이 시기의 산림녹화사업은 수목의 식재에서 산지자원화계획으로 발전된다. 산지자원화계획으로 제3차산림기본계획이 수립되었는데 계획의 주요사항으로는 임업진흥촉진지역[3]의 설정, 준보전임지 개발조사, 경제림 조성, 임도시설 연간 1000km씩 총 1만km 조성, 사

3) 지역 사유림 약 200만ha를 임업진흥촉진지역으로 지정하고 산촌사회의 발전과 산주 소득에 기여한다는 것으로 전 지역을 3000ha정도의 진흥단지로 구분하여 정부가 집중 지원하여 산지자원화의 기지를 조성한다는 계획이었다.

유림 협업경영 활성화 도모 등이었다. 이후 산지자원화계획은 신경제 임업발전5개년계획(1993)으로 변경되었다. 계획의 골자는 산지이용 체계정비로 보전과 개발의 조화, 경영구조 개선, 살기좋고 아름다운 국토환경 조성 등이었다(김광임, 1996:110~111). 산림녹화 사업의 성격이 이제 신경제를 위한 임업발전계획으로 변화되어 간 것으로 볼 수 있다.

성공적인 산림녹화사업에도 불구하고 생활수준의 증가와 함께 산림지는 관광지 및 위락지의 개발, 산업용지, 광산, 도로 등으로 전용되고 있었다. 따라서 사방사업과 치산녹화사업에도 불구하고 산림면적은 1967년부터 1990년까지 매년 8000ha씩 감소되었다(산림청, 1991; 김광임, 1996:171에서 재인용).

3. 김영삼 정부(1993.2~1998.2) - 발전기 및 국제적 동조기

김영삼 정부의 국정기조는 세계화였으며 자연환경보전정책의 주요 흐름도 세계화였다. 이 시기에 가입한 자연환경관련 국제협약을 보면 철새보호협정 체결(1994.6 러시아), 생물다양성협약 가입(1994.10), 철새보호협정 체결(1996.12 호주) 등이 있고, 인제군 대암산 용늪 람사르습지 등록(1997.3), 우포늪 람사르습지 등록(1998.1) 등과 같은 국제활동이 이전 정부에 비교하여 현저히 증가하였다. 김영삼 정부의 세계화는 자연환경보전정책에도 직접적인 영향을 미치게 되었고 세계 환경이슈의 흐름과 우리나라의 자연환경보전정책이 강하게 동조화되는 현상을 보이기 시작하였다.

1) 자연보전국의 신설(1993)

우리나라 자연환경보전정책은 자연보전국이 1993년 신설되면서 본궤도에 오르게 된다. 자연환경업무는 1980년 환경청 계획조정국 자연생태과에서 수행되다가 1990년 환경처 조정평가실 자연생태과로 이관되었다. 1993년 환경처 자연보전국이 신설되면서 자연정책과와 자연생태과로 분리되었고, 1995년 5월 산림청으로부터 야생조수 업무를 이관받았다. 1998년에는 환경부 자연보전국 내에 자연공원과가 신설되어 내무부 자연공원과, 국립공원관리공단의 업무를 이관받아 자연보전국에 자연정책과, 자연생태과, 자연공원과 3개과가 설치되었다(이민창, 2004:226). 자연환경보전정책을 위한 행정적인 기반이 마련된 셈이었다.

2) 제1차 자연환경보전기본계획의 수립(1994~2003)

자연환경보전기본계획은 자연환경보전법(1992)에 의하여 매10년마다 수립되는 계획으로 1994년 처음으로 마련되었다. 동 계획은 자연환경보전의 기본방향을 보전과 개발의 조화, 자연생태계의 다양성과 균형유지로 잡고 있으며 주요내용은 건강한 자연환경을 확보하고, 여러 부처에서 분산 관리하고 있는 자연환경보전업무를 능률적으로 수행하기 위하여 자연환경보전업무 추진협의체 구축[4], 계획기간 중(1994~2003) 생태계우수지역과 녹지자연도 8등급 이상인 지역에 대한 정밀조사, 전 국토의 5%를 자연생태계보전지역 지정과 체계적 관리 등을 포함하고 있었다. 또, 1993년 7월에 가입한 멸종위기에 처한

4) 내무부, 농림수산부, 건설교통부, 보건복지부, 문화체육부, 산림청, 농촌진흥청, 환경부 국장급 공무원으로 구성(1994.8.10).

야생동식물종의 국제거래에 관한 협약과 1994년 10월에 가입한 생물다양성협약에 따라 보호대상 야생동식물의 지정 확대, 녹지보전지역의 지정관리, 생물자원보전과 이용을 위한 조사연구와 생물자원목록 작성, 민간단체 자연환경보전활동에 대한 법적·제도적 지원 등을 포함하고 있었다. 시도지사는 동 계획의 추진을 위하여 각 지역의 특성에 맞는 지역 자연환경보전계획을 수립 시행케 하였고 자연환경개선지역을 지정하여 개선조치를 취할 수 있도록 하였다(환경백서, 1995: 270~271).

3) 환경영향평가법의 제정(1993)

1993년에는 환경영향평가법이 제정되어 환경청 시대부터 시행되어왔던 환경영향평가제도가 생태계 파괴와 국토훼손을 방지하는 중요한 정책수단으로 등장하게 된다. 환경영향평가제도는 환경보전법 제54조의 사전협의라는 제목하에 환경보전에 영향을 미치는 사업의 계획을 수립하고자 하는 행정기관의 장이 보건사회부장관과 미리 협의하도록 하는 규정을 둔 것이 시초였다. 1979년에는 환경보전법 제5조의 규정을 환경영향평가 및 협의로 하면서 평가대상사업과 절차를 더 구체화하고 협의기관도 보건사회부장관에서 환경청장으로 하면서 환경영향평가제도의 틀을 갖추고 1979년 12월부터 시행되었다. 1993년 제정된 환경영향평가법 체제에서는 설명회 또는 공청회를 의무적으로 개최토록 하였고 평가서 협의요청 및 사후관리를 사업승인기관이 담당하도록 하였다.

4) 환경보전장기종합계획(1996~2005) 환경비전21의 수립(1995.10)

환경비전21은 21세기 대비 환경정책의 방향을 제시하고 미래 환경의 청사진을 담은 환경보전장기종합계획(1996~2005)으로 1995년 10월에 수립되었다. 동 계획은 사전예방, 개발과 보전의 조화, 원인자 및 수익자 부담, 경제적 유인책의 활용, 정보공개와 국민참여로 투명성과 신뢰성의 확보 등 5가지 원칙 아래 작성하였다(환경백서, 1996:70). 환경비전21은 환경을 생활환경, 자연환경, 지구환경 부문으로 구분하고 생활환경의 개선은 수질, 공기, 폐기물, 녹지공간, 화학물질의 관리를, 자연환경은 자연환경의 보전, 생물종의 보전, 토양환경보전, 연안역환경의 보전을, 지구환경보전은 지구환경보전사업의 추진, 동북아환경협력, 한반도 환경공동체형성을 목표로 하고 있었다. 자연환경은 국민이 자연생태계의 일부분으로 다른 생물과 더불어 조화롭게 살 수 있는 쾌적한 환경공동체를 형성하는 것을 추진목표로 하고 있으며 이를 위하여 순환형 생태계 회복, 야생동식물 보호, 해양생태계보전 강화를 계획하였다(환경부, 1995:74~81).

5) 생물다양성국가전략(1997)

생물다양성국제협약에 가입함에 따라 정부, 전문가, 민간단체를 중심으로 생물다양성국가전략을 마련하게 되는데(1997.12.9) 주요 내용은 생물다양성보전전략, 생물다양성 이용전략, 생물다양성 관리능력 강화전략으로 구성되어 있다. 생물다양성협약의 관련규정을 자연환경보전법에 추가 또는 개정하는 법과 제도를 정비하였고, 생물다양성 조사연구를 강화하고 1997년부터 제2차 전국자연환경조사를 시행하고, 현지 내·외의 보전조치를 강화하였다(환경백서, 1998:240).

6) 산지이용체계의 개편(1995)

1954년 8.2m^3/ha에 불과하던 임목축적량은 1994년에는 45.8m^3/ha로 비약적으로 증가하였다. 이에 산림청은 산지이용체계를 보전임지와 준보전임지의 구분하여 관리하던 것을 1995년에 공익임지, 생산임지, 산업임지로 3대 이용권역으로 재편성하였다. 생산임지는 경제임업으로 2000년대 목재자급을 위한 임업생산지역, 공익임지는 자연생활환경보호를 위한 산지보존지역, 산업임지는 타용도 개발수요 충족을 위한 산림개발지역으로 구분하여 관리하였다. 생산임지는 절대보전원칙을, 공익임지는 상대보전원칙, 산업임지는 개발허용원칙으로 관리하였다(김광임, 1996:113, 118).

4. 김대중 정부(1998.2~2003.2), 노무현 정부(2003.2~2008.2) - 생태계보존과 국토이용 조화기

김대중 정부 시대 우리나라 환경정책은 대통령 직속의 지속가능발전위원회가 2000년 9월에 출범하고 노무현 정부에서 지속가능발전기본법이 제정되면서(2007.8) 중요한 변화를 보인다. 환경보전이 경제성장의 후순위가 아니라 적어도 수사학적으론 경제성장, 사회발전과 동등한 중요도를 가지고 동시에 달성해야 하는 정책과제로 범위가 넓어지고 위상이 격상된 것이다.

그러나 지속가능발전에 대한 관심과 제도의 마련은 수사학에 그치는 경우가 많았고 자연환경보전을 위한 정책여건은 우호적이지 못하였다. 1990년대 이후 산림 녹지 및 갯벌의 감소, 자연생태계의 단절과 자연경관의 파괴 등 자연환경훼손문제가 급속히 확산되어 나갔다.

특히 1990년대 초에 준농림지역제도[5]가 도입된 이후 경관이 수려한 산지, 해변, 강변 등을 중심으로 무분별한 음식, 숙박, 위락시설 및 무계획적인 아파트 공급개발로 1990년대 후반에 들어서는 전국의 난개발과 자연환경훼손문제가 주요한 정책 현안과제로 대두된다(환경백서, 2004:273).

예를 들면 자연환경, 경관 및 한강수질보전을 위해 지정된 팔당상수원특별대책지역은 1992~2001년간 아파트가 340%, 숙박업소 210%, 음식점이 260% 증가하였다. 그리고 생물다양성이 감소하고 자연생태계의 훼손도 심화되었다. 1993년부터 2002년 사이 10년간 도시화와 산업화로 산림과 농경지는 급속히 감소하였다. 도시적 용지는 여의도 면적의 420배가 늘어난 반면 산림은 230배, 농경지는 330배가 각각 감소하였다. 생물서식공간이 빠른 속도로 감소해온 것이다(환경백서, 2004:274). 이 시기 자연환경보전정책의 주요 흐름을 보면 자연생태계조사연구, 야생동식물보호, 생태계보전관련 정책들이 대종을 이룬다.

1) 도서 및 갯벌 생태계조사

섬 지역 생태계조사가 진행되어 갯벌(1999~2003)과 무인도 자연환경조사(1998~2002)등 특수지역의 생태계정밀조사도 이루어져 생태적 가치가 풍부한 섬들을 특정도서로 지정하여 보호하기 시작하였으며 철새도래지와 습지를 보호하기 위한 습지지정관리 업무가 시행되었다.

---

5) 준농림지역 개편에 따른 문제점은 문태훈(2006.7.) 참조.

2) 자연환경기본방침의 수립(1999)

자연환경보전법은 자연환경기본방침을 수립토록 하고 있는데 이 기본방침은 동법에 명시된 생물다양성보전, 우수생태계와 수려한 자연경관의 보전, 국토및자연자원의 지속가능한 이용을 실현하기 위한 것으로 1999년 5월에 수립되었다. 주요내용은 국토의 생태적건전성 향상을 위한 정부의 전반적인 정책, 제도, 계획 등의 종합적이고 체계적인 수립과 시행, 생태적으로 보전가치가 높은 지역의 우선적인 보호, 멸종위기 동식물종의 서식지확보, 지역특성에 맞는 생태계보전방안의 강구, 국토의 환경용량을 감안한 친자연적인 개발사업 등의 내용을 보함하고 있다.[6]

3) 자연과 사람이 어우러지는 생명공동체의 구현

2000년대에는 자연환경정책의 패러다임을 자연과 사람이 어우러지는 생명공동체를 구현하는 것을 목표로 하고 한반도 생태네트워크 구축, 환경과 개발이 조화를 이루는 국토관리체계의 구축, 생물다양성보전, 자연환경관리기반 구축을 중심으로 전개되었다. 이에 따라 한반도의 장기생태연구사업(2003)과 제3차 자연환경조사(2006~2013)가 수행되었고, 제2차 자연환경보전기본계획(2006~2015)를 수립하여 자연생태계의 보존과 국토이용의 조화를 달성하기 위한 장기적인 계획을 마련하였다. 그리고 한반도 3대 핵심 생태축 – 백두대간자연생태축, 도시연안자연생태축, 비무장지대자연생태축 – 을 중심으로

---

6) 이외에 자연자원의 지속가능한 이용대책 강구, 유전자변형생물체 외래동식물종에 대한 환경안전관리, 자연환경교육과 민간참여 확대, 자연환경보전을 위한 국제협력 증진, 남북한간 협력 추진, 자연환경보전 관리체계 효율화, 자연환경훼손원인자 및 수익자부담원칙의 적용 등의 원칙을 포함하고 있다(환경백서, 1999:258~259).

자연생태계를 보호한다는 개념으로 백두대간보호 기본계획(2005), 비무장지대 생태계보호를 위한 기본계획을 마련하였다. 자연환경과 생태계 전국적 실태조사결과는 GIS-DB로 구축되어 2005년부터 국토의 건전성평가와 자연환경보전정책의 수립에 활용하고 있다. 그리고 2007년에는 국립생물자원관을 개관하여 생물자원의 보존과 이용 관리업무를 발전시켰다(환경부, 2010:130).

5. 이명박 정부(2008.2~2013.2) - 생물자원이용 촉진기

이명박 정부는 실용정부였다. 임기 중의 주된 정책기조는 저탄소 녹색성장이었으며 저탄소 녹색성장의 핵심사업으로 4대강사업을 추진하였다. 이 시기의 자연환경보전정책은 생태관광활성화와 생물다양성전략, 생물자원보전과 이용에 관련되는 정책들이 주를 이루고 있었다. 생태관광활성화는 녹색성장정책과 더불어 활성화된 면이 크고 생물자원의 보전과 이용에 관련된 정책들은 나고야의정서에 따라 생물자원에 대한 접근과 이익공유에 대한 국제적 규제가 강화될 것에 대비하는 의미가 크다. 자연환경보전정책에 대한 국제동향의 영향이라 할 수 있다.

이명박 정부의 녹색성장 정책은 지속가능발전과는 상당한 거리가 있었으나 자연환경보전정책의 기본틀은 이전 정부와 다르지 않았다. 자연환경보전 정책이 노무현 정부에서와 대동소이하게 자연환경보호지역의 지정과 관리, 자연생태계 유지 및 생물다양성 보전, 그리고 이를 위한 자연환경조사 및 자연환경보전기반의 구축으로 구분되어 시행되고 있다. 그러나 생물자원의 이용과 생태관광 관련 정책은 이전 시기에 비교하여 강화되고 있었다.

2010년에 한반도 생태축 구축방안이 정부합동으로 수립되어 산－강－바다로 이어지는 한반도 생태네트워크를 구축하기 위한 대책이 추진되었다. 비무장지대의 생태계 조사도 이 시기에 활발히 진행되었는데 2008년 서부, 2009년에 중부지역에 대한 조사가 활발히 추진되다가 천안함사건 이후 2010년 예정이던 동부지역은 조사가 중단되었다. 그러나 2012년부터는 민통선 이북지역의 생태조사를 추진하고 있다(환경백서, 2013:231). 2011년에는 제2차국립공원훼손탐방로관리 종합계획을 수립하여 훼손지에 대한 복구를 실시중이다(환경백서, 2013:249).

이명박 정부기가 이전 정부의 자연환경보전 정책과 가장 큰 차별성을 보이는 것이 생물자원 확보·이용과 생물다양성보전 관련 정책인데 앞에서 언급한 것과 같이 생물자원보전과 이용에 관련된 다양한 법률과 계획이 활발하게 제정되고 수립되었다. 그러나 생물자원보전 및 이용과 관련된 소관부서 간의 협력과 조정의 어려움은 생물자원보전과 이용의 활성화를 저해하는 주요 요인으로 지적되고 있다. 예를 들면 우리나라 생물자원 유전자원의 보존과 관리는 정부부서 7개 부서에 산재해 있고, 생물자원기술개발과 산업촉진은 11개 정부부서에 산재되어 있다. 부서들 간의 업무가 명확히 구분되어 있지 않은 상태에서 추진되고 있고, 유전자원－환경기술－환경산업간의 수직적, 수평적인 통합 및 대응체제나 조정, 협조체제가 구성되어야 하는데 그렇지 못하고 있다. 그 결과, 생물자원 유전자종의 확보와 관리는 체계적이지 못하고 유전자종의 해외반출에 대해서는 이를 금지하는 관련 법률이 있으나 실효적이지 못하였다. 국외반출 승인대상을 확대하기 위한 생물자원 선정을 위한 준비는 최근에야 진행되고 있으며, 생물자원 기술개발과 산업을 둘러싸고 부처 간의 경쟁이 심하고 차별화도 부족하여 중복투자가 문제로 지적되고 있다(문태훈, 2014; 김동수·김용덕, 2007).

Ⅵ 자연환경보전에 대한 국민의식과 시민단체의 대응

1. 자연환경보전에 대한 국민의식의 변화

1982년 환경청에서 시행한 국민환경의식조사 결과를 보면 우리나라 대기, 수질 등 환경오염의 전반적인 상태에 대하여 심각하다(54.2%) 아주 심각하다(17.2%)로 응답자의 71.4%가 심각한 것으로 응답하고 있다(환경청, 1982:90). 그리고 환경보전과 경제성장과의 관계에 대해서는 환경이 파괴되지 않는 범위 내에서 성장해야 한다는 응답이 69.9%로 환경이 다소 파괴되더라도 경제성장을 해야 한다는 응답 14.3%를 크게 상회하고 있다(환경청, 1982:195).

그러나 자연환경이나 생태계의 훼손에 대한 개념은 이 시기의 환경청에게는 관심 밖의 사안이었던 것으로 보인다. 1982년 국민환경의식조사의 설문지에는 환경오염의 범주로 강 하천의 수질오염, 자동차배기가스, 공장의 연기, 쓰레기 및 각종오물, 소음, 먼지, 악취 등만 선택지로 제시되고 있을 뿐 생태계나 자연환경의 훼손 같은 문항은 보이지 않는다.

1990년도 국민환경의식조사에는 자연경관의 훼손정도에 대한 문항도 등장하는데, 응답이 '매우 심각하다' 13.8%, '심각하다' 50.1%로 '심각하지 않다' 4.5%, '그저 그렇다'가 31.7%로 심각하다는 의견이

63.9%로 높은 응답률을 보이고 있다(대륙연구소, 1990:85).

도시상가, 주택, 공단, 농촌, 어촌지역의 자연환경보호노력에 대해서는 '매우 노력하는 편이다'가 25.5%, '노력하는 편이다'가 61.4%인 반면 '노력하지 않는다'고 보는 응답이 11.4%로 긍정적으로 평가하고 있다(대륙연구소, 1990:155). 자연환경의 훼손책임은 개인/가정에 있다는 응답이 56%, 기업 14%, 정부 26.2%의 응답률을 보인다(대륙연구소, 1990:200). 자연환경의 훼손책임이 정부정책보다는 기본적으로 개인에게 있다는 인식을 보여주고 있다.

정부가 역점을 두어야 할 환경문제로 자연경관 및 생태계보전이라는 응답은 전체의 25.5%로 마실 물을 깨끗이(55%), 맑은 공기 유지(40.5%), 쓰레기의 신속한 처리와 관리(38.3%) 다음으로 4위에 머물고 있어(대륙연구소, 1990:282) 자연생태계의 보전에 대한 관심도는 물, 공기, 쓰레기 문제보다 높지 않았던 것으로 보인다.

〈표 3〉은 1995년도 이후 환경보전에 관한 국민의식조사 결과를 나타내는데, 자연환경 및 생태계문제에 대한 심각도 인식은 높지 않아서 1996년 세번째 심각한 문제로 인식된 이외에는 거의 5순위의 심각도 분야로 인식되고 있다. 우리 국민들이 가장 심각하다고 생각하는 환경분야 3개의 연도별 추이를 보면, 2000년대 초반까지는 대기, 물, 생활쓰레기 문제를 심각한 것으로 보았으나 대기, 물 문제에 대한 심각도 인식은 2003년 이후부터는 비교적 개선되고 있는 것으로 인식하고 있고, 생활폐기물, 산업폐기물, 기후변화를 가장 심각하다고 보는 인식이 증가하고 있다. 환경문제 전반에 대한 관심이 2008년 이후 다시 증가한 데 반하여 자연환경 및 생태계에 대한 심각도가 지속적으로 낮은 것은 대기, 물, 쓰레기 등이 개개인의 생활에 직접적인 영향을 미치는 반면 자연생태계는 그렇지 않기 때문으로 추측된다. 기

후변화에 대한 심각성 인식이 높은 이유는 생활에 미치는 영향도 있겠지만 지구온난화에 대한 세계적인 관심과 이에 대한 지속적인 매스미디어의 영향과도 관련이 있을 것으로 추측된다. 자연환경 및 생태계에 대한 국민인식의 제고를 위한 노력이 필요함을 시사하는 부문으로 생각할 수 있다.

[표 3] 환경보전에 관한 국민의식조사 결과 [단위 : %, ( )안은 심각도 순위]

		1995	1996	1997	2000	2003	2008	2013
환경문제에 대한 관심도		82.4			88.8	82.3	79	91.8
정부의 환경문제 노력평가	일반국민	63.4	-	-	42.2	37.6	40.8	37.5
	전문가	-	-	-	-	-	58.1	80
환경오염 심각도	자연환경 및 생태계	57.3 (5)	**90.0 (3)**	87.7 (4)	93.7 (5)	90.6 (5)	79.9 (5)	92.3 (5)
	대기	**80.9**	**91.5**	**92.1**	**97.1**	**93.4**	70.9	92.8
	물(지하수 포함)	**80**	**91.9**	**94.9**	**97.4**	**94.2**	68.4	86.6
	토양	-	75.4	81.7	91.3	88.1	63.2	78.9
	생활 쓰레기	**68**	88.2	**93.9**	**95.4**	92.6	**89.7**	**93.5**
	산업폐기물	-	74.7	80.1	94.6	**94.1**	**88.7**	**95.8**
	소음,진동	63.4	77.7	84.5	83.4	80.6	67.9	80.1
	악취	50.3	66.3	78.8	72.9	69.4	63.3	63.1
	유해화학물질	-	-	-	90.3	88.2	83.5	90.1
	지구온난화/기후변화	-	-	-	92	-	**90.9**	**94**
	환경문제 전반	-	89.8	94.2	96.9	93.4	88.5	95

주 : 볼드체로 표시된 %는 연도별로 가장 심각하다고 인식하는 3개 환경분야

자료 : 월드리서치(2008), 환경보전에 관한 국민의식조사 결과보고서, 환경부 보고서, p.96.
환경부(2013), 환경보전에 관한 국민의식조사, e-나라지표.

한편, 자연환경생태계의 보전과 관련하여 자연경관보전과 국토개발에 대한 국민의식조사결과에 의하면 일반국민의 절반 이상(52.9%)은 자연경관 보전지역과 이용가능지역으로 구분하여 차등적으로 관리해야 하고, 이에 대한 훼손행위를 엄격하게 규제하는 것을 지지하고(41.5%), 자연경관보전을 위한 행위규제를 완화해야 한다는 의견에 찬성하는 응답은 5.7%에 불과한 것으로 나타났다(월드리서치, 2008:139). 그리고 자연환경생태계에 중요한 영향을 미치는 환경영향평가제도에 대한 국민의식조사를 보면 이 제도가 환경훼손 방지에 기여한다는 응답이 50%(크게 기여 2.3%, 대체로 기여 47.7%), 기여하지 못한다는 평가가 50%(별로 기여하지 못한다 44.3%, 전혀 기여하지 못한다 5.7%)로 의견이 양분되고 있다. 환경영향평가제도가 환경훼손의 방지에 기여한다는 평가는 2003년 대비 5.7%p 하락하고 있는데 기여하지 못하는 이유로는 제도 자체의 신뢰성 부족(38.3%), 환경부의 소신 부족(28.2%), 사업자나 개발부처의 환경에 대한 인식 부족(26.7%), 국민이 개발을 원하고 있기 때문(6.6%) 등의 순으로 나타나고 있어(월드리서치, 2008:193) 이 제도에 대한 국민의 불신이 높음을 보여주고 있다.

종합하면, 자연환경에 대한 국민들의 인식은 자연환경은 매우 중요하고 잘 보전되어야 하지만 심각한 문제는 아니라고 보는 의견이 지배적이다. 이는 자연환경이 생활에 직접적인 영향을 미치지 않기 때문으로 보이고, 편익과 비용이 광범위하게 분산되어 있는 대중정치 상황의 이론적인 설명과 부합되는 측면이 있다. 강력한 여론의 조성이나 리더십이 없으면 효과적인 정책이 되기 힘든 특징의 일단을 보여주는 것으로 생각된다.

2. 자연환경보전에 대한 시민단체의 대응

환경보전에 관한 국민의식조사에서 나타난 자연환경보전에 대한 낮은 관심도와 달리 시민단체들의 활동과 대응은 매우 적극적이다. 환경운동연합에서 1994~2014년 발표한 성명서 총 603건 중에서 자연환경보전과 관련된 성명서의 비중은 20.1%로 원자력과 방사능문제에 대한 성명서의 비중 25.2% 다음으로 가장 높은 비중을 차지하고 있다. 4대강 사업 관련 성명서가 대부분 4대강 공사로 인한 하천생태계의 파괴에 대한 비판을 담고 있는 것이므로 이를 포함하게 되면 30.4%로 시민단체의 환경보전 활동 중 자연환경생태계보전을 위한 활동은 가장 높은 비중이 된다.

[표 4] 환경운동연합 성명서(1994~2014)에 나타난 자연환경보전에 대한 시민단체의 대응

연도	원자력/방사능	기후변화	에너지	유전자변형	자연환경	4대강	국토/도시	물/대기/폐기물	정치/국제	기타
1994	12						1	1	1	3
1995	4				1		2	1	4	3
1996	2				1					0
1997	3				1				1	0
1998	12	2	1	6	8		7	6	2	4
1999	6			5	6		2	1	4	3
2000	5						2		2	0
2001	3			1	4					0
2002	2								2	2
2003	3				2			1	3	2
2004	11				10		4	3	11	1
2005	7	3	1		13		7		6	3
2006	10	2	1		8		9		7	5
2007	6	2	1	1	13	1	7	5	4	3
2008	2		4	4	8	3	2	4	1	9
2009	5	10			11	9		1	1	11
2010	7	2	2		8	25			7	4
2011	15		2		7	9				1
2012	15				10	9	1		1	10
2013	15	1	2	2	5	4		3	3	8
2014.10.3	7	3	1		5	2		1		6
계: 603	152	25	15	19	121	62	44	27	60	78
%	25.2%	4.1%	2.5%	3.2%	20.1%	10.3%	7.3%	4.5%	10.0%	12.9%

환경운동연합이 1994~2014년 사이에 발표한 성명서 중에서 자연환경보전 부분의 내용들은 다음과 같다.

[표 5] 자연환경보전관련 환경운동연합 성명서 내용

년도	주된 내용
1995	LG해양오염사고
1996	골프장
1997	시화호시험방류중단촉구(4월 24일)
1998	GB완화, 골프장, 동강댐, 국립공원축소, 골프장규제완화, No golf day
1999	동강백지화, 새만금, 그린벨트완화비판
2001	섬진강댐, 새만금, 그린벨트해제비판
2003	서식지파괴, 도시 생물서식지 탄천파괴, 새만금
2004	덕유산스키장, 골프장, 국립공원계룡산훼손, 도요물떼새 서식지 옥구염전 파괴중단, 국제 댐 반대 행동의 날
2005	백두대간, 골프장, 기업도시 유치 위한 지자체, 천수만 철새 추방행위, 난지도 골프장, 천성산 생명살리기, 국립공원 파괴, 계룡산국립공원 관통도로
2006	장항산단 갯벌매립 반대 충청권시민 단체공동성명서, 한탄강댐, 골프장, 버드라이프 인터내셔널 조류독감(AI)에 관한 성명
2007	장항 갯벌살리기 대안논의, 삼성 태안반도 오염, 시화호, 해양투기, 포경, 새만금, 17번국도 섬진강 꽃길보존
2008	태안반도 오염, 습지보전, 삼성 기름유출사고, 해양투기, 태안 삼성유조선 오염사고
2009	해양투기, 골프장, 현대오일뱅크 서해오염, 람사르총회, 포경반대, 태안반도 삼성 배상 법원판결(56억 원)에 대한 비판, 국토부 동강댐 재건설 추진 반대
2010	난개발우려 특혜논란 국립공원구역조정중단(삼성에버랜드 중앙일보), 포경허용고시 반대, 육지환경부, 새만금 완공 수질문제, 세계습지의 날, 현대오일뱅크 서해오염
2011	구제역 침출수, 새만금수질, 새만금방조제 유실, 구제역, 습지, 자연보전권역 해지
2012	고래보호, 인천조력발전 수면매립반대, 가로림만, 갯벌민영화, 광우병, 습지보전, 제주해군기지 건설반대(구럼비 바위)
2013	소백산국립공원터널 백두대간 훼손, 국토부 댐 절차개선 TF반대, 4대강댐 반대, 댐건설장기계획 철회, 백두대간 훼손, 연안매립
2014	가로림만 갯벌보전, 가로림 조력발전건설사업 중단, 정부조류독감(AI)대응 철새 먹이주기 금지조치가 철새 전국 이동 촉발, 조류독감 확산주범 철새주장 성급

자연환경부문에 대한 성명서에서 큰 빈도를 보이는 내용은 골프장 건설로 인한 자연훼손, 각종 개발로 인한 백두대간, 삼림, 습지, 갯벌의 훼손, 댐 건설로 인한 생태계 파괴에 대한 반대 등이다. 그리고 그린벨트완화, 대기업의 해양오염사고, 조류독감에 대한 정부의 대응책, 고래보호 등에 관한 정부정책에 대해서도 지속적으로 반대하고 있다.

환경운동연합의 성명서에서 나타나는 자연환경 관련 정부정책에 대한 시민단체의 반대운동이 자연환경보전정책에 얼마나 큰 영향을 미쳤는지를 파악하기는 힘들다. 환경운동연합이 활동성과로 자평하고 있는 활동성과 중 자연환경보전관련 주요 항목들은 한강수계특별법제정(1998), 동강댐 백지화(2000), 강화도 갯벌 천연기념물 지정(2000), 가야산 해안골프장건설반대운동 대법원 승소판결(2003), 한국토지공사 청주 원흥이 방죽 두꺼비 서식지보전 합의(2004), 장항갯벌산단 개발계획 백지화 및 국립생태원 설립확정(2007), 한반도대운하계획백지화(2008), 환경부 가야산국립공원골프장 고시철회(2011), 환경부 가로림만 조력댐 환경영향평가서 반려(2012), 광주 폐선부지 푸른길 공원 조성사업 완공(2013) 등이다.[7)] 물론 이 성과들이 환경운동연합의 영향만이라고 보기 힘든 측면들이 있으나 이러한 정책형성과 변화에 환경시민단체의 활동은 정부의 자연환경보전정책에 대한 감시자와 대안 제시자, 여론주도자의 역할로 적지 않은 영향을 미치고 있는 것으로 보인다. 이러한 시민단체의 활동은 자연환경보전정책이 편익과 비용이 모두 분산되는 대중정치상황에서 그나마 강력한 여론의 선도자로 역할하면서 정책의 형성과 변화를 유도하는 역할을 수행하고 있다고 평가할 수 있다.

---

7) 환경운동연합홈페이지 환경연합소개-활동성과, kfem.or.kr/?page_id=26(2014.10.22)

Ⅶ 자연환경보전정책에 대한 산업계의 대응

기업, 특히 대기업들은 정부의 환경정책에 대하여 1960년대 박정희 정부 시대부터 적극적으로 기업측의 의견을 개진해 왔고 많은 경우 당초 계획되었던 정책은 기업측의 의견을 감안하여 완화되는 경우가 대부분이었다(문태훈, 1992, 1993). 이러한 경향은 1990년대까지만 아니라 그 이후에도 큰 변화가 없는 것으로 보인다. 환경정책일반에 대한 기업계의 적극적인 대응과는 달리 자연환경보전 관련 정책은 산업계의 주요 관심사안은 아니었던 것으로 보인다.

우선 전경련의 정책건의에서 자연환경보전 관련 산업계의 정책건의는 매우 드물었다. 전국경제인연합회가 2010년에 발간한 〈전경련 50년사〉의 '정책건의 의견 및 답신' 연표는 전경련이 회원사 의견을 결집하여 정부에 전달한 내용을 정책분야별로 기록하고 있다. 1961~2010년까지 전경련은 총 2,252건의 대정부 정책 건의를 하였는데 이 중 환경정책에 대한 정책건의는 총 49건으로 전체 정책건의 중 2.1%, 이 중에서 자연환경보전과 관련된 정책에 대한 건의는 3건으로 환경정책중에서는 4.1%, 전체 건의 중에서는 0.1%에 불과하다. 건의내용은 1991년의 자연환경보전법안에 대한 의견제시, 1993년 환경영향평가법 시행령 및 시행규칙에 관한 의견, 그리고 1996년 자연환경보전법 개정법률(안)에 대한 의견 세 건에 불과하다.

자연환경보전정책에 대하여 산업계의 정책건의나 저항이 유난히 적은 이유는 자연환경보전정책이 보호구역지정으로 인한 행위규제와 관련된 정책을 제외하면 생태계조사와 종 다양성의 보전관리정책이 대종을 이루고 있어 산업계의 이해관계가 첨예하지 않기 때문인 것으로 설명할 수 있다. 이런 경우 자연환경보전은 정책으로 인한 비용의 부담과 편익이 모두 넓게 분산되기 때문에 수혜자와 비용부담자의 강한 지지나 반대가 없는 대중정치상황이 전개될 가능성이 크고, 기업 역시 강한 지지나 반대의 여지가 없었기 때문이라 볼 수 있다.

그러나 산업계는 보호구역 지정 등 행위규제를 포함하는 토지이용규제 등에 대해서는 적극적인 반대의견의 개진으로 규제완화를 이끌어 낸다. 예를 들어 2009년 정부는 경기회복을 위하여 경제활성화에 부담이 되는 규제를 선별하여 경기회복 시까지 규제적용을 유예하는 유례가 없는 한시적 규제유예 조치를 단행하였다(2009.5.27). 전경련은 투자애로로 작용된 규제들을 선별하여 정부정책의 기획단계에서부터 참여하여 280개 한시적 규제유예 방안이 발표되게 하였다. 그중 대표적인 것이 보전지역(보전・생산관리, 농림, 자연환경보전지역) 내 기존 공장의 건폐율을 상향조정(20%→40%)토록 하였고 2003년 연접개발규제 도입 이전의 공장인 경우 기존 공장면적을 연접 합산에서 제외하는 등 42개 전경련 건의과제 중 34건이 반영되게 한 것이었다(전경련, 2011:743). 행위제한을 수반하는 규제정책에 대해서는 적극적인 반대의견을 표명함으로써 자연환경보전과 밀접한 관련이 있는 보전지역의 토지이용정책에 대한 정부정책의 변화를 이끌어 내고 있는 모습을 보이고 있는 것이다.

Ⅷ 토론과 앞으로의 과제

본 장의 목적은 우리나라 자연환경보전정책을 역대 정부별 정책의 변화, 시민의 인식과 시민단체들의 대응, 기업계의 대응 관점에서 살펴보면서 자연환경보전정책 변화의 흐름과 동인을 파악하고, 자연환경보전정책의 발전방향을 모색하는 것이었다. 연구질문은 우리나라 자연환경보전정책은 어떻게 변화해 왔는가? 이러한 변화의 동인은 무엇이었는가? 자연환경보전정책의 변화에 기업, 시민의 영향력은 어느 정도였는가? 자연환경보전정책의 변화는 정책유형별 정책특징을 설명한 정책이론의 관점에서는 어떻게 설명될 수 있는가? 우리나라 자연환경보전정책의 발전을 위한 과제는 무엇인가? 등이었다.

지금까지 살펴본 우리나라 자연환경보전정책의 흐름을 크게 요약하면, 1960년대와 1970년대의 산림녹화정책, 1980년대 국립자연공원에 대한 제도적 기반의 확보, 1990년대 자연환경보전법 제정과 자연환경보전정책의 체계화 및 국제 자연보전이슈와의 동조화, 2000년대 백두대간 등 자연생태계 보호정책의 발전, 2010년대 생물자원의 보전·관리·이용 정책의 강화 등으로 정리된다. 이를 역대정부별 자연환경보전정책의 흐름으로 정리하면 박정희 정부의 태동기, 전두환·노태우 정부의 제도적 준비기, 김영삼 정부의 발전기 및 국제적 동조기, 김대중·노무현 정부의 생태계보존과 국토이용 조화기, 이명박 정부의 생물자원이용촉진기로 구분할 수 있다.

자연환경보전정책 변화의 주요 동인은 정부별 대통령의 국정방향과 정부의 정책기조, 세계 환경논의의 흐름, 국민여론과 환경단체의 대응, 기업체의 대응 등으로 요약할 수 있다. 이 중 가장 큰 변화의 흐름은 대통령의 국정방향과 정책기조, 세계환경이슈의 변화에서 비롯된 것이라 볼 수 있고 시민단체와 기업체의 대응은 이러한 큰 흐름 속에서 구체적인 정책내용에 영향을 미친 것으로 보인다.

우리나라 자연환경보전정책은 환경정책이 아닌 농림정책의 일환인 산림녹화정책으로 시작되었다. 이는 산림녹화는 사회의 기반인 농업과 임업생산을 안정시키고 경제성장의 기반이 된다는 박정희 대통령의 인식이 큰 영향을 미친 것으로 보인다. 대통령의 높은 관심과 이에 따르는 행정적, 물적 자원의 지원, 국민들의 적극적 참여가 수반된 성공적인 정책이었다. 그리고 자연환경보전의 제도적, 행정적 미비점은 자연보호헌장 제정과 국민들의 자연환경보진운동으로 보완하는 방식을 취하였다. 결과적으로 산림녹화 정책은 성공적이었으며 이는 국제적으로도 성공사례로 인정받고 있다.

이같이 산림녹화정책이나 개발제한구역제도가 박정희 정부에 의해 추진되고 도입된 점, 김영삼 정부의 세계화 추진에 따른 자연환경보전정책의 국제적 동조화 현상, 노무현 정부에서 추구한 균형발전과 더불어 추진된 지속가능발전의 도입, 이명박 정부가 추구한 녹색성장에 따른 4대강 사업 등 대통령의 국정방향은 자연환경보전정책 변화의 가장 큰 동인이었다고 볼 수 있다. 그러나 대통령의 국정방향과 정책기조는 특히 1990년대부터는 세계환경이슈에 따라 크게 영향받는 모습을 보이고 있어 양자가 상호작용하고 있는 것으로 볼 수 있다. 1990년대 각종 국제환경협약에의 활발한 가입, 자연생태계보전과 생물자원의 중요성에 대한 강조 등은 이러한 세계환경이슈의 변화가 우리나라 자연환경보전정책 변화의 주요한 동인이 되고 있음을 보여주고 있다.

국민여론과 시민단체들의 영향력은 자연보전정책 변화의 흐름에 영향을 주었다기보다는 변화의 흐름 속에서 시행되는 개별적인 정책에 대한 영향력이 컸다고 볼 수 있다. 그러나 자연환경보전에 대한 국민인식은 저조한 반면 이 부문에 대한 환경단체의 활동은 매우 활발하여 자연환경보전정책에 적지 않은 영향을 주고 있는 것으로 나타났다. 자연환경보전정책에 대한 기업체의 대응은 전경련의 정책건의 중 0.1%에 불과할 정도로 관심이 매우 미미하여 자연환경보전정책의 변화에 큰 영향을 미치지는 않는 것으로 나타나고 있다. 그러나 토지이용규제 등 행위제한과 관련되는 자연환경보전정책의 경우에는 매우 민감하게 반응하면서 구체적인 정책내용의 변화를 가져오고 있어 적지않는 영향을 미치는 것으로 나타나고 있다.

자연보전정책의 변화는 정책유형별 특징의 이론적 설명과도 상당부문 부합되는 면을 보이고 있다. 편익과 비용이 사회전체에 널리 분산되어 대중정치의 상황을 초래하는 자연환경보전정책의 변화의 동인은 환경시민단체의 영향력이 큰 것으로 보이고, 특정지역에 대한 토지이용규제와 같은 특정집단의 비용을 유발하는 정책은 기업 등 피규제자들의 강한 저항으로 정책의 범위와 강도가 상당히 약해지고 있는 것으로 나타났다. 반면 자연환경의 조사나 훼손된 자연환경의 복원을 위한 정책은 비용은 분산되는 반면 편익은 특정집단에게 집중되는 고객정치의 상황이 발생하며 이 경우 특히 학계를 비롯한 전문 연구기관의 영향력이 커지는 것으로 보인다. 그래서 R&D 관련 예산이 특정인에게 지속적으로 배당되거나 예산의 부적정 집행문제가 수시로 언론기관에 보도되는 것을 관찰할 수 있는데(조선일보, 2014.1.13), 이는 이론적인 측면에서도 충분히 그럴 개연성이 높다고 할 수 있으며 실제로 생태보호시설 설치의 경우 부적정한 집행이 지적되기도 하였다(조선일보, 2009.11.26; 2004.8.30).

자연환경보전정책은 수질, 대기질, 폐기물 등 매체별 환경정책에 비교하여 규제적 성격보다는 배분적 성격이 강한 정책이다. 따라서 정책유형별 특징을 감안한다면 토지규제 관련 일부 정책을 제외하고는 적극적 반대가 약한 정책으로 정책의 자율성도 상당히 확보될 수 있는 정책이었다. 그럼에도 불구하고 우리나라 자연환경보전정책은 대기, 수질, 폐기물관리 등 다른 환경정책 부문과 비교하여 박정희 정부의 산림녹화정책 이후에는 국민적 관심도 저조한 편이었고, 환경정책의 우선순위를 차지하지도 못하였다.

중요한 이유는 자연환경보전에 대한 국민의 낮은 관심도, 1960년대 이후 경제개발 최우선의 정부정책은 국도이용에서도 개발우선 정책으로 자연생태계에 대한 보호는 늘 후순위의 정책이었다는 점, 자연환경보전을 위한 환경부의 조직적 역량이 미치지 못했던 점, 자연환경보전 업무가 여러 부처에 산재해 있었다는 점, 그리고 보전지역 내 기업활동을 위한 토지이용규제 완화 등 자연환경보전에 가장 중요한 영향을 미치는 국토개발과 토지이용 정책이 환경부의 정책범위를 넘어서는 영역에 있기 때문이었다. 환경부가 전국의 생태자연도를 평가하여 전국 각 지역을 생태자연도 1, 2, 3등급으로 구분하고 1, 2등급에 대한 개발을 억제 또는 자제하고 3등급 지역의 개발을 유도하고 있으나 이러한 노력은 권고사항일 뿐, 산림법, 산지관리법, 국토이용 및 계획 관련법에서도 수용되지 못하고 있다. 대규모 개발사업과 관련된 환경영향평가는 토지이용의 측면에서 자연환경보전에 중요한 역할을 할 수 있으나, 환경영향평가가 개발사업의 환경성문제를 이유로 사업을 불허한 경우는 거의 찾아보기 힘들다. 4대강 사업에 대한 환경영향평가가 개별적인 수계에 대한 기존의 환경영향평가를 종합하여 4개월만에 급조된 점이나 사업과정에서 보여진 생물서식지의 훼손 등은 여전히 자연환경보전정책이 개발정책의 후순위임을 보여주고 있다. 환경부의 자연환경보전 의지와 역할이 비판되는 대목이다.

그렇다고 관련부서 간의 정책조정 메커니즘이 잘 마련되어 있는 것도 아니었다. 건설교통부, 농림축산식품부, 산업통상자원부, 문화체육관광부, 해양수산부, 교육부, 산림청, 문화재청 등 다른 부서와의 정책조정 체계도 미흡하였다. 이러한 상황에서 산림과 야생동식물 서식지는 각종 개발과 도시화로 지속적으로 줄어들면서 자연생태계와 경관은 훼손되었고, 미래의 새로운 자원가치로 급속히 관심이 고조되고 있는 생물자원에 대한 관리는 소홀히 하였다. 야생동식물의 서식지가 훼손되고 외국정부가 생물자원의 확보와 유출금지에 큰 노력을 들이고 있을 때 우리는 자생동식물들을 보호해야 할 정부기관이나 대학교, 연구소가 오히려 해외반출을 도우는 경우도 있었다. 그리고 이렇게 유출된 자생동식물들은 유전자개량을 통하여 값비싼 정원수로, 병충해 방지 곤충으로 다시 수입하고 있다(문태훈, 2014). 최근 생물다양성협약의 진척과 더불어 자연생태계에 대한 관심이 높아지고 있다. 그러나 이러한 변화는 국민의식의 영향이라기 보다는 생물자원의 이용과 접근권에 대한 국제협약의 흐름으로 인한 영향이 크다.

이상의 논의를 종합해보면 우리나라 자연환경보전정책의 발전을 위해서는 자연환경의 중요성에 대한 국민인식도의 제고, 관련부서, 특히 국토이용과 산업정책과의 정합성과 조정메커니즘의 강화, 이를 위한 법적기반의 구축, 환경영향평가와 전략환경영향평가의 엄정한 수행과 집행이 필요하다는 점을 알 수 있다.

정책유형별 특징의 이론적 관점에서 보면, 자연환경 조사연구, 자연환경보전 기반구축 등 배분적성격과 고객정치상황을 가져오는 정책인 경우에는 정책의 투명성을 제고시키는 것이 필요하다. 자연환경우수지역의 보존과 관리 등 보호적규제나 대중정치상황을 가져오는 정책의 경우에는 피규제자의 영향으로부터 정책적인 자율성을 확보할 수 있는 방안을 마련하고, 시민단체, 외부 전문가와의 연계를 통한 외부 감시자와 여론 선도집단과의 협력 등이 필요하다. 그리고 생물자원이 가지는 미래가치의 중요성을 감안할 때 자연환경보전정책에서 생물자원의 보전과 관리, 이용에 대한 정책이 강화될 필요가 있다. 세계는 지금 자원전쟁의 시대로 돌입하고 있다. 여기서 자원전쟁의 핵심은 에너지자원과 생물자원으로 압축된다. 기후변화에 대한 국제적관심이 생물자원에 대한 국내적관심을 압도하는 경향이 있으나 생물자원은 인류가 직면할 수 있는 자원부족, 환경오염, 식량부족 문제를 해결할 수 있는 핵심자원으로 간주되고 있다. 우리나라 자연환경보전정책도 생물자원의 보전, 관리, 이용의 관점에서 균형있게 발전되어야 할 필요가 크다. 생물자원의 발굴과 보전·관리가 미흡한 상태에서 바이오산업 등 생물자원의 이용에 집중하는 현재의 정책기조는 기초가 부실한 사상누각이 될 가능성이 크기 때문이다.

그리고, 자연환경생태계의 중요성과 이에 대한 국민들의 관심을 높일 수 있는 홍보와 교육을 강화하는 것이 필요하다. 이를 위해서는 자연생태계의 자원가치를 인식시키는 것도 중요하겠으나 그에 못지않게 자연생태계 그 자체로서의 가치, 각종 생태서비스의 가치를 파악하고 인식하게 만드는 것이 중요하다. 지속적인 교육과 홍보를 통한 자연생태계의 가치를 인식시키는 과제는 가장 느리게 보이지만 가장 빠른 정책효과를 볼 수 있는 수단임을 잊어서는 안될 것이다.

이 연구의 의의는 우리나라 자연환경보전정책의 변화에 대한 통시적 관점에서의 연구가 부족한 시점에서 1960년에서 2013년까지 우리나라의 자연환경보전정책을 역대 정부별로 대별하고, 정책변화의 동인을 정부별 정책기조와 세계환경논의의 관점, 정부-기업-시민 간의 관계, 정책유형별 정책특징이라는 이론적 관점에서 설명하고, 자연환경보전정책의 개선방향을 모색한 점을 들 수 있다. 본 연구의 한계로는 정책변화의 동인에 대한 설명으로 활용한 국민여론, 시민단체와 기업측의 자료들이 환경부에서 수행한 국민의식조사와 환경운동연합과 전국경제인연합의 자료들에 한정되어 있다는 점을 들 수 있다. 가장 대표적인 자료들에서 보이는 시민단체와 기업측의 대응행태와 자연환경보전정책의 변화를 동시에 고찰하고자 한 것이었으니 많은 자료들이 간과되었음을 부인할 수 없다. 다만 국민의식, 시민단체와 산업계의 대응은 그 자체로 각각의 큰 개별적인 연구과제가 될 주제들로 이에 대한 연구들은 앞으로의 연구과제로 남겨두고자 한다.

참 고 문 헌

- 감사원. 2013. 『감사결과보고서 – 4대강 살리기 사업 주요시설물 품질 및 수질관리실태』.
- 김광임. 1996. 『한국환경50년사』. 한국환경기술개발원.
- 김도균. 2008. "한국환경사 연구의 동향과 과제 – 한국사 관련 학술지를 중심으로–" 『ECO』. 제12권 1호. pp.217~249.
- 김동수・김용덕. 2007. "미국, 유럽, 일본 및 한국의 바이오산업 정책분석". 『국세경영리뷰』 제11권 2호.
- 김승환. 1989. "일본의 자연환경보전사조 및 제도변천". 『한국조경학회지』. 제17권 1호. pp.1001~1015.
- 김용현. 2013. "일본 환경정책의 변천과 시사점". 『일본근대학연구』. 제40집. pp.367~390.
- 김지태. 2009. "한국환경생태현황 및 자연환경보전정책 방향". 『한국환경생태학회 학술발표논문집』. 1호. pp.27~38.
- 김창회 외. 2013. "우리나라 전국자연환경조사현황과 발전방향". 『환경영향평가』. 제22권 6호. pp.725~738.
- 대륙연구소. 1990. 『환경보전에 관한 국민의식조사(결과집계표)』. 서울.
- 명성준. 2009. "에너지산업 발전을 위한 국정과제의 모니터링". 한국정책학회 추계학술대회 발표논문.
- 문태훈. 1992. "한국 환경보전정책 연구 – 정부와 기업 간의 관계를 중심으로". 『한국정책학회보』. 창간호.

- 문태훈. 1993. “한국에 있어서 정부와 기업 간의 관계 – 환경보전, 공정거래, 산업기술개발정책을 중심으로–”. 『한국행정학보』. 제27권 2호.
- 문태훈. 1997. 『환경정책론』. 형설출판사.
- 문태훈. 2006. “환경보전연구의 성과와 과제”. 『한국행정학오십년 1956~2006』. 한국행정학회. pp.327~353.
- 문태훈. 2006.7. “제3장 토지정책의 녹색평가”. 문순홍 편. 『개발국가의 녹색성찰』 아르케. pp.73~108.
- 문태훈. 2008. “한국환경정책의 변화와 과제 1963~2007”. 『한국정책학회보』. 제17권 3호.
- 문태훈. 2014. “자연환경보전정책” 『환경행정학』 대영문화사. 제6장. pp.93~125.
- 오영석. 2000. “조선시대 자연자원관리체계에 관한 연구”. 『한국행정학보』. 제34권 제1호.
- 오용선. 2003. “자원소비지표를 활용한 한국 산업화과정에 대한 지속가능성평가”. 『한국정책학회보』. 제13권 2호.
- 월드리서치. 2008. 『환경보전에 관한 국민의식조사결과보고서』. 환경부 보고서.
- 윤경환. 1999. “시민단체의 활동에 따른 환경정책의 변화”. 『지역개발연구』. 제7권. pp.125~136. 강원대 지역개발연구소.
- 이민창. 2003. “자연환경보전정책의 이슈와 전망”. 『지방정부연구』. 제7권 제1호. pp. 221~239.
- 이상돈. 2003. “환경부 전국자연환경조사사업의 문제점과 개선방안 – 미국의 사례를 중심으로–”. 『환경영향평가』. 제12권 제1호. pp.1~8.

- 이정전 · 정회성. 2003. “환경정책의 발달동인: 정책의 창문이 어떻게 열렸는가?”『환경정책연구』.
- 이종열. 2013. “산림행정 패러다임의 역사적변천과정에 대한 평가”.『한국정책연구』. 제13권 제3호. pp.261~279.
- 이종영. 2001. “환경정책기본법상의 자연환경보전”.『환경법연구』 제23권 1호. pp.59~80.
- 이해평. 2009. “녹색성장형 소방방재산업육성방안”. 한국행정학회 춘계학술대회 발표논문.
- 전국경제인연합회. 2011.『전경련50년사 기적의 50년을 넘어 희망 100년으로』.
- 조선일보. 2004.8.30. “생태통로에 야생동물 얼씬도 안해”.
- 조선일보. 2009.11.28. “야생동물들은 모르는 생태통로 – 백두대간 10곳 조사 동물 지나간 흔적 없어 엉뚱한 곳에 예산 낭비”.
- 조선일보. 2014.1.13. “R&D 투자혁신, 공무원이 먼저 기득권 내려놔야”.
- 천대윤. 2009. “녹색성장정책의 과제와 전략에 관한 소고”. 한국정책학회 하계학술대회 발표논문.
- 최홍석. 1997. “환경정책 자연자산관리를 위한 중앙부처간 기능배분에 관한 연구”. 한국정책학회 기타자료 3호. pp.89~105.
- 한국환경정책평가연구원. 2013.『자연과 인간의 아름다운 공존, 환경정책평가연구원 20년사』.
- 환경청. 1982.『국민환경의식조사』.
- 환경부. 1995.『환경보전에 관한 국민의식조사』.
- 환경부. 1995.11.『환경비전21. 환경보전장기종합계획(1996~2005)』.
- 환경부. 2010.『환경30년사』.

- 환경부. 2013. 『환경보전에 관한 국민의식조사』. e-나라지표. www.index.go.kr/potal/enaraIdx/idxField/userPageCh.do
- 환경부. 2013. 『환경통계연감』.
- 환경부. 『환경백서』. 1995~2013 각년도.
- 환경청. 『환경보전』. 1982~1988 각년도.
- 환경처. 『환경백서』. 1990~1994 각년도.
- Wilson, James Q. 1980. *The Politics of Regulation*. NY.:Basic Books, Inc., Publishers.
- Ripley, Randal B. & Grace A. Franklin. 1984. *Congress, the Bureaucracy, and Public Policy*. Homewood: The Dorsey Press.

[부록] 우리나라 자연환경보전정책 연표(1960~2013)

태동기 - 박정희 · 최규하 정부의 자연환경보전정책		
	연도	내용
	1949.8	세계보건기구(WHO)가입
	1961.12	수도법 제정, 오물청소법 제정
박정희 정부 (1963.12~1979.10)	1963.11	공해방지법 제정
	1967	14억 그루 연료림수종 식재
	1967.2	보건사회부에 공해계 신설
	1967.12	국립공원 최초지정(지리산 국립공원)
	1973	제1차 치산녹화10년계획(1973~1982)
	1977	자연보호중앙협의회 결성 범국민자연보호운동 시작
	1977.12	해양오염방지법 제정, 환경보전법 제정
	1978.7	국립환경연구소 시설
	1978.10	기름에 의한 해양오염방지를 위한 국제협약 가입, 자연보호헌장 선포
	1979	2차 치산녹화10개년계획(1979~1988)
최규하 정부 (1979.12~1980.8)	1980.1	환경청 출범, 자연공원법 제정

준비기 - 전두환 · 노태우 정부의 자연환경보전정책		
	연도	내용
전두환 정부 (1980.9~1988.2)	1980.10	헌법에 환경권 조항 명시
	1981.2	환경영향평가제도 도입, 시행(평가서 작성규제 제정)
	1984.7	해양오염방지를 위한 국제협약(MARPOL 73/78) 가입
	1986~1990	전국 자연환경조사 실시(제1차)
	1987.1	토양 측정망 설치
노태우 정부 (1988.2~1993.2)	1988.2	환경보전 장기종합계획(1987~2001) 확정
	1990.1	자연휴식년제 도입, 환경처로 승격
	1990.8	환경정책기본법 제정
	1991.3	토양보전종합대책 수립
	1991.11	환경보전범국민운동추진협의회 구성
	1991.12	자연환경보전법 제정

발전기 및 국제적 동조기 - 김영삼 정부의 자연환경보전정책		
	연도	내용
김영삼 정부 (1993.2~1998.2)	1993.4	사전환경성평가제도 도입시행
	1993.6	환경영향평가법 제정
	1993.7	야생 동 식물의 국제거래에 관한 협약(CITES) 가입
	1993.10	자연보전국 신설
	1994.2	자연환경보전기본계획(1994~2003) 수립
	1994.10	생물다양성협약 가입
	1994.12	환경부 승격
	1995	산림청 야생조수업무 이관받음
	1995.1	토양환경보전법 제정
	1995.10	환경비전 21수립(환경보전장기종합계획 1996~2005)
	1996.3	해양오염방지5개년계획 수립
	1997.3	람사르 습지등록(인제군 대암산 용늪)
	1997.6	우포늪 자연생태계 보전지역 지정
	1997.10	야생동물 이동통로 조성사업
	1997.12	독도 등 도서지역의 생태계 보전에 관한 특별법 제정, 생물다양성국가전략 수립
	1997~2005	전국 자연환경조사 실시(제2차)
	1998.1	접경지역의 보전 관리를 위한 기본정책방안 수립, 우포늪 람사르 습지 등록
	1998.2	자연보전국에 국립공원관리 기능 추가(내무부 국립공원관리공단 업무를 이관받음)

생태계보존과 국토이용조화기 - 김대중 · 노무현 정부의 자연환경보전정책		
	연도	내용
김대중 정부 (1998.2~2003.2)	1998~2002	전국 무인도서에 대한 자연환경조사실시
	1999~2003	전국 갯벌 생태계 조사
	1999.2	습지보전법 제정(공동 입법)
	1999.5	산림청에서 야생조수관리 업무 이관, 자연환경보전기본방침 수립
	1999.7	백두대간 생태계 보전 복원대책 수립
	1999.8	사막화방지 협약 가입
	1999.12	환경·교통·재해등에관한영향평가법 제정(공동입법)
	2000.1	제1차 전국자연환경보전중기계획 수립

	2000.6	새천년 국가환경비전 선언, 지속가능발전전국협의회 설립
	2000.9	지속가능발전위원회구성(제1기)
	2000.12	자연환경종합정보 GIS-DB구축사업 완료
	2001.3	유전자변형생물체의 국가간 이동 등에 관한 법률 제정
	2001.12	섬진강 수달서식지 생태계보전지역 지정 고시
	2002.1	생물다양성관리계약제도 도입
	2002.8	동강 생태계보전지역 지정
노무현 정부 (2003.2~2008.2)	2003.6	제3차 환경보전중기종합계획 확정
	2003.7	한반도 장기생태연구사업 추진(기초연구기본계획 수립)
	2003.12	국토환경성지도 제작, 백두대간 보호에 관한 법률 제정(공동입법)
	2004.2	야생동·식물보호법[8] 제정
	2004.12~ 2007.3	한반도 장기생태연구사업추진(1단계 연구사업 추진)
	2004~2012	지리산 반달곰 종복원사업 추진
	2005.1	생물자원보전종합대책 수립
	2005.5	사전환경성 평가제도 전략환경평가체제로 변경
	2005.8	DMZ 일원 생태계보전대책 수립
	2005.11	국가환경종합계획 수립
	2005.12	야생동식물보호기본계획 수립
	2006.1	제3차전국자연환경조사 실시(2006~2013)
	2006.2	자연환경보전기본계획 수립
	2006.3	문화유산과 자연환경자산에 관한 국민신탁법 제정(공동입법)
	2006.6	멸종위기야생동식물 증식복원 종합계획, 전략환경평가(SEA) 시행
	2006.10	람사르 습지등록(제주 물영아리오름)
	2007.3	생태하천만들기 10년도 계획 수립
	2007.4	자연환경 국민신탁법인 설립
	2007.5	수질 및 수생태계 보전에 관한 법률 제정
	2007.10	국가생물주권비전 선포 및 생물자원관 공식 개관
	2007.11	전국단위 생태탐방로 조성계획 수립
	2007.12	태안반도 허베이스피리트호 기름유출 사고

생물자원이용촉진기 - 이명박 정부의 자연환경보전정책		
	연도	내용
이명박 정부 (2008.2~2013.2)	2008.9	DMZ생태 평화비전선언(9.26. 철원 평화전망대)
	2008.11	제1차 DMZ생태계조사 완료
	2008.12	2008년 자연생태우수・복원마을 지정(30개 마을), 환경부 문체부 공동 '생태관광활성화대책' 마련
	2009.6	국가생물다양성전략 및 이행계획(2009~2013) 확정 (6월 2일 국무회의)
	2009.11	4대강살리기 사업착공
	2010.2	한국형 10대 생태관광모델사업 추진, 자원유형별로 생태관광지 선정
	2010.10	생물자원보전관리 및 이용 마스터플랜(2011~2020)
	2011.6	해외생물자원에대한접근전략계획[9] 수립
	2011.7	환경영향평가법 전면개정
	2012.2	생물다양성보전 및 이용에 관한 법률 제정, 시행령(2012.12.28.), 시행규칙제정(2013.02.01.)
	2012.5	야생동식물보호법 246종의 멸종위기 야생생물목록을 새로 지정[10], 야생동물질병관리중장기계획(2012~2020) 수립
	2012.6	나고야의정서 범정부대책 세부이행계획 수립
	2012.7	야생동식물보호법을 야생생물보호및관리에관한법률[11]로 개정 시행
	2012.9	세계자연보전총회 개최
	2012.12	국립생태원 준공(충남 서천)

주 : 환경30년사(2010). 전경련50년사(2011). 환경정책평가연구원20년사(2013). 환경보전 1982~1988 각년도. 환경백서 1990~2013 각년도를 참고하여 작성함.

8) 자연환경보전법과 조수보호및수렵에관한법률에서 각각 규정하고 있던 야생동식물관련규정을 통합하여 야생동식물보호법(현 야생생물보호및관리에관한법률)을 제정.

9) 2020년까지 2만 종 이상의 해외 유용생물자원 조사발굴사업을 추진(환경백서, 2013:256).

10) 2005년 야생동식물보호법에서 221종의 멸종위기야생생물을 지정.

11) 기존 야생동생식물 외에 균류(버섯 등), 지의류, 박테리아 등 미생물 분류군까지 확대되었다.

CHAPTER 05

물환경정책의 변화와 이슈

문현주(환경정책평가연구원 선임연구위원)

I 서론

물은 인간을 비롯한 자연생명체의 생존을 결정짓는 핵심적인 요소이면서 동시에 사회와 경제의 발전을 뒷받침하는 중요한 자원이다. 사회가 제대로 기능하고 경제가 발전하기 위해서는 각 분야에서 요구하는 적합한 수질의 필요한 양의 물을 안정적으로 공급할 수 있어야 하며, 가뭄·홍수와 같은 물과 관련된 재해로부터 인명과 재산을 보호할 수 있어야 한다.

우리나라 물환경정책은 치수에 치중하다가 경제발전기가 시작된 1960년대에 물자원의 이용(이수)과 산업발전과 인구증가에 의한 수질오염 문제가 대두되기 시작하면서 단계적으로 형성되어 왔다. 물환경정책의 형성과 변화는 경제·사회의 발전과 더불어 나타나는 사회적 필요성에 부합하며 발전되어 온 것으로 볼 수 있다.

우리나라는 물환경의 보전과 경제·사회의 발전을 성공적으로 양립시킨 사례로 평가되고 있다. 그러나 물의 양과 질에 대한 이원화된 관리, 생태계의 중요성에 대한 뒤늦은 인식 등 물환경정책에 있어서의 구조적인 약점이 여전히 존재한다.

사회가 발전함에 따라 물관리 여건도 변화하고 있다. 전통적으로 수자원 확보, 수질과 생태계의 보호 등이 물관리의 중요한 주제였다면, 점차 물의 사회·경제·문화적인 기능을 최대화할 수 있도록 물관리가 이루어져야 한다는 요구가 높아지고 있다.

물환경에 있어 수자원 이용(이수), 재해의 관리(치수)뿐 아니라 인간 삶에 있어서 쾌적하고 여유로운 환경 (물이 있는 환경)의 제공, 최근에는 친수활동을 통한 가치창출, 그리고 수생태(자원과 자연환경) 측면의 가치도 부각되고 있다.

본 장에서는 우리나라 물환경정책의 발달과정을 살펴보고, 정책의 전개와 변화를 가져온 배경을 찾아보고자 한다. 이를 위하여 60년대 이전 정부수립기부터 현재까지의 물환경정책의 변화를 주요한 정책 기조의 변화에 따라 구분하여 그 배경과 함께 살펴보고, 최근까지 대두된 주요한 이슈와 전망에 대해서도 논의해 보고자 한다.

II 물환경정책의 발전

1950~1960년대	1970~1980년대	1990년대 이후
• 이수 위주의 수자원 개발	• 이수·치수 위주의 수자원 개발	• 수질 환경보전 및 이수·치수
• 농업용 저수지 개발 • 단일목적 수력 발전댐 개발 • 4대강 유역 조사 실시	• 대규모 다목적댐 개발 • 광역용수공급체계 구축 • 하천개수사업 가속	• 수계단위의 수자원 종합관리, 치수사업 • 대규모 댐에서 중규모 댐 개발로
• 하천법 제정('61) • 건설부 수자원국 신설('61) • 특정다목적댐법 제정('66)	• 하천정비기본계획 수립 시작 • 환경청 승격('80) • 건설부 상하수도국 신설('84)	• 수자원 장기종합계획 • 환경정책기본법/수질환경보전법 제정('91) • 환경처('90) • 환경부('94) 승격
• 도서지역 식수난 • 삼남지방 가뭄으로 농사피해('67~'68) • 홍수피해지속('59 사라호 태풍)	• 상수도 보급 전국적 확대로 물사정 개선 • 홍수피해 지속('84,'87 대홍수 등)	• 수질오염 심화 • 수돗물 불신 고조

[그림 1] 물관리정책의 시행 경과

1. 정부수립기(1945~1960년)

이 시기 우리나라 수자원 정책의 근간은 홍수, 가뭄 등 재해에 대한 치수와, 관개답의 확장을 위한 농업용수의 개발과 수력발전 등 이수 위주로 추진되었다. 1950~1960년대 전반까지 수해와 물부족의 한발이 계속 발생해서 사회적 · 경제적 어려움을 겪으며 댐을 통한 홍수조절과 물이용정책을 도입하였다. 1965년 수자원 종합개발 10개년 계획 (1966~1975)이 수립되고, 이와 함께 4대강 유역 조사사업이 시행되었고, 이 조사를 바탕으로 다목적댐이 건설되기 시작했다.

정부수립후 1950년대에 하수 · 분뇨 처리시설이 갖추어져 있지 않은 상태에서 오수와 오물이 하천으로 무제한 방류되었으며, 그 결과 각지에서 하천수를 이용하는 수산, 양식, 농경은 물론 음용수, 상수도 수원, 수영, 관광 등에 지장을 초래하는 경우가 증가하였다. 또한 하천의 최종 하구인 항만의 해산물에 악취 또는 세균오염 등의 지장을 가져오기도 하였다.

그러나 이 시기에는 산업발전이 크게 진행되지 않고, 분뇨가 대부분 경작지 비료로 환원 · 이용되는 등, 오폐수에 의한 하천오염이 심하게 나타나지 않았으며, 주요 오염원이 하구 가까이 집중되어 하천 전체가 오염되지 않아 수질오염문제가 크게 부각되지는 않았다.

1960년대 들어서면서 치수에만 의존하던 것을 이수에 치중하게 되었으며, 이수에 지장을 주지 않기 위해 수질오염의 감시가 이루어지기 시작하였다.

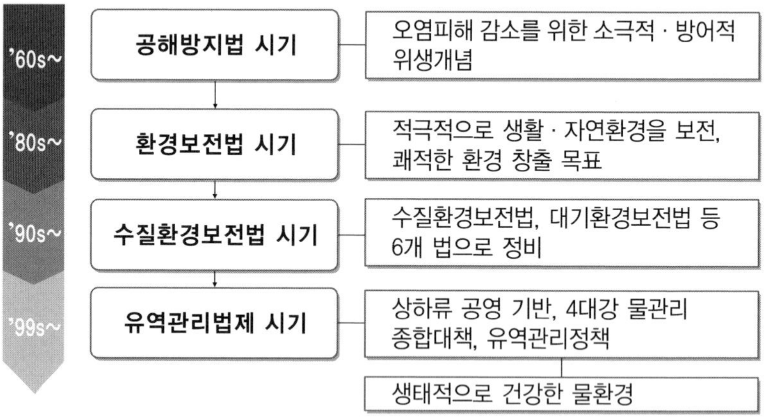

[그림 2] 물환경정책의 발전 과정

2. 경제개발시대(1960~1970년대) : 공해방지법 시기

우리나라에서 물환경 문제가 대두되기 시작한 것은 제3공화국 정부가 경제개발 5개년계획을 수립하여 공업화를 추진하기 시작한 1960년대부터라고 할 수 있는데, 일부 지역에서는 수질오염 문제가 가시화되고 있었다.

1963년 최초로 「공해방지법」이 제정되어 공해안전기준, 공해방지구역 지정, 환경위생감시원, 하수처리장 설치기준 등 초보적 수준의 제도가 도입되었다. 이를 통해 공해행위를 규제하게 되었는데, 공장이나 사업장 폐수와 하수처리장 방류수의 수질기준을 공해안전기준으로 제시함으로써 수질오염을 관리하기 위한 법적 근거가 마련하였으나, 「공해방지법」은 이미 방출된 오염물질을 적발하는 규제형식이고 환경의 유지목표가 규정되어 있지는 않았다.

1966년에는 하수도법을 제정, 우수 및 하수를 배제함으로써 도시위생을 관리하려는 소극적 접근도 이루어졌다.

1970년대에 들어와 중화학 공업의 육성, 산업단지 조성, 도시화의 진전 등으로 대기·수질·폐기물 오염 등 환경문제가 심각해지고 다양화하는 양상을 띠게 되었으며 특히 수질오염문제에 대한 국민의 관심이 커지면서 1963년에 제정되었던 「공해방지법」을 1971년에 대폭적으로 수정·보강하여 공장에서 배출되는 폐수에 대한 관리를 강화하기 위하여 폐수배출허용기준, 폐수배출시설 설치허가제도를 도입하였다.

이 시기의 물환경정책은 오염피해 감소를 위한 소극적·방어적 위생개념으로 추진되었으며, 공해방지법, 환경보전법(1977) 제정 등 법제는 존재하였으나, 이러한 법제도를 시행할 행정기구는 보건사회부 공해계에 머물러 있었고 집행력은 부재한 상황이었다. 또한, 공해 또는 환경문제가 부각되는 것이 산업발전을 저해하는 것으로 간주하여 정부에서 환경문제의 부각을 적극적으로 억제한 측면도 있다. 따라서 국민들의 환경오염에 대한 인식도 극히 저조하였고 환경오염을 관리하기 위한 환경행정도 많은 저항을 면하기 어려웠다.

3. 환경보전법 시기(1980년대)

1977년 「환경보전법」을 제정·공포하면서 적극적으로 생활자연환경을 보전함으로써 환경오염으로부터 피해를 제거함은 물론 쾌적한 환경 창출을 목표로 하였다. 환경보전법은 환경기준을 도입하여 환경정책의 목표를 계량화하고 이를 달성하기 위한 제반수단을 적용하였으며, 대기, 수질오염, 피해분쟁조정, 환경평가 등 환경의 모든 영역을 포괄하고 있다.

물환경부문에서 환경오염물질(55종), 수질환경기준(하천 및 소호)

및 수질규제기준(폐수배출기준 23종), 방류수수질기준(하수, 폐수 및 분뇨처리시설에 적용) 등을 도입하여 물환경정책은 비로소 환경기준 관리체제로 자리 잡게 되었다. 또한 배출허용기준도 19개 업종에 대해 수역을 3개로 구분하여 각기 달리 설정되고 대상물질도 확대되었다. 그러나 이런 법 제도를 집행할 행정기구는 아직 확대되지 못하고 있었다.

1980년 환경청이 신설되면서 수질관리를 위한 행정기구가 수질보전국 내에 5개과로 확대되었다. 1980년대는 수질오염의 실질적인 관리가 이루어지기 시작한 시기라고 하겠다. 환경청 발족 후 환경정책의 기본목표와 방향을 정하는 것이 시급한 과제였으며, 그 첫 번째 사업으로 '환경보전 장기종합계획'을 수립하게 되었다. 물관리 정책 수립은 1982년 ADB(아시아개발은행) 차관사업으로 시작된 '한강 유역 환경보전종합계획 사업'이 효시라고 할 수 있으며 이어서 1984년에는 '낙동강유역 환경보전종합계획', 1985년에는 '서남해권(금강·영산강유역) 환경보전 종합계획' 수립사업을 실시하여 1987년에 '전국 환경보전 장기종합계획'을 완성하였다.

정부가 전국 단위로 수립한 최초의 수질보전대책은 1989년에 작성된 '맑은 물 공급 종합대책'이었으며 이 대책은 1993년 새로운 대책을 제시할 때까지 국가수질관리 기본계획의 역할을 하였다.

이 시기에 물환경관리를 위한 기초적 토대는 마련되었으나, 체계적인 관리는 미흡했던 것으로 볼 수 있다.

4. 수질환경보전법 시기(1990년대)

1990년대 들어 음용수 수질문제와 수질오염의 심각성이 증대되면서 수질관리와 보전이 중요한 몫을 차지하게 되었다.

1990년 환경청이 환경처로 승격되면서 1991년에 「환경보전법」이 개별법으로 분법화되어 「수질환경보전법」이 제정되었고, 폐기물관리, 오수·분뇨 및 축산 폐수 관리에 관한 사항을 통합하여 「오수·분뇨 및 가축분뇨의 처리에 관한 법률」을 제정하였다. 1991년에는 환경부 자체적으로 「수질환경보전법」의 규정에 따라 4대강 대권역 및 11개 중권역으로 구분하여 수계영향권역별로 관리하는 수질보전대책을 수립하였다.[1)]

그러나 1989년 초 수돗물의 수질오염이 사회문제로 대두되면서 국무총리실이 주관하여 '맑은 물 공급 종합대책'을 수립하고, 1996년까지 하수처리장 건설 등에 2조 1,619억 원을 투자하는 계획을 추진하였다.

1991년에 낙동강 페놀오염사고가 발생됨에 따라 1993년에 이 대책을 전면 수정하여 1997년까지 7조 3,000억 원을 투자하는 것으로 사업계획을 수정하였다. 대책의 일환으로 1991년 4월 상수원보호구역, 하수종말처리 관련업무를 환경처에 이관하였으며, 1993년 7월 제2차 맑은 물 공급 종합대책을 시행하였다.

1994년 초에 낙동강 유기용제 오염사고가 발생하면서 다시 국무총리실이 주관하여 '수질 관리 개선대책'을 수립하였고, 기존의 맑은 물 공급 종합대책을 앞당겨 시행하거나 추가사업을 포함하여 2005년까

1) 1992년 처음으로 수계영향권별 관리대책을 수립하여 1997년에 완성하였고, 1998년부터 2000년까지 4대강 특별대책을 수립하였다. 2004년 「수질환경보전법」을 개정하여 대권역의 기본계획을 10년 단위의 장기계획으로 수립하도록 함에 따라 현재 10년 단위의 '물환경관리 기본계획(2006~2015년)'을 수립하여 시행하고 있다.

지 27조 원을 투자하는 계획을 추진하였다. 이러한 물관리 종합대책의 추진에도 불구하고 시화호·새만금호 문제, 4대강 식수원 오염문제 등 다양한 물환경 문제가 불거져 사회적 갈등으로 비화되었다.

1990년대 상반기까지 수질보전대책의 주류는 대형 수질오염사고에 따른 후속조치와 대응대책이었다. 1998년에 와서야 「유역관리기법」(Watershed Management)에 근거한 4대강 수질보전대책이 수립되었다.

다수의 환경오염 사고 등 환경관리의 문제가 부각되면서 사전규제가 강화되었으며, 환경행정부처의 강화를 위해 환경처는 다시 환경부로 승격되고(2004) 물관리 행정기구도 수질관리행정기구가 확대되고 수량관리조직의 일부가 수질관리행정기구로 이전·통합되는 등 물의 개발과 이용이라는 시각의 변화가 일어났다.

5. 유역관리체제 시기(1999년~)

2000년대 전반기에는 기존의 사후적인 환경관리의 틀을 벗어나 선진적인 환경정책으로서 사전예방적인 물환경관리정책의 기틀을 마련한 시기로 볼 수 있다.

1998년 초 수도권 상수원인 팔당호의 수질이 악화되면서, 정부는 팔당호의 수질개선을 위한 특단의 대책이 필요함을 인식하고 팔당 상수원의 수질을 개선하기 위한 특별대책안을 마련하여 상류지역 주민, 시민단체, 지방자치단체와 수십 차례의 협의를 거쳐 '한강수계 상수원 수질관리 종합대책'을 확정하였고, 이어 1999년에는 이 대책을 법적으로 뒷받침하기 위한 「한강수계 상수원 수질개선 및 주민지원 등에 관한 법률」을 제정하였다. 또한 1999년 낙동강수계 물관리 종합대책, 2000년 금강수계 물관리 종합대책 및 영산강수계 물관리 종합대책을 차례로 수립함과 동시에 2002년까지 「낙동강수계 물관리 및 주민지원에 관한 법률」을 비롯하여, 금강 특별법, 영산강·섬진강 특별법을 새로이 제정하였다. (5년 동안 지역주민, 시민단체, 전문가 및 자치단체 등과 총 420여 회의 각종 토론회 및 공청회 등을 거침)

이러한 '4대강 물관리종합대책'은 그동안의 수질관리대책을 평가하고 수질관리 방식을 유역관리 체제로 전환하며, 상하류 지역 간 갈등 구조를 상하류 공영과 상생의 관계로 발전시키는 것을 목표로 하였다. 또한 물관리체제를 참여와 협력을 바탕으로 하는 화합형 체제로 변환하였는데, 유역 내 이해당사자들의 협력과 참여를 바탕으로 환경부차관과 광역자치단체 부단체장 등으로 구성되는 수계관리위원회를 유역관리의 최고정책결정기관으로 하였으며 수계관리기금을 조성하여 상수원 지역주민과 지방자치단체를 지원하였다.

2000년대에 와서 「4대강 특별법」이 시행되면서 수계별로 수질오염 총량관리제가 단계별로 적용되었고 수변구역의 지정, 물이용 부담금제, 상수원지역 지원 및 토지매수제 등 강력하고도 선진적인 물관리정책이 도입되어 시행되었다. 특히 물이용부담금 제도를 통하여 수혜자부담원칙을 현실화하였다.

유역관리를 중심으로 한 물환경정책의 주요 제도적 변화는 다음과 같다.

1) 수질관리 제도 · 도구의 변화

수질보전법에 따른 정책
행정구역을 중심으로 한 오염물질 사후관리
배출시설 허가 배출허용기준 농도규제
배출부과금
상수원보호구역 지정

➡

특별법에 따른 유역기반 정책
유역단위의 물관리정책 수변구역/토지매수제도
오염총량관리체계
물이용부담금 총량초과부과금
상수원 관리지역에 대한 재정지원 주민 수질감시활동 지원 수계관리위원회

[그림 3] 유역관리체제 도입에 따른 정책변화

2) 수변구역제도

하천수질 영향이 큰 하천 인접지역을 수변구역(Riparian Buffer Zone)으로 설정하여 집중관리하는 제도로, 수변구역 내에는 음식점, 숙박시설, 목욕탕, 공장, 축사 등 고농도 수질오염원의 신규입지를 제한하고, 수변구역 내의 토지는 토지소유자와의 협의를 통해 단계적으로 매수하되, 하천생태계와 육상생태계를 연결하는 완충지대인 수변녹지(Riparian Buffer Forest)로 복원하여 비점오염원 관리와 수원함양을 촉진하는 목적이다.

한강수계	1999.9. 팔당호, 남한강, 북한강 및 경안천의 양안 255km^{2}지정 (2009년말 현재 190.2km^2)
낙동강, 금강, 영산강 수계	2002.9. 상수원으로 이용하는 주요 댐, 하천 및 호소 주변지역 지정 (현재 낙동강 338.4km^2, 금강 372.8km^2, 영산강 298.6km^2)

3) 토지매수제도

상수원보호구역, 수변구역 및 상수원 수질보전을 위해 필요한 지역의 토지 및 부착시설을 매수하여 매수토지에 생물서식지, 습지, 식생호안, 수림대 등을 조성하는 제도이다. 한강수계 2000년, 3대강수계는 2003년부터 토지매수가 시작되었다.

4) 물이용부담금 및 수계관리기금 운영

물이용부담금은 '사용자부담원칙(The User Pays Principle)'에 따라 공공수역으로부터 취수된 원수를 직접 또는 정수하여 공급받는 최종 사용자에게 물사용량에 비례하여 부과하며, 상수원의 수질개선을 위해 그 물을 사용하는 수혜집단에 대하여만 부과하는 조세외적 부담금으로서 사용료의 성격을 지닌다. 물이용부담금 재원으로 4대강 수계별로 수계관리기금을 설치·운영하며, 수계관리위원회에서 물이용부담금 부과율 결정과 수계기금 관리를 담당한다.

5) 수계관리위원회

4대강 유역관리를 위한 대표적 의사결정기구로, 다수 지자체에 걸치는 유역을 효율적으로 관리하기 위하여 수계별로 설치한다. 환경부차관을 위원장으로, 수계별로 관계 시·도의 부시장·부지사, 한국수자원공사 사장 등 물관련 기관의 장을 위원으로 구성하며, ① 수질개선을 위한 오염물질삭감계획, ② 물이용부담금의 부과·징수, 기금의 운용·관리, 토지매수, ③ 주민지원사업 계획 및 민간수질감시활동의 지원에 관한 사항 등을 협의·조정하는 기능을 가진다. 유역 내 물문제 등에 대한 실무적인 검토·조정과 위원회 운영 등에 대한 전문적인 자문을 위하여 관계 시·도 실무국장급으로 구성된 "실무위원회"와 주민·사회단체·전문가·업체대표들로 구성된 "자문위원회"를 운영한다.

다음 [그림 4]는 1960년대 공해방지법 시기부터 유역관리법제 시기까지 주요 수질보전 개획과 수질개선 투자에 대한 개관을 보여준다.

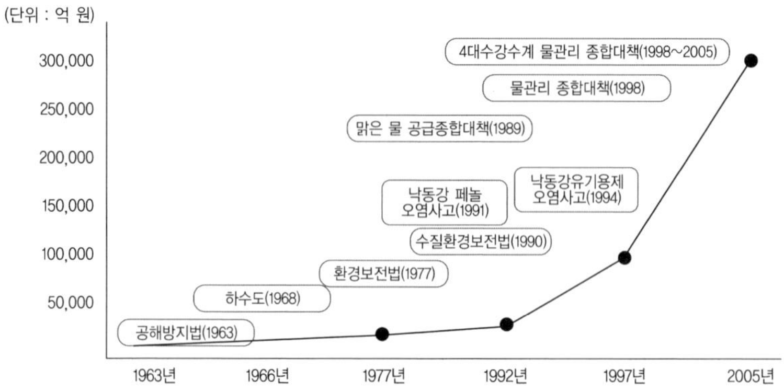

자료 : 환경부(2010), 「환경30년사」

[그림 4] 그간의 주요 수질보전 대책과 투자비(1960년대~2005년)

6. 생태적으로 건강한 물환경

그간의 물관리정책이 수질개선에 치중하고 생태적 건전성과 건강 위해성에 대한 고려가 미흡하다는 비판이 대두됨에 따라 환경부는 2005년 오염물질관리 위주의 물환경정책에서 탈피하여 '생태적으로 건강한 하천과 유해 물질로부터 안전한 물환경 조성'을 정책목표로 하는 새로운 정책을 채택하여 시행하였다.

2005년 「수질환경보전법」을 「수질 및 수생태계 보전에 관한 법률」로 개정하여 수생태계의 관리 기반을 마련하였으며, 수계영향권별 수질보전계획의 수립 · 시행 등에 관한 사항을 규정하는 등 수질오염방지 중심에서 수생태계를 포함하는 물환경 보전 · 관리로 그 패러다임을 전환하였다. 이에 맞추어 물환경정책 목표로서 수질환경기준을

'수질 및 수생태계 환경기준'으로 개편하여 오염물질의 이화학적 농도뿐 아니라 수생태계의 건강성과 생태적 위해성을 고려하는 생물학적 지표를 도입하였고 수질·수생태계 등급의 지수화 및 상태 캐릭터를 채택하였다. 환경부는 이러한 개념에 바탕을 둔 '물환경관리 기본계획(2006~2015년)'을 수립하여 2006년부터 시행하였다.

물환경관리 기본계획은 달라진 물관리 여건을 반영하고, 새로이 드러난 물환경에 대한 국민의 욕구변화를 수용하여 생태적으로 건강한 물환경을 조성하는 등 7개 부문에 걸친 주요 정책 물환경정책을 수립하였는데, 이는 물환경의 조성과 수생태계 보전에 관한 정부의 최상위 물환경관리계획에 해당한다.

물환경정책의 기본방향으로 2015년까지 수(水)생태의 복원과 위해성 관리에 초점을 둔 물환경정책을 추진함에 있어서 상수원 상류 수변구역의 매수토지를 수변생태 벨트로 조성하는 등 '수생태계 건강성 복원사업'을 추진하며, 유해물질로부터 안전한 물환경을 조성하기 위하여 생태독성 통합관리제도(WET : Whole Effluent Toxicity)와 업종별 배출허용기준 체계를 구축하였다. 아울러 상수원 상류를 중심으로 추진되던 물관리정책을 하구·연안·소하천 등으로 확대하고, 관리대상 하천을 4개 대권역, 117개 중권역, 840개 단위구간 소권역으로 나누어 체계적으로 관리하며, 비점오염원과 축산분야의 정책적 비중을 강화하고, 농어촌지역의 하수도 보급률을 선진국 수준으로 확충하도록 대책사업을 추진하고 있다.

2015년까지 '물고기가 뛰놀고 아이들이 안심하고 멱 감을 수 있는 물 환경을 조성한다'는 목표 아래 8개 부분의 주요 정책과제를 채택하여 단계별로 추진하고 있다. 여기에는 물생태계의 건강성 복원사업, 하천과 수변을 연계한 수변생태벨트(Riverine Eco-belt) 조성,

특정수질유해물질 항목 확대, 위해성평가 및 생물학적 지표 도입, 호소 특성별 관리계획 수립 및 통합적인 하구관리모델 개발, 수질오염총량제의 시행, 비점오염원 관리 및 가축분뇨 발생량 저감, 선진국 수준의 하수도 보급률 달성 등의 사업이 계획되어 추진되고 있다.

수변구역 관리방향, 토지매수 우선순위, 수변녹지 조성계획 등을 담은 수변구역 관리기본계획을 수립(2008년)하고, 매수토지를 수체 보호기능과 수생태 건강성을 증진할 수 있도록 하천과 수변을 연계한 수변생태벨트(Riverine Eco-belt)로 조성을 추진하고 있다. 2012년 말까지 수계관리기금 91,791백만 원을 투입하여 수변생태벨트 9,668천㎡를 조성하였다.

한편, 그간 임의제로 운영된 한강수계 오염총량제(팔당호 상류 7개 시 · 군)를 서울 · 인천 · 경기지역에 의무적으로 확대시행(2013년 6월 이후)하고, 수질오염이 심각한 진위천에 대하여 4대강수계에 포함되지 않은 기타수계 중 수질오염총량제를 최초 시행(2012년 이후)하여 점차적으로 수질오염이 심각한 수계지역을 오염총량제 대상지역으로 지정 · 확대하는 한편, 2단계 오염총량관리(2011~2015년) 대상항목을 기존 BOD 외 T-P을 추가한 바 있으며, 향후 낙동강수계를 대상으로 수질오염물질 배출권 거래제도 시범사업 실시(2014~ 2015년) 등이 계획되어 있다.[2)]

2010년 9월에는 '생태하천 복원사업 중장기 추진계획'을 수립하고, 2015년까지 생태적으로 훼손된 하천(14,722㎞)의 약 11%인 1,667㎞를 복원하여 생태하천 비율을 45%에서 51%까지 높인다는 계획을 마련, 추진하고 있으며, 궁극적으로 물환경관리기본계획의 비전인 '물고기가 뛰놀고 아이들이 멱감는 하천'이 전국적으로 확산되기를 기대하고 있다.

---

2) 환경부(2013), 「환경백서」

■ 생태하천 복원사업

생태하천 복원사업은 콘크리트 호안 등으로 훼손된 하천을 본래의 자연성과 생태적 기능이 살아나도록 복원하는 사업이다.

종전의 하천정비사업은 하상정비와 체육시설, 공원, 주차장 등을 설치하여 둔치를 위락공간화하거나, 하천을 직강화하고 콘크리트 제방화하여 하천의 자연적 모습이 사라지고 하천생태계를 파괴하는 결과를 초래하였다. 그 결과로 우리 주변에서 자연상태를 유지하고 있는 하천은 거의 찾아볼 수 없게 되었으며 인공적인 하천의 모습만이 남게 되었다. 이외에도 도시면적의 증가로 인하여 불투수층의 면적이 늘어나 지하수위 감소와 건천화의 원인이 되었으며 과거에 비하여 비점오염원의 유입량이 크게 증가하여 수질을 악화시키는 것도 오늘의 하천에서 나타나는 변화이자 문제들이다. 이에 환경부는 1996년부터 공공기반기술개발(G-7) 연구사업을 수행하여 국내여건에 맞는 자연형 하천복원기술을 개발하였다.

2002년에는 '하천복원 가이드라인'을 제시하면서 퇴적오니 준설사업을 위주로 1987년부터 시행하던 오염하천정화사업을 수질개선과 함께 하천생태계의 복원을 함께 달성하는 자연형 하천정화사업으로 전환하여 시행하고 있다. 2007년 '생태하천 만들기 10년 계획'을 수립하였고, 차세대 핵심환경기술개발사업을 통하여 수질개선 및 수생태계 복원기술을 개발하고 있다. 또한, 기존의 자연형 하천정화사업을 하천의 재자연화와 하천생태계의 복원에 우선적인 목표를 두고 배후습지의 조성, 수변녹화 등 수변 공간을 포함한 유역차원의 접근을 통하여 하천을 매개로 하는 생태네트워크를 구축하는 하천생태 복원사업으로 발전시켜 나가고 있다.

생태하천이란 '하천이 지닌 본래의 자연성을 최대한 살릴 수 있도록 조성된 하천'을 가리키는 것으로, 이수·치수의 기능뿐만 아니라 하천을 여러 오염원으로 부터 보호하고 하천의 생태적 기능을 회복하는 것은 물론, 생태적인 친수공간 확보를 통하여 사람의 삶의 질을 향상시키는 역할을 담당한다는 점을 내세울 수 있다. 생태하천복원사업에서는 유역을 고려한 하천생태복원, 복개하천 등 도심하천생태복원, 마을앞 도랑살리기 등 다양하게 추진되고 있으며, 하천의 치수기능을 증진하면서 하천의 자정능력을 높이도록 수역과 호안, 둔치 등에 수초재배섬, 인공습지, 하천자연정화시설 등을 설치하여 하천의 수질을 개선하고, 하천의 생태계를 회복 또는 복원하는 '하천가꾸기 사업'이라 할 수 있다. 물길, 저수로 등 하천의 물리적 기반을 자연형으로 복원하여 수질개선을 위한 자정기능, 동식물 서식처로서 생태적 기능, 심미적 공간으로서 친수기능을 제고하여 '물고기가 뛰놀고 아이들이 멱 감을 수 있는 하천환경'을 조성하고자 하는 것이다.

환경부는 1987년부터 2007년까지 1조 682억 원을 투입하여 775개의 하천구간에 대하여 퇴적오니 준설, 자연형 하안 조성, 수생식물 식재 등 생태하천복원사업을 추진하였다. 2007년 1,106억 원을 투입하여 63개 하천구간, 2008년 1,297억 원을 투입하여 81개 하천구간에 대하여 생태복원사업을 추진하였다.

지금까지 살펴본 물환경관리를 위한 정책의 주요 방향과 내용을 중심으로 시기별 변화를 요약해 보면 다음 표와 같다.

[표 1] 물관리제도의 변화

연도	수량		수질		수생태	물놀이	문화	비고
	치수	이수	하수도	수질				
1970년대 이전	하천정비	수력발전, 농업용수	도랑		풍부	하천변		수도(1961) 농촌진흥(1962) 하천(1962) 공해방지(1963) 하수도(1966)
1990년대 이전	댐 개발	댐으로 용수확보	서울만 하수처리장	1981 측정 시작	급감			환경보전(1977)
1981~1985	한강종합개발							
1990년대	종합치수계획 소하천정비	광역수도	전국 대도시 하수처리장	수계별 수질관리	도시지역 멸종			수질환경보전(1990) 소하천정비(1995) 농어촌정비(1995) 수계특별(1999)
1997~2004	물관리종합대책-총리실 수질개선기획단							
2000년대	자연하천		중소도시처리장 관거정비	유역관리, 생태하천	2007 전국 측정 시작	2008 조사 시작	사라졌음	댐건설(2000) 수질 및 수생태(2007) 저수지댐안전(2008)
2000년대 중반	지속가능발전위원회의 물관리 일원화 논의 → 성과 없음							
2009	4대강 살리기 사업 → 국토부 4대강추진본부							
2010년대			마을 처리장, 관거 정비		생태복원			농업생산기반(2010)

[표 2] 시기별 물환경정책 및 행정조직의 변화

시기	물환경 관련 사건	물환경정책	물환경 행정조직
1960년	1962년 국가경제개발계획 - 도시화, 건천화현상 초래	1961년 하천법제정 1961년 오물청소법 제정·공포 1963년 공해방지법	보건사회부 환경관리관실 수질보전담당관
1965년		1965년 수자원종합개발10개년 계획 1966년 특정다목적댐제정	
1970년		1971년 공해방지법 수정·보강 - 폐수배출허용기준, 폐수배출시설 설치허가제도도입 1971~1981년 4대강유역종합개발계획	
1975년		1977년 환경보전법 제정·공포 1977년 해양오염방지법 제정	
1980년		1980~2001년 수자원종합계획 1981~1983년 낙동강, 금강, 영산강, 섬진강, 만경강 기초조사, 한강정밀조사사업 1984년 낙동강유역환경보전종합계획	1980년 환경청 출범 수질보전국(수질제도과, 수질관리과, 해양보전담당관)
1985년	1988년 서울올림픽 1989년 수돗물중금속기준치 초과 등 식수오염	환경기초시설확충, 폐수배출규제강화, 공중위생시설관리강화 1985년 서남해권(금강, 영산강유역)환경보전종합계획 1987년 전국환경보전장기종합계획 1986년 물관리종합대책추진 1989년 맑은물공급종합대책	

시기	물환경 관련 사건	물환경정책	물환경 행정조직
1990년	1991년 낙동강페놀오염사고 1994년 임진강물고기떼죽음 1994년 낙동강유기용제오염사고	1990년 환경보전법 분법화, 수질환경보전법 제정 1991년 폐기물관리법, 수질환경보전법 → 오수분뇨및가축분뇨처리에관한법률 1991년 환경정책기본법 1993~1997년 맑은물공급종합대책수립 1990~2011년 수자원장기종합계획 1993년 상수원보호구역	1990년 환경청 → 환경처 승격 1991년 수질보전국(수질제도과, 수질관리과, 폐수관리과, 해양보전과) 1994년 환경부 승격 1994년 상하수도국(수도정책과, 상수도과, 음용수관리과, 하수도과), 수질보전국(수질제도과, 수질관리과, 폐수관리과, 해양보전과)
1995년	1995년 대전시생활하수미처리방류사고 1996년 하천의녹조현상 1996년 시화호사건(시화호수해양방류) 1996년 임진강물고기떼죽음 1996년 대구위천공단건설과 부산·경남지역의 물분쟁 1999년 춘천댐유조차추락사고	1996~2005년 4대강물관리종합대책	1996년 수질보전국(해양보전과)해양수산부로 이관 - 수질보전국(수질정책과, 유역제도과, 산업폐수과, 생활오수과), 상하수도국(수도정책과, 물산업육성과, 생활하수과)
2000년		수질, 수량 및 자연환경과 국토이용을 물환경 보전에 통합하는 정책의 틀 도입 2002년 낙동강수계물관리및주민지원에관한법률 - 금강특별법, 영산강, 섬진강특별법제정	2002년 수질보전국(수질정책과, 유역총량제도과, 수생태보전과, 산업수질관리과), 상하수도국(수도정책과, 물산업육성과, 생활하수과)
2005년		2005년 수질환경보전법 → 수질및수생태계보전에관한법률 2006~2015년 물환경관리기본계획 2008년 수변구역 관리기본계획	2008년 물환경정책국(물환경정책과, 유역총량제도과, 수생태보전과, 산업수질관리과),상하수도정책관(수도정책과, 물산업육성과, 생활하수과, 토양지하수과)
2010년		2012년 수질오염총량제 2013년 한강수계 오염총량제 2014~2015년 수질오염물질배출권 거래제도 시범사업	

자료 : 환경부(2010), 「환경 30년사」
한국환경정책·평가연구원(1996), 「한국의 환경 50년사」

Ⅲ 물환경 상태의 변화

1. 4대강 수질변화

1960년대 이후 경제성장과 산업화로 인하여 수질오염물질도 다양해지고 그 배출량도 증가하였으며, 이에 따라 도시와 공업단지 주변 하천과 농경지 부근 또는 댐 건설로 형성된 정체수역의 수질이 심하게 오염되는 현상이 나타났다.

1980년대의 4대강 수질은 지역에 따라 차이가 있기는 하였지만, 경제개발이 활발히 진행되면서 오염물질 배출량은 늘어난 반면, 환경기초시설이 거의 없어 수계에 따라 극심한 오염현상을 보였다.

이러한 현상은 환경청이 발족한 1980년 이후 1990년대 초반까지 이어지다가 1990년대 후반에 접어들면서 전반적으로 수질이 점차 개선되었는데, 이는 1991년 이후 연이어 발생한 대형 수질오염사고를 계기로 하수처리장 등 환경기초시설 확충과 4대강 특별대책 수립 및 특별법 제정·시행 등 수질개선 정책 추진의 효과로 볼 수 있다.

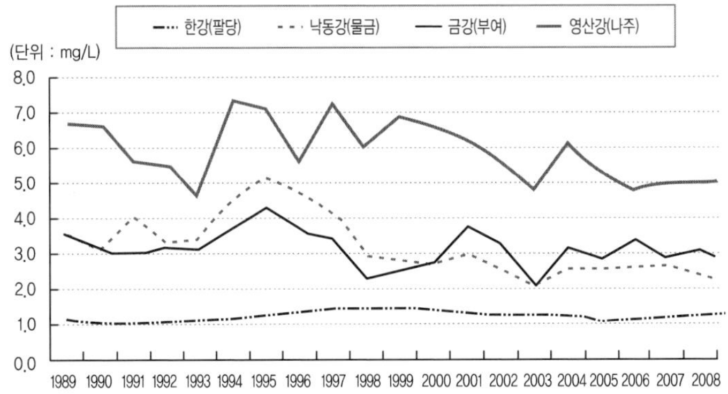

[그림 5] 4대강 주요지점 수질(BOD) 변화

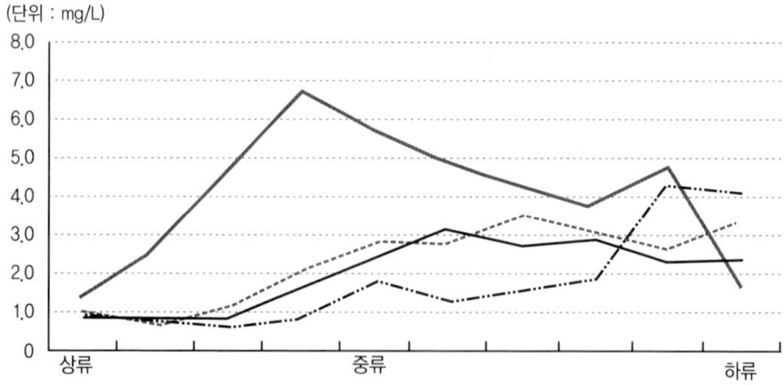

	상류				중류					하류
한강	0.8	0.8	0.6	0.9	1.6	1.3	1.6	1.9	4.3	4.2
낙동강	0.9	0.8	0.9	1.5	2.3	3.1	2.7	2.8	2.4	2.4
금강	1.0	0.7	1.1	2.1	2.7	2.9	3.3	3.1	2.7	3.3
영산강	1.5	2.6	4.5	6.5	5.8	4.9	4.4	3.8	4.8	1.7

[그림 6] 상하류간 수질(BOD) 변화(2008년)

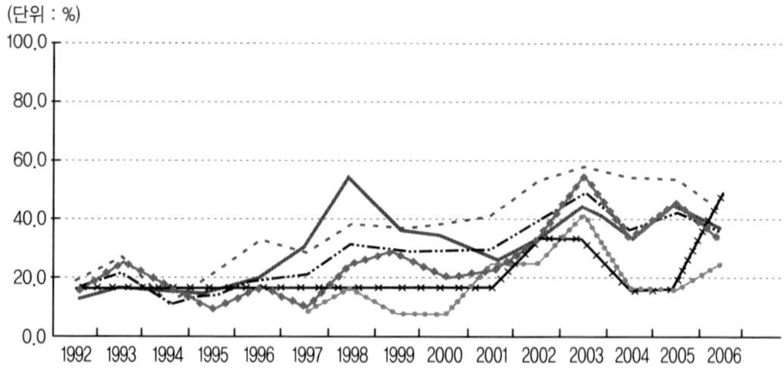

	1992년	1993년	1994년	1995년	1996년	1997년	1998년	1999년	2000년	2001년	2002년	2003년	2004년	2005년	2006년
전국	17.4	22.1	13.8	13.8	20.0	21.0	31.6	29.9	27.8	29.4	37.6	49.0	36.6	42.3	35.6
한강	19.2	26.9	11.5	19.2	32.7	28.8	38.5	38.5	38.5	42.3	53.6	57.7	53.8	53.8	42.3
낙동강	15.0	25.0	17.5	10.0	17.5	10.0	25.0	30.0	20.0	22.5	32.5	55.0	32.5	45.0	32.5
금강	13.2	15.8	15.8	15.8	21.0	65.3	55.3	38.8	34.2	26.3	31.6	44.7	34.2	44.7	36.8
영산강	–	8.3	–	16.7	–	8.3	16.7	8.3	8.3	25.0	25.0	41.7	16.7	16.7	25.0
섬진강	16.7	33.3	–	–	16.7	–	–	–	16.7	16.7	33.3	33.3	16.7	16.7	50.0

[그림 7] 수질환경기준 달성 비율(2008년)

2. 오염의 발생과 처리

1980년대 이후 오염원과 오염원으로부터의 오염발생 부하량의 변화를 살펴보면 [그림 8], [그림 9]과 같다.

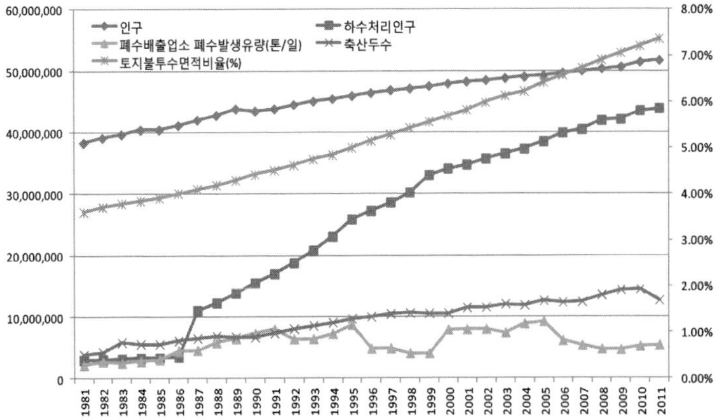

[그림 8] 오염원 변화

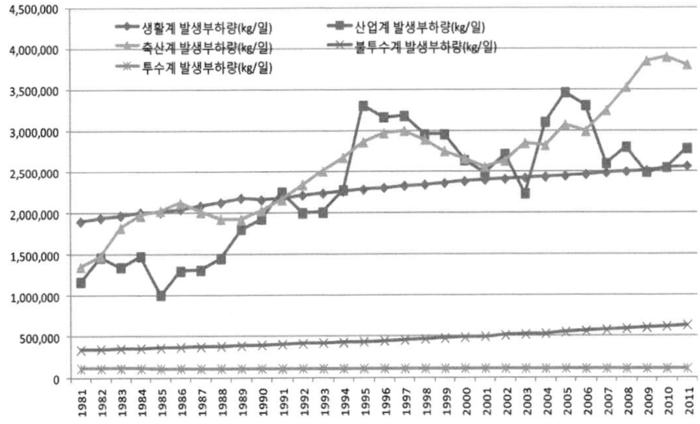

[그림 9] 오염발생부하량 변화

인구의 증가와 함께 생활계 오염발생부하량도 점차 증가하였으며 산업계와 축산계 발생부하량도 다소 변화가 있었으나 평균적으로 증가하는 추세로 발생되었다.

도시화와 함께 토지 불투수면적 비율이 증가되었으며, 이에 따라 불투수계 (비점오염) 발생부하량도 꾸준히 증가되어 왔다.

1980년대 본격적으로 시작된 오염의 관리를 위한 기초시설 확충·운영이 1990년대 이후 가속화되면서([그림 10]) 발생된 오염의 대부분이 처리되어 오염의 배출부하량은 점차 감소하는 추세이다([그림 11]). 단, 기초시설을 통한 관리가 어려운 불투수계 발생부하량은 꾸준히 증가하고 있다.

이에 따라 전체적인 오염배출부하량의 비중은 생활계 〉 비점오염 〉 산업계 〉 축산계 〉 기초시설 순이었으나, 생활·산업계 오염의 체계적 관리로 최근에는 비점오염 〉 축산계 〉 생활계 〉 산업계 〉 기초시설 순으로 변화되었다.

기초시설을 통한 점오염원 관리는 한계에 도달하고 있으며, 따라서 비점오염관리의 중요성이 부각되고 있다.

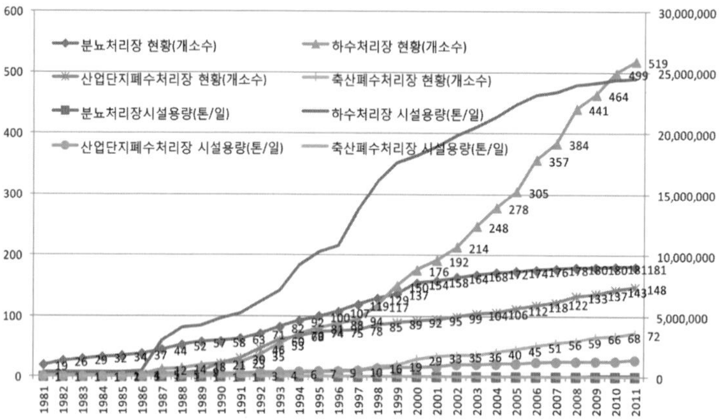

[그림 10] 오폐수처리시설의 설치

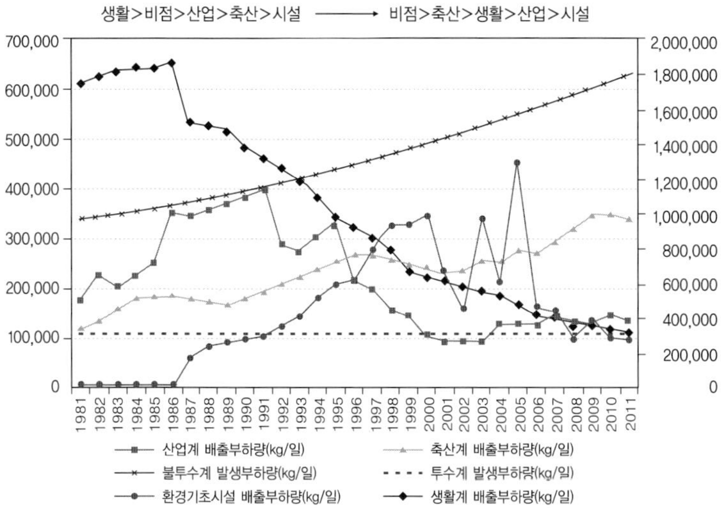

[그림 11] 오염배출부하량 변화

IV 물환경정책 이슈와 전망

1. 수질오염총량관리제도

1) 수질오염총량관리제도의 적용

수질오염총량관리의 적용은 한강수계에서는 임의제, 나머지 3대강 수계에서는 의무제로 시행되었으나(2002년 법제화, 2004년부터 시행) 한강수계에서의 의무제 적용을 위해서도 법제화가 이루어졌으며(2010.5.) 2013년 하류지자체(서울, 인천, 경기)부터 시행되고 있다. 한강 상류의 5개 시도(강원도, 춘천시, 원주시, 충북, 제천시)는 시행이 10년 이내 유예되어 추진된다.

1차 총량계획기간	2004~2010	BOD
2차 총량계획기간	2011~2015	BOD, T-P

2) 수질오염총량관리제 시행 결과(1단계)

1단계(2004~2010) 수질오염총량관리 시행의 결과는 다음과 같이 나타났다.

구 분		계		낙동강		금강		영산강·섬진강	
			%		%		%		%
단위유역 계		92	100	41	100	30	100	21	100
수질평가 (BOD 기준)	수질 개선·유지	48	52	14	32	19	63	15	71
	수질악화	44	48	27	68	11	37	6	29
목표수질 달성도 (BOD 기준)	목표수질 달성	54	49	31	76	13	43	10	48
	목표수질 초과	38	41	10	24	17	57	11	52
오염허용 총량 준수	평가대상	262	100	75	100	117	100	70	100
	초과지역	41	16	9	12	21	18	11	16

1단계 총량관리가 적용된 3대강 수계 각 지점의 목표수질과 총량관리 시행 전후의 수질은 다음과 같이 나타났다.

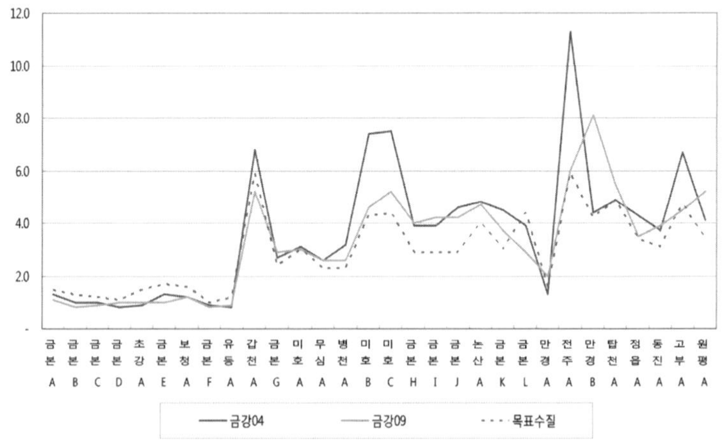

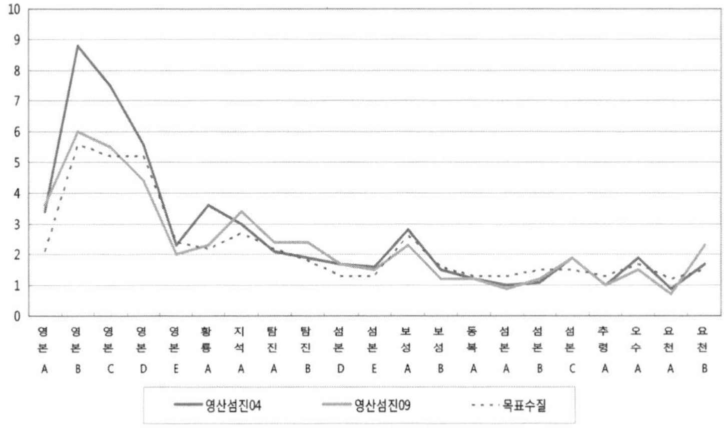

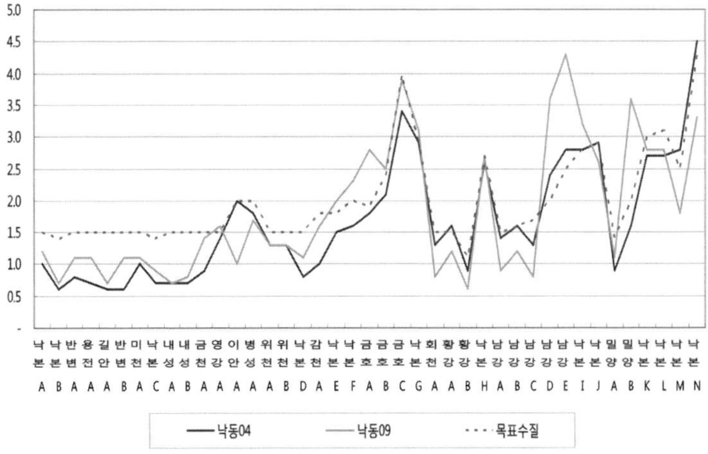

[그림 12] 1단계 수질오염총량관리 시행 전후 3대강 수계 수질변화

3) 4대강 살리기 사업과 수질오염총량제

물관리와 연계된 4대강 살리기 사업의 내용은 다음과 같이 요약할 수 있다.

수자원 확보	하도준설, 16개 보, 중소규모 다목적댐 3개소 설치, 농업용 저수지 96개소 증고
수해예방	준설, 댐 건설, 농업용저수지 증고 + 홍수조절지 2개소, 강변저류지 4개소 등
수질개선	환경기초시설 및 수생태복원사업, 생태하천 복원 및 수변생태벨트 조성
복합공간	수변공간을 복합공간으로 조성(자전거길, 문화공간, 조망·휴식시설)

이러한 4대강 살리기 사업의 추진으로 보 건설 등에 따라 4대강 수계 수리수문 특성이 변화하게 되었으며, 이에 따라 4대강 살리기 사업 추진 이전의 수리수문 특성을 기준으로 과학적 접근 및 오랜 논의를 통해 설정되었던 오염총량관리를 위한 기준유량 및 목표수질을 변화된 수리수문 특성을 기준으로 한 재설정이 필요하게 되었다(2011년).

환경부에서는 16개 보를 중심으로 수질오염총량관리제 적용을 위한 유역권의 조정과 목표수질 재설정을 추진하며(2011.12.) 보 중심으로 총량관리 목표수질을 강화하도록 정책방향을 제시하였다.

지역적 수질목표와 배출총량할당 등에 대한 오랜 논의와 조정과정을 통해 도출된 합의를 바탕으로 설정·추진되어 온 수질오염총량관리제도는 국가 차원에서 추진된 사업(4대강 살리기 사업)으로 인해 새로운 설정에 의한 추진이 필요하게 되었으며, 이는 오염총량관리 시행에 따른 비용을 감수하며 지역의 수질오염배출을 관리해 온 당사자(지방자치단체, 배출오염 할당 대상)들에게 제도의 시행에 대한 신뢰성을 저하시키는 문제가 발생하였을 것으로 보인다.

특히 4대강 살리기 사업의 추진과 연계된 친수구역 개발사업[3]은 새로운 개발부하의 발생으로 하천 수질에 미치는 영향의 문제가 대두되지 않을 수 없다. 4대강 살리기 사업에 의해 수질오염총량관리제도

3) 친수구역 활용에 관한 특별법 (국가하천 주변지역을 체계적·계획적으로 조성·이용, 그에 따른 이익을 하천의 정비 및 관리 등에 활용)에 따라 4대강에 친수구역을 개발할 수 있도록 규정되어 있음.

의 적용 자체가 변화되고 있는 상황에서 새로운 개발부하량을 포괄하는 총량관리 재설정으로 수질오염총량관리 정책의 적용 자체가 후퇴하는 결과를 가져올 우려가 있다.

2. 물관리 행정의 분화

우리나라는 1960년대 경제건설을 위해 산업화가 필요하였고 이에 따라 수자원개발정책이 병행되었다. 수자원개발, 하천관리기능이 먼저 발달되었고 수질보전, 수생태계 관리 문제는 사실상 1980년대 이후에 출발하였다고 할 수 있다. 이러한 시간적 편차 때문에 물관리 기능 및 법제가 일원화되어 있지 않고, 분산되어 있는 실정이다.

수환경 구성요소별로 보면 수량관리기능은 국토해양부가, 수질관리기능은 환경부가 담당하고 있으며, 하천관리는 국토해양부가, 수생태계관리는 환경부가 담당하고 있다고 할 수 있다. 기능별로는, 국토해양부는 일반하천관리, 다목적댐과 광역상수도 개발을 담당하고 있으며, 전체 용수 수요의 2/3를 차지하는 농업용수는 농림수산식품부에서, 수력발전은 지식경제부, 지방상수도는 행정안전부에서 담당하고 있다.

[표 3] 물관리 업무분담

	환경부	국토교통부	농림축산식품부	산업통상자원부	안전행정부
정책/계획		• 수자원 종합 개발정책 수립	• 농어촌 용수계획	• 전원개발 계획	• 방재기본 계획
자원 관리	• 먹는 샘물 관리	• 하천관리, 홍수통제 • 공유수면관리, 저수관리 • 지하수 수량관리			• 온천관리
사업	• 지방상수도 정책총괄 • 식수전용댐 건설 • 농어촌 간이 상수도 개발 및 관리 • 중수도 개발	• 다목적댐 건설 및 관리 • 광역상수도 관리	• 하구둑관리 (농업용) • 관개용수(댐) • 농업용댐 건설 • 간척지, 담수호개발 • 지하수개발 (농업용)	• 발전용댐 관리 • 소수력 관리	
기준/검사/측정	• 음용수·지하수 수질기준관리	• 수문관측			

물관리 업무를 지표수 관리 및 지하수 관리로 나누어 그 기능과 관련 법령을 살펴보면 다음과 같다.

[표 4] 지표수 관리체계

치수관리	• 수자원개발(국교부) • 홍수통제(국교부) • 방재업무(안행부)	• 댐 건설 및 주변지역 지원 등에 관한 법률(국교부) • 자연재해법(안행부)
수질보전	• 수질환경기준설정(환경부) • 오염배출규제(환경부) • 상수원토지규제(환경부)	• 수질환경보전법(환경부) • 오수분뇨 및 축산폐수의 처리에 관한 법률(환경부) • 하수도법(환경부) • 4대강수계 상수원수질개선 및 주민지원 등에 관한 법률(환경부) • 해양오염방지법(국교부)
이수관리	• 수도정책총괄(환경부) • 광역상수도(국교부) • 지방상수도(환경부)	• 수도법(환경부)
하천/육수 생태계관리	• 하천정비(국교부) • 소하천정비(안행부) • 하천환경관리(환경부)	• 하천법(국교부) • 소하천정비법(안행부)

[표 5] 지하수 관리체계

광천지하수	온천지하수	농업용지하수	일반지하수
• 먹는 샘물 허가 • 먹는 물 수질기준 • 수질개선부담금	• 온천지구지정 • 온천개발허가	• 농업용수개발	• 지하수개발(국교부) • 지하수 수질보전 (환경부)
• 먹는 물 관리법 (환경부)	• 온천법(안행부)	• 농어촌발전특별 조치법(농축산부)	• 지하수법(국교부)

특히 수질 · 수량관리의 이원화로 수질정책과 수자원정책 간의 연계 미흡 및 부처 간 업무한계가 불분명한 문제가 있으며, 관계부처별 고유기능에 기인하는 물관련 정책 및 집행에 대한 이견 상존하나 효과적인 조정(coordination)이 이루어지지는 못하고 있다.

이에 따라 물관리 조직과 기능의 일원화에 대한 필요성 제기와 추진논의는 오랜 시간 동안 계속되었으나, 부처 간 이견과 협조의 어려움 등으로 구체적 추진이 이루어지지는 못하고 있다.

3. 기후변화와 물환경정책

기후변화로 영향을 받는 부문 중 물 관련 부문은 기후변화에 상대적으로 취약한 부문으로, 물환경정책은 이에 대비하여 기후변화 영향을 최소화하거나 적응비용을 최소화하도록 적응하는 방향으로 대비책을 마련의 필요성이 대두되었다.

이는 기후변화에 대비한 '물안보' 확보라는 개념으로 적용되는데, 물안보는 인간과 생태계가 필요로 하는 양의 좋은 물을 지속적으로 공급하고, 물과 관련된 재해에 대응하는 능력을 갖추는 것으로 설명할 수 있다.

기후변화 영향 및 취약성 분석에 근거하여 수립된 국가 기후변화 적응대책(2011~2015년)에 제시된 물관리 분야 적응정책과 과제는 다음과 같다.

[표 6] 국가 기후변화 적응대책 물관리 분야 과제

대책	과제	부처
영향 및 취약성 평가	기후변화에 따른 물관리 모니터링 보강	국토부, 환경부
	기후변화에 따른 물관리 분야의 영향분석 및 취약성 평가	환경부, 국토부
홍수 및 가뭄 대책	홍수에 강한 국토기반 조성	국토부
	물이용 효율화를 통한 수요관리	국토부, 환경부
	안정적 수자원 확보	국토부
	대체수원 기술개발과 시설 확충	국토부, 환경부
	하천의 기후변화 적응능력 극대화	국토부
	기후변화에 적응하는 물관리 선진화 및 해외진출	국토부, 환경부
수질 및 수생태 관리대책	기후변화로 인한 하천 및 호소 수질악화 관리대책	환경부, 국토부, 농진청
	기후변화 적응을 위한 하천 수질개선 및 수생태계 보전·복원	환경부

자료 : 관계부처합동(2011)

[표 7] 기후변화 대응 물관리 세부부문 정책

구분	기후변화 대응 정책
홍수	• 면적인 유역단위 종합치수계획 수립 • 하천 홍수방어능력 증대 및 수방시설의 안정성 확보 • 도시침수방지 시스템 강화 • 미래지향적 첨단 홍수예보시스템 구축 및 국민 방재의식 강화
가뭄	• 물부족에 대비한 신규 수자원 확보 • 수요관리에 의한 물이용의 효율화 • 유역 종합 수자원 계획 수립을 통한 종합적 대응 • 농업용수 관리의 선진화 • 기후변화에 따른 극한 가뭄 대처능력 제고
수질	• 유역단위 토사관리 • 물환경 영향에 대한 수온 등 모니터링 강화 및 평가 • 강우 유출수의 수질관리방안 강화 • 기후변화에 대비한 종합적 물관리 시스템 구축
수생태	• 기후변화 취약구간 선정을 통한 유역차원의 장기적 복원관리계획 • 수생태 모니터링 보강 및 수생태 복원사업 개선 • 수계 위해성 관리체계 강화
물환경 인프라	• 수질관리 강화와 안정적 수자원 확보 • 대체수자원 기술개발 및 취약지역 시설확충 • 우수배제 기능 회복 및 시설 선진화
연안	• 기후변화 적응을 위한 연안지역 종합 대응 • 해수면 상승 대응 연안관리의 제도적 적응 • 기후변화 대비 연안 생태환경 보호

자료 : 국토해양부(2011), 관계부처합동(2011), 한국환경정책・평가연구원(2012), 한국해양수산개발원(2009) 등

참고문헌

- 관계부처합동. 2011. 국가 기후변화 적응대책(2011~2015) 세부시행계획
- 국토해양부. 2011. 제2차 연안통합관리계획(2011~2021)
- 한국해양수산개발원. 2009. 기후변화 대응을 위한 연안지역 레질리언스 강화방안
- 한국환경기술개발원. 1996. 한국환경50년사
- 한국환경정책・평가연구원. 2012. 국가 해수면상승 사회・경제적 영향평가II
- 환경부. 2010. 환경30년사
- 환경부. 2011. 물환경 비전 및 전략수립 연구
- 환경부. 환경백서. 각년도

CHAPTER 06 한국 기후변화정책의 흐름과 쟁점

윤순진(서울대 환경대학원 교수)

I 서론

이제 기후변화는 일상적인 삶에서 인지하거나 체감할 수 있는 현실로, 인류가 보다 적극적인 조처를 취하지 않는다면 인류는 물론 지구상의 다른 생물종의 생존 자체를 위협하는 21세기 최대 환경문제로 인식되고 있다. 기후변화에 관한 정부간협의체(United Nations Inter-governmental Panel on Climate Change, IPCC)의 제4차 평가보고서(the Fourth Assessment Report, AR4)와 제5차 평가보고서(the Fifth Assessment Report, AR5)에 따르면, 기후변화가 진행되고 있다는 것은 "사실상 확실하며(virtually certain)," 기후변화의 원인이 자연적인 요인이 아니라 인위적인 온실가스 배출에 있을 "가능성이 매우 높다(extremely likely)." "사실상 확실하다"는 말은 99% 이상, "가능성이 매우 높다"는 말은 95% 이상의 가능성이 있을 경우에 쓴다. 그만큼 기후변화는 부정할 수 없는 현실로 진행되고 있으며 인류의 현재와 같은 사회경제 활동이 기후변화를 야기하는 근원인 것이다. 세계은행(2013)에 따르면 지난 30년 동안 자연재해로 인한 사망자는 전 세계적으로 250만 명 이상에 달했으며 그에 수반된 경제적 피해는 4조 달러(약 4,000조 원)에 달하는 것으로 나타났다. 대표적인 사례로 2013년 필리핀의 피해를 들 수 있다. 필리핀은 슈퍼 태풍 하이옌으로 자국 역사상 가장 심각한 자연재난을 경험했다. 7,400여 명의 사망자와 실종자가 발생했으며 최소 7,530억 원의 경제적 손실이 발생하였다. 기후변화가 계속 진행된다면 이러한 기록은 꾸준히 갱신될 전망이다.

IPCC는 1988년 세계기상기구(World Meteorological Organization, WMO)와 유엔환경계획(United Nations Environmental Programme, UNEP)이 공동으로 설립한 이래 1990년, 1995년, 2001년, 2007년, 2013~2014년 등 다섯 차례에 걸쳐 평가보고서를 발표했다. 2013년 9월에 IPCC 제1실무단(Working Group I)이 발표한 기후변화의 "과학적 근거(The Physical Science Basis)"에 따르면, 지구 평균 기온은 1880~2012년 사이 133년간 0.85℃ 상승하였으며, 지구 평균 해수면은 1901~2010년 사이 110년간 19cm 상승하였다. 또한 지난 1979~2012년 사이 34년간 동안 북극 해빙의 연평균 면적이 10년마다 3.5~4.1%의 비율로 감소했을 가능성이 높다. 이는 갈수록 기후변화를 야기하는 원인 물질인 온실가스의 농도가 증가하고 있기 때문인데 가장 대표적인 온실가스인 이산화탄소(CO_2)는 2011년에 391ppm을 기록하여 산업화 이전 280ppm에 비해 40%나 증가하였다(IPCC, 2013).

IPCC가 분석한 대표 농도 경로(Representative Concentration Path, RCP) 시나리오에 따르면 만약 현재와 같은 추세로 온실가스를 배출한다면(RCP 8.5), 21세기 말(2081~2100년) 지구 평균 기온은 1986~2005년에 비해 3.7℃ 상승하고 해수면은 평균 63cm 상승할 것으로 전망된다. 반면 온실가스 감축이 상당히 실현되는 경우(RCP 4.5)에는 평균 기온은 1.8℃, 해수면은 47cm 상승할 전망이다. 세계가 기후변화에 체계적으로 대응하지 않으면 21세기 자연재해로 입는 경제적 손실은 적어도 전 세계 국내 총생산의 1/3에 해당하는 25조 달러에 이를 것으로 전망되고 있다(UNISDR 2013; 관계부처합동, 2014 재인용).

우리나라 또한 기후변화 영향으로부터 예외일 수 없다. 지난 100년간(1911~2010년) 서울·부산·인천·대구·강릉·목포 등 6개 도시의 평균기온은 1.8℃ 상승하였다. 이는 같은 기간 세계평균 기온 상승(0.8℃)의 2배보다 높다. 우리나라의 경우 RCP 8.5의 경우 21세기 후반(2081~2100년) 기온은 현재(1981~2010년)대비 5.3℃ 상승할 것으로 전망된다(환경부, 2013a). 이러한 기온 상승은 세계 기온 상승 전망치에 비해 월등히 높다. 그 결과 폭염이나 열대야 같은 기온 관련 극한 기상현상 또한 현재보다 4배~14배나 증가할 전망이다. 강수량의 경우에도 현재보다 18.5% 증가할 뿐 아니라 시공간적 분포에 차이가 많아 지역에 따라서는 가뭄과 호우강도도 높아질 전망이다. RCP 4.5의 경우 기온 상승은 2.8℃로 RCP 8.5 기온 상승 전망치의 절반에 그치지만 이러한 기온 상승 또한 상당한 변화를 가져올 것으로 예상된다.

국제사회는 기후변화 위기를 인식하고 1992년 브라질의 리우데 자네이로에서 열렸던 유엔 환경발전회의(United Nations Conference on Environment and Development)에서 유엔 기후변화협약(United Nations Framework Convention on Climate Change, UNFCCC)을 166개국의 서명으로 채택하였다. 1994년 UNFCCC 비준국 수가 50개국을 넘어서서 발효되었고 이듬해인 1995년부터 매해 한 번씩 당사국총회(Conference of Parties, COP)를 열어 협약의 이행방법 등 주요 사안에 대하여 결정하고 있다. 이 COP가 UNFCCC의 최고 의사결정기구다. 1997년 제3차 당사국총회(COP-3)에서는 부속서 I 국가들(Annex I Parties)은 2008년에서 2012년 사이 5년 동안의 평균 온실가스 배출을 1990년에 비해 평균 5.2%의 감축하기로 하고 이를 유연하게 달성할 수 있도록 국제배출권 거래제(International Emission Trading, IET), 공동이행(Joint Implementation, JI), 청정개발체제(Clean Development Mechanism, CDM) 등의 교토 메카니즘(Kyoto Mechanism)을 활용하기로 한 교토의정서(Kyoto Protocol)를 채택하였다. 교토의정서는 2005년에 발효되었고 그때부터 교토 이후(post-Kyoto) 또는 2012년 이후(Post-2012)에 대한 협상에 들어갔다. 하지만 기후변화의 심각한 진행에도 불구하고 EU를 제외한 대부분의 국가들은 단기적인 국익에 매여 미온적인 태도를 보임으로써 2011년 남아프리카공화국 더반에서 열린 COP-17에서 2020년부터 모든 국가들이 참여하는 신기후체제(New Climate Regime)를 출범시키기로 합의하였고 2012년 카타르 도하에서 열린 COP-18에 이르러서야 신기후체제 출범 전인 2020년까지 교토의정서 체제를 연장하는 데 합의하였다. 교토의정서에서는 부속서 I 국가들에게만 의무감축 목표를 부여한 것과 달리 2020년 이후 신기후체제에서는 선진국과 개도국 모두 자발적 기여방안(Intended Nationally Determined Contributions, INDCs)을 마련하고 이를 이행하기로 하였다.

대다수 국가들이 국제기후변화협상에서 감축 목표 설정에 미온적인 태도를 보였지만 대부분의 국가에서 기후변화는 주요한 정책 의제가 되었다. 그리고 국제기후변화협상의 진행 또한 개별 국가들이 온실가스 감축 목표를 수립하고 발표하도록 하는 압력으로 작용하고 있다. 대부분의 국가들에서는 기후변화가 진행됨으로써 자국이 어떤 사회경제적 영향을 입게 될지 전망하고 나름의 온실가스 감축목표를 설정하며, 부문별, 지역별, 집단별 기후변화 영향이 어떠할지, 그래서 어떤 영역이 기후변화에 취약한지 평가가 진행되고 있으며 어느 정도의 감축 목표를 세우고 어떤 정책수단을 통해 온실가스 배출을 줄일지 등에 대한 연구 분석을 기초로 기후변화정책을 수립하여 이행하고 있다.

본 장에서는 그간 우리 사회에서 기후변화가 어떤 과정을 거쳐 주요한 정책 의제가 되었는지 시간의 흐름에 따라 살펴보고 이 과정에서 등장했던 주요 쟁점들은 무엇이었는지, 쟁점을 둘러싸고 다른 의견을 가진 집단이나 조직은 누구였으며 각기 어떤 다른 입장을 취했는지 살펴볼 것이다. 우리나라의 경우 2005년 무렵까지도 기후변화 자체보다는 기후변화협상이 대응방안 마련에 보다 영향을 미쳤기 때문에 국제 기후변화협상의 전개와 국내 기후변화대응정책의 변화를 먼저 살펴보도록 한다.

II 국제기후변화협상의 전개와 국내 기후변화 대응정책의 전개

1. 국제 기후변화협상과 국내 기후변화 대응정책의 연대기

1970년대부터 과학자들 사이에서 기후변화에 대한 문제 제기가 좀 더 활발해지면서 1979년에 세계 최초 기후변화 회의인 제1차 세계기후회의가 열렸다. 1988년에는 '대기변화에 대한 세계회의'가 캐나다 토론토에서 열렸고 기후변화 방지대책 마련의 필요성이 제기되면서 그해 12월 유엔 결정에 따라 WMO와 UNEP가 공동으로 지원하는

IPCC가 설립되었다. IPCC는 1990년 8월 1차 평가보고서(the First Assessment Report, FAR)를 펴냈고 1990년 11월에 열린 제2차 세계기후회의에서 IPCC의 FAR를 기초로 범지구적인 온실가스 규제를 위해 기후변화방지협약을 제정해야 한다는 합의를 도출하였다. 이러한 합의에 기초하여 1992년 유엔환경발전회의에서 166개국의 서명으로 UNFCCC을 채택하게 되었다. 오존층 파괴물질인 프레온 가스(CFCs)의 사용을 국제적으로 규제하기 위해 1985년에 비엔나협약과 1987년에 몬트리올의정서를 채택하였던 국제사회의 대응 노력이 UNFCCC가 탄생할 수 있었던 배경이 되었다(환경부, 2013).

UNFCCC는 온실가스 배출감축에 모든 국가가 노력할 것을 촉구하면서 "공통적이지만 차별화된 책임원칙(Common but differentiated responsibility principle)"을 기초로 가입 당사국(party)들을 부속서 I 국가들(Annex I parties)과 비부속서 I 국가들(Non-Annex I parties)로 구분하고 당사국 모두에 대해서는 공통의무인 일반의무를, 부속서 I 국가들에 대해서는 일반의무에 더해 특별의무를 추가적으로 부과하였다. 부속서 I 국가들이란 산업화를 상대적으로 빨리 시작하여 온실가스 배출을 더 많이 함으로써 기후변화 유발에 더 많은 책임이 있는 국가들이다. 1992년 당시에는 총 35개국으로 23개의 OECD 국가들과 11개 경제이행국들(Economies in Transition, EIT)에다 이 두 범주에 들어가지 않는 모나코로 구성되었다. 부속서 I 국가들 중에서도 상대적으로 경제적 부담능력이나 기술 수준이 더 높은 OECD 국가들(EIT와 터키 제외)을 부속서 II 국가들로 구분하였다. 모든 당사국들에 부과된 일반의무란 온실가스배출 통계와 온실가스 감축정책과 방안을 담은 국가 보고서(national communication report)를 제출해야 하는 것이다. 특별의무란 부속서 I 국가들의 경우 2000년까지

1990년 수준으로 온실가스를 안정화하는 것이다. 또한 부속서 II 국가들은 개발도상국들에 대해 기후변화 완화와 적응을 위해 기술과 재정을 지원한다는 특정 공약에 합의하였다. 기후변화협약은 비준 가입국 수가 50개를 넘어서야 한다는 조건을 충족한 1994년 3월에 발효되었다. 현재 UNFCCC에는 192개국이 가입한 상태다. 우리나라는 1993년 12월 47번째로 UNFCCC 가입국이 되었다.

1995년에 독일 베를린에서 열린 제1차 당사국총회(COP-1)에서는 UNFCCC가 구속력 없는(non-binding) 국제 협약(convention)으로서 기후변화 억제에 한계가 있기에 구속력을 가진 감축 목표와 감축 시기를 규정하는 의정서를 도입하기로 하였고 그 결과 COP-3에서 교토의정서가 채택되었다. 온실가스 배출 증가에 1차적인 책임이 있는 부속서 I 국가들이 제1차 의무감축이행기간(2008~2012년) 동안 1990년 대비 평균 5.2%를 감축하기로 공약하였다. "공통적이지만 차별화된 책임원칙"과 "능력에 입각한 부담원칙(Respective capability principle)"에 따라 감축목표를 1990년 배출 수준 대비 -8%에서 +10%까지 차별적으로 설정하였다. 부속서 I 국가들 중 의무감축 공약을 한 국가들을 특별히 부속서 B 국가들로 부르는데 터키와 벨로루시의 경우 부속서 I 국가지만 의무감축 목표를 공약하지 않아 부속서 B 국가에는 속하지 않는다. 이후 여러 차례의 COP을 통해 유연성 기제(flexibility mechanism)라 불리는 교토메커니즘의 구체적인 운용 방안에 대한 협상이 전개되었고 2001년 COP-7의 마라케쉬 선언(Marakesh Accord)으로 확정되었다. 하지만 교토의정서는 2004년 11월에 이르러서야 까다로운 발효조건-55개국 이상의 비준, 비준서를 기탁한 부속서 I 국가들의 온실가스 배출량 합이 1990년 부속서 I 국가들의 온실가스 총 배출량의 55% 이상-이 충족되었고 이로부터

90일이 지난 2005년 2월에 발효되었다. 우리나라는 교토의정서가 발효되기 전인 2002년 11월에 국회에서 교토의정서를 비준하였다.

교토의정서 발효 후 2005년부터는 교토 이후의 국제 대응방안에 대해 협상이 진행되었다. 2007년 인도네시아 발리에서 열린 COP-13에서는 선진국은 물론 개발도상국까지도 교토 이후 감축목표를 수립하기 위한 국제 기후변화협상을 진행하여 2009년에 열리는 COP-15에서 확정하기로 하였다. 하지만 2009년 덴마크의 코펜하겐에서 열린 COP-15에는 최초로 100여 개국의 정상이 참여함으로써 전 세계의 이목과 관심이 집중되는 정치적 성과에도 불구하고 정치적 합의문 수준인 코펜하겐 합의(Copenhagen Accord)를 도출하는 선에서 마무리되었을 뿐 2012년 이후 새로운 법적 구속력을 갖는 체제 도출에 실패하고 말았다. 다만 지구평균온도가 산업화 이전 대비 2℃를 넘지 않도록 하고 개발도상국의 기후변화 대응을 위해 선진국들이 단기와 장기 재원을 조성하기 위해 녹색기후기금(Green Climate Fund, GCF)을 설립하기로 하였다. 이어 2010년 멕시코 칸쿤에서 COP-16이 열려 법적인 구속력 없이 "유의한다(note)"는 수준에 머물렀던 코펜하겐 합의문의 내용을 재확인하여 이에 합의한 칸쿤합의문을 채택하였다.

2011년에는 남아공 더반에서 열린 COP-17에서 2020년 이후에는 교토의정서와 달리 모든 당사국에게 적용되는 신기후체제 마련과 GCF 설립에 합의한 더반플랫폼을 채택하였다. 하지만 이 회의에서 미국은 물론 러시아, 일본, 캐나다, 뉴질랜드가 교토의정서 연장체제에 불참하겠다고 선언하였다. 2012년 카타르 도하에서 열린 COP-18에서는 교토의정서체제를 2020년까지 연장해서 2013~2020년을 교토의정서 제2차 공약기간으로 하기로 합의하였다. 또한 2015년까지 신기후체제에 대한 협상문을 만들기로 하였다. 2013년 폴란드 바르샤바에서 열린 COP-19에서는 2015년 프랑스 파리에서 열릴 COP-21이 개최되기 이전까지 2020년 이후 국가별로 결정한 자발적 기여방안(Intended Nationally Determined Contributions, INDCs)을 제출하고 2020년까지 매년 1000억 달러의 GCF 장기재원 조성을 위해 격년으로 장관급회의를 열며 개발도상국의 기후변화 손실과 피해를 지원하기 위한 집행위원회를 구성하는 데 합의하였다.

2014년 페루 리마에서 열린 COP-20에서는 INDC 제출 정보와 기여 원칙, 감축목표, 제출 절차 등 INDC 작성지침을 구체화한 리마 요청(The Lima Call for Climate Action)에 극적으로 합의하였다. INDCs에 대해 현재의 감축 목표를 넘어서야 한다는 “감축목표 후퇴방지(no backsliding)” 원칙을 준수하면서 국가별 상황에서 얼마나 의욕적이고 공정한지를 설명하도록 하였다. INDCs 제출은 준비가 되어 있는 국가들은 2015년 3월까지, 그렇지 못한 국가들은 COP-21 이전에 충분한 시기를 두도록 했는데 UNFCCC 사무국은 10월 1일까지 제출된 INDCs로 산업화 이전 대비 ‘2도 이내’ 온도 상승 억제가 가능한지 여부에 대한 종합보고서를 11월1일까지 작성하기로 하였다. 2015년 11월 말부터 프랑스 파리에서 열리는 COP-21 기간은 인류 역사에서 가장 중요한 2주일이 될 것으로 예상되고 있다. 이러한 기후변화 관련 회의와 협상결과를 정리하면 〈표 1〉의 왼쪽 열과 같다.

[표 1] 국제협약의 진행과 한국 기후변화 대응의 전개

연도		국제협약	국내 대응
노태우 정부 (제6 공화국)	1988	IPCC 설립	
	1990	IPCC 제1차 평가보고서(FAR) 발표	
	1992	유엔기후변화협약 채택	

연도		국제협약	국내 대응
김영삼 정부 (문민 정부)	1993		유엔기후변화협약에 47번째로 가입
	1994	유엔기후변화협약 발효	
	1995	COP-1 베를린 위임사항 채택 IPCC 제2차 평가보고서(SAR) 발표	
	1996	COP-2 제네바 결정문 채택	
	1997	COP-3 교토의정서 채택	
김대중 (국민의 정부)	1998	COP-4 부에노스아이레스 행동계획 채택	교토의정서에 55번째로 서명('98.9.25) 기후변화협약대응 범정부대책기구 설치 제1차 기후변화 국가보고서 UN에 제출
	1999	COP-5 본 결정문 채택	기후변화협약 대응 제1차 종합대책 (1999~2001년) 수립 지구온난화대책법안(정부 발의) 2018년부터 자발적 감축 선언
	2000	COP-6 (헤이그당사국총회) 결렬	
	2001	COP-6 속개회의 본 합의문 채택(6월) COP-7 마라케쉬 합의문 채택(11월) IPCC 제3차 평가보고서(TAR) 발표	국무총리 훈령 "기후변화협약 대책위원회 등의 구성 및 운영에 관한 규정" 제정 · 공포 · 발효 국회 기후변화협약대책특별위원회 구성 지구온난화방지대책에관한법률안/지구온난화방지대책법안(국회 발의)
	2002	COP-8 뉴델리 각료선언 채택	교토의정서 비준 기후변화협약 대응 제2차 종합대책 (2002~2004년) 수립
노무현 (참여 정부)	2003	COP-9 밀라노 결정문 채택	제2차 기후변화 국가보고서 UN에 제출
	2004	COP-10 부에노스아이레스 결정문 채택	국회 에너지 다소비 8개 업종에 대한 업종별 대책단 구성(8개 업종: 발전 · 정유 · 철강 · 석유화학 · 시멘트 · 제지 · 자동차 · 반도체) 지구온난화방지대책법안(국회 발의)
	2005	교토의정서 발효(2월) COP-11 몬트리올 결정문(11월)	기후변화협약 대응 제3차 종합대책 (2005~2007년) 수립
	2006	COP-12 나이로비 결정문 채택	
	2007	IPCC 제4차 평가보고서(AR4) 발표 COP-13 발리로드맵 채택 IPCC와 엘 고어 노벨 평화상 수상	기후변화 제4차 종합대책 (2008~2012년) 수립
이명박 정부	2008	COP-14 포츠난 결정문 채택	기후변화대응종합기본계획 수립 기후변화대응종합기본계획 세부이행계획 수립

연도		국제협약	국내 대응
			국가 기후변화적응종합계획 수립 기후변화대책기본법안(정부 발의) 기후변화대책기본법안/기후변화대응및온실가스감축지원에대한기본법안(국회 발의)
	2009	COP-15 코펜하겐 합의문 승인: 산업화 이전 대비 온도 상승 2℃ 이내 억제 합의	기후변화대책기본법안(국회 발의) 국가 온실가스 감축목표 설정·발표 국가기후변화적응센터 설립
	2010	COP-16 칸쿤 합의문 채택: 2℃ 이내로 지구 기온 상승 제한이라는 장기목표에 합의, 단기 및 장기재원 조성 등을 재확인	저탄소 녹색성장 기본법 제정·시행 저탄소 녹색성장 기본법 시행령 제정·시행 온실가스종합정보센터 설립 국가 기후변화적응대책(2011~2015) 수립
	2011	COP-17 더반 플랫폼 채택: 교토의정서 연장과 2020년부터 모든 국가 참여하는 신기후체제 출범, GCF 설립 등에 합의	온실가스종합정보센터 부문·업종·연도별 감축목표 발표 제3차 기후변화 국가보고서 UN에 제출
	2012	COP-18 도하 게이트웨이 채택: 신기후체제 출범 전(2020년)까지 교토의정서 체제 연장에 합의	온실가스·에너지 목표관리제 실시 배출권 거래제법 제정 녹색기후기금(GCF) 유치 배출권 거래제법 시행령 제정 16개 광역지자체 기후변화 적응계획 수립
박근혜 정부	2013	COP-19 바르샤바 결정문 채택: IPCC WGI 제5차 평가보고서 발표 GCF 사무국 인천 송도 설치안 정식 인준 2015년 파리 COP-21 이전까지 2020년 이후 감축목표 제출 합의	목표관리제 대상 확대 배출권 거래제 준비기획단 출범 녹색기술센터 설립 기초지자체 기후변화 적응계획 시범 수립
	2014	COP-20 리마 기후행동에 관한 결정문 채택: IPCC WG II, III 제5차 평가보고서 발표: IPCC 제5차 기후변화 종합보고서(AR5) 승인	목표관리제 대상 확대 2020 국가 GHG 감축 로드맵 발표 기초지자체 기후변화 적응계획 시범 수립 유엔기후변화협약(UNFCCC)에 따른 제1차 대한민국 격년갱신보고서 발간
	2015	신기후체제를 위한 파리 협정문 채택 예정: 2020년 이후 국가별 INDC 제출, 신기후체제 협상 최종 타결 예정	탄소배출권 거래제 시행 시작 기초지자체 기후변화적응계획 수립 의무화 UNFCCC에 2030년 INDC 제출 (BAU 대비 온실가스 37.0% 감축)

자료 : 기후인사이트 홈페이지 자료 재구성.

우리나라는 1996년에 OECD 가입국이 되었음에도 불구하고 교토 의정서가 채택된 1997년 COP-3에서도 여전히 개발도상국, 즉 비부속서 I 국가로 분류되었다. OECD에 가입한지 얼마되지 않았을뿐더러 1997년에 IMF 사태를 맞이한 것 또한 작용하였다. 따라서 우리나라는 부속서 I 국가와 달리 의무 감축 부담이 없지만 UNFCCC의 일반의무 규정에 따라 국가보고서를 제출하도록 되어 있다. 우리 정부는 1998년에 제1차 기후변화 국가보고서를 제출하였고 2003년에 2차 보고서를, 2011년에 3차 보고서를 제출하였다. 2014년에는 UNFCCC에 제1차 격년갱신보고서(Biennial Update Report, BUR)를 제출하였다. 이는 배출통계, 감축방안 등을 담은 국가 감축행동 요약보고서로 2011년에 열렸던 COP-17에서 비부속서 I 국가간 온실가스 감축 노력에 대한 정보 공유와 투명성 제고를 위해 2년 주기 제출을 의무화한 데 따른 것이었다. 일반적으로 국가보고서에는 온실가스 배출 통계와 기후변화 대응정책과 조치들을 담고 있다. 당사국들이 제출한 국가보고서는 UNFCCC 홈페이지에 모두 공개되어 있다.

기후변화에 대처하기 위한 계획이나 정책을 법적으로 뒷받침하기 위해 국회와 정부가 여러 차례 입법 시도를 반복하다가 결국 기후변화 관련 내용이 저탄소녹색성장기본법에 기후변화 관련 내용이 담기게 되었다. 1999년에 정부가 "지구온난화대책법안"을 발의하여 폐기된 이후 국회의원들이 2001년부터 2009년까지 다섯 차례에 걸쳐 발의하였다. 특히 2008년에 "기후변화대책기본법안", "기후변화대응 및 온실가스 감축지원에 대한 기본법안", "기후변화대책기본법안"이 의원 입법 발의되었으나 2009년에 국무총리실에서 "저탄소녹색성장기본법안"을 발의하여 기후변화특별대책위원회와 법안심사소위원회를 거치면서 3개 의원안과 저탄소녹색성장기본법 정부안을 통합하여 만든 대안이 의결되었고 2009년 12월 30일 국회를 통과하여 2010년 1월에 제정되었다. 기후변화 관련 내용들은 저탄소녹색성장기본법 "제5장 저탄소 녹색사회의 구현"에 주로 포함되어 있다.[1)]

[표 2] 한국의 기후변화 관련 입법 시도와 저탄소 녹색성장기본법

정부	제안일자	의안명	의결일자	의결결과
김대중	2001.12.21	지구온난화방지대책에 관한법률안 (이정일 의원 등 20인)	2004.05.29	임기만료폐기
	2001.12.27	지구온난화가스저감대책법안 (이호웅 의원 등 23인)	2004.05.29	임기만료폐기
노무현	2004.11.05	지구온난화방지대책법안 (이호웅 의원 등 27인)	2008.03.07	폐기
이명박	2008.11.07	기후변화대책기본법안 (김성곤 의원 등 33인)	2009.11.09. (저탄소녹색성장기본법 대안 2009.12.30. 국회 통과)	제284회 국회(정기회) 제3차 기후변화대책특별위원회(2009.11.9)는 법안심사소위원회의 심사결과를 받아들여 법안심사소위원회에서 제안한 저탄소녹색성장 기본법안을 위원회 대안으로 심사·의결함.
	2008.11.25	기후변화대응및온실가스감축지원에대한기본법안 (배은희 의원 등 21인)		
	2009.01.14	기후변화대책기본법안 (이인기 의원 등 25인)		
	2009.2.27	저탄소녹색성장기본법안 (정부안)		

이명박 전 대통령이 2008년 8·15 기념사를 통해 "저탄소 녹색성장"을 새로운 국가발전 패러다임으로 주창하고 얼마 지나지 않은 9월에 '기후변화 대응 종합기본계획'을 발표하였다. 또한 이명박 정부는 저탄소 녹색성장 기본법이 제정되기 전이자 COP-15가 열리기 얼마

1) 제5장은 11개의 조로 구성되어 있다: 38조 기후변화대응의 기본원칙, 39조 에너지정책 등의 기본원칙, 40조 기후변화대응 기본계획, 41조 에너지기본계획의 수립, 42조 기후변화대응 및 에너지의 목표관리, 43조 온실가스 감축의 조기행동 촉진, 44조 온실가스 배출량 및 에너지 사용량 등의 보고, 45조 온실가스 종합정보관리체계의 구축, 46조 총량제한 배출권 거래제 등의 도입, 47조 교통부문의 온실가스 관리, 48조 기후변화 영향평가 및 적응대책의 추진 등이다. 이 외에도 제6장 52조 기후변화대응을 위한 물관리, 53조 저탄소 교통체계의 구축, 54조 녹색건축물의 확대, 55조 친환경농림수산의 촉진 및 탄소흡수원의 확충 등도 기후변화와 밀접하게 연결되어 있다.

전인 2009년 11월, 2020년까지 전망치 대비 30% 감축이라는 자발적 수준의 국가 중기 온실가스 감축목표를 발표했다. 발표 당시에는 법적 기초가 없었지만 이후 제정된 저탄소녹색성장기본법을 통해 법적 근거를 가지게 되었다.[2)] 12월에는 기후변화 대응 종합계획의 후속 세부계획을 발표하였다. 2010년에는 저탄소녹색성장기본법 시행령을 제정하여 기후변화 대응정책 주무부처를 환경부로 결정하였으며 온실가스 관리전문기관으로 온실가스종합정보센터가 설립되었다. 2011년부터는 온실가스 감축을 위해 일정 규모 이상의 사업체 및 사업장과 공공부문을 대상으로 온실가스·에너지 목표관리제의 시행을 위해 관리대상 선정에 들어갔다. 2011년에 관리 대상업체를 선정하고 감축목표에 대한 협의를 진행하여 2012년부터 관리업체별로 설정된 감축목표를 이행하도록 했다. 2012년에는 '온실가스 배출권의 할당 및 거래에 관한 법률'과 시행령을 제정하였다. 2014년 1월, 박근혜 정부는 환경부를 통해 "국가 온실가스 감축을 위한 2020년 로드맵"을 발표하였다. 2015년 1월부터는 배출권 거래제가 시행되기 시작하였다. 또한 2015년 6월 말에는 신기후체제를 위한 2030년 국가감축

2) 국가 중기감축목표의 법적 기초가 되는 조항은 제38조 2항이다. 상호 연결되어 있는 제38조와 38조의 1항과 2항은 다음과 같다: 제38조(기후변화대응의 기본원칙) 정부는 저탄소 사회를 구현하기 위하여 기후변화대응 정책 및 관련 계획을 다음 각 호의 원칙에 따라 수립·시행하여야 한다. 1. 지구온난화에 따른 기후변화 문제의 심각성을 인식하고 국가적·국민적 역량을 모아 총체적으로 대응하고 범지구적 노력에 적극 참여한다. 2. 온실가스 감축의 비용과 편익을 경제적으로 분석하고 국내 여건 등을 감안하여 국가온실가스 중장기 감축 목표를 설정하고, 가격기능과 시장원리에 기반을 둔 비용효과적 방식의 합리적 규제체제를 도입함으로써 온실가스 감축을 효율적·체계적으로 추진한다. 또한 제42조(기후변화대응 및 에너지의 목표관리)에서는 "① 정부는 범지구적인 온실가스 감축에 적극 대응하고 저탄소 녹색성장을 효율적·체계적으로 추진하기 위하여 다음 각 호의 사항에 대한 중장기 및 단계별 목표를 설정하고 그 달성을 위하여 필요한 조치를 강구하여야 한다."고 하면서 수립해야 할 목표 중 하나로 온실가스 감축 목표를 규정하고 있다. 이 법을 근거로 저탄소 녹색성장 기본법 시행령 제25조 온실가스 감축 국가목표 설정·관리에서 다음과 같이 국가 감축 목표를 규정하고 있다: ① 법 제42조제1항 제1호에 따른 온실가스 감축 목표는 2020년의 국가 온실가스 총배출량을 2020년의 온실가스 배출 전망치 대비 100분의 30까지 감축하는 것으로 한다.

목표인 INDC를 결정하여 UNFCCC에 제출하였다. 정부는 2030년까지 BAU 대비 37.0%를 감축하기로 하였는데 이 중 25.7%는 국내에서, 11.3%는 해외 배출권 구입을 통해 달성하기로 하였다.

이러한 완화 계획보다 다소 늦긴 했지만 기후변화 적응에 있어서도 다소의 진전이 있었다. 이명박 정부는 2008년 12월 국가 기후변화 적응 종합계획을 발표하였고 2009년 7월에는 한국환경정책·평가연구원에 '국가기후변화적응센터'를 설립하였다. 2010년에는 '저탄소녹색성장기본법'에 따라 '국가기후변화적응대책(2011~2015)'을 수립·발표하였고 '저탄소녹색성장기본법' 시행으로 지자체가 의무적으로 수립해야 하는 '지자체 기후변화 적응대책 세부시행계획' 수립이 원활하고 효과적으로 추진될 수 있도록 광역 및 기초지자체 담당 공무원, 전문가, 용역기관 담당자 등 세부시행계획 작성과 관련된 이해당사자들이 세부시행계획 수립에 참고할 수 있는 '지자체 기후변화 적응대책 세부시행계획 수립 매뉴얼'을 마련하여 발표하였다. 2012년까지 광역지자체의 적응대책 세부시행계획 수립이 완료되었으며, 2013년과 2014년 두 해 동안은 시범적으로 35개 기초 지자체가 적응계획을 작성하였다. 이후 2015년부터 기초지자체 적응계획 수립이 의무화되었다. 수립된 적응 계획의 내용이나 수립 절차에는 아직 미흡한 부분이 많지만 적응계획으로 국가적 관심이 확장된 점은 긍정적이다. 이러한 국내 기후변화 대응정책의 전개는 〈표 1〉의 오른쪽 열에 요약적으로 정리하였다.

2. 기후변화 대응 종합대책의 내용

우리나라는 1993년에 UNFCCC에 가입했지만 범정부 차원에서 기후변화 관련 기구를 설치한 것은 1998년에 이르러서였다. 1998년 4월, 국무총리를 위원장으로 하여 국무조정실이 주관하고 환경부·외교통상부·산업자원부·농림부·과학기술부 등 10개 부처가 참여하는 "기후변화협약 범정부 대책기구"를 구성하여 대외협상대책과 국내 대응과제 발굴 등 관련 대책을 추진하였다(환경부, 2010). 범정부 대책기구는 업무 조정과 추진을 위해 5개 실무대책반을 구성하고 12명의 전문가 풀(pool)을 만들어 여기에 정부부처만이 아니라 학계와 연구기관, 산업계도 참여하였다. 각 부처가 주관을 맡은 5개 실무대책반은 협상대책반(외교통상부 주관), 에너지산업대책반(산업자원부 주관), 환경대책반(환경부 주관), 농림대책반(농림부 주관), 연구개발반(과학기술부 주관)으로 구성되었다. 그리고 1998년 12월에는 「기후변화협약 대응 종합대책」을 수립하였다(국무조정실 기후변화협약 실무대책회의, 1999). 2001년 9월에는 국무총리 훈령인 "기후변화협약 대책위원회 등의 구성 및 운영에 관한 규정"을 마련하고 기후변화협약 대응 관련 정부대책을 종합적으로 검토·조정하기 위하여 마찬가지로 국무총리를 위원장으로 하는 "기후변화협약대책위원회"를 설치하였다. 이후 2002년에 기후변화협약 대응 제2차 종합대책, 2005년에 기후변화협약 대응 제3차 종합대책, 2007년에 기후변화 제4차 종합대책이 발표되었고 이명박 정부로 교체된 2008년에 다시 기후변화대응 종합기본계획이 발표되었다.

우리 정부가 설치한 기구들의 이름이나 보고서 및 대책 명칭에서 드러나듯이 2005년 3차 종합대책 수립 때까지 우리 정부가 관심을 가진 것은 기후변화 "협약"으로 협약에 대응하기 위한 방안들이 보다 중심적이었다. 2007년에 이르러서야 "협약"이란 단어 없이 "기후변화"가 그대로 쓰이게 되었다. 협약에 보다 주목했던 이유는 당장 기후변화로 인해 피해를 입는다기보다 기후변화협약을 통해 온실가스 감축의무가 주어진다면 에너지 집약적인 산업구조로 인해 산업에 상당한 부담이 되고 이는 결국 국가 경제에 심각한 타격이 될 수 있다고 판단했기 때문이었다. 또한 선진국의 온실가스 배출 규제가 수출지향적인 우리 경제에 무역장벽이 될 수 있고 온실가스 다배출국가로서 배출 저감에 노력하지 않을 경우 국제적인 이미지 하락으로 경제적 타격을 입을 수 있다. 즉, 기후변화협약과 협상 결과가 우리나라 경제에 미치는 영향이 크기 때문이다. 당시까지 한국 정부는 국제 기후변화협상에서 온실가스 감축에 따른 부담을 피해가기 위해 감축 목표, 특히 의무감축목표 설정을 늦추는 협상전략을 구사하면서 협약 이행 기반 구축에 보다 관심을 두었다. 협약이 주로 완화에 초점을 맞추고 있어 적응에 대한 관심이 상대적으로 낮았다. 그래서 종합대책에서 "적응" 관련 내용은 2002년 제2차 종합계획에서 "기후변화 영향평가 및 적응프로그램 마련"이 84개 세부 과제 중 하나로 포함되었고 2005년 제3차 종합대책에 와서야 3대 사업분야 중 하나로 기후변화 적응 기반구축 부문이 포함되었다.

최초의 기후변화 대응 정부종합대책은 1999년 2월에 수립된 기후변화협약대응 종합대책(1999~2001년)으로 4대 부문 36개 과제로 구성되어 있었다. 당시 김대중 정부는 우리나라가 UNFCCC와 교토의정서에 개도국으로 분류되어 감축의무가 없지만 선진국들이 감축목표 합의를 명분으로 하여 우리나라와 같은 선발개도국이 2008년부터는 자발적인 의무를 부담하여 줄 것을 요청하고 있으며 당시 세계 제

11위 온실가스 배출국이자 신규 OECD 가입국으로서 우리의 경제적 사회적 능력 범위 내에서 지구온난화 방지를 위한 국제사회 노력에 적극 참여할 필요가 있기에 기후변화협약 종합대책을 수립할 필요가 있다고 판단하였다. "머지않은 장래에 현실화될 의무 부담에 대비해서 우리 경제발전에 미치는 영향을 최소화하면서 국제사회의 노력에 참여할 수 있는 방안을 모색하기 위해" 대책 수립이 필요하다고 기술하고 있다. 종합대책은 개관, 우리나라의 온실가스 배출 현황, 우리나라의 온실가스 배출전망, 부문별 구체적 온실가스 저감대책, 기후변화협약 관련 대외협상대책, 향후 조치계획 및 과제별 추진일정 등 모두 6개의 장으로 구성되어 있다. 부문별 구체적 온실가스 저감대책은 산업부문, 수송부문, 가정·상업부문, 연료대체부문, 농림부문, 축산부문, 폐기물부문, 기술개발부문 등의 8개 부문 36개 과제를 담고 있다. 아울러 HFC, PFC, SF_6 저감방안, 신축성체계의 활용방안, 온실가스 저감 기반 조성방안을 포함하였다.

2001년 들어서는 2월에는 대한상공회의소에 "기후변화협약 대책반"이 구성되고 3월에는 국회에 "기후변화협약대책 특별위원회"가 설치되는 등 관련 조직들이 정부 내외에 발족되었다. 국제적으로는 교토의정서 이행 방안이 COP-7의 마라케쉬선언을 통해 타결되었다. 이런 배경 하에서 우리나라의 경제·산업 여건 변화 등을 반영하여 2002년 3월에 2002~2004년간 범정부 차원에서 추진해 나갈 기후변화협약 대응 제2차 종합대책을 마련하였다. 2차 종합대책은 종합대책의 배경, 우리나라의 온실가스 배출전망과 과제, 기후변화협약 대응 대책의 4개 장으로 구성되어 있다. 2차 종합대책에서 제시하고 있는 기후변화협약 대응방안은 의무부담협상에 대응한 협상역량 강화, 온실가스 감축기술 개발 촉진, 온실가스 감축대책 강화, 교토메커니즘 및 통계 기반 구축, 국민 참여와 협력 유도 등 5대 부문 84개 과제로 구성되어 있다.

2005년에는 기후변화협약대응 제3차 종합대책(2005~2007년)이 수립되었다. 이 대책은 2004년 10월부터 이듬해 2월까지 4개월여에 걸쳐, 외교통상부, 산업자원부, 환경부 등 총 19개 부처와 에너지관리공단, 환경관리공단 등 유관기관이 참여해서 마련한 것이다. 2004년 11월에는 에너지 다소비 8개 업종(발전 · 정유 · 철강 · 석유화학 · 시멘트 · 제지 · 자동차 · 반도체)에 대한 업종별 대책단이 구성되기도 하였다. 3차 종합대책은 "지구온난화 문제에 대응하기 위한 국제적 노력에 적극 동참"하고 "온실가스 저배출형 경제구조로의 전환을 위한 기반을 구축"하며 "기후변화가 국민생활에 미치는 부정적 영향을 최소화"한다는 것을 추진 목표로 하여 3대 분야 90개 과제를 내용으로 하였다. 3대 분야란 협약 이행 기반 구축, 부문별 온실가스 감축, 기후변화 적응 기반 구축을 말한다. 협약 이행 기반 구축사업에는 의무부담 협상기반 구축(3개), 통계 · 분석시스템 구축(4개), 온실가스 감축관련 연구개발(14개), 기후변화협약 대응 교육 · 홍보(4개), 교토메커니즘 활용기반 구축사업(3개)의 5개 부문, 부문별 온실가스 감축사업에는 통합형 에너지 수요관리(7개), 에너지 공급부문 온실가스 감축(5개), 에너지 이용효율 개선(6개), 건물에너지 관리(5개), 수송 · 교통부문 에너지 관리(7개), 환경 · 폐기물 부문(6개), 농축산 · 임업 부문 온실가스 감축(8개)의 7개 부문, 기후변화 적응기반 구축사업에는 기후변화 모니터링 및 방재기반 확충(4개), 생태계 및 건강영향평가(11개)의 2개 부문이 포함되었다.

2007년 12월에는 "새로운 전환"이라는 제목을 내걸고 기후변화 제4차 종합대책(5개년 계획)이 발표되었다. 명칭에서부터 변화가 있었는데 제4차 종합대책은 기후변화 "협약"이 아니라 보다 폭넓게 "기후변화"로 관심을 넓히면서 이때부터 5년 단위로 종합대책을 수립하도록 하였다. 2007년 9월 UN 고위급회의 후 기후변화에 대한 적극적 대응에 착수하게 되었는데 10월부터 총리실에 기후변화 대응 실무조직으로 "기후변화대책기획단" 설치를 추진하기 시작하여 12월 초에 발족하였다. 2007년에는 IPCC의 AR4가 발표되면서 21세기에 기후변화가 더욱 가속화될 전망임이 알려졌고 엘 고어 미 전 부통령과 함께 IPCC가 노벨평화상을 수상함으로써 전 세계적으로 기후변화 위험에 대한 인식이 높아지며 기후변화가 전 지구적으로 최우선 정책 의제로 떠올랐다. 선진국의 온실가스 배출규제가 자동차, 반도체 등의 산업 분야에서 새로운 무역장벽으로 등장하였다.

이러한 급변하는 국제상황에 맞추어 보다 적극적인 기후변화 대응 필요성이 높아지면서 12월 중순에 제4차 종합대책이 발표되었다. 그리고 4차 종합대책에서부터 기후변화협약이 아닌 "기후변화 대응"이 국정 최우선 의제로 설정되었다. 4차 종합대책에서 정부는 그때까지의 기후변화 대응에서 중장기 전략과 목표가 존재하지 않았고 에너지 다소비형 산업구조와 업계 부담 등을 감안하여 기후변화 국제협상에 소극적으로 대응했으며 부처별 과제에 대한 면밀한 성과관리와 평가가 미흡하고 온실가스 감축부문에 비해 기후변화 영향평가·적응 및 연구개발 투자가 미흡한 것으로 평가하였다. 기후변화 4차 종합대책에서는 "국제적 위상에 부합하는 온실가스 감축 및 기술개발을 통한 기후변화 영향 최소화"를 비전으로 설정하고 온실가스 감축을 위해 부문별 단기 목표 및 중장기 국가 목표 설정, 기후변화 적응대책의 수립·시행으로 사회·경제·환경적 피해 최소화, 선진국 수준의 온실가스 감축 기술 확보를 목표로 내걸었다. 또한 UNFCCC 및 IPCC 등의 추진체계와 연계하여 감축, 적응, 연구개발을 3대 핵심부문으로 하여 중점 추진하기로 하였다. 제4차 종합대책 5쪽에는 2008년 중 중장기 국가 감축목표를 제시할 예정으로 기술되어 있다. 분야별 중점추진대책을 보면 온실가스 감축분야(5개), 기후변화 적응분야(3개), 연구개발분야(4개), 인프라 구축분야(4개), 국체협력분야(2개) 등 5개 분야에 걸쳐 19개 중점 추진 대책을 제시하였다. 이때부터 탄소시장 활성화를 추진하기로 하고 배출권 거래제의 도입 여부를 검토한다는 내용을 담았다.

제4차 종합대책이 발표된 바로 이듬해인 2008년 이명박 정부가 출범하면서 한 해도 지나지 않아 9월에 "기후변화대응 종합기본계획"이 발표되었다. 직전 8월에 발표된 "저탄소 녹색성장"이란 비전을 반영한 것이었는데 기존 3차까지의 종합대책이 저탄소 사회구조로의 전환을 도모하기에 미흡하다고 평가하였다. 가장 중요하게 국가 감축목표를 제시하지 않아 산업계나 국민에게 일정한 신호를 주지 못했고 에너지 다소비형 산업구조와 업계의 부담에 대한 고려로 인해 기후변화 대응에 소극적이었으며, 부정적 영향을 최소화할 수 있는 적응 방안 마련이나 국제사회 기후변화 대응에 대한 동참 노력이 부족하였다고 평가하였다. 2008년 기후변화대응 종합기본계획에서는 기후변화 대응의 비전을 "범지구적 기후변화 대응 노력에 동참하고 녹색성장을 통한 저탄소 사회 구현"으로 제시하면서 기후변화 대응 목표로 "① 기후친화산업을 신성장동력으로 육성, ② 국민의 삶의 질 제고와 환경 개선, ③ 기후변화 대처를 위한 국제사회 노력 선도"를 제시하였다. 각 대책별 내용을 요약적으로 정리하면 〈표 3〉과 같다.

<table>
<caption>[표 3] 한국의 기후변화대응 대책과 계획</caption>
<tr><th>정부</th><th>대 책</th><th>작성 주체</th><th>내 용</th><th colspan="2">특 징</th></tr>
<tr><td rowspan="2">김대중 정부 (국민의 정부)</td><td>기후변화협약대응 제1차 종합대책 (1999)</td><td>국무조정실 기후변화협약 실무대책회의</td><td>• 부문별 저감대책
• HFC, PFC, SF_6 저감 방안
• 신축성체계의 활용방안
• 온실가스 저감 기반 조성방안</td><td>최초 수립
4대 분야 8개 부문 36개 과제</td><td rowspan="3">단기 실행 계획 형태, 3년 단위</td></tr>
<tr><td>기후변화협약대응 제2차 종합대책 (2002)</td><td>기후변화협약 대책위원회</td><td>• 협상 역량 강화
• 온실가스 감축기술 개발 촉진
• 온실가스 감축대책 강화
• 교토메커니즘 및 통계 기반구축
• 국민 참여와 협력 유도</td><td>기본 골격 수립
5대 부문 84개 과제</td></tr>
<tr><td rowspan="2">노무현 정부 (참여 정부)</td><td>기후변화협약대응 제3차 종합대책 (2005)</td><td>기후변화협약 대책위원회</td><td>• 협약이행 기반구축사업
• 부문별 온실가스 감축 사업
• 기후변화 적응 기반 구축사업</td><td>적응 대책 추가
3대 분야 90개 과제</td></tr>
<tr><td>기후변화 제4차 종합대책 (2007)</td><td>국무총리실 기후변화대책기획단</td><td>• 온실가스 감축
• 기후변화 적응
• 연구개발
• 인프라 구축
• 국제협력</td><td>정권 교체로 2008년 종합기본계획으로 대체
5대 분야 19개 중점 추진대책</td><td rowspan="2">5년 단위, 단기 및 중·장기 과제 제시</td></tr>
<tr><td>이명박 정부</td><td>기후변화대응 종합기본계획 (2008)</td><td>국무총리실 기후변화대책기획단</td><td>• 기후친화산업 신성장 동력으로 육성
• 국민의 삶의 질 제고와 환경 개선
• 국제 사회 노력 선도
• 추진 수단 및 방안</td><td>저탄소녹색성장 비전
10대 정책방향
50대 실천과제</td></tr>
</table>

기후변화는 극단적인 기상현상으로 발현됨으로써 그 자체가 재난적 영향을 미칠 수 있을 뿐 아니라 기후변화 대응정책 또한 사회적 영향을 야기한다. 기후변화 대응에 비용이 수반되는만큼 어떤 대응정책을 수립하고 어떤 문제나 어떤 부문, 어떤 지역이나 집단에 우선적인 책임을 지도록 할 것인지 등 부담배분과정에서 사회구성원 간에 갈등이 야기될 가능성이 크다. 따라서 국제 기후변화협상이나 정책을 둘러싸고 국가간 갈등과 의견 일치가 쉽지 않은 것처럼 국내 기후변화정책 또한 수립과정에서 갈등과 마찰을 야기할 수밖에 없다. III장에서는 완화정책 중심으로 기후변화정책 수립과정에서 갈등이 야기되었던 주요 쟁점들을 살펴본다. 주요 쟁점들은 크게 분류하자면 국가 중기 감축목표의 설정, 국가 온실가스 관리체계, 기후변화정책수단 등으로 분류해볼 수 있다. 이러한 쟁점에 대해 논의하기 전에 우선 우리나라 온실가스 배출 현황과 추세에 대해 일단 살펴보도록 한다.

1. 우리나라 온실가스 배출 추세와 현황

2012년 현재 우리나라 온실가스 총 배출량은 688.4백만tCO_2eq이다. 이는 1990년 295.6백만tCO_2eq에서 연평균 3.9%씩 증가하여 총 136% 증가한 양이다([그림 1] 참조). 부문별 비중을 보면 2012년 현재 에너지부문의 배출 비중이 총 온실가스의 배출량의 87.2%를 차지한다. 1990년과 비교해보면 가장 높은 비중을 차지하는 에너지부문의 비중이 갈수록 증가해 왔음을 알 수 있다. 에너지부문 내에서는 전환부문이 45.1%로 비중이 가장 높으며 다음으로 산업(30.4%), 수송(14.6%), 가정·상업·공공, 즉 건물부문(10.0%) 순이다. 즉, 총 온실가스 배출량의 38.9%가 전환부문에서 발생한다. 하지만 이 전환부문은 전기와 열을 생산하는 부문으로 여기서 만들어진 전력과 열의 절반 이상이 산업부문에서 소비되므로 우리나라에서는 산업부문이 무엇보다 중요한 온실가스 배출원이다. 가스별로는 2012년의 경우 CO_2가 625.7t으로 90.9%를 차지하여 가장 비중이 높고 다음으로 CH_4 (4.3%), SF_6(1.1%), N_2O(2.1%), HFCs(1.3%), PFCs(0.3%) 순이다(온실가스종합정보센터, 2014). 1990년 CO_2 배출량은 252.8t으로 총 온실가스의 85.5%에 해당했으나 에너지 연소로부터 주로 배출되는 CO_2의 배출량과 배출 비중 또한 에너지 소비량과 에너지부문 비중이 증가한 것과 연결되어 높아졌다.

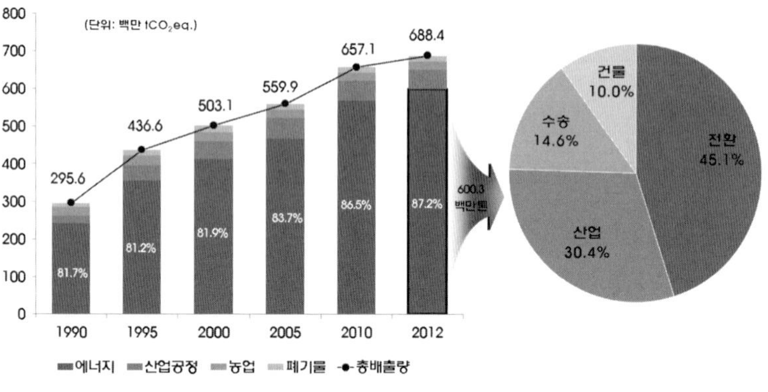

주 : 2012년은 앞의 연도들과 달리 5년 간격이 아니므로 추세를 살필 때 주의해야 함.
출처 : 온실가스종합정보센터, 2014, 2014 국가 온실가스 인벤토리 보고서

[그림 1] 우리나라 온실가스 총배출량과 부문별 배출 현황

우리나라의 온실가스 배출은 세계적으로는 어느 수준일까? 우리나라는 인구 수로는 2012년 현재 세계 22위지만 GDP나 1차 에너지 소비는 각각 12위와 10위로 인구 수 대비 높은 편이며 특히 CO_2 배출량으로는 세계 7위국이다. OECD 국가들 내 모든 등위는 10위권 내이며 특히 CO_2 배출의 경우 4위를 차지하고 있다. 즉, 〈표 4〉에 제시된 모든 지표가 부속서 I 국가들 수(40개)보다 높은 등위를 차지하고 있다. 이런 상황에서 우리나라의 CO_2 배출 감축은 더 이상 미룰 수 없는 과제가 되고 있다.

[표 4] 한국의 온실가스 배출 관련 세계적 위상

주요 지표(2012)	한국 실적	세계 비중	세계 등위	OECD 비중	OECD 등위
인구(백만 명)*	50.00	0.71%	26	3.99%	8
GDP(2005년 10억 US달러)	1,078.21	1.98%	12	2.73%	9
GDPppp(2005년 10억 US달러)	1,399.65	1.69%	13	3.576%	8
1차 에너지 공급(Mtoe)	263.44	1.97%	8	5.02%	5
1인당 TPES(toe)	5.27	(1.86)	18	(4.39)	8
1인당 전력 소비	10,346	(2,972)	11	(8,089)	8
CO_2 배출($MtCO_2eq$)**	592.92	1.87%	7	4.64%	4
1인당 CO_2 배출(tCO_2eq)	11.86	(4.51)	18	(9.68)	6
누적 CO_2 배출(1990~2010)	-	1.4%	14	-	8

주 : * 우리나라 인구는 통계청 자료에 따르면 2012년 50.948백만 명이지만 IEA(2014)에는 50.00백만 명으로 되어 있음. 다른 국가와의 비교를 위해 IEA(2012) 통계를 사용함.
** 여기서의 CO_2 배출은 연료연소에서 발생하는 양을 말함. 이 또한 IEA(2014) 자료 사용.
*** 표의 ( ) 안 숫자는 비중이 아니라 각 항목에 대한 세계와 OECD의 평균을 말함.
자료 : IEA, 2012, Key World Energy Statistics 2013; IPCC, 2014, Working Group III report of AR5; 에너지관리공단, 2013, 대한민국에너지편람 2013.

1990년부터 2010년 사이 배출량 변화 차원에서도 우리나라는 세계적 관심의 대상이다. [그림 2]에서 볼 수 있는 것처럼 1990년 이후 국가별 온실가스 배출량 변화는 국가마다 다르게 나타났다. 교토 의무감축목표를 공약했던 국가들 중 경제이행국들과 EU는 모두 온실가스 배출을 감축한 반면 JUSCANZ 그룹 국가들(일본, 미국, 캐나다, 호주, 뉴질랜드)은 모두 온실가스 배출이 증가했으며 교토목표를 달성하지 못했다. 우크라이나와 러시아는 애초 감축목표였던 1990년 배출량 유지라는 목표를 달성했으며 EU 또한 8% 감축이란 목표를 달성하였다. EU의 감축목표 달성에는 경제이행국의 배출 감소가 중요하게 작용했지만 적극적으로 기후변화 완화 노력을 경주해 온 독일과 영국도 감축목표를 달성하였다. 비부속서 B 국가들, 즉 개발도상국들은 대부분 배출량이 증가했는데 거대 개도국과 선발개도국, 즉 중국과 인도, 인도네시아, 한국, 멕시코, 남아공, 브라질 등에서 배출량이 증가하였다. 그중에서도 우리나라는 절대 배출량 증가에서는 미국, 중국, 인도, 인도네시아에 이어 5위를 기록했고 배출 증가율로는 OECD 국가들 중 최고 수준이었다. OECD 국가들 중 한국보다 배출 증가량이 더 많은 국가는 미국이지만 미국의 배출량 증가율은 8%이었으나 한국의 증가율은 125%에 달했다. 따라서 한국의 온실가스 배출량 관리는 국가 수준에서나 지구적 차원에서나 상당히 중요하다.

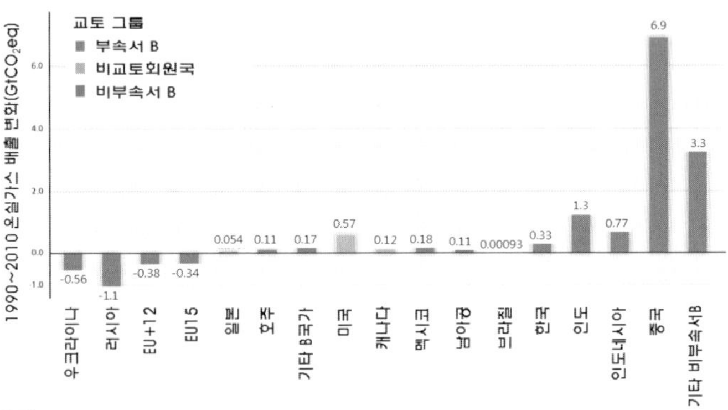

출처 : IPCC, 2014, AR5-WG III: 32

[그림 2] 주요국들의 온실가스 배출 변화(1990~2010년)

2. 국내 기후변화정책 수립의 주요 쟁점

1) 국가 중기 감축목표와 2030년 INDC 설정

무엇보다 국가 온실가스 배출량 감축은 감축목표가 설정될 때 보다 효과적으로 추진될 수 있다. 국가 감축 목표 설정의 필요성은 2007년 제3차 기후변화종합대책과 2008년 종합기본계획에서도 언급되었다. 국제적으로는 1997년 교토의정서 채택 후에 열린 COP-4에서 개최국인 아르헨티나가 비부속서 I 국가임에도 자발적 감축목표를 발표한 것은 한국과 같은 다른 비부속서 I 국가들에게 압력으로 작용하였다.

이명박 정부는 "저탄소 녹색성장"의 실천적 목표를 달성하기 위한 핵심전략이자 국민과 기업에게 명확한 기후변화 정책방향을 제시함으로써 조기 대응을 유도할 수 있는 신호로서, 또 국제사회의 동참요구에 대한 화답이자 "선도자(early mover)"로서의 이미지 획득 기회로서, 감내할 수 있는 수준의 자발적 온실가스 감축목표 설정이 필요하다고 보았다. 2007년 발리로드맵을 통해 비부속서 I 국가들도 감축목표를 수립하기로 합의한 상황이기에 한국이 목표설정을 무작정 회피하는 것도 적절하지 않았다. 이명박 전 대통령은 2008년과 2009년에 열린 도야코와 라퀼라 G8 확대정상회의에서 한국이 개도국의 선도자로서 2009년 COP-15가 개최되기 전에 감축 목표를 수립하겠다고 국제사회에 강력하게 표명하였다.

하지만 감축목표 수립은 상당한 사회적 논쟁과 갈등을 야기하였다. 가장 직접적으로 영향을 받는 기업들에서는 감축의무가 없는 비부속서 I 국가가 세계적으로 적극적인 감축 노력이 진행되지 않는 상황에서 국제 경쟁력을 저하시킬 수 있기에 굳이 감축목표를 수립할 필요가 없다는 입장이 지배적이었다. 반면 시민사회는 정부가 의지를 표명하기 이전부터 감축목표 설정 필요성을 주장해 왔기에 이러한 감축목표 수립을 환영하면서 보다 적극적인 목표 설정을 요구하였다.[3)]

중기 감축목표 설정은 2008년 7월 도야코 G8 정상회의 이후 녹색성장위원회가 중심이 되어 진행되었다. 녹색성장위원회에 따르면 2008년 9월부터 에너지경제연구원, 에너지기술연구원, 환경정책평가연구원, 한국개발연구원, 산업연구원 등 국책연구기관들이 합동으로 10개월 동안 국내 최초로 온실가스 배출 전망과 감축 잠재량에 대해 분석하였다(녹색성장위원회, 2009). 2009년 7월에는 이 분석결과에 대해 전문가 검토위원회에서 신뢰성을 검증하고, 검증결과를 토대로 보완작업을 실시하였다. 이 과정과 병행해서 녹색성장위원회는 산업계 주요 8개 업종별로 30여 차례의 토론회와 정부 내 협의를 거친 후 8월에 3가지 감축 목표 시나리오를 발표하였다.

3가지 시나리오는 2020년까지 2020년 배출 전망치(Business-As-Usual, BAU) 대비 각각 ① 21% ② 27% ③ 30%를 감축해서 2020년에 각각 642백만 톤CO_2, 590백만 톤CO_2, 569백만 톤CO_2으로 온실가스 배출을 유지하는 것이었다. 이는 2005년 온실가스 배출량(594백만 톤CO_2) 대비 각각 ① 8% 증가, ② 동결 ③ 4% 감소시키는 것에 해당하는 수준이었다. 3가지 시나리오 발표 후 녹색성장위원회 주관의 토론회와 업종별 간담회, 국회 주관 토론회, 지방 공청회, 산업계 주관 토론회, 시민단체 주관 토론회 등의 과정과 전문가와 일반인 대상의 여론조사(3회) 실시 후 국회기후변화특별위원회와 정부내 논의 과정을 거쳐 시나리오 3이 최종 확정되었다. 즉, 2020년 국가 중기 온실가스 감축목표가 전망치 대비 30% 감축으로 설정되었다. 구체적

3) 감축목표 설정과정과 관련 이해당사자들의 주장에 대해서는 윤순진(2009)을 참고할 것.

인 부문별 감축 목표와 감축량은 2011년 온실가스종합정보센터에서 발표하였지만 2014년 2월 환경부를 통해 다시 확정되었다. 2020년 전망치 대비 30% 감축 목표는 그대로 유지되었고 부문별 감축목표도 동일 수준으로 제시되었다([그림 3] 참조). IPCC 2006 배출계수에 따라 온실가스 배출량을 재산정함으로써 절대적인 전망치와 감축량 규모만 약간 조정되었다.

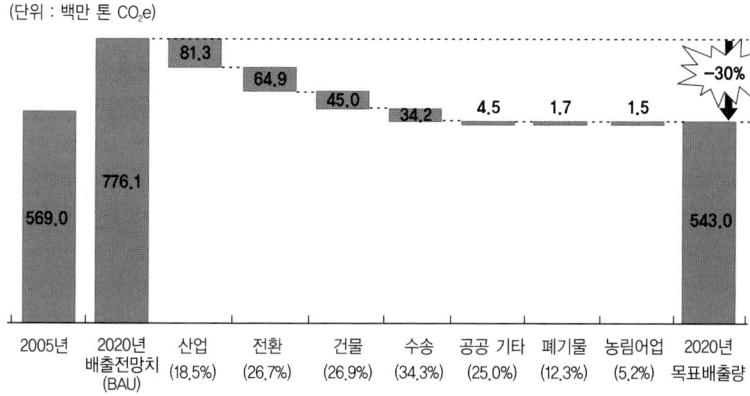

출처 : 관계부처 합동, 2014, "국가 온실가스 감축목표 달성을 위한 로드맵" 재구성

[그림 3] 국가 온실가스 중기 감축 목표와 부문별 감축 목표

한 설문조사에 따르면 기후변화 전문가들은 이명박 정부에서 추진한 기후변화 대응정책들 중 국가 감축목표를 설정한 것을 가장 잘한 정책으로 평가하였다(윤순진 · 원길연, 2012).[4] 하지만 2020년 국가

4) 이 설문조사는 서울대 환경대학원이 국회 기후변화포럼의 의뢰를 받아 녹색성장을 주요 목표와 가치로 하는 기후변화정책레짐에 대한 사회적 인식과 수용 정도, 적절성에 대한 의견을 살펴보기 위해 국가, 기업, 시민사회의 기후변화 전문가를 대상으로 실시한 것이다. 표집단위는 개인이라기보다 3개 부문에서 활동하고 있는 주요 조직들로 각 조직 기후변화 업무 담당자가 응답하였다. 설문조사는 2012년 9월 25일부터 10월 16일까지 이루어졌다. 535명의 설문대상자들 중 172명이 응답하여 회수율은 32.1%를 보였다. 국가 부문이 64명, 기업 부문이 48명, 시민사회 부문이 60명으로 각각 28.6%, 34.8%, 34.7%의 회수율을 보였다.

감축 목표가 확정된 지 6년이 되었지만 감축목표에 대한 사회 주체별 입장은 아직도 차이를 보이고 있다. 동일한 설문조사에 따르면 중기 국가 감축 목표에 대해 적당하다는 의견이 33.7%로 가장 많았으나 '높다와 매우 높다'의 합(40.1%)이 '낮다와 매우 낮다'의 합(26.2%)보다 높았다. 부문별로는 정부와 기업은 평균적으로 약간 높다는 의견에 가까웠으나 시민사회는 응답자의 50%가 낮다는 입장으로 평균적으로도 약간 낮다는 입장에 가까웠다. 특히 기업은 높다(높음 + 매우 높음)는 의견이 다른 부문보다 높았으며 매우 높다는 의견 또한 22.9%로 많았다.

[표 5] 국가 중기 온실가스 감축 목표에 대한 평가

구분	매우 낮음	낮음	적당함	높음	매우 높음	평균
	①	②	③	④	⑤	
전체	7 (4.1%)	38 (22.1%)	58 (33.7%)	49 (28.5%)	20 (11.6%)	3.22
국가	1 (1.5%)	7 (10.9%)	25 (39.0%)	24 (37.5%)	7 (10.9%)	3.45
기업	0	7 (14.5%)	13 (27.0%)	17 (35.4%)	11 (22.9%)	3.67
시민사회	6 (10%)	24 (40%)	20 (33.3%)	8 (13.3%)	2 (3.3%)	2.60

출처 : 윤순진 · 원길연, 2012.

국가 감축목표 설정의 경우 전망치 방식의 목표 설정이나 감축 수준이 미흡하다는 시민사회의 평가에도 불구하고 감축 목표가 설정된 자체는 의미가 있다. 특히 세 가지 시나리오 중에서 그나마 가장 적극적인 감축 목표를 채택한 것도 제한된 범위 안에서나마 의미 있는 성과라 할 수 있다. '기후변화 비즈니스 포럼'이라는 논의단체를 만들어 기후변화 대응에 앞장서겠다면서 정부의 국가 온실기체 감축목표 설정을 환영하는 기업들도 있었지만 대다수 기업들이 감축 목표 설정에 호의적이지 않거나 시나리오 1 정도를 수용하겠다는 태도를 보인 상황이었기에 더 그렇다. 온실가스 배출전망치와 감축 잠재량에 대한 분석과 함께 감축 부담을 직접적으로 안게 되는 기업과의 간담회와 토론을 30여 차례 개최한 것이 의견 차이를 좁히는 데 크게 기여하였다.

하지만 3개 시나리오가 나오기 전까지 앞서 언급된 국책연구기관만이 분석과정에 참여했을 뿐 보다 다양한 학계·연구계와 시민단체는 목표 설정과정에서 배제되었다. 단지 제시할 수 있는 의견은 주어진 전망치 대비 감축 방식 세 가지 중 하나를 선택하는 것으로 제한되었다. 또한 시나리오 제시 후에도 기업을 넘어 시민사회의 다양한 이해관계자들과의 대화는 상대적으로 소홀했으며 특히 기후변화로부터 가장 많은 영향을 받는 취약집단인 노동자와 농민 등은 이러한 대화에 초대받지 못했다는 한계가 있었다. 아울러 감축 목표의 적절성이나 감축 목표 수립과정의 적절성에 대한 비판과 함께 각 시나리오별로 감축목표를 달성하기 위해 제안된 정책수단들에 대한 비판도 제기되었다(윤순진, 2009). 시나리오 1에서부터 3까지 주요 감축방안으로 사회적 합의에 기초하지 않은 원자력 확대가 포함되어 있다는 점이 비판의 대상이 되었다. 시나리오별로 각각의 목표를 달성할 수 있는 정책수단들이 제시되어 있었지만 수단별 저감 잠재력이나 비용, 부문별 감축목표 등에 대해 정보가 제공되지 않았던 점도 한계로 지적할 수 있다.

기후변화는 장기적인 문제로 보다 장기적인 감축목표 설정이 필요하다. 독일이나 영국을 포함해서 EU처럼 기후변화 대응에 적극적인 국가들은 물론 미국까지도 2050년 감축목표를 수립해둔 상태다.

2014년에 COP-20에서 국제사회가 합의한 리마요청에 따라 당사국들은 2015년 COP-21이 열리기 전 10월 1일까지 2020년 이후의 감축 목표를 발표해야 했는데 그 시점까지 120개국이 INDC를 제출하였다. 우리 정부는 2015년 6월 30일 UNFCCC에 2030년까지 온실가스 배출을 배출전망치 대비 37.0% 감축하겠다는 2030년 INDC를 제출하였다. 2030년 INDC 수립과정은 다음과 같다.

정부는 2014년 5월부터 2020년 이후 INDC 수립 작업에 착수하였다. 국무조정실을 중심으로 기획재정부, 외교부, 미래창조과학부, 국토교통부, 산업통상자원부, 환경부, 농림축산식품부, 해양수산부 등이 참여하여 관계부처 합동으로 기후변화 대응 T/F를 구성하여 목표 수립과정을 총괄하였다. 관련 실무작업은 온실가스종합정보센터가 총괄하면서 관계부처 산하 국책연구기관인 에너지경제연구원, 에너지공단(구 에너지관리공단), 에너지기술연구원, 교통연구원, 교통공단, 건설기술연구원, 환경공단, 농촌경제연구원, 농업과학원, 축산과학원, 임업진흥원, 산림과학원, 해양수산개발원 등에 소속된 전문연구원들로 구성된 공동작업반에서 수행하였다. 또한 공동작업반의 INDC 수립 단계별로 산업계, 시민단체 등 이해관계자들의 의견을 수렴하기 위해 산업계와 시민단체에서 추천하는 전문가들 각 10명씩으로 구성된 민관합동검토반을 구성하여 운영하였다.

정부는 2015년 6월 11일 민관합동검토반 회의를 통해 4개의 감축 목표안을 제시하였다. 경제성장률, 유가, 산업구조 등 주요 경제변수를 토대로 2020년에는 7억 8,250만tCO_2eq, 2030년에는 8억 5,060만tCO_2eq를 배출할 것으로 전망한 후, 2030년까지 BAU 대비 14.7%, 19.2%, 25.7%, 31.3% 감축이라는 4가지 시나리오를 발표하였다([그림 4] 참조). 정부는 시나리오 발표 이튿날인 6월 12일의 공청회와 6

월 18일의 국회토론회를 거쳐 6월 30일 국무회의에서 '2030년 BAU 대비 37% 감축'을 국가 장기 감축목표로 확정하였다. 감축 목표를 높이게 된 것은 애초 정부가 발표한 4가지 시나리오 모두 2020년 감축 목표보다 후퇴한 것이어서 국내외에서 "후퇴금지 원칙"에 위배된다는 비판이 제기되었기 때문이었다.

37% 감축이란 목표 자체는 애초 정부가 제시한 4가지 시나리오 안보다 강화된 것이고 가까스로 2020년 감축 목표보다는 다소 높아진 수준이지만 국내 노력을 통해 25.7%, 해외 배출권 시장을 통해 나머지 11.3%를 달성하겠다는 감축방안은 여전히 비판의 대상이 되고 있다. 2030년 국내 감축 목표 전망치 대비 25.7% 감축은 국내 감축만 고려한 2020년 중기감축 목표인 30% 감축보다 오히려 완화된 수준이기 때문이다. 또한 주된 감축수단이 2011년 후쿠시마 원전사고로 인해 국민 수용성이 떨어진 원자력 발전 확대로 제시된 데다 해외 배출권 구입을 누구의 비용으로 어떤 방식으로 할 것인지가 명확하지 않고 보다 본질적으로는 국내 감축 노력이 무엇보다 중요한데 이를 해외에서 배출권 구입을 통해 달성한다는 기본 방향에 문제가 있다는 것이다. 더 본질적으로는 과거 배출 실적치를 기준으로 하기보다 여전히 배출전망치를 기준으로 감축목표를 설정함으로써 감축목표가 유동적으로 보이고 배출전망치를 재산정해야 한다는 요구들이 지속될 수 있다는 점도 비판의 대상이 되고 있다. 감축목표 강화에 강력하게 반발하는 산업계의 협력을 얻기 위해 산업계의 부문별 배출 감축 목표를 배출전망치 대비 12%로 제한한 점도 부문별 형평성이나 오염원인자 부담원칙에 위배된다는 점에서, 또한 이러한 낮은 목표수준조차 산업계가 반발하고 있다는 점에서 2030년 감축 목표를 둘러싸고 사회갈등이 지속될 전망이다. 게다가 INDC 결정과정에서 충분

한 사회적 논의가 없었고 공청회 일정을 이틀 전에 발표한다거나 공청회 전날에서야 4가지 시나리오 안을 제시한 것은 절차적으로 문제를 안고 있어 INDC 결정과정의 정당성이 확보되었다고 보기 어렵다. 이는 또 다시 사회갈등의 소지가 될 수 있다.

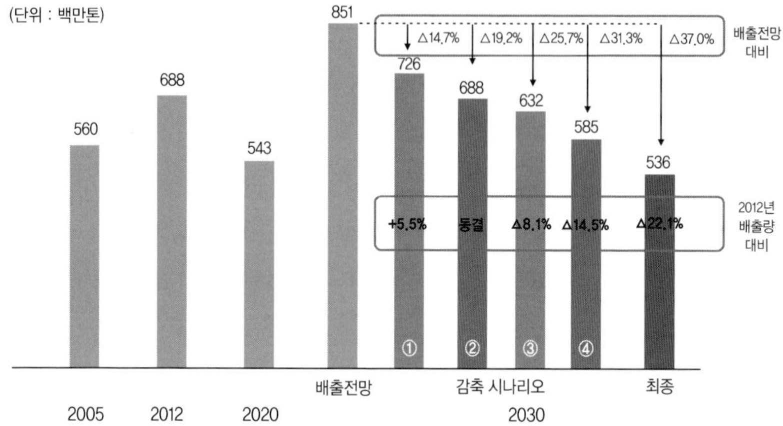

출처 : 관계부처 합동, 2015, Post-2020 온실가스 감축목표 설정 추진계획 공청회 자료 재구성

[그림 4] 국가 온실가스 중기 감축 목표와 부문별 감축 목표

앞서 살핀 것처럼 우리나라의 온실가스 배출 규모가 더 이상 개도국이란 이름 뒤에 숨기에는 상당히 높은 편이다. 또한 기후변화로 인한 이상기후가 우리 국민의 삶에 미치는 직간접적 영향이 커지고 있는 만큼 협상이나 국제적인 압력 때문이 아니라 우리의 지속가능한 생존 차원에서 보다 적극적인 감축이 필요한 상황이다. 삶의 질을 일정 수준으로 유지하면서 적극적인 기후변화 완화 노력을 수행하는 것이 무엇보다 절실한 시점이다.

2) 국가 온실가스 관리체계 : 주관부처 결정과 역할 분담

현재 우리나라의 국가 온실가스 감축 정책 총괄기관은 환경부이다. 환경부가 주무부처가 되기까지는 상당 기간 동안 산업통상자원부와 경쟁과 갈등이 있었다. 저탄소 녹색성장 기본법에는 기후변화 대응 업무를 어느 부처에서 주관할 것인지 특정하지 않고 "정부"라고만 규정하고 있다. 하지만 2010년 4월에 제정된 저탄소 녹색성장 기본법 시행령을 통해 환경부에게 주무부처로서의 지위가 주어졌다. 이 시행령 제26조(온실가스·에너지 목표관리의 원칙 및 역할)에 "① 환경부장관은 온실가스 감축 목표의 설정·관리 및 필요한 조치에 관하여 총괄·조정 기능을 수행한다."고 되어 있으며 시행령 제36조에는 " 환경부장관은 국가 온실가스 종합정보관리체계의 국제적 신뢰성을 확보하기 위하여……온실가스 정보 및 통계에 관하여 검증을 하고 대외적으로 국가 온실가스 종합정보관리기관으로서의 지위를 가진다."고 규정되어 있다. 환경부는 국가 온실가스 통계를 총괄적으로 관리하고 국가 온실가스 인벤토리를 UNFCCC에 보고하는 역할을 한다. 또한 이후 살펴볼 온실가스·에너지 목표관리제와 배출권 거래제를 주관하는 부처이기도 하다. 환경부는 폐기물부문 온실가스 관리를 위한 관장기관이면서 모든 부문의 인벤토리를 총괄하는 주무부처의 지위를 지닌다. 이러한 환경부의 위상을 도식으로 표현하면 [그림 5]와 같다.

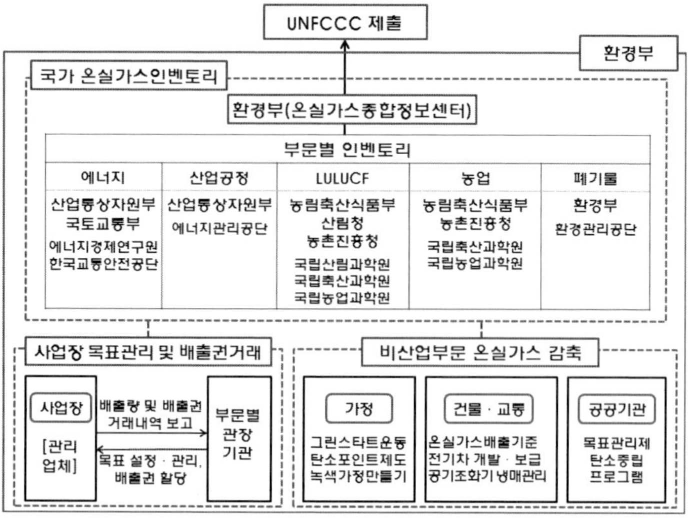

출처 : 환경부, 2013b, "우리나라 기후변화 대응 정책방향" 재작성; 윤순진, 2014

[그림 5] 우리나라 온실가스 감축 관리체계

저탄소 녹색성장 기본법 시행령에서 기후변화 대응 주무부처가 명확하게 규정되기 전 기후변화협약대책위원회를 중심으로 기후변화 대책을 마련할 당시에는 국무조정실이 중심이 되어 여러 부처와 함께 총괄대책을 수립하고 각 부문별로 주요 부처가 중심이 되어 관련 부처들이 결합하는 방식으로 운영되었다. 부문별 주요 부처를 살펴보면, 국제 협상과 해외 주요 동향 파악은 외교부, 에너지·산업부문의 에너지 절약과 연료 대체, 저소비형 산업구조 구축은 산업통상자원부, 대기·폐기물 대책과 수자원 등 자원과 해양부문 대책 등 환경부문은 환경부, 영농기술과 산림보호, 흡수원 확대, 가축 분뇨 처리 등 농림대책은 농림부, 기후변화 영향평가, 온실가스 저감 기술 개발, 기후변화 정보 지원 등 연구개발부문은 과학기술부가 담당하였다. 이후 적응 업무는 환경부가 담당하게 되었다.

우리나라의 온실가스 배출 특성을 볼 때 전환부문과 산업부문의 배출 비중이 높다. 따라서 주요 배출원인 발전사업자들이나 기업을 대상으로 행정업무를 수행하면서 일찍부터 이들의 에너지 소비와 온실가스 배출량 정보를 축적해 온 산업통상자원부(구, 산업자원부와 지식경제부)가 부처의 이해관계와 정보력을 기반으로 하여 기후변화 완화정책을 주도하려는 움직임을 보였다. 환경부는 온실가스 관리를 가능한한 엄격하게 하려는 데 비해 산업진흥부처인 산업통상자원부는 업계의 사정을 감안해서 느슨하게 접근하고자 하면서 두 부처 간 접근 방식이 갈등을 야기하게 되었다.

2010년 4월에 시행된 저탄소 녹색성장 기본법 시행령을 통해 환경부장관이 온실가스 감축 목표의 설정·관리의 총괄·조정 기능을 수행하고 온실가스·에너지 목표관리제 총괄기관의 지위를 가지게 되었다. 온실가스·에너지 목표관리제는 명령강제적 규제인만큼 규제기관의 성격을 지닌 환경부가 총괄기관의 역할을 할 수 있고 규제 강도가 높지 않아 제도 시행이 업계에 미치는 부담이 크지 않은 데다 업계에 대한 감독은 사실상 관장기관인 산업통상자원부(구 지경부)가 하게 됨으로써 환경부가 총괄기관이라 할지라도 산업통상자원부로서는 크게 불편하지 않았다.

하지만 녹색성장위원회가 배출권 거래제 법률안 입법예고를 하면서 산업통상자원부(당시 지식경제부)와 환경부의 견제와 경쟁이 보다 치열하게 진행되었다. 배출권 거래제의 주무부처가 되면 탄소배출권 할당 계획 수립 권한을 가지게 되고 할당위원회 간사위원을 배출할 수 있어서 기후변화정책의 주도권을 쥘 수 있기 때문이었다. 두

부처는 각각 전력거래소와 한국거래소와 연결하여 배출권 거래소를 유치하기 위해 경쟁하였다. 환경부와 협력관계를 맺은 한국거래소는 '시장 운영경험'을 기반으로 하여 시장 원리로 탄소배출권을 거래시킴으로써 온실가스 배출을 감축시킨다는 명분을 내걸었고 전력거래소는 시장 운용 경험과 함께 '배출권 시장과 전력 거래시장과의 통합능력'을 지녔음을 주장하였다. 즉, 산업계뿐 아니라 발전사업자들의 탄소 배출을 함께 제어할 수 있다는 점을 들어 당시 지식경제부 산하의 전력거래소가 배출권 거래소 운영을 맡아야 한다는 논리를 내세웠다. 두 거래소는 탄소배출권 거래소로 지정되기 위해 각각 시범 사업을 추진하기도 했다. 한국거래소는 환경부와 함께 서울시, 부산시 등 14개 광역자치단체, 환경친화기업협의회, 한국체인스토어협회 등과 '탄소배출권 거래제도 시범사업 업무협약(MOU)'을 맺고 탄소배출권 거래제가 도입됐을 때의 시장 상황을 예측하였다. 전력거래소는 당시 지식경제부와 함께 온실가스를 대량 배출하는 발전사업자들과 산업계를 중심으로 배출권 거래제 도입 시 발생할 배출권 거래 내역을 파악했다. 하지만 지식경제부는 산업 진흥을 주요 업무로 하기에 적극적인 온실가스 배출 감축을 견인하기에는 일정한 한계를 지니며 세계적으로 환경부가 관련 업무를 맡는다는 점을 이유로 환경부가 배출권 거래제를 주관하게 되었다. 이는 2012년 11월에 제정된 온실가스 배출권의 할당 및 거래에 관한 법률 시행령을 통해 확정되었다.

환경부가 기후변화 대응의 주무부처가 되었지만 우리나라 온실가스 배출 특성상 에너지산업과 산업계의 배출 비중이 높은만큼 에너지 정책과 기후변화정책의 연계가 상당히 중요하다. 어떤 에너지원을 얼마나 사용할 것인지에 따라 온실가스 배출량이 달라지기 때문에 에너지정책은 기후변화의 관점에서 검토되지 않으면 안 된다. 즉, 에너지 정책이 기후 친화적으로 변화되지 않으면 온실가스 배출 증가를 제어하기 어렵고 그 결과 국가 중기 감축목표를 달성하기 어려워지며 2020년을 넘어서 저탄소 사회를 실현해 나가는 것이 힘들어진다. 바로 이러한 에너지정책과 기후변화의 연관성을 고려하여 환경부는 2013년 9월 에너지기본계획과 전력수급기본계획 등을 전략환경영향평가 대상에 포함함으로써 이러한 계획들을 수립할 때 환경부가 검토·협의할 수 있도록 하기 위해 환경영향평가법 시행령 개정안을 입법예고했다.[5)] 하지만 이 개정안은 국무조정실 주재 관계부처 협의 단계에서 산업통상자원부의 반대로 통과되지 못했다. 전원시설에 대해 환경영향평가만 할 경우 에너지 관련 계획 자체가 갖는 환경 영향을 평가하기 어렵고 모든 계획이 수립된 후 사업 시행 바로 전에 협의를 진행함으로써 사업 시행 자체를 제어하기는 어렵기 때문에 전략환경영향평가를 통해 계획 수립과정에 기후변화 영향을 확인하고 수정할 수 있도록 할 필요가 있다. 향후 환경부가 실질적으로 에너지정책 수립에 어떻게 얼마나 영향을 미칠 수가 있을지가 기후변화 완화정책이 얼마나 탄력을 받고 진행될 수 있을지에 영향을 미칠 것이다.

이러한 완화 계획만이 아니라 기후변화 대응에서는 적응계획의 수립과 이행이 갈수록 중요해지고 있다. IPCC는 AR5를 통해 전 세계가 적극적인 기후변화 감축 노력을 진행하여 저탄소사회를 실현한다 하더라도(RCP 2.6) 21세기 말(2081~2100년)에는 지구 평균 기온이

5) 전략환경영향평가란 환경에 영향을 미치는 계획을 수립할 때 환경적 측면에서 적정성과 입지 타당성 등을 검토하도록 한 제도다. 이 평가의 대상이 되면, 수립하려고 하는 계획에 대한 환경영향평가서를 공고하고 설명회를 개최해 해당 지역 주민의 의견을 들어야 하며 환경부와 협의를 거쳐야 한다.

1986~2005년에 비해 1℃ 정도 상승할 것으로 전망하고 있다. 아무리 노력하더라도 산업혁명 이전 대비 1℃ 정도 상승은 피하기 어렵다는 것이다. 특히 AR5에 따르면, 배출된 CO_2의 15~40%는 1,000년 이상 대기 중에 머무르면서 지구온난화를 유발한다. 따라서 지금 당장 온실가스 배출을 산업 혁명 이전 수준으로 줄인다 하더라도 이미 배출되어 대기 중에 누적된 온실가스만으로도 기후변화의 진행은 피할 수 없다. 그 결과 기후변화 완화 못지않게 적응에 대한 국내외적인 관심이 지속적으로 높아지고 있다.

기후변화 적응정책 총괄기관 또한 환경부이다. 적응계획은 국가단위 적응계획, 광역지자체 수준과 기초지자체 수준의 적응계획으로 구성되며, 관련 부처들은 부문별 영역별로 관장기관의 지위를 가진다. 2010년에 수립한 '국가 기후변화 적응대책(2011~2015)'에서는 환경부를 총괄부서로 하면서 기획재정부, 교육과학기술부(현 미래장조과학부), 행정안전부(현 행정자치부), 문화체육관광부, 농림수산식품부(현 농림축산식품부와 해양수산부), 지식경제부(현 산업통상자원부), 보건복지가족부(현 보건복지부), 국토해양부(현 국토교통부와 해양수산부), 소방방재청(현 국민안전처), 농촌진층청, 산림청, 기상청) 등 12개 부처가 공동으로 건강, 재난/재해, 농업, 산림, 해양/수산업, 물관리, 생태계의 7개 부문별 적응대책과 이를 지원할 수 있는 기후변화감시·예측, 적응산업·에너지, 교육홍보·국제협력의 3개 적응기반대책을 수립하였다. 아직은 적응계획 수립 초기 단계라 적응계획이 충분히 이행되지 못했고 그 결과 이행과정과 내용에 대한 평가가 이루어지기는 어려운 상태이다.

또한 기후변화는 이상기후를 통해 그 자체로 인명과 재산의 손실을 가져올 수 있고 보건 위험을 수반할 뿐 아니라 기상이변과 생태계 변화는 다양한 산업활동에도 직간접적인 영향을 미치기 때문에 산업별 적응방안 구축과 이행도 필요하다. 산업별 적응계획의 수립 · 이행과 함께 기후변화 적응을 위해 회복탄력성(resilience)을 고려한 공간계획도 필요하다. 이러한 적응계획의 수립과 이행은 총괄부처인 환경부의 노력만으로는 부족하며 전 부처와 전 지자체의 협력을 필요로 한다. 향후 기후변화 적응대책이 적절히 수립되어 이행되었는지에 대한 전반적인 평가가 이루어져야 하며 이를 토대로 보다 충실하게 기후변화 적응 노력을 전개해 나가야 할 것이다.

총괄 : 환경부			
부문별 적응대책	건강	보건복지부/환경부	폭염 대기오염 등으로부터 국민 생명 보호
	재난/재해	행자부/국토부/국민안전처/환경부	방재 사회기반 강화로 피해 최소화
	농업	농림축산식품부/농촌진흥청	기후친화형 농업생산체제로 전환
	산림	산림청	산림 건강성 향상 및 산림재해 저감
	해양/수산업	해양수산부	안정적 수산식량자원 확보 및 피해 최소화
	물관리	국토교통부/환경부	기후변화로부터 안전한 물관리체계 구축
	생태계	환경부/농림축산식품부/국토부	보호 · 복원을 통한 생물 다양성
적응기반	기후변화감시 · 예측	환경부/미창과부/기상청	적응 기초자료 제공 및 불확실성 최소화
	적응산업 · 에너지	산업통상자원부/환경부/국토부	기후변화 적응 신사업 · 유망사업 발굴
	교육홍보 · 국제협력	관련부처	대내 · 외 소통 강화

주 : 부처명은 현재의 부처명으로 수정

출처 : 관계부처 합동, 2010, 저탄소 녹색성장 기본법 시행에 따른 국가 기후변화 적응대책 (2011~2015) 재구성

[그림 6] 국가 온실가스 중기 감축 목표와 부문별 감축 목표

3) 주요 온실가스 감축 정책수단

(1) 온실가스·에너지 목표관리제

온실가스·에너지 목표관리제(이하 목표관리제)란 온실가스 다배출 업체(사업장)나 에너지 다소비 업체(사업장)를 관리업체(사업장)로, 공공부문을 관리대상으로 지정한 후 이들에게 온실가스 배출이나 화석에너지 사용량 목표를 부과하여 이행실적을 검증하는 제도다. 정부는 관리업체와 온실가스 에너지 목표를 상호협의하고, 미이행 시 페널티(penalty, 개선명령, 과태료 등)를 부과한다. 목표관리제는 크게 산업계를 대상으로 하는「온실가스·에너지 목표관리제」와 공공부문을 대상으로 하는「공공부문 온실가스·에너지 목표관리제」로 구분할 수 있다. 목표관리제는 온실가스 감축과 함께 온실가스 배출량의 측정(Measuring), 배출량의 의무보고(Reporting), 목표 감축량에 대한 검증(Verifying)을 동시에 겨냥해서 접근한 제도로 세계적으로도 독특한 명령강제적(command-and-control) 규제방식이라 할 수 있다. 배출권 거래제 시행 전에 산정·보고·검증(Measuring, Reporting, and Verifying: MRV) 체제를 갖추는 역할을 할 수 있다고 기대했기 때문에 이 제도를 우선 시행하였다.

산업계를 대상으로 하는 온실가스·에너지 목표관리제는 4개 부처가 관장기관이 되어 소관 부문별로 관리업체의 목표를 설정하고, 이행을 지원하며 실적 평가와 행정처분을 수행한다. 농림축산식품부는 농업·임업·축산 분야, 산업통상자원부는 산업·발전 분야, 국토교통부는 건물·교통 분야, 환경부는 폐기물 분야의 관장기관이다. 환경부는 관장기관이자 총괄기관으로 목표의 설정·관리·검증 등에 관한 종합적인 기준과 지침을 마련하며 전체 정부부처들의 온실가스 감축 제도 운영을 총괄한다. 관리업체들은 온실가스 배출량이나 에너지 소비량이 정해진 수준에 해당하면 관리업체로 선정되는데 관리업체가 되면 관장기관과 협의하여 차년도 목표(배출 허용량)를 설정한 후 목표 달성을 위한 이행계획서를 작성해서 온실가스종합정보센터에 제출한다. 이후 감축사업을 추진하여 목표를 이행한 후 최근 3년 동안의 온실가스 배출량 등 정보가 기재된 명세서를 작성하고 이에 대해 제3자의 외부검증을 받아 제출한다. 관리업체가 미이행 시, 즉 이행실적이나 개선 명령을 반영한 이행실적, 명세서 등을 보고하지 않을 경우 과태료를 부과한다. 목표량을 달성하지 못하면 1회는 개선 명령을 내리고 2회 이상부터는 횟수에 따라 300만 원, 600만 원, 1,000만 원의 과태료를 부과한다.

산업계를 대상으로 하는 목표관리제의 경우 운영과정에서 관리대상이 점차 확대되었다. 2011년 6월말에 직전 3개년(2008~2010년) 연평균 온실가스 배출량이 125,000tCO_2eq 이상인 업체이거나 25,000 tCO_2eq 이상인 사업장을 보유한 사업체를 관리대상으로 선정한 후 2012년에 명세서 제출과 목표 설정 과정을 거친 후 목표관리 대상기간인 2013년에 감축 이행활동을 한 후 2014년 3월에 이행실적을 제출하였다. 2012~2013년에는 87,500tCO_2eq 이상인 업체이거나 20,000tCO_2eq 이상인 사업장을 보유한 사업체로, 2014년부터는 50,000tCO_2eq 이상 업체이거나 15,000tCO_2eq 이상인 사업장을 보유한 사업체로 대상을 확대하였다. 2012년부터 목표 관리에 들어간 관리대상은 434개소로 이들의 온실가스 배출량은 2007년 국가 총 배출량의 61.1% 수준이었다. 특히 산업·발전부문의 배출 비중이 높아서 관리업체 전체 배출량의 97%를 차지하였다. 공공부문을 대상으로 하는 목표관리제는 중앙행정기관(43개), 광역지자체(16개) 기초지자체

(228개), 시·도 교육청(17개), 공공기관(282개), 국립대학병원(13개), 국·공립대학(13개) 등 공공부문의 632개 기관을 대상으로 하는데 2007~ 2009년간 3년 온실가스 배출량의 연평균 배출량을 기준으로 2015년까지 20%이상 감축하도록 하였다. 이 목표 안에서 연도별 감축목표는 자체 설정해서 감축활동을 해나가며 환경부가 이러한 이행 실적을 관리한다. 2015년부터는 온실가스 배출량이 125,000tCO_2eq 이상인 업체이거나 25,000tCO_2eq 이상인 사업장을 보유한 사업체들은 의무적인 배출권 거래제 대상으로 전환되었다. 2015년 7월 현재 온실가스·에너지 목표관리업체는 건물·교통·건설부문 78개소, 농업·임업·축산·식품부문 25개소, 산업·발전부문 230개소, 폐기물부문 28개소로 총 361개소다.

목표관리제는 기업이 배출할 수 있는 온실가스 배출량을 목표치로 한정하고 달성에 실패할 경우 과태료를 부과하는 대표적인 명령강제적 규제방식이다. 이는 국내 최초로 시행된 의무적인 온실가스 배출 감축제도로 온실가스 배출 총량을 규제하기 위한 기반을 마련하고 온실가스 관리 인프라를 처음으로 적용해서 국제 수준의 MRV 체계를 확보했다는 점에 의의가 있다. 목표관리제를 통해 의무적인 온실가스 보고제도가 이행되고 공정한 제3자 검증체계가 확립되면 전자 방식의 온실가스 데이터 관리체계를 구축할 수 있기 때문이다. 이 과정을 통해 정부는 얻기 힘든 기업의 온실가스 배출량이나 에너지 사용량에 대한 정보를 얻을 수 있고 이러한 정보를 토대로 추가적인 정책을 수립해 갈 수 있다. 온실가스 감축 인프라를 구축하게 되면 제품 설계·생산·공정·유통, 나아가 협력업체와의 관계 등 대부분의 산업활동이 영향을 받게 된다. 목표관리제 시행으로 기업에 온실가스 감축 의무가 부과됨으로써 산업체에서 관련 인프라를 갖추게 되고, 보고서상의 논의를 넘어 지속가능경영이나 친환경경영에 실제적인 투자가 이루어질 수 있도록 유도할 수 있다는 점도 유의미한 파급효과라 할 수 있다. 또한 목표관리제는 규제강도가 약한 제도라 하더라도 국제사회에 우리나라가 제시한 자발적 감축목표를 달성하기 위한 제도를 구체적으로 시행하고 있음을 보여줌으로써 국제 신뢰를 획득할 수 있다는 점도 의미 있는 성과라 할 수 있다.

하지만 미달성 시 부과되는 과태료가 낮아서 제도의 실효성이 있기 어렵다고 시민사회는 비판한다. 이러한 비판에 대해 환경부는 목표관리제가 MRV 체계를 구축함으로써 배출권 거래제로 가는 기반을 마련하기 위한 제도로 과태료 부과를 통해 목표 달성을 강제하는 데 목적이 있다기보다 기업들의 자발적 감축을 유도하는 데 목적이 있다고 반박한다. 또한 목표 미이행 시 과태료 부담 정도가 문제가 아니라 기업 이미지와 신뢰도 추락이 오히려 업체들에는 부담으로 작용한다는 점에서 과태료 수준이 낮다는 게 크게 문제되지 않는다는 입장이다. 산업계에서는 목표관리제 이행과정에서 배출 허용치 또는 감축목표치를 너무 엄격하게 설정해서 기업의 성장전략에 부정적인 영향을 미쳤다고 반발했지만 시민사회계에서는 오히려 감축 목표가 너무 느슨하다고 비판하였다. 이는 감축 목표 수준의 적절성에 대한 시각차이에서 비롯된다.

목표관리제는 명령강제적 규제 방식으로서 목표를 초과 달성하더라도 초과 달성분을 시장에서 거래하지 못한다는 점에서 시장기반적인 배출권 거래제와 다르다. 하지만 산업계는 목표관리제가 배출권 거래제와 달리 인센티브가 없다는 한계가 있음에도 불구하고 과태료 부담이 낮다는 점에서 목표관리제를 선호한다. 2014년 1월에 2012년 목표 이행실적을 평가한 결과, 2012년도 예상배출량(5억6,361만 톤)의 3.78%인 2,130만 톤이 감축된 것으로 나타났다. 이는 2012년 감축 목표(감축률 1.41%, 약 800만 톤) 대비 2.7배를 초과 달성한 것이다. 환경부는 이러한 이행 결과에 대해 기대 이상이라고 평가했지만 기업체와의 목표 협의과정에서 목표가 엄격하지 않았기 때문이라는 비판도 있다.

2) 온실가스 배출권 거래제

온실가스 배출권 거래제는 정부가 기업별로 배출권을 할당하고 그 범위 내에서 온실가스를 배출하도록 하되, 여분·부족분에 대해 타기업과의 거래를 허용한 시장 기반 제도이다. 각 기업은 자신의 온실가스 감축비용에 따라 자율적으로 직접 감축활동을 하거나 시장에서 배출권을 매입하여 할당 목표를 달성할 수 있다. 온실가스 배출권이란 특정기간 동안 일정량의 온실가스를 배출할 수 있는 권한을 말한다. 배출권 거래제를 시행하게 되면 기업별로 온실가스 감축 한계비용이 다르기 때문에 배출권 거래를 통해 비용을 줄이거나 수익을 얻을 수 있다. 이를 그림으로 나타내면 〈그림 7〉과 같다.

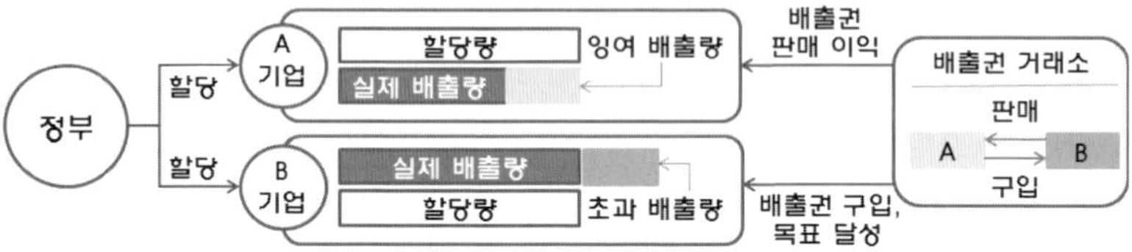

[그림 7] 배출권 거래제 개념도

2005년에 EU가 배출권 거래제(EU Emission Trading Scheme, EU ETS)를 도입한 이래 2015년 9월 현재 세계적으로 30개국 이상에서 이미 배출권 거래제가 시행되고 있다. EU 28개국, EU ETS와 연계되어 운영 중인 노르웨이·리히텐슈타인·아이슬란드 3개국, 스위스, 뉴질랜드에서 전국 단위로 시행 중이며 우리나라도 2015년부터 배출권 거래제를 시행하고 있다. 또한 미국(코네티컷, 델라웨어, 메인, 메릴랜드, 매사추세츠, 뉴햄프셔, 뉴욕, 로드아일랜드, 버몬트 등 동부 9개주와 캘리포니아주), 캐나다(퀘벡주), 일본(동경도, 사이마타현, 교토부), 중국(베이징, 충칭, 광둥, 허베이, 상하이, 텐진, 선전 등 7개성·시), 인도(타밀나두, 구자라트, 마하라쉬트라 등 3개 지역) 등에서는 지역 단위로 시행 중이다. 중국(2017년 전국 단위 도입 예정)과 러시아, 터키, 우크라이나, 브라질, 칠레, 멕시코, 태국 등도 도입을 준비하고 있다. 국가마다 구체적인 제도 설계는 다르다.

배출권 거래제를 시행하게 되면 온실가스 감축이 비용효과적으로 이루어지고 효율적인 저감을 위한 기술개발을 자극하는 효과가 있기 때문에 배출권 거래제 도입이 증가하고 있다. 이론적 차원을 넘어 가장 먼저 배출권 거래제를 도입한 EU에서 배출권 가격이 급락하고 과다 할당으로 일부 시장참여자들이 횡재 수익(pitfall profit)을 얻기도 해서 제도에 대한 신뢰가 떨어지기도 했지만 전반적으로 EU에서 배출권 거래제를 통해 배출 감축이 이루어지고 저탄소 기술 투자가 확대되면서 경제성장과 온실가스 배출 사이에 탈동조화(de-coupling) 현상이 경험적으로 확인된 것이 중요한 배경으로 작용하였다. EU에서는 1990년 이후 GDP가 40% 성장하는 동안 온실가스 배출량은 16% 감소하였는데 이러한 변화가 전적으로 배출권 거래제 때문이라고 할 수는 없지만 배출권 거래제 도입이 산업경쟁력을 저하시키지 않으면서 배출 감축을 이룰 수 있는 수단이 될 수 있음을 보여준 것이다. 또한 국가 차원에서 EU 전체적으로 저탄소사회를 지향한다는 신호를 준 것이 무엇보다 의미 있게 작용하였다. 하지만 이러한 해외

사례에 대해서 배출권 거래제 도입을 반대하는 산업계에서는 미국과 일본이 국가 차원에서의 시행을 미루고 있다는 점을 지적하면서 도입이 확산되고 있는 것은 아니라고 해석하고 있다. 동일한 해외 추세에 대한 진단도 다소 다른 실정인 것이다.

배출권 거래제는 저탄소 녹색성장 기본법(제46조 총량제한 배출권 거래제 등의 도입)에 근거를 두고 온실가스 배출권의 할당 및 거래에 관한 법률(간략히 배출권 거래제법, 2013년 3월 23일 공포 시행)과 그 시행령(2012년 11월 15일 제정, 2014년 2월 13일부터 시행)에 따라 2015년에 시행되기 시작하였다. 관련법이 확정되어 도입시기가 예고되었음에도 불구하고 배출권 거래제 도입을 둘러싸고 사회적 논쟁과 갈등이 지속되었다. 2010년 11월 이명박 정부는 국가 중기 감축 목표 달성을 위해 2013년 1월 1일부터 배출권 거래제를 시행한다고 입법예고하였다. 당시 입법예고안에 따르면 탄소배출권을 90%는 무상으로, 나머지 10%는 유상으로 할당할 계획이었다. 그러자 재계가 높은 비용 부담과 국제시장에서의 산업경쟁력 약화를 이유로 강력하게 반대하고 나서면서 입법예고안이 국회에 계류하였다. 이에 정부는 2011년 2월에 2013~2015년을 준비기간 성격으로 운영하기로 하고 무상할당 배출권 비율을 90%에서 95% 이상으로 높이기로 했다. 위반 시 과징금도 시장평균가격의 '5배 이하'에서 '3배 이하'로 낮추기로 하는 등 다소 완화된 안을 제안하였다. 2011년 4월 정부는 배출권 거래제법을 재입법예고하였고 이후 2011년 5월 본회의를 통과하면서 2015년 1월 1일 시행이 결정되었다. 이 과정에서 정부와 기업, 시민단체 등 각계의 의견이 첨예하게 대립되면서 각 항목별 수정작업이 수차례 반복되었다. 그러다 2012년 7월 배출권 거래제 시행령(안)이 입법 예고되었고 11월 15일 최종 공포되어 2014년 2월부터 시행에 들어갔다.

2014년 1월 정부는 배출권 거래제 기본계획(2015~2024년)을 확정하여 발표하였다. 배출권 거래제 기본계획은 배출권 거래제법에 근거하여 기획재정부가 마련하는 10년 단위 중장기 종합계획으로 배출권 거래제의 기본원칙, 계획기간별 운영 방향, 경제적 파급효과, 국내 산업 지원대책 등을 주요 내용으로 한다. 이 기본계획 확정 이후 2014년 6월에 할당계획을 수립하고 2014년 10~12월 사이에 업체별로 배출권을 할당한 후, 2015년 1월 1일부터 배출권 거래제가 시행될 예정이었다. 하지만 산업계의 반발과 배출권 거래제 기본계획과 배출권 할당 계획을 수립해야 하는 기획재정부의 미온적인 태도로 이러한 일정이 늦춰져 2014년 9월 11일에 이르러서야 '국가배출권 할당계획'이 국무회의 심의를 거쳐 최종 확정되었다.

배출권 거래제는 정부가 온실가스 로드맵에서 제시된 연도별 목표 배출량에 따라 배출권 발행 총량을 정하고 업종별 감축목표에 따라 업체별로 배출량을 할당하는 방식으로 운영된다. 1차 기본계획은 2015~2017년간 3년으로 계획되어 있다. 1차 계획기간에는 배출권 거래제 적용대상 전체에 할당될 배출권 수량은 총 16억 8,700만 KAU(Korean Allowance Unit)이다.[6] 정부는 국가 감축목표와의 정합성을 확보하기 위해 감축목표에 근거해서 배출허용총량을 산정하였다고 밝히고 있다. 총 할당량 중 약 15억 9,800만 KAU는 계획기간 전 기업들에게 사전할당되고 8,900만 KAU는 예비분으로 계획기간 중에 추가 할당될 예정이다. 업종별로 할당량이 많은 곳은 발전, 철강, 석유화학 순

6) KAU란 Korean Allowance Unit의 줄임말로 배출권의 이력·통계관리, 해외 배출권과의 구분 등을 위해 마련한 우리나라 고유의 영문 배출권 명칭이다. EU-ETS에서 EUA(EU Allowance)를 단위로 하는 것과 동일하다. 1 KAU를 온실가스 배출량 단위로 환산하면 1 CO_2-eq에 해당한다(환경부, 2014).

이다. 기업별 배출권 할당 방법은 각 기업별 과거배출량기반 할당(grandfathering, GF)을 기본으로 하되, 시멘트, 정유, 항공 등 일부 업종에 대해서는 과거활동자료량 기반 할당방식(benchmark, BM)을 적용하여 설비 효율성을 반영하여 할당하였다.[7)]

또한 과거 배출량만이 아니라 미래의 신설 또는 증설하는 계획도 반영되도록 하였는데, 계획기간 중에 예상하지 못한 신증설이 발생하여 배출량이 증가한 경우에는 추가 할당을 통해 산업계 생산이 원활히 이루어질 수 있도록 하였다. 또한 배출권 총수량의 일정 부분을 예비분으로 남겨두어, 배출권 가격이 급등하는 경우에 시장에 물량을 풀어 배출권 가격을 안정화하는 등 계획기간 중 발생할 수 있는 예상치 못한 상황에 대비하였다. 이월(banking)이나 차입(borrowing)을 허용하고, 조기감축 실적을 인정하여 배출권거래제 시행 이전의 온실가스 감축실적에 대해 1차 계획기간에는 할당된 전체 배출권 수량의 약 100분의 2.5 이내에서 허용하기로 하였으며 할당대상업체의 조직경계 외부에서 발생한 온실가스 감축실적을 보유 또는 취득한 경우에 실적의 전부 또는 일부를 배출권으로 전환(상쇄배출권)하여 배출권 제출, 거래 등에 활용할 수 있도록 하는 등 거래제 운영의 유연성을 보장하였다.

또한 배출권 거래제의 안착을 위해 유연한 감축수단을 최대한 활용한다는 방침으로 1기에는 기업들에게 배출권을 100% 무상할당하고 2차 계획기간인 2018년부터 2020년까지는 무상할당량을 97%로 줄이면서 거래대상을 넓힌다. 3차 계획기간인 2021년부터 2025년까

---

7) 과거배출량 기반 할당이란 기준년도 동안의 배출량, 투입열량, 생산제품(kWh 등) 등의 연평균 또는 최고치 2~3개년의 평균을 기준으로 배출권을 할당하는 방식을 말한다. 반면, 과거 활동자료량 기반 할당이란 제품생산량 등 업체별 활동자료를 기반으로 BM 계수(벤치마킹 계수)를 통해 설비 효율성을 고려하여 배출권을 할당하는 방식을 말한다.

지는 배출권 유상할당을 확대해 무상할당량을 90% 이내로 할 계획이다. 민간업종에 대해서는 산업의 국제 경쟁력을 고려하여 EU와 마찬가지로 100% 무상할당을 받을 수 있는 기준을 마련하였다.[8] 1차 계획기간 거래제 의무 참가 대상은 연평균 배출량이 125,000tCO_2eq 이상인 업체이거나 25,000tCO_2eq 이상인 사업장을 보유한 사업체다. 할당 대상업체는 총 526개 기업으로 우리나라 온실가스 배출량의 약 66%를 차지한다. 목표관리제 관리업체들 중 자발적 참여를 신청한 업체들도 참여 가능하다. 제도 도입 초기의 시장 안정화를 위해 1차와 2차 계획기간 동안에는 할당대상업체와 공공성을 확보한 공적인 금융기관(한국산업은행, 중소기업은행, 한국수출입은행, 한국정책금융공사 등)에 한정해서 시장에 참여할 수 있다.

정부는 우리나라가 비의무감축국가지만 전국단위의 배출권 거래제를 도입함으로써 비용효과적으로 온실가스 감축을 이뤄낼 수 있고 기업의 기술개발을 자극하며 신규 일자리를 창출함과 아울러 국제적 위상이 제고될 수 있다고 기대한다. 하지만 배출권 거래제가 시행 중인 상황에서도 산업계는 여전히 반발하고 있다. 배출 감축 비용이 부담스럽다는 것이다. 산업계는 우리나라가 아직은 개발도상국 지위로 신기후체제가 도입되는 2020년부터 감축 대상국에 포함되기 때문에 먼저 나설 필요가 없다는 입장이다. 즉, 배출권 거래제 시행은 굳이 서두르지 않아도 된다고 주장한다. 배출권 거래제를 도입한 배경이 된 교토체제가 미국과 캐나다, 일본, 러시아 등의 부속서 I 국가들과

8) 무상할당비율을 100%란 대상업체에게 온실가스 배출량을 원하는 만큼 허용한다는 뜻이 아니라 업체에 할당된 배출허용량 확보를 위한 비용 부담을 1차 기간에 면제한다는 의미이다. 민간업종이란 ① 생산비용발생도 5% 이상 + 무역집약도 10% 이상, ② 생산비용발생도 30% 이상, ③ 무역집약도 30% 이상인 업종 중 어느 하나에 해당하는 경우를 말한다. 보다 구체적인 할당계획은 '국가 배출권 할당계획'과 '할당 지침'을 참조할 것.

중국과 인도 같은 거대 개도국들의 불참으로 거의 와해된 상태이기에 신기후체제가 확정되기 전까지는 배출권 거래제 도입을 유보해야 한다는 입장이다. 또한 배출권 거래제 시행으로 원가 비용이 커지면 국내 기업이 공장을 외국으로 옮기거나 외국인이 국내 투자를 꺼릴 수 있다면서 배출권 거래제 시행시기를 2020년으로 연기하자고 제안하기도 하였는데 시행 중인 현재 상태에서는 2020년 배출 전망치가 과소 추정되었으므로 이를 교정해서 더 많은 배출권을 할당해야 한다는 입장을 보이고 있다.

한편 시민단체의 경우 단체들 간에 찬반이 다소 엇갈렸다. 기후변화행동연구소의 경우 온실가스 주요 배출원인 산업부문의 감축을 위해 배출권 거래제를 조속히 도입해야 한다는 입장을 취했다. 배출권 거래제가 강력하지는 않지만 기업의 온실가스 배출 감축을 유도할 수 있는 현실적인 대안이라고 보았다. 환경운동연합의 경우 배출 총량이 정치적 타협으로 인해 적극적으로 제한되지 않을 경우 효과를 기대하기 힘들 수 있다는 점에서 다소 회의적이었지만 법적으로 시행하기로 확정한 만큼 기업의 반발을 이유로 이행을 늦춰서는 안된다는 입장을 보였다. 에너지기후정책연구소·환경정의·녹색연합 등은 배출권 거래제가 실제 감축 효과가 별로 없고 실제 감축보다는 탄소시장 창출과 배출권 거래를 통한 이익 확보에 보다 관심을 두고 있기 때문에 적극적인 감축이나 책임 있는 감축이 제대로 이루어지지 않는다는 입장을 보였다. 시장경제의 실패로 발생한 기후변화를 새로운 시장 창출을 통해 해결하는 것은 적절하지 않다고 보고 탄소세나 기후부채 청산 등을 대안으로 주장했다. 이들 단체는 배출권 거래제의 효과성이나 취지에 동의하지 않았는데 산업계와는 반대 이유가 달랐던 것이다. 하지만 녹색연합과 환경정의는 배출권 거래제 시행이 불투명해지자 기후변화행동연구소나 환경운동연합 등과 연대하여 법에 따른 배출권 거래제 실시를 요구하는 데 함께하였다.

배출권 거래제는 국가 전체의 배출총량 설정과 거래제 참여 대상의 범위, 업종별 업체별 배출 총량과 할당, 할당 방식, 대출과 예치, 상쇄, 조기 감축 실적의 인정, 가격 상한제와 하한제 도입 여부 수준, 탄소 누출 가능성 등 다양한 요소들을 고려하여 설계하고 이행하는 과정에서 앞으로도 정책행위자들 간에 갈등이 있을 것이다. 배출권 거래제가 애초에 달성하고자 하는 정책 목표를 충실하게 실현하기 위해서는 이러한 갈등을 잘 조율하여 수용성을 확대해 나가면서 정책의 지속성과 일관성을 어떻게 유지할 것인지가 중요하다.

IV 결론

기후변화 문제는 초기에 지구온난화(global warming)라는 이름으로 더 많이 불렸다. 온실가스의 대기 중 농도 증가로 인해 지표면의 평균 기온이 상승하는 현상에 주목했기 때문이었다. 하지만 지구온난화라는 용어는 이로 인한 기후체계의 변동이라는 심각성을 전달하기에 미흡하다는 인식을 기초로 지구온난화의 결과인 극단적 이상기후에 관심을 두고 기후변화(climate change)란 용어를 쓰게 되었다. 최근 들어서는 기후변화란 용어조차도 인위적인 개입에 따른 기상이변이란 의미를 제대로 담아내지 못하거나 기후변화가 문제 유발에 책임이 별로 없는 집단에게 보다 치명적인 결과를 야기한다는 측면을 제대로 부각시키지는 못한다는 비판이 제기되었다. 그 결과 인간 활동에 따른 기후 평형시스템의 교란이란 의미에서 기후방해(climate interruption)나 기후교란(climate disturbance)이란 용어를 사용하기도 하고 기후변화가 야기하는 환경불의(environmental injustice)를 부각시키기 위해 기후불의(climate injustice)란 용어를 쓰기도 한다. 갈수록 인위적 교란을 제어할 수 있는 방안에 대한 모색이 강화될 뿐 아니라 기후변화가 야기하는 불평등한 사회・경제적 영향에 대한 관심이 커지고 있다. 실효성에서는 여전히 비판을 받고 있지만 개도국의 기후변화 적응을 지원하기 위한 기금을 조성하여 지원하고 있으며 개도국에서 기후변화로 인해 발생하는 손실과 피해에 대해 어떻게 보상할 것인지에 대한 논의도 시작되었다.

기후변화는 지금도 진행 중이다. 국제사회는 파국적 상황을 막기 위해 지구 평균기온 상승을 산업화 이전 대비 2℃ 상승이라는 극적인 전환점 이내로 억제하기로 2009년 코펜하겐에서 열린 COP-15에서 합의하였고 이듬해 칸쿤 COP-16에서 이를 재확인하였다. 이런 공유비전(shared vision)에 대한 합의에도 불구하고 국제협상은 더디기만 하고 기후변화를 야기하는 전 세계 온실가스 배출은 지금도 여전히 증가하고 있다. 국제협상이 속도를 내고 있지는 못하지만 도시나 지방정부 차원에서는 이클레이 – 지속가능성을 위한 세계지방정부(ICLEI – Local Governments for Sustainability)나 도시기후리더십그룹(Cities Climate Leadership Group, C40), 도시연합과 지방정부(United Cities and Local Governments, UCLG), 유럽의 시장협약(Covenant of Mayors) 등에서 서로의 경험을 공유하고 다양한 협력체제를 수립하여 기후변화 대응을 이행하고 있다. 국제 협상과 별개로 개별 국가들도 나름의 정책과 조치를 취하고 있지만 아직도 가야 할 길이 먼 것이 사실이다. 카타르 도하에서 열렸던 COP-18에서는 2020년까지 교토의정서 체제 연장에 합의했지만 일찌감치 2001년에 교토의정서 서명을 철회한 미국에 이어 캐나다가 교토의정서에서 탈퇴하였으며 러시아, 일본, 뉴질랜드도 연장된 교토의정서체제에 불참을 선언하였다. 하지만 기후변화는 여전히 진행되고 있고 더욱 심각해질 전망이다. 2015년 COP-21 개최 전까지 2020년 이후 국가 감축목표에 대한 국가별 계획이 제출될 예정이며 COP-21에서는 공유비전을 실현하기에 충분한지, 국가간 감축목표 간에 어느 정도 상응성(comparability)이 확보되고 있는지 등에 대한 논의가 치열하게 전개될 전망이다.

우리나라는 OECD 국가이면서 특히 연료 연소로부터 배출되는 CO_2 배출 세계 7위 국가이자 1990년 이후 CO_2 배출 증가율이 OECD 국가들 중 1위이면서 1990~2010년 누적 CO_2 배출 세계 14위 국가다. 2020년이 되면 감축 방식이나 감축 목표 수준이 다를 수는 있지만 선진국이냐 개도국이냐에 관계없이 어떤 국가든 온실가스 배출을 감축하지 않으면 안 된다. 김대중 정부에서부터 노무현 정부를 거쳐 이명박 정부에 이르기까지 기후변화 대응 대책을 마련해 왔고 노무현 정부를 지나면서 협약중심의 기후변화 논의를 넘어 기후변화에 대응하기 위한 정책과 제도를 만들어 왔다. 노무현 정부에서부터 국가 감축목표 설정의 필요성이 제기되었고 이명박 정부에서는 배출전망치 기준이긴 하지만 2020년 국가 감축목표를 설정하였고 이를 실현하기 위한 정책수단들을 마련하여 시행해 왔다. 그리고 박근혜 정부에서는 2030년 국가 감축목표인 INDC를 수립하였다.

아직 2020년 감축목표를 달성할 수 있을지 우려하는 목소리도 많지만 기후변화의 심각성에 견줘볼 때 이를 달성하기 위한 전사회적 대응 노력이 강화되지 않으면 안 된다. 그리고 이제 여전히 논란의 대상이 되고 있는 2030년 INDC에 대한 사회적 합의를 모아내고 이를 어떻게 달성할 것인지 감축방안을 구체화해야 하며 보다 장기적으로 2050년 목표를 수립하여 보다 장기적인 관점에서 저탄소사회를 지향해 나가지 않으면 안 된다. 우리나라도 국제 기후변화협상에서 후퇴금지의 원칙에 동의한 이상 과거보다 강화된 목표치를 채택해야만 한다. 이미 우리나라는 2020년 배출감축 목표 수립시 2005년 배출 실적치의 4% 이상을 줄이기로 하였다. 후퇴금지의 원칙에 따라 이제 2005년 배출 실적치의 96% 이상을 배출할 수는 없게 된 것이다. 따라서 사회갈등만 야기할 뿐 명확하지 않은 배출 전망치를 기준으로 감축목표를 수립할 것이 아니라 과거 실적치를 기준으로 감축목표를 수립하는 방식으로 접근할 필요가 있다. 브라질은 2030년 INDC로 2005년 대비 37% 감축이란 목표를 제출하였다. 선발 개도국들 중 유일하게 과거 실적치를 기준으로 절대량 감축이라는 과감한 목표를 제출한 것이다. 기후변화가 더 이상 회피할 수 있는 문제가 아니며 기후변화 유발에 큰 책임을 가진 국가일수록 보다 적극적인 대응 노력을 기울이지 않으면 안 된다. 이러한 적극적인 대응이 문제의 심각성에 대한 사회적 인식을 높이며 가야 할 방향을 분명히 제시함으로써 장기적으로는 오히려 경제적 피해와 부담을 줄이는 길이 될 수 있다.

기후변화는 사회 구성원 모두에게 동일한 영향을 미치지 않는다. 기후변화정책 또한 사회구성원 모두에게 동일하게 영향을 미치지 않는다. 그런데다 사회 구성원 모두가 기후변화에 동일한 책임이 있는 게 아니고 기후변화를 해결하기 위한 역량 또한 동일하지 않다. 기후변화정책이 지지를 받기 위해서는 기후변화를 야기한 데 책임이 있는 개인이나 집단이 그에 걸맞게 비용을 부담해야 하며 기후변화로 인해 기존의 사회 불평등이 더욱 심화되어서는 곤란하다. 우리 사회가 기후변화 대응을 위해 동원할 수 있는 자원과 인력이 한정되어 있는만큼 기후변화정책을 수립하는 데 있어 지켜야 할 중요한 원칙과 기준을 정하고 그에 대한 사회적 합의를 기초로 우선순위를 선정하여 정책을 추진해 나가는 것이 필요하다. 이 글에서 지면 제약의 이유와 함께 전적으로 기후변화정책이라고만 할 수는 없어서 다루지 않았지만, 기후변화 대응과 긴밀하게 연결되어 있는 핵발전이나 재생가능에너지의 규모와 비중 등 기후변화를 고려한 에너지정책 또한 사회적 논란의 대상이 되고 있다. 에너지정책과 기후변화정책의 정합성을 어떻게 실현해 갈 것인지도 충분한 사회적 논의의 대상이 되어야 한다.

우리나라는 기후변화 "협약"에만 관심을 집중했다가 이제 "기후변화" 자체가 미치는 영향과 이를 완화하기 위한 노력, 나아가 기후변화에 적응하려는 노력까지 대응의 수준이 넓어지고 깊어졌다. 사회구성원 모두가 만족하지는 않지만 2020년 국가 온실가스 감축목표도 쉽지 않은 과정을 통해 수립하였다. 배출 전망치 대비 감축 방식이나 감축목표 수준이 낮다는 비판도 있으며 목표 수준이 너무 높다는 비판도 여전하다. 그럼에도 불구하고 감축 목표 설정은 사회 구성원들에게 기후변화 대응의 불확실성을 줄이면서 사회구성원들이 미래에 어떻게 행위할 것인지를 결정하는 이정표가 되며 기후변화정책 수립과 이행에 힘을 실어준다. 그간 우리 사회는 온실가스·에너지 목표관리제라는 독특한 명령강제적 규제 방식을 과도기적으로 채택하였고 2015년부터는 배출권 거래제의 시행에 들어갔다. 배출권 거래제의 시행을 둘러싸고 아직도 사회적 논란이 가라 앉지는 않았지만 기후변화라는 21세기 최대 환경문제의 심각성을 염두에 둔다면 이 길로 가지 않을 수 없을 것이다. 나아가 기후변화의 심각성에 대한 사회인식이 더욱 확산되면 앞으로는 배출권 거래제보다 사회적 저항이 더 높은 탄소세나 에너지세의 필요성에 대한 사회적 논의가 촉발될 수 있을 것이다.

정책이 사회 문제를 해결하기 위해 필요한 것이라면 문제가 깊어질수록 더 강력한 정책의 도입 필요성은 더욱 커질 수밖에 없다. 정책에 대한 사회구성원들의 이해가 같지 않은 만큼 정책수립과 이행을 둘러싼 사회 갈등은 불가피하다. 중요한 것은 이러한 갈등을 어떻게 조율하면서 사회적 합의를 구성해 내느냐에 있다. 기후변화를 야기한 책임이 있는 기업이나 집단, 개인이 그에 대한 응분의 책임을 지도록 하는 것, 그것이 정책수립의 기초가 되어야 할 것이다.

참고문헌

- 관계부처합동. 2014. 『2013년 이상기후 보고서』
- 국가온실가스종합정보센터. 2013. 『2013년 국가 온실가스 인벤토리 보고서』
- 기획재정부. 2014, "배출권 거래제 기본계획"
- 에너지관리공단. 2013, 『대한민국에너지편람』
- 윤순진. 2014. "기후변화정책과 행정," 『환경행정학』. 대영문화사.
- 윤순진. 2009. "기후변화 대응을 둘러싼 사회갈등 예방과 완화를 위한 거버넌스의 모색," 「국정관리연구」, Vol. 4, No. 1: 125-160.
- 윤순진 · 원길연. 2012. "녹색성장에 기초한 이명박 정부 기후변화 정책레짐에 대한 사회적 수용과 평가: 전문가인식조사를 중심으로," 「ECO」, Vol. 16, No. 2: 7-50.
- 환경부. 2014. "온실가스 배출권 거래제 제1차 계획기간(2015~2017) 국가 배출권 할당계획(요약)."
- ______. 2013a. 『2013 환경백서』
- ______. 2013b. "우리나라 기후변화 대응 정책방향"
- ______. 2010. 『환경 30년사』
- IEA. 2012. Key World Energy Statistics 2012.
- IPCC. 2014. Working Group III report of AR5: Mitigation of Cliamte Change.
- _____. 2013. Climate Change 2013: The Physical Science Basis.
- _____. 2007. Climate Change 2007: The Synthesis Report.

한국의 폐기물관리와 자원순환 정책

CHAPTER 07

정회성(환경과문명 대표) · 이승지(서울대 환경대학원 박사수료)

I 서론

과거 농경시대 우리사회에는 폐기물이라는 문제가 심각하지 않았다. 그 양도 적었을 뿐만 아니라 발생된 폐기물도 가축의 사료 또는 퇴비로 재활용되었다. 예를 들어 볏짚은 소먹이, 초가지붕, 온돌의 연료 등을 거쳐서 퇴비로 다시 농토로 돌아갔다. 가정에서 배출되는 분뇨와 음식물 찌꺼기도 가축의 사료로 그리고 퇴비로 재활용되었다.

하지만 도시화와 산업화의 진전 그리고 이에 따른 대량 생산과 소비생활, 합성물질의 범람 등은 모든 것을 바꾸었다. 발생되는 폐기물의 양이 크게 늘었을 뿐만 아니라 유해성과 난분해성으로 자연에 의존하여 처리하는 것을 어렵게 하였다. 폐기물은 위생문제도 동반한다. 도시에 쓰레기를 방치한다면 전염병 등의 위험에 노출된다.

우리나라에서 폐기물 문제를 다루는 법규는 1961년 『오물청소법』의 제정으로 등장한다. 아마도 이때쯤에야 도시쓰레기 수거 문제를 현실적인 정책과제로 인식한 듯하다. 이어서 1986년 『폐기물관리법』이 제정되면서 폐기물의 수거와 처리 문제에 정부가 보다 더 적극적으로 개입하기 시작하였다. 1990년대부터는 폐기물 관리 정책이 매우 활발하게 진전되었다. 아마도 전 세계적으로 성공적이라고 간주되었던 모든 폐기물관련 정책이 검토·도입되어 실험되지 않았을까 한다.

우리나라의 폐기물관리에 대한 이러한 실험은 그 성과도 상당하였다. 2006년에 발간된 OECD의 「한국환경성과평가(Korea's Environmental Performance Review Report」(OECD, 2006; pp.77~86) 보고서는 "한국은 폐기물관리에서 대단한 진전(much progress)을 보였으며 OECD 회원국가들 중에서 상당수의 최고성과(top results)를 거두었다."라고 평가하고 있다. 쓰레기 종량제 등은 스리랑카 등 다수의 개발도상국들이 우리 모델을 배워가고 있다.

이 글은 이러한 한국의 폐기물관리정책의 발달과정을 분석하고 평가하기 위한 것이다. 특히 1960년대 이후 한국의 폐기물관리 정책이 당면했던 문제와 그 문제를 해결하기 위해서 취했던 각종 정책들을 살펴서 향후 폐기물관리 정책이 나아가야 할 방향을 가늠해 보도록 한다.

II 자원이용과 폐기물관리 문제

1. 생명 작용과 물질 순환

지구상의 모든 생명작용의 처음과 끝, 즉 알파와 오메가는 에너지이다. 모든 생명체는 에너지 균형에서 한참 떨어진 상태에서 존재한다. 그리고 주변 환경으로부터 에너지를 끊임없이 제공받아야 생존할 수 있다.

지구 환경에서는 생태적인 과정을 통한 물질과 에너지의 순환으로 생명이 영위되며 또한 생명을 지원하는 기능을 하고 있다. 자연생태계는 본질적으로 균형에 의해 유지된다. 예를 들어 토양의 침식과 새로운 토양의 형성, 탄소의 배출과 새로운 탄소의 고정, 산림의 사멸과 새로운 산림의 형성 등이 균형을 이루어야 자연 생태계가 유지되는 것이다.

물질과 에너지는 등가이므로 생명체는 물질로 나타나는 에너지 대사를 기반으로 존재한다고도 할 수 있다. 대사란 몸속에서의 물질 변화로 그 형태나 기능은 동일성을 유지하면서 구성하는 물질이 점점 바뀌어가는 것을 말한다. 물론 물질은 변화하지만 생물 그 자체는 크게 변하지 않아 이것을 '동적 평형'이라고 한다. 생명은 이러한 물질대사를 통해서 주위 환경으로부터 에너지와 자원을 얻고 쓰고 남은 물질과 에너지를 방출한다. 그리고 생명체의 삶도 출생-성장-노화-사멸 등의 순서로 진행되어 다른 측면에서의 대사과정을 보이고 있다고 할 수 있다.

이 같은 생명활동은 필연적으로 주위 환경에 폐기물을 배출하게 마련이다. 즉 개별적인 생명활동은 항상 환경의 총엔트로피를 증가시키게 마련이다. 인간의 생명활동도 이와 다르지 않다. 인간도 생명을 유지하기 위해서는 주변 환경으로부터 끊임없이 에너지와 양분을 흡수하고 이를 다시 방출한다. 즉 인간 생존을 위하는 용도가 끝난 재화가 환경으로 버려지면서 엔트로피를 증가시킨다.

그런데 생명활동은 다른 생명체와 밀접한 연계를 유지하면서 유지된다. 지구상의 거의 모든 생명은 태양에너지에 의존한다. 광합성을 하는 식물은 태양에너지를 받아서 물과 이산화탄소를 결합하여 유기물을 생산한다. 식물이 태양에너지를 광합성하여 시작된 생명활동은 생명체 간의 먹이사슬이라는 포식과 피식의 관계를 통해서 끈끈한 생명의 줄로 연결된다.

이때 어떤 생명체의 폐기물은 다른 생명체의 먹이가 된다. 먹이에서 폐기물로 그리고 다시 먹이로 이어지는 순환 과정을 통해서 영양물질이 지속적으로 순환된다. 이러한 지구 환경의 생태적 순환 과정은 생명 활동이 초래하는 폐열과 폐기물 엔트로피를 저감시켜 주는 기능을 하는 것이다(쓰치다 아쯔시, 1995). 그리고 이 순환 과정이 원활할수록 지구 생태계는 건전하고 생산력도 높다.

2. 인간의 경제활동과 폐기물 문제

인류사회의 경제활동은 환경으로부터 자원을 구하고 환경을 변화시키며 환경에 폐기물과 폐열을 버림으로써 성립한다. 물질순환을 인간사회에 비추어서 생각해 보면 그것은 직접적으로 경제순환에 의해 유지되고 있다는 점을 알 수 있다. 인간 개개인의 생명력의 유지라는 관점에서 보면 공기 호흡, 음식물과 물의 음용 등 물질순환과 직접적으로 접촉함으로 이루어진다.

그러나 인간은 사회적인 동물로서 인간의 사회적 생활은 물질순환 그 자체 보다는 그것의 일부를 인간사회에 적합하도록 변형시킨 경제순환에 의지한다. 우리 인간은 생태계를 통한 물질 순환 과정을 통해 생성된 에너지와 자연자원으로 인간사회의 근본적인 경제문제인 의·식·주 문제를 해결한다(Greerat J. Vermeij, 2004). 이 같은 의·식·주 문제와 관련된 각종 행위도 마찬가지이다. 어떻게 보면 인간의 경제활동은 전체적이든 부분적인 관점에든 자원을 얻고서 폐기물과 폐열을 배출함으로 활동하는 열화학기관이라고 할 수 있을 것이다.

인간사회에서의 경제행위에 의한 물질순환은 인간이 지구상에서 출현하여 사회적인 활동을 하는 것과 밀접하게 관련되어 있다. 물물교환 경제에서부터 현대의 화폐경제 그리고 신용경제에 이르기 까지 다양한 형태를 지닌다. 그러나 그 본질은 동일하다. 현대사회에서의 경제순환이란 사회구성원들끼리 화폐를 매개로 하여 물질적 재화나 비물질적인 서비스의 생산・유통・소비・폐기가 반복되는 순환을 말한다.

물론 경제순환이 항상 화폐에 의해 좌우되는 것은 아니고 증여, 자원봉사 등 비화폐적인 행위에 의해 이루어지는 부분도 있다. 그러나 경제순환은 항상 물질순환의 범위 내에 있어 큰 틀에 있어서는 그 순환의 규모나 속도가 규정된다고 할 것이며 외부로 벗어나는 것은 불가능하다고 할 것이다.

그런데 현대사회의 경제순환이 지구의 생명유지에 필수적인 물질과 생태순환을 파괴하고 그 질적 수준을 악화시키고 있는 것이 현재 우리가 겪고 있는 환경문제의 본질이라고 할 것이다. 즉 그 경제활동이 생태계의 순환과정을 통해서 형성된 에너지와 자연자원을 과잉개발 이용하거나 자원 생산 기반을 파괴한 것이 자원위기의 모습이다. 그리고 경제활동 과정에서 자연의 정화능력을 초월하여 페에너지와 폐기물을 배출한 것이 환경오염이다.

인간사회의 경제계는 과도한 양의 다양한 폐에너지와 폐기물을 배출한다. 뿐만 아니라 자연이 처리할 수 없는 새로운 물질을 생산하고 배출하여 생태계의 순환과정을 착란시켜 질적인 저하를 초래한다. 이것이 다름 아닌 환경문제인 것이다. 인간의 경제활동과정에서 배출되는 다양한 폐기물 중에서 고체 상태인 것을 폐기물이라고 한다. 액체나 기체 상태로 버려지는 것은 수질오염 물질이나 대기오염 물질이라 한다.

그런데 이 같은 폐기물 문제는 그 사회가 처한 인식과 기술 그리고 버려지는 폐기물의 규모 등에 의해 정해진다. 예를 들어 농경시대 우리는 인간과 동물의 배설물 그리고 음식물 쓰레기 등은 농업생산에 필요한 중요한 자원이었다. 하지만 현대 산업사회에서는 이것들은 처치 곤란한 폐기물로 취급되고 있다.

3. 폐기물관리 정책 분석상의 쟁점

폐기물 문제는 도시화 문제와 밀접하게 관련되어 있다. 대규모 도시가 형성되므로 인간의 경제활동에서 배출되는 물질들이 환경에서 인간계로 그리고 인간계에서 환경으로 순환되는 기제가 붕괴되었기 때문이다. 대규모 도시에서는 막대하게 배출되는 분뇨와 생활쓰레기가 농업생산 과정에 투입되어 자원화 될 수 없었다. 특히 이렇게 배출되는 쓰레기는 도시민의 건강을 크게 위협하는 요인이 되었다. 산업문명으로 등장한 도시에서 콜레라 등 다양한 전염병이 발생하여 수많은 인명을 앗아가곤 하였다.

때문에 폐기물관리 정책은 처음 청소업무에서 시작하였다. 도시에서 배출되는 폐기물을 적기에 위생적으로 수거하여 버리는 업무이다. 이 경우 누가 폐기물을 수거하고 처리하는 책무를 지느냐 하는 문제가 우선 등장한다. 그리고 그에 따른 비용을 어떻게 조달하고 활용하느냐도 중요한 과제가 된다.

도시화와 산업화가 보다 진전되면서 수거·처리해야할 폐기물은 그 양이 크게 늘었다. 뿐만 아니라 질적으로도 다양해졌다. 특히 산업화의 진전은 산업생산 활동과정에서 다량의 폐기물을 배출하게 되었다. 이들 폐기물은 일반 생활쓰레기 보다 훨씬 인간 건강과 환경 생태에 위협적이었다. 폐기물을 어떻게 분류하고 관리하느냐 그리고 그에 대한 책임과 비용부담을 누가하느냐 하는 문제가 등장한 것이다.

폐기물관리 정책의 이념적인 변화도 영향이 있다. 폐기물 관리 정책의 도입 초기에는 배출된 쓰레기를 수거하는 문제에 국한되었다. 하지만 점차 쓰레기 배출량의 증가가 각종 자원이용의 증가를 의미하며 환경파괴와 에너지 낭비를 의미한다는 인식이 확산되었다. 폐기물 발생을 원천적으로 줄이든지 재이용하거나 자원으로 재활용하는 데에 대한 관심이 증가하였다.

폐기물 관리정책은 정책대상에 따라 상품의 공급자를 대상으로 하는 정책과 상품의 수요자 또는 소비자를 대상으로 하는 정책으로, 그리고 폐기물의 흐름에 따라서는 감량화와 사전예방, 재활용과 자원화, 그리고 안전한 처리 등으로 나누기도 한다.

Ⅲ 우리나라 폐기물관리 정책의 변천과정

1. 폐기물 문제와 폐기물관리 정책의 발전과정

우리나라에서 『오물청소법』이 제정된 것은 1961년이므로 아마도 이때부터 도시폐기물 수거문제가 현실적인 정책 과제가 되었다고 짐작된다. 『오물청소법』은 지방자치단체로 하여금 오물을 수거하고 처리하도록 하였다. 하지만 산업폐기물을 별도로 관리하지 않고 오물로 관리하였다. 산업폐기물에 대한 관리는 1977년 『환경보전법』이 제정되어 사업자에게 산업폐기물 처리의무를 부과한 것에서 출발한다. 1986년에는 『폐기물관리법』이 제정되어 폐기물 관리 체계가 일원화되었다.

수거하여 처리하여야 할 도시폐기물은 1980년대까지는 주로 연탄재였다. 그런데 도시주변에는 도시개발을 위해서 복토를 하여야할 저습지들이 많았다. 그리고 연탄재는 이러한 용도로 적격이었다. 하지만 쓰레기에서 연탄재가 차지하는 비중도 점차 감소하였다. 그리고 보건 위생과 수질, 지하수 그리고 분진과 악취 등 환경 오염 문제로 폐기물을 단순히 매립하여 처리할 수도 없어졌다. 쓰레기를 처리하는 인근 지역에 거주하는 주민들의 반대도 만만치 않았다.

1990년대에 들어서면서 폐기물 관리 업무는 폐기물 매립장의 고갈 그리고 심각하게 등장한 님비 현상(Not In My Backyard; NIMBY) 등으로 새로운 도전에 직면하게 되었다. 님비 해소를 위해서 소각 또는 매립에 의해 최종 처리되는 폐기물을 줄여야 한다는 인식도 함께 형성되었다. 심각한 사회문제로 등장한 님비적 갈등을 해소하고 시급하게 필요한 폐기물 소각장, 매립장 등 처리시설을 확보하기 위한 각종 정책들이 다수 도입된 것이다.

그리고 폐기물의 발생 그 자체를 줄이고자 하는 정책들도 점차 고안되었다. 이러한 맥락에서 강조된 정책이 폐기물의 안전한 처리와 재활용 촉진 정책이었다. 우선 쓰레기 처리장을 건설할 수 있는 재원을 마련하고 님비 현상을 극복하여 쓰레기 처리장을 건설할 수 있는 정책이 필요하였다. 다른 한편으로는 재활용을 촉진하여 처리장으로 향하는 폐기물의 양을 줄여야 했다. 그리하여 1990년대 이후 폐기물 종량제, 폐기물 부담금과 예치금, 그리고 각종 현대적인 폐기물 수거 장비가 도입되고 처리 시설도 건설되었다.

2000년대에 들어서면서 폐기물 관리 정책은 좀 더 구체적으로 특정한 폐기물 문제의 해결에 치중하게 된다. 특정 폐기물이 급격하게 증가함에 따라 그 문제를 타겟으로 하는 정책들이 도입되기 시작한 것이다. 건설폐기물, 전기·전자 제품 보급, 음식물 쓰레기 등이 그것이다. 재활용을 촉진하기 위해서 건설폐기물, 전기·전자 폐기물 등 특정 폐기물을 목표로 한 재활용 정책이 도입되었다.

근년에는 자원순환사회를 지향하여 폐기물 관리정책의 재그룹화가 이루어지고 있다. 폐기물을 자원화하고 에너지를 회수하기 위한 각종 시설들에 대한 투자가 확대되고 이를 지원하는 정책들도 도입되고 활용되고 있다. 하지만 현재 우리나라의 자원순환정책은 폐기물 관리 정책을 중심으로 이루어지고 있다는 한계도 있다.

이 같은 우리나라의 폐기물 관리 정책은 국가폐기물관리종합계획 수립과 시행을 기준으로 4개의 시기로 나누어 볼 수 있다.

제1기는 최초의 국가폐기물관리종합대책이 수립되기 이전의 시기이다. 『오물청소법』이 제정되고 나서 폐기물 수거 및 관리 기본구조가 확립되는 시기이다.

제2기는 제1차 국가폐기물관리종합계획 시기이다. 폐기물 소각장 건설 등 처리 기초시설 건설과 이에 따른 님비 해소를 위한 정책 도입과 함께 재활용 정책이 확립되었던 시기이다.

제3기는 제2차 국가폐기물관리종합계획 시기로써 폐기물 감량화가 강조되었다. 생산자 즉 특정제품을 대상으로 하는 폐기물 감량화 및 재활용정책이 강조되었던 시기이다.

현재는 제4기로 제1차 자원순환기본계획이 수립되어 시행되고 있다. 폐기물로부터의 자원 및 에너지를 회수하여 자원 순환형 사회를 지향하고 있다.

이하에서는 이러한 우리나라 폐기물관리 정책의 발달과정을 좀 더 상세하게 살펴보도록 한다.

2. 폐기물 수거 및 관리체계 확립기(1961~1992년)

1) 개관

우리나라 도시에 통일된 오물청소 사업체계가 도입된 것은 일제강점기인 1936년 제정된 「조선오물소제령」이다(정회성 외, 2014; 185면). 하지만 해방 이후 폐기물관련 법제는 1961년 『오물청소법』의 제정으로 출발한다. 그리고 폐기물 처리 문제가 정부의 주요 관심사가 되기 시작한 것은 1970년대 후반 이후라고 할 수 있을 것이다. 그 이전에는 도시 가정에서 발생하는 쓰레기의 양도 많지 않았고 연탄재가 많아 도시개발을 위해 필요한 저습지 복토용으로 사용될 수 있었기 때문이다.

대부분의 경우 쓰레기는 기초행정기관인 시·군·구에 의해 수거되었다. 쓰레기는 가정의 문전에 설치된 보관용기에 수일간 보관되었다가 지방자치단체에 의해 손수레로 수집 운반되어 인근의 전과 답의 성토용이나 저습지, 객토지 등에 매립함으로 처리되었다. 그러나 점차 도시 인근에 폐기물 매립장소를 찾기 힘들어지자 원거리에 있는 매립 장소를 이용하게 되었고 이에 따라 쓰레기 운반도 차량을 이용하게 되었다.

매립 방식은 물론 단순노천투기방식이었다. 이러한 투기형태의 폐기물 처리는 1980년대까지 지속되었다. 점차 쓰레기 매립장은 고갈되고 단순투기방식의 처리에 대한 문제점들이 지적되기 시작하였다. 서울을 예로 들어 보자. 당시 서울은 매립지로 난지도 저습지를 이용하였다. 물론 폐기물을 위생 매립한다는 것은 기대할 수 없었고 단순한 노천투기로 처리되었다. 연탄재와 함께 유기물을 다량 매립함에 따라 먼지와 악취가 널리 퍼졌고 한강에는 침출수로 인한 오염이 매우 심각했다(이정전 외, 1982).

그런데 이 시기에도 도시에 따라서는 쓰레기 분리수거를 하였다는 점이 특기할 만하다. 쓰레기 분리수거는 1980년대에 서울, 부산 등 대도시에서 연탄재와 잔여쓰레기를 분리하는 것에서 출발하였다. 즉 연탄재를 위주로 한 불연성 쓰레기와 가연성 쓰레기로 분리하여 수거함으로 전자는 바다 매립용 또는 공사장 복토재로 사용한 것이다. 하지만 쓰레기의 발생을 줄이고 재활용을 늘이는 효과적인 폐기물 감량과 재활용 정책을 위한 특별한 대책은 개발하지 않았다. '넝마주의'라고 하는 고물 수집업자에 의해서 가정에서 배출되는 폐기물이 재활용되었다.

연탄재가 대부분이었던 쓰레기 성상은 1980년대 중반 이후 점차 변화되었다. 사실 그 이전의 폐기물 발생량 자료는 신뢰하기가 힘들다. 그리고 폐기물 성상에 관한 자료도 찾기가 매우 힘들다. 1985년부터 1991년 사이 우리나라의 생활폐기물 발생량은 연평균 8.2%의 증가율을 보이며 증가하였다. 이는 우리나라의 경제 성장율을 넘는 것이다. 쓰레기 성상도 불연성 비율이 감소하고 가연성 비율이 증가하는 양상을 보인다.

[표 1] 생활폐기물 발생량

(단위 : 톤/일)

구분 연도	계	연소성			성상						전년 대비
		가연성	불연성	재활성	연탄재	음식물·채소류	종이류	나무류	금속 초자류	기타 (폐비닐)	
	57,518	18,892	32,669	5,957	27,347	11,460	5,144	1,957	2,205	9,405	
1986	61,072	20,461	34,060	6,551	27,155	14,013	5,814	2,123	2,416	9,550	6.2%증가
1987	67,031	22,667	36,676	7,588	29,036	14,420	7,334	2,472	2,690	11,079	9.8%증가
1988	72,897	33,780	36,749	2,368	28,994	17,055	7,756	2,476	3,067	13,549	8.8%증가
1989	78,021	36,167	38,901	2,953	30,401	19,790	9,565	2,819	3,734	11,712	7.0%증가
1990	83,962	40,556	38,516	4,890	28,061	23,003	11,870	2,838	4,157	14,033	7.6%증가
1991	92,246	43,687	40,700	7,859	26,254	26,311	12,656	3,515	4,864	17,646	9.8%증가
1992	75,096	42,078	23,680	9,338	17,750	21,807	13,125	3,077	4,957	14,380	18.6%감소

자료 : 환경처, 1993, 「폐기물 자료」, 5면

우리나라의 연소성별 구성비 중 가연성 폐기물은 1985년도 33%에서 1991년도 47%, 1992년에는 57%로 점차 증가하는 추세를 보였다. 반면, 불연성 폐기물은 1985년도 57%에서, 1991년 44%, 1992년 32%로 점차 감소하는 경향을 보였다. 1980년대 초의 높은 불연성 폐기물의 비중은 연탄재 때문이다. 폐기물에서 연탄재의 비율은 1985년에 48%였던 것이 1989년 39%, 1992년에는 24%로 점유비율이 급격하게 감소하였다. 연탄재 배출량의 감소는 난방에 있어서 도시가스의 보급과 기타 연료의 사용으로 인한 것이다. 반면, 음식물류와 종이류 폐기물의 발생량은 지속적으로 증가하는 경향을 보이고 있다. 음식물류 폐기물의 경우 1985년 20%에서, 1992년 29%로 증가하였다. 종이류의 경우도 1985년 9%에서 1991년 14%, 1992년 17%로 증가하였다.

폐기물 문제가 심각해지면서 관련 정책들이 도입되기 시작하였다.

그리고 단순투기 위주의 폐기물 처리의 문제점을 인식하고 위생적인 폐기물 처리시설 설치의 필요성이 제기되었다. 그리하여 1980년대 중반 이후 쓰레기의 위생매립지 설치를 위한 논의가 등장하였다. 1992년부터는 수도권 매립지 제1공구가 위생매립지로 건설되어 매립이 시작되었다.

2) 폐기물 관리에 관한 기본틀의 정립

우리나라에서 폐기물관리와 관련되어 최초로 제정된 법규는 1961년의 『오물청소법』이다. 『오물청소법』은 도시지역의 분뇨와 생활쓰레기를 적기에 청소하여 국민의 보건 위생을 보호하고자 한 것이다. 동 법은 서울시와 각 시의 관할구역을 특별청소구역으로 지정하고 오물을 수집하고 처리하고자 한 것이다. 『오물청소법』은 1973년 3월 8일, 1979년 12월 28일, 1982년 4월 2일 등 3번에 걸쳐 개정되면서 생활쓰레기의 수집, 운반, 처리 및 최종처분에 관한 규정이 강화되었다.

한국의 폐기물관리 정책 발달과정에서 특이한 것의 하나는 1979년에 제정된 「합성수지폐기물처리사업법」이다. 이 법은 당시 사회문제가 되었던 농업용 폐비닐과 농약 빈병을 효과적으로 수거·처리하기 위해 '한국자원재생공사'의 설립을 위한 법적 근거였다. 1980년에 설립된 「한국자원재생공사」는 농업용 폐합성수지의 회수, 처리사업을 수행하였다. 동 공사의 설립 근거는 1993년에는 「한국자원재생공사업법」으로, 2003년에는 「한국환경자원공사업법」으로 변경되었다. 2008년에는 「한국환경공단법」 제정으로 한국환경자원공사와 한국환경관리공단이 「한국환경공단」으로 통합되었다(환경부, 2010a, 422~423면).

1977년에는 『환경보전법』이 제정되었다. 동 법에서 최초로 산업폐기물에 대한 규정이 등장하였다. 동 법에서는 산업단지에서 발생하는 폐기물 문제에 능동적으로 대처하기 위해서 산업폐기물의 적정처리에 관한 규정을 강화하였다. 그리하여 생활폐기물은 『오물청소법』으로, 산업 및 유해폐기물은 『환경보전법』으로 이원화되었다. 그러다가 1986년 12월 31일 『오물청소법』이 폐지되고 『폐기물관리법』이 제정 공포되었다.

이때부터 생활 및 산업 폐기물의 관리가 일원화되었고 이로서 폐기물 관리 체계가 본격적으로 정비되었다고 할 수 있다. 『폐기물관리법』은 폐기물 관리에 대한 주체별 역할분담을 분명히 하였다. 즉 중앙정부는 폐기물 관리 정책의 수립과 집행을, 지방자치단체는 일반폐기물의 수거와 처리업무를, 가정과 소형 상가는 쓰레기 수거료 납부 의무를 진다. 그리고 산업체는 자신이 배출하는 유해(지정) 폐기물을 자체적으로 처리와 폐기해야 하는 의무를 지도록 하였다.

3) 폐기물 수거 및 처리 주체

1961년 제정된 『오물청소법』은 주요 도시의 관할구역 중 일부를 특별 청소 구역으로 지정하도록 하였다. 1986년에 제정된 『폐기물관리법』도 일반폐기물 수거업무는 유해폐기물과 달리 시장, 군수, 구청장의 권한 및 의무사항으로 규정하고 있다. 일반폐기물의 수거처리는 지방자치단체의 조례에 의해 수행된다. 폐기물관리법은 일반폐기물 수거업무에 대해서는 공공재적 성격을 좀 더 강조하고 있다고도 할 수 있다.

이에 따라 일반폐기물 수거업무는 시 정부가 직접 수행하는 것으로 시작되었다. 하지만 일반폐기물 수거업무 담당주체 즉 수거서비스의 제공 형태가 점차 다양화되어 왔다. 폐기물 수거 처리 즉 수거서비스의 공급주체는 크게 자치단체, 대행업체, 자가 처리업소로 나누어진다. 지방자치단체는 자체의 행정조직에 의존하든지 별도의 공기업을 설립하여 쓰레기 수거서비스를 제공하기도 한다.

자료가 구독 가능한 1980년대 중반의 상황을 보면 쓰레기 수거업무는 초기의 시 직영방식에서 점차로 민간체제로 전환해가는 과정을 거쳐 왔다. 대체적으로 단독주택지역 및 가로청소에 대해서는 주로 시가 직영하였고, 다량 배출자나 공동주택지역은 허가제 또는 위탁대행 형태를 취하였다.[1] 하지만 지방자치단체가 단독으로 폐기물 수거서비스를 제공하는 사례는 감소하고 있었다.

참고로 자치단체의 처리비율이 1985년 58%에서 1992년 51%로 점차 감소하였다. 반해 대행업체의 처리비율은 1985년 38%에서 1992년 47%로 점차 증가하였다. 일반폐기물의 처리는 자치단체와 대행업소가 전체 발생량의 98%를 차지하였다(손희준, 1992). 각 공급 유형이 차지하는 비중은 혼재형태가 46.6%로 가장 높고, 그 다음은 시 직영이 23.3%, 허가가 19.2%, 계약이 9.6%의 순이며, 공기업 형태는 유일하게 대전시로 1.4%이다.

1) 1983년 당시 73개 도시의 쓰레기 서비스의 공급유형을 살펴보면 시정부가 직접 하는 도시는 목포, 충주 등의 16개 도시, 직영과 위탁대행 및 허가 유형이 혼재하는 혼재형태는 서울, 부산, 대구 및 수원시 등 34개 도시, 나머지는 민영화 형태로 띄고 있다. 민영화의 경우 1개 시는 민간대행업자가 시와 계약을 맺어 시 전역의 일반폐기물을 수거하는 독점적 계약 즉 위탁 대행 형태로 제주 군산 등 9개시가 해당된다. 다른 하나는 여러 개의 민간대행업체가 시로부터 일정지역에 대한 폐기물 수거권을 허가받은 것이다. 인천, 광주 등 14개 도시가 이에 해당되었다.

[표 2] 우리나라 도시 일반폐기물 수거실태(1990년 현재)

유형	계	시 직영	혼재형태	공기업	위탁대행	허가
대도시 (인구 100만이상)	6	-	서울, 부산, 대구	대전	-	인천, 광주
중도시 (인구 10~100만)	35	목포, 충주, 안동, 하남	울산, 수원, 성남, 마산, 청주, 포항, 창원, 진주, 구미, 춘천, 원주, 순천, 강릉, 경주, 진해, 태백, 시흥, 제천	-	제주, 군산, 천안, 여수, 구리	부천, 전주, 안양, 광명, 이리, 의정부, 안산, 군포
소도시 (인구 5~10만)	32	정주, 김천, 평택, 상주, 공주, 남원, 나주, 대천, 영천, 서산, 전촌, 김제	김해, 동해, 충무, 영주, 서귀포, 속초, 과천, 동광양, 온양, 삼천포, 오산, 경산, 삼척	-	송탄, 여천, 밀양	의왕, 미금, 동두천, 장승포
합계	73	16	34	1	8	14
비율	100	23.3	46.6	1.4	9.6	19.2

주 : 1993년 전주시는 허가제 형태에서 시 직영으로 전환되었으며, 안산과 부천시 경우는 허가제보다는 혼재형태로 분류하는 것이 보다 정확함.

자료 : 손희준, 1992

4) 폐기물의 정의와 분류체계 정비

1961년의 『오물청소법』은 폐기물을 오물이라고 칭하였다. 그리고 오물을 '진개 · 재 · 오니 · 분뇨 및 견 · 묘 · 서 등의 사체'라고 정의하였다. 『오물청소법』은 1973년에 개정되었는데 이때에는 오물을 '동물의 사체 또는 기타 폐기물'로 파악하였다.

산업폐기물에 대한 법적 규제는 1977년에 제정된 『환경보전법』으로 등장한다. 이에 따라 1982년 『오물청소법』 개정안에서는 오물을 '『환경보전법』의 규정에 의한 산업폐기물이 아닌 폐기물'로 규정하였다. 이후 폐기물은 『오물청소법』에 의한 분뇨 · 생활폐기물과 『환경보전법』에 의한 산업폐기물로 이원화되어 관리되었다.

그러다가 1986년에 『폐기물관리법』이 제정되었다. 『폐기물관리법』의 제정으로 『환경보전법』상의 산업폐기물 관련 규정과 『오물청소법』이 통합되었다. 이 법에서는 폐기물을 일반폐기물과 산업폐기물로 분류하였다. 여기에서 일반폐기물은 '일상생활에 수반하여 발생하는 쓰레기 · 분뇨 등 산업폐기물 이외의 폐기물,' 산업폐기물은 '사업 활동에 수반하여 발생하는 오니 · 잔재물 · 폐유 · 폐알카리 · 폐고무 · 폐합성수지' 등을 포함한다. 분뇨 · 오수 · 축산폐수는 일반폐기물로 분류되었다.

1991년에는 『오수 · 분뇨 및 축산폐수 처리에 관한 법률』이 제정되어 『폐기물관리법』상의 오수 · 분뇨 · 축산폐수 관리 업무를 이관받았다. 이와 함께 폐기물은 그 성상에 따라 생활폐기물과 특정폐기물로 분류되었다. 그리고 산업체에서 발생하는 폐기물도 일반폐기물과 특정폐기물로 분류되었다. 산업체에서 발생하는 폐기물일지라도 국민보건에 유해하지 않은 경우에는 일반폐기물로 간주한 것이다. 즉 국민보건에 유해한 산업폐기물의 경우에만 특정폐기물로 분류된 것이다. 특정폐기물은 부식성, 생체 축적성, 급 · 만성 독성, 난분해성, 부패성 등 인체 및 환경에 위해성이 큰 폐기물로 엄격한 규제를 받는다. 관리주체별로는 일반폐기물은 지방자치단체가 특정폐기물은 국가가 책임 · 관리한다.

『폐기물관리법』은 1995년 개정되어 발생원 중심의 분류체계 방식으로 다시 전환되어 생활폐기물과 사업장 폐기물로 분류되었다. 그리고 사업장 폐기물 중 폐유 · 폐산 등 유해 환경오염원을 따로 지정폐기물로 분류되었다. 『폐기물관리법』은 1999년에 다시 개정되어 보건사회부가 관리해 오던 감염성 폐기물을 이관받아 지정폐기물에 포함시켰다. 2007년 개정된 『폐기물관리법』에서는 '감염성 폐기물'이 '의료 폐기물'로 용어가 변경되었다.

[표 3] 폐기물 분류 체계의 변화

연도	관련법	분 류 내 용
1961년 1973년	『오물청소법』	• 오물 : - (1991년) 쓰레기 · 재 · 오니 · 분뇨 · 동물의 사체 기타 사람의 일상생활에 필요로 하지 아니하게 된 물질 - (1973년) 동물의 사체 또는 기타 폐기물 - (1982년) 『환경보전법』에 의한 산업폐기물이 아닌 폐기물
1977년 1986년	『오물청소법』 『환경보전법』	• 오물 : 쓰레기 · 재 · 오니 · 분뇨 · 동물의 사체 기타 사람의 일상생활에 필요로 하지 아니하게 된 물질 • 산업폐기물(1981년 개정법) : 사업 활동에 수반하여 발생하는 오니 · 잔재물 · 폐유 · 폐산 · 폐알카리 · 폐고무 · 폐합성수지 등의 폐기물
1986년 1990년	『폐기물관리법』	• 일반폐기물 : 일상생활에 수반하여 발생하는 쓰레기 · 분뇨 등 산업폐기물 외의 폐기물 • 산업폐기물 : 사업 활동에 수반하여 발생하는 오니 · 잔재물 · 폐유 · 폐산 · 폐알카리 · 폐고무 · 폐합성수지 등의 폐기물
1991년 1994년	『폐기물관리법』	• 일반폐기물 및 일반산업폐기물(지자체) • 특정폐기물 : 환경 및 국민보건에 유해한 물질
1995년 현재	『폐기물관리법』	• 생활폐기물 및 일반산업폐기물(지자체) • 사업장폐기물 : - (일반)사업장폐기물, - 지정폐기물(1999년 감염성폐기물 포함 → 2007년 감염성 폐기물은 의료폐기물로 간주되어 용어 변경)

자료 : 환경부, 2010a, 416면의 내용을 수정 보완

3. 폐기물 기초시설 건설 및 재활용 정책 확립기 (1993~2002년)

1) 개관

1992년은 리우 환경회의가 개최된 해이다. 리우 환경회의는 우리나라 환경정책에도 많은 영향을 주었다. 공교롭게도 이 시기는 우리나라에 민주화와 함께 지방자치가 본격적으로 시행되기 시작한 해이기도 하다. 폐기물 성상도 크게 변하였다. 폐기물 성상 중에서 연탄재의 비중이 급감하였고 유기성 폐기물의 비중이 크게 늘었다. 정부의 연료전환정책으로 도시 난방 및 취사용 연료로써의 연탄 사용량이 크게 줄어든 덕분이다. 하지만 유기성 폐기물의 증가는 단순 매립 위주의 처리에 대한 부담을 더욱 크게 하였다. 더욱이 많은 도시들이 주변에서 더 이상 저렴한 매립지를 구하기 힘들어졌다.

때문에 정부와 지방자치단체들에게는 폐기물 처리시설 확보가 절실해졌다. 많은 도시들이 이에 대한 대안으로 쓰레기 위생매립장 및 소각장의 건설을 추진하였다. 그런데 매립장과 소각장 건설계획들은 지방자치제도의 도입에 따른 정치지망생 그리고 지역환경단체들과 함께한 지역주민들의 강력한 반대에 직면하게 되었다. 1990년대로 넘어오면서 급격하게 높아진 시민들의 환경오염에 대한 우려도 이러한 반대를 증폭시켰다. 특히 소각장에서 배출되는 것으로 알려진 발암물질인 '다이옥신'은 큰 논란거리였다.

이러한 여건들은 환경부로 하여금 국가 폐기물관리 종합대책을 수립토록 하였다. 1993년부터 시행된 「제1차 국가 폐기물관리 종합계획(1993~2001년)」은 폐기물의 원천 감량, 재활용, 위생적인 처리 등을 추구하면서 쓰레기 처리 시설 확충 노력을 본격화하였다. 1994년까지만 하더라도 지방자치단체가 총 536개소의 쓰레기 매립장을 운영하고 있었다. 그중 영세한 것들이 많았고 위생처리율도 60%를 밑돌았다. 침출수 처리시설까지 갖춘 위생매립지는 전체의 2%(11개소)에 불과했다(환경부, 1994). 쓰레기 처리시설의 대폭적 확충 및 개선은 결국 폐기물 관리 예산의 대폭적 증가를 요구하였다. 하지만 정부 예산에는 항상 제약이 있게 마련이다. 더욱이 이 시기에는 낙동강 페놀오염사고 등으로 수질분야 기초시설 확충에 대한 투자 요구도 팽배해 있었다.

쓰레기 처리시설 확보의 어려움은 폐기물 재활용 정책에 대한 관심을 제고하였다. 환경부는 폐기물 감량화와 재활용정책을 활성화 하려고 1992년 12월 『자원절약과 재활용 촉진에 관한 법률』을 제정하였다. 동 법은 재활용 가능 자원을 '사용되었거나 사용되지 아니하고 수거되거나 버려진 물품과 제품의 제조, 가공, 수리, 판매나 에너지 공급 또는 토목, 건축공사에서 부수적으로 생겨난 물품 중 원자재로 이용할 수 있는 것'으로 정의하고 있다. 여기에 회수자원화가 가능한 에너지 및 폐열을 포함하되, 방사성 물질과 방사성 물질에 의하여 오염된 물질은 제외되었다.

종합적으로 이 시기에는 폐기물 처리시설의 건설을 위한 제도 정비, 즉 예산확보와 님비극복에 많은 노력이 투입되었다. 이와 함께 최종 처리과정으로 가는 폐기물을 어떻게 감소하느냐가 커다란 정책적 관심이었다.

2) 폐기물 처리시설에 대한 님비 대책

1990년대 초는 지방자치제도가 본격적으로 실시되고 이와 함께 폐기물 매립지의 급격한 감소로 쓰레기 처리 대안 강구가 시급한 현안으로 떠오른 시기이다. 그런데 지방자치제의 실시는 쓰레기관리를 더욱 더 어렵고 복잡하게 만들었다. 쓰레기관리를 둘러싸고 님비(NIMBY – 'Not In My Back Yard') 현상이 심각하게 등장하였기 때문이다.

님비나 지역이기주의 등으로 인한 지역 간 갈등은 그 이전에도 심심치 않게 발생하였다. 하지만 이런 지역 간 갈등은 임명직 자치단체장을 통해서 중앙정부가 어느 정도 조정해줄 여지가 있었다. 그리고 다소 통제된 사회에서 주민들에게 불리한 시설들은 알려지지 않고 건설되기도 하였다. 그런데 지방자치의 실시는 정보가 공개될 수 있는 여지를 키웠고 적극적으로 주민의 입장에서 혐오시설에 대한 반대운동을 하고자 하는 활동가도 늘렸다. 그리고 지역정치인으로 하여금 자기 지역만의 이익을 최우선으로 고려하도록 강요하였다.

그리하여 지방자치제 실시로 님비와 지역 간 갈등은 더욱 증폭되었다. 즉 폐기물 소각장 등 폐기물 처리시설 건설계획은 환경적 경제적 이유로 매우 심각한 님비현상에 직면하게 된 것이다. 이제 주민을 설득하고 동의를 구하지 않으면 폐기물 처리시설을 건설할 수가 없게 되었다. 주민 동의를 구하려면 쓰레기 처리시설이 주민에게 건강상 피해가 없이 안전하게 건설되고 운영된다는 점을 입증해 주어야 했다. 그리고 만약에 발생할 수 있는 경제적인 손실도 보상해 주어야 했다. 많은 나라에서의 사례가 검토되었고 수많은 정책적인 논의가 있었다.

그리하여 1995년에는 님비 극복을 주요 목적으로 하는 「폐기물 처리시설의 설치 촉진 및 주변지역 지원 등에 관한 법률」이 제정되었다. 동 법의 제정으로 폐기물 처리시설 설치 지역 주민에 대한 지원과 참여제도가 확립되었다. 공정하고 과학적인 방법으로 쓰레기 처리시설을 입지하기 위해서 「입지선정위원회」 제도가 도입되었다. 폐기물 처리 과정상의 안전성을 담보하기 위해서 「폐기물관리주민위원회」도 확립되었다. 그 외에도 주민 이주대책, 지역주민에 의한 폐기물의 반입·처리과정의 감시, 주민지원기금의 조성, 산업단지 및 관광지 등에 폐기물 처리시설 설치 의무화 등이 규정되었다(환경부, 2011, 592~593면).

3) 폐기물 예치금제도와 부담금 제도의 도입

소각시설 등 폐기물 처리시설 도입의 어려움은 자연적으로 폐기물 재활용 문제에 관심을 가지게 하였다. 특히 자연자원의 대부분을 수입에 의존하는 우리나라 입장을 고려할 때 재활용 문제는 매우 중요한 정책 과제일 수도 있었다. 그리하여 1992년에는 폐기물 재활용 정책을 다루는 『자원의 절약 및 재활용 촉진에 관한 법률(일명 재촉법)』이 제정되었다. 폐기물 재활용 개념은 1986년 『폐기물관리법』 제정 당시에는 포함되지 않았으나 1991년 개정법에서 도입되었다. 이로써 재활용정책이 본격화된 것이다.

『재촉법』의 제정과 함께 도입된 제도가 폐기물 예치금 제도이다. 「폐기물 예치금 제도」는 제품 및 용기 제조업자 또는 수입업자로 하여금 당해 제품 및 용기의 사용 후 발생하는 폐기물의 회수·처리비용을 예치하게 하고, 회수·처리 실적에 따라 예치금을 반환하도록 한 제도이다. 폐기물 예치금 제도는 1992년에 도입되어 1993년부터 시행되었다. 폐기물 예치금 제도와 유사한 제도가 「공병보증금제도」라고 이전부터 있었다. 하지만 이 제도는 기업들이 병 제조원가를 절감하기 위해서 시행하였던 제도였다.

예치금 대상 품목으로는 유해하거나 잘 분해되지 않는 재질이 포함되었거나 제품 소비 후 다량의 폐기물이 발생되는 제품 그리고 자원 및 에너지 회수가 용이하거나 경제적 가치가 있는 제품이다.[2] 예치금 제도는 폐기물 발생을 원천적으로 줄이고 재활용을 촉진하는데 기여할 것으로 기대되었다.

그러나 예치금 요율이 실제 폐기물의 회수·처리비용 보다 현저하게 낮게 책정되었다. 때문에 예치금 대상사업자들은 예치금 납부 후 반환받는 것을 포기하는 사례가 발생하였다. 예치금의 반환율이 10% 내외에 불과하였던 것이다. 예치금의 실질적인 부담자이며 분리수거 의무를 지는 소비자에게 아무런 인센티브가 없었던 것도 문제였다.

그리하여 예치금은 당초의 기대와는 달리 준조세 형태로 운영되었다. 그러다가 예치금제도는 2002년 예치금 제도와 본질적으로 같은 형태이면서도 업종별 재활용 체계가 보다 강화된 「생산자 책임 재활용 제도(EPR: Extended Producer Responsibility)」가 도입되면서 폐지되었다.

1993년에는 「폐기물 부담금 제도」가 도입되었다. 폐기물 재활용을 촉진하고자 한 예치금과는 달리 부담금 제도는 폐기물 발생을 근본적으로 줄이는 것을 목적으로 한다. 즉 시장에서 제품의 제조업자 또는 수입업자 등이 생산단계부터 폐기물 발생을 억제하고 제품의 재질을 개선토록 유도하여 자원 낭비를 막기 위한 취지이다. 폐기물 부담금 제도는 유해물질을 함유하고 있거나, 재활용이 어려운 제품·재료·용기에 일정액의 부담금을 부과하는 제도이다.

폐기물 부담금 제도는 도입 이후 수차례의 제도개선을 통해 부담금 품목의 확대, 부담금 요율인상, 부과방식의 변경 등이 이루어졌다. 현재는 살충제·유독물 제품 용기, 부동액, 껌, 1회용 기저귀, 담

---

2) 용기류로는 종이팩·금속캔·유리병·PET병 등이, 제품으로는 전지·타이어·윤활유 및 텔레비전·세탁기·에어컨 등이 포함되었다.

배, 플라스틱 제품 및 그 포장재 등 6개 품목 9종의 제품에 대해 폐기물 부담금을 부과하고 있다.[3)]

4) 폐기물 기초시설 투자비용의 조달과 운영

쓰레기 소각장, 매립장 그리고 재활용 시설 등 폐기물관련 기초 시설을 건설하기 위해서는 막대한 량의 투자 재원의 확보가 시급한 문제였다. 기초시설 투자에 활용할 수 있는 재원을 확보하고 이것을 효율적으로 관리하는 것이 시급한 과제가 되었다. 특히 쓰레기 처리시설 확보가 시급한 지방자치단체가 시설 건설을 위한 투자비용을 조달하는 데에는 많은 어려움이 있었기 때문이다. 중앙정부 차원에서는 지방자치단체의 폐기물 처리시설 확보를 적극 지원해 주어야 하는 상황이 되었다.

이러한 여건 하에서 1993년에는 「폐기물관리기금」이 도입되었다. 폐기물의 재활용과 적정 처리에 필요한 재원을 확보하기 위한 것이다. 동 기금은 1992년 제정된 『자원의 절약 및 재활용 촉진에 관한 법률』에 의거하여 설치되었다. 폐기물관리기금은 재활용 가능 폐기물의 구입과 비축, 폐기물 예치금의 환불, 폐기물 재활용 사업 및 처리시설 설치와 지원, 폐기물 재활용과 감량화에 대한 연구개발, 지방자치단체의 폐기물 회수 및 재활용 비용 지원 등의 용도를 지닌다. 기금의 재원으로는 폐기물 예치금과 부담금 수입, 기금 차입금 및 수익금, 기타 대통령이 정하는 자의 출연금과 수입금 등이었다. 환경부 장관이 기금의 관리 및 운영책임을 진다. 환경부 장관은 한국자원재생공사에 기금을 위탁 관리하였다(정회성, 1994).

---

3) 폐기물부담금제도에 대한 보다 자세한 내용은 환경부, 2010a, 439~440면 및 530면 참조.

폐기물관리기금은 1995년 「환경개선특별회계」가 설립되면서 1983년 9월에 설립된 환경오염방지기금과 함께 통합되어 폐지되었다. 이후 폐기물 처리시설의 설치는 환경개선특별회계를 통한 보조금이나 재정투융자특별회계에 의한 정부의 투융자에 의해 지원되었다.

5) 쓰레기 종량제의 도입과 시행

한국의 폐기물관리정책에서 가장 주목되는 부분은 단연 쓰레기수거료 종량제이다. 이 제도가 도입되기 훨씬 전인 1980년대 초부터 쓰레기 배출량을 억제하고 재활용을 촉진하기 위해서는 종량제 수거료 제도를 실시하여야 한다는 주장이 있었다(이정전 외, 1983). 이 연구가 제안한 각종 제안들이 부분적으로 정책으로 도입되었지만 가장 핵심적인 제안인 종량제는 이때 비로써 도입된 것이다.

쓰레기 종량제 도입은 도입 방침이 1993년 11월에 확정되어 1994년 각 시・도별로 시범지역이 선정되고 시범사업이 실시되면서 시작되었다. 그리고 쓰레기 종량제는 1995년 1월 1일을 기해 전국적으로 확대 실시되었다. 쓰레기 종량제는 일부 우려와는 달리 국민들의 높은 참여로 신속하게 정착되었다. 심각한 님비현상을 보면서 국민들이 쓰레기 문제 해결을 위해서 자신도 무엇인가를 해야 한다는 인식이 널리 잠재되어 있었던 듯하다.

쓰레기 종량제 도입 이후 폐기물 발생량이 현저히 감소하고 재활용율이 크게 증가하였다. 쓰레기 배출량은 1994년 58,118톤/일이던 것이 1998년에는 44,583톤/일로 23%가 감소하였다. 재활용품 배출량은 1994년 8,927톤/일에서 15,566톤/일로 74%나 증가하였다. 그리고 폐기물 처리방법도 크게 변화하였다.

2005년 쓰레기 종량제 시행 10주년을 맞아 그동안의 성과를 평가한 연구결과는 종량제로 인한 쓰레기 발생량 감소와 재활용 증대로 총 8조 400억 원의 경제적 이득을 얻은 것으로 평가하고 있다(환경부, 2010a, 436면).

[표 4] 쓰레기 종량제 시행성과(1995~2004년)

구 분	총 배출량 (톤/일)	재활용량 (톤/일)	최종 쓰레기처리량 (톤/일)	1인당 발생량 (kg/인·월)
2004년	50,007	24,588	25,419	1.03
1994년	58,118	8,927	49,191	1.33
경제적 편익		쓰레기발생감소효과	재활용품 증가효과	
	처리비용절감	쓰레기감소량	재활용품 가치증가액	재활용품 증가량
80,427억 원	77,316억 원	5,267만 톤	3,111억 원	1,647만 톤

자료 : 환경부, 2010a, 436면

6) 음식물 쓰레기 관리 대책

국민소득 수준의 향상과 도시화의 심화는 유기성인 음식물류 폐기물 배출량의 증가를 초래하였다. 많은 음식물 폐기물이 발생하는 것은 다양한 반찬을 만들어서 먹는 우리의 문화적 특색과도 관련이 되어 있다. 아무튼 막대한 양의 음식물류 쓰레기를 매립할 수 있는 매립장도 부족했다. 또 매립했을 경우 배출되는 막대한 양의 침출수에 의한 지표수와 지하수 오염도 문제가 되었다. 쓰레기 처리장 부근의 위생문제와 악취도 심각한 사안이 되었다.

음식물류 폐기물로 인한 경제적 손실과 환경오염을 줄이기 위해서는 무엇보다 발생량 자체를 줄이는 것이 중요하다. 그러나 폐기물 발생을 억제하는 노력에는 항상 한계가 있게 마련이다. 그래서 폐기물을 유기성 자원으로 재활용하고자 하는 노력이 필요했다. 특히 다량으로 발생하는 음식물류 폐기물은 유기물과 영양성분을 많이 포함하고 있어 사료와 퇴비로서의 이용가치가 충분하다(농진청 축산기술연구소, 1999). 때문에 음식물 폐기물을 유기성 자원으로 활용하는 정책이 1990년대 후반부터 등장하였다.

1997년 12월 환경부는 「폐기물 처리시설 설치 촉진 및 주변지역 지원 등에 관한 법률 시행령」을 개정하면서 택지·관광단지 개발자에게 음식물류 폐기물 자원화시설 설치를 의무화하였다. 1998년에는 2002년까지 음식물류 폐기물의 총 배출량을 10% 이상 감소시키고 배출된 총량의 60% 이상의 자원화를 목표로 한 '음식물류 폐기물 자원화 기본계획(1998~2002년)'이 수립되기도 하였다. 하지만 음식물 쓰레기의 감량화와 자원화 성적은 생각보다 좋지 못했다.

2004년에는 음식물류 폐기물 종합대책 등 중장기 대책을, 2010년에는 관계부처 합동으로 '음식물 쓰레기 줄이기 종합대책'을 수립·추진한 바도 있다. 농림수산식품부에서는 「사료관리법」으로 사료 제조업 등록제도, 가열온도와 시간 등 사료 기준을 「비료관리법」으로 사료 비료생산업 등록제도를 각각 도입하였다. 그리고 음식물류 폐기물 자원화를 촉진하고자 공공자원화시설 설치 및 차량 구입 등을 국고로 지원하여 '재활용산업 육성자금'에서 민간의 자원화 기술개발 및 시설 설치 투자자금을 융자 지원하고 있다(환경부, 2011; 570~571면).

2012년부터는 음식물 쓰레기의 발생 억제를 위하여 음식물 쓰레기 종량제를 전국적으로 전면 시행하고자하기도 하였다. 이를 위하여 관련 지침 제정, 표준조례준칙 개정 등 관련 규정이 정비되기도 하였다(환경부, 2012; 582~583면). 하지만 음식물 쓰레기 처리문제는 여전히 중요한 현안사안이 되고 있다.

4. 폐기물 감량 및 산업폐기물 관리정책 확립기 (2002~2011년)

1) 개관

1995년에 도입된 쓰레기 종량제로 일반쓰레기 관리 문제는 획기적인 전기가 마련되었다. 그리고 이어지는 재활용 정책도 나름 성공적으로 운영되었다. 쓰레기 배출량이 현저하게 감소하였고 재활용율도 높아졌다(참고로 1982년 폐기물 재활용율은 1.4%에 불과하였지만, 1992년 2.9%로 2002년 44.0%로 증가하였다). 생활쓰레기 발생량은 종량제 도입으로 큰 폭으로 감소했다가 다시 증가하는 추세를 보였지만 그 증가율은 현저하게 낮아졌다.

[표 5] 폐기물 재활용율의 변화 (단위 : 톤/일, %)

구분	1982	1987	1992	1997	2002
발생량	47,800	67,031	75,096	47,895	49,902
매 립	95.5	94.6	89.2	63.9	41.5
소 각	2.1	2.3	1.5	7.1	14.5
재활용	1.4	2.3	7.9	29.0	44.0
기 타	0.0	0.8	1.4	0.0	0.0

하지만 일반쓰레기와는 달리 사업장에서 발생하는 폐기물은 매우 급격하게 꾸준히 증가하였다. 참고로 1992년 사업장 폐기물 발생량은 일일 48,058톤이었다. 그러던 것이 사업장 폐기물 발생량은 2001년에는 204,428톤으로, 2007년에는 286,812톤으로 증가하였다. 사업장에서 발생하는 인체나 환경에 유해성이 있는 지정폐기물도 1997년 일일 6,074톤에서, 2001년 8,105톤으로, 2007년 9,511톤으로 크

게 증가하였다.

이러한 상황 하에서 환경부는 「제2차 국가폐기물관리종합계획(2002~2011년)」을 수립하였다. 제2차 계획은 2007년 수정계획으로 개편되었는데 폐기물관리의 우선순위를 원천감량, 재사용, 재활용, 환경친화적 처리 등의 순으로 정립하였다. 그리고 2011년까지 폐기물관리 목표로 생활폐기물의 경우 재활용율 53%, 소각처리 30%, 그리고 매립처리는 17%로 낮추는 것으로 정했다. 사업장 폐기물의 경우에는 재활용율 80%, 소각처리 7.8%, 매립처리 9.2%를 목표로 삼았다.

폐기물 감량화 및 재활용 정책이 효율적으로 추진될 수 있으려면 그에 걸맞는 하부구조가 정비되어야 한다. 제1차 국가폐기물관리종합대책 시기에는 포괄적인 폐기물 재활용 정책이 정비되었다고 한다면 이 시기에는 보다 미시적으로 폐기물 재활용 관련 정책을 추진하였다고 할 수 있다. 특히 폐기물로 되는 제품의 생산자를 보다 명확한 폐기물 재활용 정책관리의 대상으로 삼기 시작하였다.

우선 생산자에게 직접 폐기물 재활용 의무를 부여하였다. 그리고 주요 문제가 되는 폐기물 분야를 대상으로 처리기술과 정책수단을 모색하였다. 폐기물 재활용을 촉진하기 위해서 꼭 필요한 재활용 시장의 확충을 위한 정책을 도입한 것도 특기할만하다. 그리고 산업폐기물 관리가 보다 효과적으로 시행될 수 있도록 제도가 강화되었다.

2) 생산자책임재활용제도의 도입

가정용품 등의 폐기물 발생량이 급증하면서 폐기물 발생의 1차적인 책임자로 볼 수 있는 생산자의 책임을 물어야 한다는 주장이 제기되었다. 생산자로 하여금 제품을 설계할 때부터 동 제품의 환경성과나 재활용성 등을 고려하도록 유도해야 한다는 것이다.

2003년부터 시행한 생산자책임재활용제도(EPR, Extended Producer Responsibility)는 생산자를 대상으로 한 폐기물 재활용 정책의 핵심이다. 생산자책임재활용제도는 2002년 「자원의 절약과 재활용 촉진에 관한 법률」이 개정되어 폐기물 예치금 제도가 폐지되면서 도입되었다. 완전히 새로운 개념의 제도 도입이 아니라 이미 생산자책임 원칙에 의해 1992년부터 운영해 오고 있는 예치금제도를 보완한 것으로 이해할 수 있다. 생산자책임재활용제도는 자원 순환형 경제·사회 체계를 도모하고자 독일에서 최초로 도입되어 유럽연합국가와 일본에서 활용되고 있었다.

생산자책임재활용제도는 제품 생산자나 포장재를 이용한 제품의 생산자에게 그 제품이나 포장재의 폐기물에 대하여 일정량의 재활용 의무를 부여하여 재활용하게 하는 제도이다. 제품의 생산자들로 하여금 제품의 설계, 제조, 유통·소비, 폐기 등 전과정에 걸쳐 폐기물의 감량, 재이용, 재활용을 촉진시키자는 취지이다. 생산자가 재활용 의무를 이행하지 않을 경우 재활용에 소요되는 비용 이상의 재활용 부과금을 부과한다.

생산자책임재활용제도 도입 5년을 기해 2007년 환경부가 발표한 운영성과에 의하면 동 제도는 5년간 매립비용 절감효과 1조 2,497억 원, 재활용품 경제적 가치 1조 146억 원 등 2조 2,643억 원의 편익을 발생시켰다고 한다. 뿐만 아니라 4,260명의 고용효과도 거두었다고 한다.

[표 6] 생산자책임재활용제도 운영성과

(단위 : 억 원)

구 분	경제적 총편익 (A=B+C)	매립(소각) 비용절감(B)	재활용품 경제가치(C)	고용효과(명)
계	22,643	12,497	10,146	4,260
2003년	3,673	2,041	1,632	685
2004년	4,140	2,292	1,848	776
2005년	4,624	2,561	2,063	866
2006년	4,786	2,634	2,152	904
2007년	5,420	2,969	2,451	1,029

자료 : 환경부 자원재활용과, 2008. 11,
「생산자책임재활용제도 시행 5년에 대한 운영성과 평가보고서」 9면 참조.

3) 분야별 폐기물 감량화 및 재활용 정책

2000년대에 들어 폐기물관리 정책 즉 폐기물 감량화와 재활용 정책은 특정 폐기물을 대상으로 구체화하기 시작하였다는 점에서 특징이 있다.

이 시기에 우선 정책적인 관심이 되었던 것은 건설폐기물 재활용 문제였다. 도시 재개발에 대한 수요가 증가하면서 건설폐기물이 급격하게 증가하고 있었기 때문이다. 급증하는 건설폐기물을 줄이고 재활용을 촉진하기 위해서 정부는 2003년 『건설 폐기물의 재활용 촉진에 관한 법률』을 제정하였다. 급증하는 건설폐기물을 친환경적으로 처리하고 건설폐기물을 순환골재로 재활용하고자 한 것이다(환경부, 2011, 573~574면). 동 법의 제정으로 『폐기물관리법』, 『자원의 절약과 재활용 촉진에 관한 법률』, 『건설기술관리법』, 『건설산업기본법』 등에 산재한 건설폐기물 관련 규정이 종합·체계화되었다.

2007년에는 『전기·전자제품 및 자동차의 자원순환에 관한 법률』

이 제정되었다. 전기·전자제품 및 자동차의 재활용 관련 사항을 규정하는 유럽연합의 '폐전기·전자기기처리지침(WEEE)'에 상응하는 국내법이다. 동 법은 제품의 설계단계에서부터 폐기단계까지 제품의 전 과정에서 자원 순환성을 높이기 위한 시책, 제조단계에서의 유해물질 사용 제한, 재활용 가능율의 준수, 재활용이 쉬운 재질을 사용토록 구조 개선 등의 내용을 담고 있다.

4) 친환경상품 우선구매제도 강화

재활용이 활성화되려면 재활용 산업이 발전되어야 하고 재활용 산업이 번창하려면 재활용품에 대한 수요가 있어야 한다. 아무리 강력한 재활용 정책이 있더라도 재활용 제품에 대한 수요가 없다면 재활용품에 대한 시장이 형성되지 못하고 재활용 정책도 실패하게 마련이다.

때문에 1992년에 제정된 『자원의 절약과 재활용 촉진에 관한 법률』에서는 재활용품 우선구매제도를 도입한 바 있다. 재활용품에 대한 수요 확충을 위해 국가 및 지방자치단체, 정부 투자기관, 농업협동조합과 같은 특별법인 등 공공기관에 대하여 환경처 장관이 공고하는 재활용 제품을 우선 구매 사용토록 권고할 수 있도록 한 것이다. 하지만 임의사항이었던 우선구매제도는 별다른 성과를 거두지 못했다. 이에 2002년에는 공공기관의 재활용품 우선구매제도가 의무사항이 되었다.

2004년 12월 31일에는 『친환경 상품 구매 촉진에 관한 법률』이 제정되면서 재활용품 우선구매 제도가 친환경상품 우선구매제도로 통합되었다. 동 제도는 도입 이후 획기적인 성과를 보였다. 『친환경 상품 구매 촉진에 관한 법률』 시행 이후 조달청을 통한 공공기관의 친환경 상품 구매실적은 2003년 849억 원에서, 2007년 8,279억 원, 2012년 1조 2,232억 원으로 대폭 증가하였다.[4)]

5) 산업폐기물 적법 처리 시스템

산업 활동 과정에서 발생하는 폐기물에는 유해성이 없는 일반폐기물과 유해성이 있는 지정폐기물이 있다. 지정폐기물의 경우에는 부적정 처리되거나 처리과정에서 방치 또는 불법 매립이 발생할 경우 환경에 엄청난 악영향을 미칠 수 있다. '폐기물 처리증명제'는 산업폐기물의 부적정 처리를 원천적으로 예방하고자 폐기물의 이동경로를 추적·감시하는 제도이다(환경부, 2010a, 448~450면).[5)]

처음 도입된 제도는 폐기물 인계서 또는 폐기물 간이인계서의 작성, 인계 및 행정기관 보고 등을 6매 전표를 이용하여 수작업으로 확인하는 절차였다. 이 제도를 통상 '6매전표제'라고 한다. 그런데 이러한 수작업은 산업폐기물의 행방 확인에 과도한 인력, 시간, 비용이 소요되어 본래의 취지를 충분히 달성하지 못하는 문제가 있었다.

이에 2001년에는 배출에서 최종처리까지 전 과정을 인터넷을 통해 입력, 대조, 확인, 분석 및 대장관리를 하는 '폐기물 적법처리 시스템(Allbaro System)'이 구축되었다. 그리하여 지정폐기물을 배출자, 운반자, 처리자 및 행정기관 사이에 유통되는 폐기물 인계서를 인터넷상에서 전자정보 형태로 처리하여 기 구축된 업체의 인·허가 정보와 폐기물 인수·인계 정보를 취합·대조·분석할 수 있게 되었다. 행정기관은 폐기물 이동이 적법하고 투명하게 이루어지는지를 실시

4) 통계정 e-나라지표(www.index.go.kr) 중 '친환경 상품 구매실적' 참조.

5) 폐기물처리 증명제는 최근 폐기물 적법처리 입증제로 일반적으로 칭해진다.

간으로 확인할 수 있다.(사용자들도 자신의 폐기물 인계정보와 처리 상황·처리결과를 수시로 조회할 수 있다.)

올바로 시스템은 시범운영을 거친 후 2002년 9월부터 지정폐기물 다량 배출 업체 및 이들과 위·수탁 계약을 체결한 폐기물 수집·운반·처리업체를 대상으로 운영되고 있다. 2008년 8월 4일부터는 인계서 사용 대상 폐기물의 배출·운반·처리 시 동 시스템 사용이 의무화되어 2011년 말 기준 약 31만여 개 업체에서 시스템을 사용하고 있다. 2011년을 기준으로 연간 900만 건 이상의 전자인계서 발행과 1억 2,300여만 톤의 폐기물이 전자정보로 관리되고 있다.[6)]

6) 방치폐기물 관리대책

1998년 외환위기 이후 경제 불황 등으로 인해 다량의 방치폐기물이 발생하였다. 배출업소, 처리업소, 재활용 신고업소 등 다수의 폐기물관련 사업장이 부도가 난 때문이다. 그리하여 다량으로 발생한 방치폐기물을 어떻게 처리하느냐는 물론 향후에도 처리되지 않는 폐기물을 다량 보유하고 있는 사업장이 부도가 날 경우 이것은 어떻게 처리할 것이냐가 심각한 고민거리가 되었다.

이에 대한 대안이 1999년 2월에 도입된 '방치폐기물 처리이행 보증제도'였다. 이 제도는 폐기물 처리업체로 하여금 '공제조합 가입' 또는 '이행보증보험 가입' 중 택일하여 방치폐기물의 처리이행을 보증하도록 한 것이다. 전자는 폐기물 처리업체를 공제조합에 가입토록 하고 방치폐기물을 조합원 공제사업으로 처리하는 방식이다. 반면 후자는 폐기물 처리업소로 하여금 이행보증보험에 가입토록 하여 감독

---

6) 환경부, 「2010 환경백서」, 591~592면 및 「2012 환경백서」, 625~626면 참조.

청이 보험금을 수령하여 방치폐기물을 처리토록 한 제도이다.

그러나 여전히 방치폐기물 사전예방 체계가 미흡하고 방치폐기물 발생자의 처리책임이 미약하다는 문제점이 제기되었다(환경부, 2010a, 452면).[7] 이에 2003년 5월 개정된 『폐기물관리법』에서는 사업장 폐기물 재활용 신고자를 방치폐기물 처리이행보증 대상사업자의 범위에 포함시켰다. 그리고 방치폐기물 처리이행 보증제도에 가입하는 시기도 영업개시 전으로 조정되고 대통령령에 의해 공제조합의 방치폐기물 처리범위도 정하였다.

그런데 방치폐기물 처리 이행 보증 방법 중 이행보증금 예치제도를 선택하는 업소 수가 적어 예치제도가 유명무실해 졌다. 이에 예치제도는 2007년 8월 3일 『폐기물관리법』 개정으로 폐지되었다. 하지만 방치폐기물 처리 문제는 아직도 심각하다. 1998년 외환위기 이후 2011년 말까지 총 970개소 305만 7천 톤이 발생하여 293만 톤이 처리되었다. 그러나 여전히 전국 14개소 12만 톤의 폐기물이 방치되어 있다.[8]

5. 자원순환 및 폐기물 에너지화 정책 시기 (2012년~현재)

1) 개관

우리 인류의 지속가능한 미래를 위해서는 자원 순환형 경제활동 체계의 구축이 필수조건이다. 특히 자원부족과 폐기물 처리를 위한

7) 방치폐기물 처리이행 보증제도는 보다 일반적으로 방치폐기물 책임처리제도로 일컬어진다.
8) 환경부, 「2010 환경백서」, 594면 및 「2012 환경백서」, 627면 참조.

토지의 부족문제가 심화되면서 모든 자원이 경제의 흐름 밖으로 배출되지 않고 계속 순환되는 자원순환사회에 대한 관심이 높아지고 있는 것이다(박준우, 2006). 지속가능한 폐기물 관리란 끊임없는 지구환경의 물질 순환체계를 보전하는 것이다. 즉 지속가능한 폐기물관리는 어느 단계에서의 폐기물이 다음 단계의 원료가 되어 순환돼 다시 원래의 상태로 되는 지속적인 물질 순환 체계를 확립하는 것이다.

우리 폐기물 관리정책도 이러한 문제의식을 가지고 진화하고 있다. 특히 새천년에 들어서면서 폐기물관리에서 이러한 특성에 관심을 보이기 시작하였다. 여기에는 학술적인 논의도 있었지만 OECD, 독일, 일본 등 선진국은 자원 및 에너지를 확보하기 위한 수단으로 자원순환 정책을 강력히 추진하고 있는 점도 사례가 되었다. 범지구적인 에너지와 자원이 고갈됨에 따른 에너지와 자원의 국제가격 폭등도 이러한 정책에 대한 관심을 제고한 원인이 되었다.

2009년에는 당시 이명박 정부는 에너지 문제와 기후변화 문제에 대한 대응으로 '저탄소녹색성장' 정책을 천명한 바 있었다. 에너지 자립을 위해서는 신재생 에너지 확충이 시급했고 환경부문에서의 신재생 에너지로 폐기물의 에너지화가 관심의 대상이 되었다. 사실 우리나라의 신재생 에너지의 대부분은 폐기물에서 생산되는 것이다. 그리고 부족한 지하자원을 확보할 수 있는 대안으로 '도시광산' 등이 강조되었다.

이러한 배경 하에서 등장한 정책이 〈표 7〉의 내용과 같은 자원순환정책이고 이것을 뒷받침한 것이 「자원순환기본계획」이다. 『자원의 절약 및 재활용 촉진에 관한 법률』 제2조는 자원순환을 '폐기물의 발생을 억제하고 발생된 폐기물을 적정하게 재활용(에너지화 포함) 또는 처리하는 등 자원의 순환과정을 환경 친화적으로 이용·관리'하는 것으로 정의하고 있다. 이어서 제7조는 범정부적인 자원순환 정책을 포괄하는 자원순환기본계획을 수립하도록 하고 있다.

자원순환기본계획은 4R을 중심으로 하는 하향식 체계의 5개년 중기 계획을 지향한다. 사업장, 건설, 음식물, 전기·전자제품, 자동차 등 부문별 재활용 계획과 폐기물 및 바이오메스 등 폐자원 에너지화 계획의 두 가지를 축으로 삼고 있다. 국가폐기물관리 종합계획이 처리 중심이면서 시도 폐기물 처리 기본계획을 토대로 한 상향식인 10년간의 장기계획인 것과 구별된다.

[표 7] 자원순환기본계획의 폐기물정책 패러다임 전환

구분	그간의 정책	새로운 정책방향
정책여건	폐기물로 인한 환경오염 심화	기후변화, 원자재·에너지 고갈
목표	쾌적한 생활환경 조성	자원순환사회 구축
핵심개념	"폐기물"	"자원(순환 / 천연)"
추진전략	감량 → 재활용 → 처리	효율적 생산·소비 → 물질재활용 → 에너지회수 → 처리선진화
주요과제	쓰레기종량제, 생산자책임 재활용제도 및 처리시설설치	자원순환성평가, 재활용 품질 인증, 폐자원 등 에너지화, 처리 광역화

자료 : 환경부, 2012, 577면.

2) 폐기물 자원순환 정책의 수립과 시행

2011년 9월 정부는 『자원의 절약 및 재활용 촉진에 관한 법률』에 따라 국가 자원순환 정책의 장기 비전과 2015년까지의 목표를 담은 「제1차 자원순환 기본계획(2011~2015년)」을 발표하고 현재 시행 중에 있다. 동 계획은 환경부, 행정안전부, 농림수산식품부, 지식경제부, 국토해양부 등 관계부처가 모두 참여한 합동계획이다.

동 계획은 발생된 폐기물의 처리단계를 넘어서 모든 폐자원이 재순환되는 '저탄소 자원순환형 사회'의 구축을 계획의 비전으로 삼고 있다. 이를 위해서 2015년까지 폐자원 업사이클링(up-cycling) 기반 조성을 목표로 삼고 있다. 구체적으로는 2015년까지 자원 순환율 20.3% 달성 그리고 최종 매립량 2009년 대비 26.0% 감축 등을 계획하고 있다.

이의 달성을 위해서 5개 중점 전략과 17개 추진과제를 다음과 같이 제시하고 있다. 첫째 전략은 자원순환형 사회구조로의 전환이다. 이를 위해서 국가자원순환 지표개발 등 기반 조성, 개발사업의 자원순환성 강화, 제품 전 과정의 자원순환성 확산, 자원절약형 구매·소비문화 조성 등을 추진과제로 삼고 있다.

둘째 전략은 가치 상향형 자원순환(4R)의 실현이다. 유용자원 매립의 최소화, 국가 폐자원 순환망 구축, 질적 재이용·재활용 제고, 폐자원의 에너지원으로 사용 확대 등의 추진과제가 있다.

셋째 전략은 통합형 폐기물 처리 인프라 구축이다. 폐기물처리 최적화 추진, 최적화 촉진을 위한 기반 조성, 유해 폐기물 관리체계 선진화 등을 추진과제로 선정하고 있다.

넷째 전략은 기술개발 및 산업 육성이다. 고부가가치 기술개발 촉진, 자원순환산업 육성을 위한 지원 강화 등의 과제를 추진하고자 하고 있다.

다섯째 전략은 자원순환성 평가 및 실행기반 마련이다. 경제주체별 협업체계를 구축하고 국가 자원순환성 시행평가 및 공포 등의 추진과제를 계획하고 있다.

정부는 이 계획의 실행을 통해서 많은 환경적·경제적·사회적 효과를 거둘 것으로 기대하고 있다. 환경적 효과로는 신재생 에너지 생산 및 CDM사업으로 약 4,306만 tCO_2 온실가스 감축을 기대하고 있다. 경제·사회적 효과로는 처리비 절감, 재생원료 공급 확대, 원유 수입 대체 등으로 약 9조4천억 원의 경제적 가치를 창출하고 약 1만 1천 명의 고용 창출이 있을 것으로 예상하고 있다.

3) 폐자원의 에너지화 정책

정부 저탄소 녹색성장 비전이 폐기물관리부문에 적용된 것이 폐기물의 에너지화 정책이다. 국내 총 1차 에너지 대비 신·재생 에너지의 비율은 2006년 기준으로 2.24%에 불과하였다. 그러나 정부는 신·재생 에너지의 비율을 2050년까지 20%까지 확대시키자는 야심적인 정책목표를 설정하였다. 그리하여 신·재생 에너지 생산기반의 확충이 시급한 상황이 되었다. 그런데 현재 신·재생 에너지의 76% 이상이 폐기물에서 생산되고 있고, 폐기물에서의 에너지 생산단가가 태양광의 10%, 풍력의 66% 수준으로 저렴하다. 이에 폐기물을 이용한 에너지 생산은 신·재생 에너지 목표를 비용-효과적으로 조기에 실현할 수 있는 방안으로 간주되었다. 또한 폐기물의 에너지화는 화석연료를 대체하고 메탄가스 발생을 줄임으로써 기후변화에 대응할 수 있는 수단이 된다.

뿐만 아니라 2006년 3월부터 발효되고 있는 '런던협약 96의정서'에 따라 국제적으로 폐기물의 해양배출에 대한 규제 강화가 요구되고 있었다. 우리나라 유기성 폐기물의 절대량이 해양투기 방법으로 처리되고 있었다(환경부, 2012, 613~614면). 참고로 2007년 말 기준으로 음식물 쓰레기 재활용 과정에서 발생하는 음폐수의 53.8%, 하수슬러지의 68.5%, 가축분뇨의 4.1%가 해양에 투기되었다. 그러나 해양환경보전 및 수산물 안전을 위해 이러한 유기성 폐기물 중 하수슬러지 및 가축분뇨는 2012년 1월부터, 음폐수는 2013년 1월부터 해양배출이 금지되었다.

그런데 이들을 육상에 매립하여 처리하고자 할 경우 매립지의 안전과 악취 등의 문제로, 소각처리의 경우 다이옥신 등 대기오염과 높은 처리비용 등의 문제가 있었다. 그리하여 육상처리 대체수단으로 유기성 폐기물 바이오 가스화 등을 통해 에너지의 생산과 온실가스 감축 등에 정책적인 노력을 기울이게 된 것이다.

2012년부터 『폐기물관리법』 시행규칙이 개정되어 석탄 화력 발전소에서 하수슬러지를 연료로 사용 가능할 수 있게 되었다. 유기성 폐기물 에너지를 위한 수요처 확보를 위한 것이다. 또 가연성 폐기물 고형연료 제품의 제조, 사용 등의 촉진을 위해 2009년 7월에는 비성형 고형연료 제품(Fluft RDF)의 품질 · 등급기준 및 관리방안이 제시되었다.

Ⅶ 종합 평가와 향후 과제

1. 종합 평가

이상에서 살펴본 바와 같이 우리나라의 폐기물 관리정책은 시대상황의 변화에 대응하면서 나름 성공적으로 발전되어 왔다고 할 수 있다. 폐기물 안전처리를 위한 기초시설 확충, 재활용과 재이용 그리고 원천 감량화에 이어서 에너지 및 자원 회수를 통한 자원순환체계 구축 등 비교적 효과적으로 정비되어 왔다.

물론 너무 의욕적으로 추진한 정책에 따른 부적용도 없지는 않았지만. 예를 들어 우리나라 폐기물 정책 발달과정에서의 백미라고 할 수 있는 쓰레기 종량제의 경우 일시에 전국적으로 실시함에 따른 부작용도 적지 않았다. 도입 초기에는 도로변 무단투기가 성했고 농촌지역에서는 쓰레기 불법 소각이 성했다. 농촌지역에서는 아직도 불법 소각 후 매립문제가 존재한다.

산업폐기물에 대한 규제도 강화되었지만 불법투기 사례가 여전히 자주 적발되고 있다. 음식물 쓰레기 관리 정책에도 다양한 기술적인 시도가 여러 가지 이유로 실패하면서 한계를 보이고 있다. 사료화, 퇴비화 등 다양한 대안을 시도해 보았지만 성공적인 결과를 가져오지는 못했다. 다량으로 생산되는 퇴비에 대한 시장을 창출할 수 없었기 때문이다. 가스를 생산하려는 노력도 성공을 거두지 못하고 있다.

하지만 좁은 국토에 과도한 도시화와 산업화에 따른 환경용량상의 부담을 고려한다면 그렇게 비난받을 상황은 아니라고 할 것이다. 발생되는 폐기물이 비교적 잘 수거 및 처리되고 있으며 재활용 체계도 비교적 효과적이라고 할 수 있다. 그렇지만 지속가능한 폐기물관리를 이야기하기에는 여전히 부족하다고 하지 않을 수는 없다.

2. 향후 과제

1) 폐기물 및 자원순환 관리의 환경-경제성 확보

폐기물 관리에 있어서 명심해야 할 것 중의 하나는 어떠한 물질적인 전환에도 에너지가 소요된다는 자연의 법칙이다. 모든 물리적인 변환에는 에너지가 필요하다. 물질과 에너지가 등가라고 하지만 폐기물관리를 위한 물질변환에도 에너지가 꼭 필요하다는 것이다. 그 에너지원으로 무엇을 이용하느냐는 물론 별개의 문제이기는 하지만. 폐기물관리 정책에 있어서 지상목표로 삼고 있는 재이용과 재활용에도 막대한 에너지와 자원의 투입이 불가피하다는 것이다.

문제는 현재 우리가 주로 이용하는 에너지는 석탄, 석유, 원자력 등 재생불가능한 에너지라는 것이다. 그리고 이들 에너지를 활용하기 위해서는 적지 않는 경제적 환경적 비용이 요구된다. 설령 재생에너지를 이용한다고 해도 에너지 비용이 필요 없는 것은 아니다. 현재의 기술로는 재생에너지도 적지 않는 화석연료의 투입 즉 환경 및 경제적인 비용 투입이 요구된다는 것이다.

이러한 상황은 이념에 치우친 폐기물관리정책을 추진하면 안 된다는 것을 시사한다. 달리 말하자면 폐기물 관리정책의 환경-경제성에 대한 엄정한 평가가 이루어져야 한다는 것을 의미한다. 지금까지의 폐기물 관리 정책은 이러한 점에 대한 고려가 미흡하였다. 재활용을 너무 강조하다 비경제적인 재활용 정책의 도입과 시행의 경우도 적지 않았다. 예로 일부 지방자치단체에서는 재활용시설이 없어 재활용품을 분리 수거하였다가 다시 합쳐서 매립하거나 소각하는 경우도 있었다고 한다.

2) 서비스 경제화의 비전

서비스 경제화의 비전이 필요하다. 재화가 직접 거래되어 소유권이 이전되는 방식이 아니라 그 재화가 제공하는 서비스가 서로 거래되는 경제체제를 지향해야 한다. 우리가 어떤 자원이나 물자를 소비할 때는 그 물자 자체를 이용하는 경우도 있지만 대부분의 경우에는 그 재화가 제공하는 서비스를 이용한다. 즉 음식물은 우리가 재화 그 자체를 직접 소비한다. 반면 자동차, TV 등과 같은 재화는 이들이 제공하는 이동서비스 또는 영상서비스 등을 이용한다.

그런데 우리는 이러한 대부분의 재화를 소유를 위한 구매를 하는 경우가 많다. 때문에 이들 상품의 개발자들은 이 재화가 사용 후 버려지는 과정에 대한 관심이 부족할 수밖에 없다. 당연히 막대한 자원과 에너지의 낭비가 수반될 수밖에 없다. 물론 이러한 문제들을 해결하기 위해서 예치금제도, 생산자책임 재활용 제도 등과 같은 정책이 활용되고는 있다. 이보다 근본적인 개혁은 거래 대상을 재화 그 자체에서 그 재화가 제공하는 서비스로 바꾸는 것이다.

소모품이 아닌 내구성 소비재의 경우 생산품보다 해당 상품이 제공하는 서비스가 거래되는 체제로 전환하자는 것이다. 특히 휴대폰, 자동차, 냉장고 등의 소비재는 기술혁신이 빨라 제품 수명이 짧다. 이런 상품을 항상 구매하여 사용하고 폐기함으로 자원이 낭비되고 폐기물 처리를 위한 부담이 크다. 그런데 이러한 상품이 제공하는 서비스가 거래될 경우에는 제조회사들은 재구조화(re-manufacturing)가 보다 용이한 방식으로 그들 재품을 설계하고 여기에 들어가는 부품의 재이용과 재활용도 보다 활발해질 수 있다.

3) 자원 순환형 경제체계 비전의 확대

자연에서의 자원 흐름은 항상 순환적이다. 그러므로 폐기물 관리의 궁극적인 지향점은 우리 경제체제를 자연의 순환법칙에 따르도록 하는 체질개선을 하는 것이다. 이러한 관점에서 경제계에 적용되어야 하는 지속 가능한 순환 법칙에는 다음의 네 가지가 있다.

첫째, 사용된 에너지는 재활용될 수 없으며 자원 재활용에는 막대한 에너지와 물질이 투입된다. 그러므로 에너지는 절약이 최선이라는 것이다. 둘째, 재생 불가능 자원이용이 불가피할 경우에는 해당 자원을 최대한 절약하고 순환적으로 이용할 수 있어야 한다.[9] 셋째는 고갈성 자원에 의존하던 생산양식을 재생(또는 갱신) 가능자원으로 대체하는 것이다. 각종 경제활동에 투입되는 종래의 재생 불가능 자원을 점차 재생 가능 자원으로 대체되어야 한다. 끝으로 갱신 가능한 자원에 대한 생산기반이 보존될 수 있도록 이들 자원의 재생산성의 범위 내, 즉 지속 가능한 수확량을 존중하는 생산관행을 정착시키는 것이다.

이러한 원칙에 따른다면 현재 자원순환사회와 관련하여 강조되고 있는 4R(Reduce, Reuse, Recycle, Recovery)만으로는 부족하다. 보다 적극적으로 재생가능자원의 생산기반을 보전하고 확장하며, 재생가능자원에 기반한 자원이용체계를 확립하는 것이 필요하다. 결국 지속 가능한 사회는 재생가능 자원에 기반한 사회에서 그 재생가능자원의 생산기반이 온전하게 보전되고 채취된 자원이 자연에너지를 기반으로 생태계의 원리에 의해서 순환되는 것이다.

결론적으로 폐기물 자원순환 체계는 생태계를 포함하는 포괄적인 자원순환체계가 되어야 궁극적으로 지속가능하며 이러한 사회를 지향하는 미래비전이 필요하다.

---

9) 어떠한 자원도 일단 소비에 투입되고 나면 100% 회수되어 재활용될 수는 없다. 모든 재생 불가능 자원은 궁극적으로 고갈을 피할 수 없다는 점을 유념해야 한다. 그러므로 자원수요의 원천적인 감소를 추구하되 불가피한 경우에는 재사용, 재생이용, 열 회수 등 순환적 재활용 기술을 개발하고 보급하여 한정된 자원의 고갈시기를 연장시킬 수 있어야 한다.

참고문헌

- 관계부처합동, 2011, 『제1차 자원순환기본계획(2011~2015)』, 국무회의 보고자료.
- 김광임 · 최진석 · 임현곤, 2006, 『지속가능한 물질관리를 위한 자원순환정책방안』, 한국환경정책평가연구원.
- 농진청 축산기술연구소, 1999, 『남은 음식물 사료화 이용 기술』.
  농진청 농업과학기술원, 1999, 『음식물 쓰레기 퇴비화 기술 개발』.
- 박준우, 2006, "지속가능한 자원순환사회 구축을 위한 과제", 에코포럼, 『지속가능한 발전: 이해와 실천적 전략』 : 305~334, 동국대학교 출판부.
- 배재근, 2006, "재활용 사업 발전을 위한 정책 및 지원방안: 지자체 재활용현황 분석을 통한 재활용 체계 개선방안에 관한 검토", 『한국폐기물학회 심포지움』, 2006(3s): 131~59.
- 손준희, 1992, 『한국 도시공공서비스의 민영화 성과측정연구』: 137, 성균관대학교 박사학위논문.
- 오용선, 2003, "생산자책임확대(EPR)제도의 사회적 경제성 확보방안", 『한국정책학회보』, 12(2): 212~318.
- 유정수, 2006, 『쓰레기로 보는 세상: 자원 재활용의 허와 실』, 삼성경제연구소.
- 이상돈, 2002, "국가폐기물정책: 이상과 현실", 『자원순환형 사회구축과 폐기물매립지의 역할문화에 관한 국제심포지움 자료집』, 15~26.

• 이재영, 2006, “자동차 전기전자제품 환경성보장제도(자원순환법률)의 추진과 전망 : 전기 전자제품 및 자동차의 재활용정책방향: 자원순환법 중심으로,” 『한국폐기물학회 심포지움』, 2006(3s): 19~33.
• 이정전 외, 1982, 『효율적인 도시고형폐기물의 관리에 관한 연구』, 국제개발연구기구 (Canada), 1982년 8월~1983년 8월.
• 이정전 · 정회성, 2003, “한국환경정책의 발달동인: 정책의 창문은 어떻게 열렸는가?”, 『환경정책연구』, 2(1): 1~29, 한국환경정책평가연구원.
• 이희선 외, 2011, 『자원순환정책 중장기 발전방안 마련연구』, 한국환경정책평가연구원 · 환경부.
• 전병성, 2006, “자원순환형 폐기물 관리정책 추진방향”, 에코포럼, 『지속가능한 발전: 이해와 실천적 전략』: 271~304, 동국대학교 출판부.
• 정회성 외, 1994, 『주요국가의 폐기물 관리정책의 비교분석에 관한 연구』, 자원재생공사.
• 정회성, 1994, “지방화시대 중앙과 지방정부의 환경재정 강화방안”, 배기성 · 유일호 편, 『국가예산과 정책목표』: 207~261, 한국개발연구원.
• 정회성, 2007, “생태경제학의 세계관과 정책논리(상)”, 『첨단 환경기술』, 2007(2): 50~61.
• 정회성, 2007, “생태경제학의 세계관과 정책논리(하),” 『첨단 환경기술』, 2007(3): 59~67.
• 정회성 · 안형기, 2008,“자원순환 사회 가버넌스의 구축: 폐기물관리정책을 중심으로”, 『한국정책과학학회보』, 12(3): 79~97, 한국정책과학학회.

- 정회성 · 김태용 · 김철민 · 배재근 · 전다래, 2013, “지역기반 폐기물 자원순환 네트워크 기본모형 구상: 서울시 노원구의 생활계 폐기물을 중심으로”, 『환경정책, 21(1): 137~162.
- 정회성, 2013, 『공존-상생의 신문명을 찾아서: 먼 과거에서 시작한 지속가능한 미래로의 여행』, (사)환경과문명.
- 정회성 외, 2014, 『한국의 환경정책』, (사)환경과문명.
- 환경부, 1994, 『환경백서』.
- 환경부 · 수도권매립지관리공사, 2005, 『생활폐기물 관리체계 혁신 및 쓰레기 종량제 발전방안 토론회 자료집』.
- 환경부, 2008, “자원재활용과 생산자책임재활용 제도 시행 5년에 대한 운영성과 보고”.
- 환경부, 2010a, 『환경 30년사』.
- 환경부, 2010b, 『2010 환경백서』.
- 환경부, 2011, 『2011 환경백서』.
- 환경부, 2012, 『2012 환경백서』.
- 무로타 타케시, 1995, “엔트로피와 순환의 경제학”, 무로타 타케시 · 다베타 마사히로·쓰치다 아쯔시 편저, 『순환의 경제학』, 권영근 · 허헌중 옮김, 2002, 『순환의 경제학』:13~56, 삼신각.
- 쓰치다 아쯔시, 1995, “물질순환에 의한 지속가능한 사회”, 무로타 타케시 · 다베타 마사히로 · 쓰치다 아쯔시 편저, 『순환의 경제학』, 권영근 · 허헌중 옮김, 2002, 『순환의 경제학』: 242~280, 삼신각.
- OECD, 2006, *OECD Environmental Performance Reviews: Korea*, pp.77~86.
- Vermeij Greerat J., 2004, *Nature: An Economic History*, Princeton; Princeton University Press.

21세기 대기환경정책의 역사: 도전과 과제

CHAPTER 08

조용성(고려대 식품자원경제학과 교수)

I 서론

우리나라 최초의 공해 사건은 1952년 영국 런던 스모그사건이 발생한 지 약 15년 뒤인 1967년, 울산공단에 있는 영남화학에서 배출된 황산미스트와 황산가스에 의하여 인근 주민의 호흡기 질환이 발생하고 주변 임야의 수목이 고사한 사건이다(환경부, 2010, p.40). 1963년 제정된 공해방지법이 제일 처음 적용된 사례 역시 1965년 6월 15일 보사부로부터 부산시 김천화력발전소에 대해 내려진 매연집진기 설치명령으로 이 또한 대기오염과 연관되어 있다. 당시 김천발전소 굴뚝에서 내뿜는 매연은 하루 평균 4.4톤에 달했고 이로 인해 인근 주민들은 폐염증, 인후두염증 등으로 고생한 것으로 알려져 있다(경향신문, 1965.6.15.). 이처럼 대기오염문제는 인구증가, 경제성장, 화석연료 사용의 증가와 함께 나타나는 대표적인 환경오염문제이다.

환경부(1988, p.4)에 따르면 대기오염은 "정상상태의 공기 중에 존재하지 않는 물질이 발생하거나 존재하는 물질의 농도가 인위적 또는 자연적으로 증가되는 현상"으로 정의하고 있다.[1] 대기오염을 발

1) 환경부에서 발행한 환경백서(1988, p.5)에 따르면 대기오염이란 "대기 중 매연, 먼지, 가스 및

생시키는 물질은 크게 황산화물, 질소산화물, 일산화탄소, 오존 등과 같이 기체 상태의 오염물질과 미세먼지, PM10 등과 같이 입자상 물질들로 구분된다. 이러한 대기오염물질들은 화산폭발, 산불 등과 같이 자연적으로 발생하기도 하지만 중요한 것은 인간의 경제활동에서 만들어 지는 인위적인 대기오염물질의 배출이다. 인간에 의한 인위적인 대기오염물질은 주로 화석에너지의 연소과정에서 많이 발생되는데 연료의 종류(즉, 고체 · 액체 · 기체)에 따라 다르고 동일한 연료라 하더라도 연료의 구성 성분에 따라 발생하는 오염물질의 종류와 양 또한 다르다. 이처럼 대기오염물질의 발생은 연료사용의 패턴과 밀접한 연관성을 갖고 있다.

1963년 공해방지법 제정 이후, 지속적인 대기오염물질들에 대한 관리와 노력으로 현재 우리나라는 이산화황(SO_2), 일산화탄소(CO), 납(Pb)과 같은 일부 전통적인 대기오염물질의 배출량과 농도는 꾸준히 감소하고 있다. 하지만 오존(O_3), VOCs 및 유해화학물질, 그리고 CO_2 등과 같이 21세기형 대기오염물질 배출량과 농도는 여전히 높다.

본 장에서는 시대별 대기오염의 원인을 분석하고, 대기보전 관련 법과 제도들이 어떠한 배경과 취지에서 도입되었는지를 살펴보고자 하였다. 아울러 대표적인 직접규제인 연료사용규제와 경제적 유인제도 중 하나인 대기배출부과금, 그리고 서울 · 인천 · 경기도 지역을 대상으로 진행되고 있는 수도권 대기질 관리정책 관련 법과 제도들을 집중적으로 조명하고자 하였다.

악취 등이 사람의 보건위생상 위해를 주며 생태계의 변화를 일으키거나 인간의 생활에 밀접한 관계가 있는 재산과 동 · 식물 및 그 생육 환경에 해를 미칠 정도로 어떤 지역에 단위 용량당 다량으로 존재하는 상태가 되는 현상"으로 설명하고 있음.

Ⅱ 시대별 대기오염 원인 및 피해 사례

대기오염의 발생 원인을 시대별로 살펴보면 1960년대와 1970년대에는 중화학공업을 중심으로 한 경제성장 최우선 정책, 다국적기업의 公害산업에 대한 무분별한 국내 유치, 그리고 대규모 공단 건설 등을 대기오염의 주요 원인으로 꼽을 수 있다. 특히 1960년대 후반에는 정부 스스로 산업의 근대화라는 명분아래 각종 공장의 보호·육성에 치중하고 대기오염문제에 대해서는 소홀히 한 경향이 컸다. 또한 公害문제가 심각해지면서 公害방지를 위한 법을 제정하고 강화하기는 하였지만 당시에는 기업의 사회적 책임의식이 미약하여 공해방지시설을 해 놓고도 비용절감을 이유로 제대로 가동하지 않는 일이 많아 인근 지역주민들과의 분쟁이 지속적으로 발생하였다.

1970년대 들어서서는 公害로 인한 손해배상 소송이 많이 생겼는데 그 이유는 중화학공업을 위주로 한 고도성장 과정에서 발생된 公害로 피해를 본 사람들이 많이 생겼기 때문이다. 일례로 1974년 12월 10일 대법원은 화력발전소 굴뚝에서 내뿜는 아황산가스(SOx)로 인한 과수원의 손해에 대해 인정을 하고 발전사로 하여금 손해배상을 하도록 하는 판결이 내리지기도 했다.[2)]

또한, 1960년대와 70년대에는 본격적인 경제개발계획 추진에 따라 화석연료소비가 급증하여 대기오염물질 배출량이 1965년 대비 1970년에는 약 2.8배 증가하기도 하였다. 1965년부터 1969년까지 정부가 각종 公害사례 관련하여 총 12,351건의 각종 公害유해업소 신고를 받았지만 가해업소에 대해 시설개선 명령이나 조업정지 명령 등

2) 경향신문, 공해구제에 획기적 판례, 1974년 12월 12일자 기사에서 인용함.

비교적 강력한 행정조치를 내린 것은 전체 건수의 약 10.5%에 그쳤다. 특히 대기오염물질을 내뿜는 차량에 대한 처리에 있어서도 1967년부터 1969년까지 총 6,035건의 불량차량을 적발하였지만 이 중 단 514건(약 8.5%)에 대해서만 운행정지 처분을 내렸다. 이러한 솜방망이식 행정조치는 대기오염문제를 더욱 심각하게 만들었다.[3] 이처럼 당시에도 대기오염 관련 정책과 제도가 있긴 했으나, 환경정책은 정부정책의 우선 순위에서 밀려나 있었고 대기보전정책을 엄격하게 집행하고자 하는 정부의 의지도 부족했던 것으로 평가할 수 있다.

한편, 1960년대와 1970년대에는 서울, 부산 등 대도시 지역의 대기오염문제가 본격적으로 나타나기 시작했다. 도시의 인구집중 현상과 공업화 정책에 따라 대기오염의 주범격인 화석연료 사용이 급증하였고 자동차 등 이동수단의 증가에 따른 자동차 배기가스는 도시의 공기를 심각하게 오염시키기 시작했다. 1971년 말 기준으로 전국 차량 16만대 중 48%인 7만대가 서울에서 운행되고 있었고, 약 40%의 자동차는 허용된 기준치 이상의 매연을 내뿜고 있는 것으로 나타났다.[4] 또한 서울에는 1979년 3월 기준 약 5,400여 개의 각종 公害업소가 주거지역에 혼재하고 있었고 각종 차량과 연료소비량도 해마다 급증하여 이로 인한 대기오염문제가 심각하였다. 당시 대기오염물질 배출원별 비중은 난방시설로부터의 대기오염물질 배출량 비중은 약 34.3%, 차량으로부터의 배출량 비중은 33.2%, 공해업소 25.2% 그리고 화력발전소 약 7% 정도를 점하고 있었다.[5] 이처럼 많은 사람들이 모여 사는 대도시에는 각종 난방시설과 대기오염물질 배출시설(공장)

---

3) 매일경제, 경제개발의 부산물 산업공해, 1970년 5월 23일자 기사에서 인용함.
4) 경향신문, 인간환경 淨化를 위한 시리즈(1), 「단하나뿐인지구」는 심각한 공해문제에 부딪쳐있다, 1972년 5월 24일자 기사에서 인용함.
5) 동아일보, 시급한 서울의 공해대책, 1979년 3월 27일자 기사에서 인용함.

및 발전소 그리고 차량들이 뒤엉켜 수많은 대기오염물질을 배출하고 있었다. 이로 인한 대도시 지역의 대기오염문제는 매우 심각한 수준이었다.

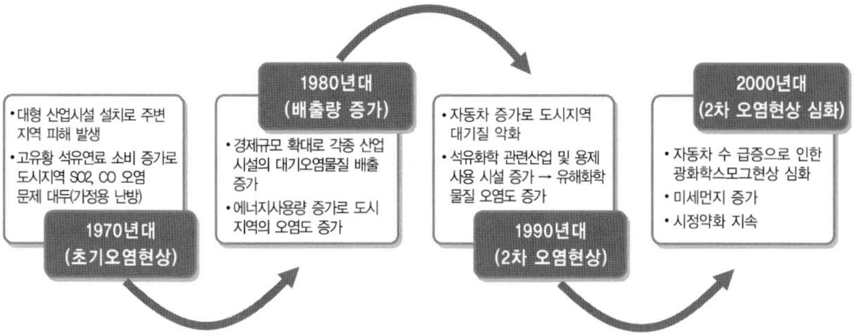

자료 : 나진균(2003, p.13) 내용을 토대로 재구성

[그림 1] 시대별 대기오염 특징

1980년대에는 자동차 보급의 증가와 산업의 고도화에 따른 각종 화학물질의 사용증가로 인해 대기오염이 확대되었다.[6] 특히 대량생산과 대량소비로부터 산업폐기물과 생활쓰레기가 크게 증가하였고 이를 처리하는 과정에서 유해대기오염물질들이 발생하였다. 또한 도시화 현상과 함께 환경교육의 부재에서 비롯된 환경오염문제에 대한 무지 및 감시기능의 미비 등이 1980년대의 대기오염문제의 주요 원인으로 볼 수 있다.

이 시기의 대표적인 대기오염 사건은 원진(源進)레이온의 유독가

6) 과학기술의 발전은 합성유기화학물질의 개발을 촉진시킴. 다양한 화학물질의 개발은 경제성장과 개인의 소비활동에 있어서 상당한 기여를 하나, 합성유기화학제품의 생산과 소비의 증가는 환경에 부정적 영향을 미침. 특히, 유기합성제품의 생산과정에서 배출되는 각종 시약제, 중간물질 등 독성을 갖고 있는 화학물질이나 살충제와 제초제를 만들기 위해 사용되는 독성제료들은 대기오염을 비롯하여 수질 및 토양오염을 유발시킴. PCB(polychlorinated biphenyls)와 DDT가 대표적임(환경부, 1988, p.27).

스 누출사고이다. 주변 지역주민들의 철로 만들어진 대문을 비롯하여 철제품이 부식되고, 심한 두통이 계속되며 농작물의 발육이 안 되는 등 여러 가지 부정적인 증상들이 나타났었다. 당시 원진레이온 가스 누출사고 피해를 해결하기 위해 서울통합변호사회가 인권옹호 차원에서 公害구제사업을 펼치기도 하였다.[7] 이처럼 1980년대에도 지속적으로 대기오염 피해에 대한 손해배상소송이 이어졌다. 1982년 9월 28일자 동아일보 기사("公害二重苦")에는 전남 장성에 위치한 시멘트 회사와 지역 주민들 간의 대기오염문제로 인한 갈등을 보도하고 있다. 시멘트 회사에서 발생하는 먼지로 인해 수년 동안 인근 주민들이 심한 먼지피해를 당하고 있었으나 기업 측은 公害방지시설을 제대로 해놓았는데도 먼지가 날아 피해가 커지는 것은 어쩔 수 없다고 하면서 피해보상을 거부하고 있어 지역주민들과 갈등 관계에 있다는 내용이다. 이 보도는 당시 기업의 대기오염 발생에 대한 인식이 어떠했는가를 간접적으로 보여주는 대표적인 사례이다. 하지만 1980년대에 있었던 두 차례의 범국가적 행사 즉, 1986년 아시안게임과 1988년 서울올림픽은 우리나라의 대기환경문제에 있어서 획기적인 전환점을 가져오게 하였다. 당시 도입된 강력한 직접규제인 연료사용규제는 중복규제 혹은 사전규제라는 논란이 있었지만, 이를 통해 서울을 비롯한 대도시의 대기오염문제는 진정세를 보이기 시작하였다.

1990년대의 대기오염문제는 이전부터 지적되었던 자동차의 급증, 화석에너지 사용량의 지속적인 증가, 대도시 집중화 현상 등과 같은 전통적인 원인 외에도 1980년 환경청 설립 이후 도입된 다양한 환경정책들의 혼선 및 집행의지 미약 그리고 개발정책 치중에 따른 시장

7) 경향신문, 서울 통합변호사회 공해마을에 인권출동, 1982년 12월 10일자 기사에서 인용.

실패 발생 등이 주요 요인으로 꼽힌다. 특히, 정부의 대기환경정책 결정과정에서 개발과 성장을 담당한 정부 내 다른 부처와 기업의 압력으로 정책이 후퇴하고 제대로 집행되지 못한 측면이 있었다. 아울러 누적된 개발 일변도의 정책이 가져오는 부정적 효과가 대기환경 개선을 더디게 하는 요인으로 작용하였다.

이 시기의 대표적인 대기오염 사건은 이미 오래전부터 논란이 되어 왔던 원진레이온 직업병 파문이다.[8] 이 사건은 지속적인 이황화탄소(CS_2)에 노출된 사람들이 집단적으로 직업병이 발병하고 주위환경을 오염시킨 것으로, 당시에는 이러한 심각한 오염문제에도 불구하고 국내 유일의 인견사 생산공장인 원진레이온이 문을 닫게 될 경우 인견사 수급상의 애로사항이 심각하게 발생할 것이라는 우려가 컸었다. 이러한 점은 환경오염문제는 해결해야 할 중요한 사안이긴 하지만 경제성장이라는 측면을 간과할 수 없다는 인식이 강하게 남아 있었다는 것을 시사한다.

원진레이온 사건 외에도 동양화학 군산TDI 공장에서 발생한 분진문제, 大山석유화학단지 주변의 환경오염문제 등이 대표적이다. 이 시기에도 다른 때와 마찬가지로 대기오염피해에 대한 손해배상소송이 이어졌다. 일례로 1993년 7월 26일자 매일경제 기사에서는 다양한 대기오염 관련 손해배상소송을 소개하고 있는데, 대표적인 사례로 인삼밭을 경영하는 사람과 주변에서 제초제를 생산하는 화학공장 간의 손해배상소송건 그리고 과수원을 경영하던 사람이 200m 떨어진 곳의 화력발전소를 상대로 제기한 소송 등을 소개하고 있다. 이러한

8) 보다 자세한 내용은 원진레이온 이황화탄소 집단 직업병 문제를 처음 보도한 한겨레신문 1988년 7월 22일자 기사("유해환경 놔두고 산재환자 강제 퇴사") 참조.

점은 형태와 종류만 다를 뿐 대기오염으로 인한 피해자가 여전히 많고 가해자로부터의 적절한 피해보상을 받지 못하고 있음을 시사한다.

2000년대 들어서서는 SOx, NOx, TSP와 같은 전통적인 대기오염물질과 자동차와 같은 이동오염원에 대한 관리 외에 실내공기질에 대한 관리문제 및 유해화학물질(혹은 특정대기유해물질)에 대한 관리 그리고 전 지구 환경오염물질인 온실가스 등에 대한 관리가 본격적으로 이뤄지기 시작했다. 특히, 대기오염 양상이 달라지기 시작했는데, 경제성장 과정에서 나타나는 스모그, 오존,[9] 초미세먼지(PM10와 PM2.5), 유해 대기오염물질 발생 등과 같이 대기오염 형태가 변하였고, 대도시 지역의 오존주의보 발령 횟수와 공단지역의 주민들로부터의 대기오염에 대한 불만과 진정 사례들이 증가하는 등 2000년대의 대기오염문제는 과거와 달리 매우 복잡 다원화되었다. 특히, 자동차 배출가스와 휘발성유기화합물질(VOCs)의 배출량 증가에 따라 대도시의 오존농도가 증가하면서 오존주의보 발령일수 및 횟수 역시 증가 추세를 보이고 있다.

9) 오존(O_3)이란 대기 중의 휘발성유기화합물(VOCs)과 질소산화물(NOx)이 바람이 거의 없는 상태에서 강한 태양광선으로 인해 광화학 반응을 일으켜 생성되는 물질로써, 오존 농도가 높아지면 눈과 목의 따가움, 기도 수축으로 인한 호흡곤란, 두통・기침 등 인체피해 및 농작물의 수확량 감소 등 식물 피해를 유발함. 오존경보제를 '95년 7월 서울지역에 시범 실시한 이후 '07년도에는 15개 시・도 및 63개 시・군으로 확대됨. 오존경보발령기준은 주의보(0.12ppm/시 이상), 경보(0.3ppm/시 이상), 중대경보(0.5ppm/시 이상) 3단계로 구성됨.

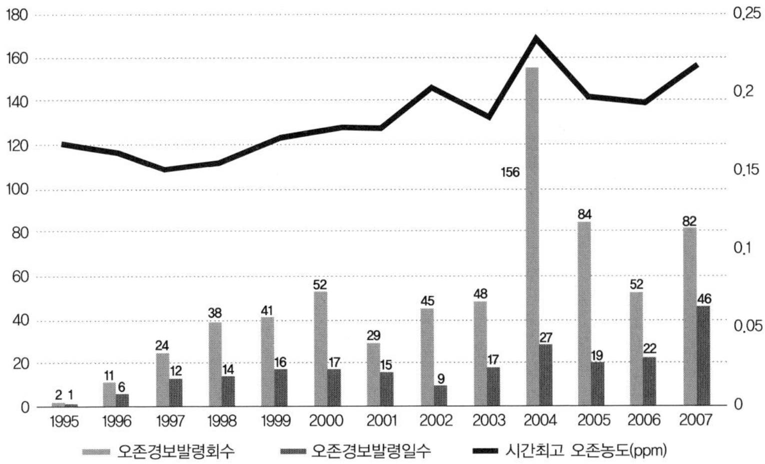

[그림 2] 연도별 오존농도 및 오존경보발령 현황

III 대기환경정책 관련 법 및 행정 조직

1. 연혁 및 주요 내용

우리나라의 환경문제가 사회적으로 중요한 이슈로 인식되게 된 것은 경제개발 5개년 계획을 수립하여 산업화를 본격적으로 추진하기 시작한 1960년대부터 라고 할 수 있다. 1963년에는 우리나라 최초의 환경법이라고 할 수 있는 "공해방지법"이 제정・공포되었다.[10] 이동찬(1994)에 따르면 1963년 제정된 공해방지법은 "대기, 하천, 오염, 소음, 진동을 규제하는 단일법주의의 입법방식을 채택한 위생법(衛

10) 공해방지법은 공장이나 사업장 또는 기계, 기구의 조업으로 인해 야기되는 대기오염, 하천오염, 소음, 진동으로 인한 보건위생상의 피해를 방지하고 국민보건의 향상을 기하는 데 목적을 두고 있었고, 대기오염, 수질오염 등의 公害적 측면만을 대상으로 삼았었다.(환경부, 환경백서, 2013)

生法)적인 성격을 갖고 있었고, 1971년 1월 개정된 공해방지법은 전문 27개조 및 부칙으로 이루어지면서 공해방지적인 公害法적 성격을 갖게 된 것"으로 보고 있다. 공해방지법 상에 규정된 公害는 오염물질이 환경을 오염시키고 인체에 어떤 장애를 가져오는 경우에 한해서 공해로 정의하였고, 법이 규정한 허용기준을 초과하였을 때는 개선지시 혹은 공장조업허가를 취소할 수 있도록 하였다. 이외에도 공해방지법 상에는 중앙정부(당시 보건사회부)로 하여금 오염물질과 배출시설의 지정, 배출허용기준의 결정, 배출시설의 설치 허가, 오염물질 배출방지시설에 대한 개선명령, 배출시설의 타 지역으로의 이전 명령, 개선명령 위반자에 대한 조업정지 명령, 배출시설 허가 취소 등 강력한 규제를 시행할 수 있도록 명시하였다.

하지만 공해방지법은 제정 당시에는 많은 기대를 모았지만 전문이 21개조에 불과하고, 시행규칙이 무려 4년 뒤인 1969년 7월에야 제정되는 등 후속 입법이 미비하여 1970년대 초에는 거의 사문화되다시피 했다. 그 이유는 경제개발을 최우선적으로 추진하던 당시의 사회 분위기 등으로 인해 환경 규제를 강화하거나 새로운 대기환경보전 정책과 수단을 도입하는 것이 어려웠기 때문이다. 결국 공해방지법 자체의 미비함 외에도 당시의 경제개발을 우선시 하는 사회 분위기에 압도되어 공해방지법 시행을 위한 당국의 성의있는 예산 책정, 기구 확장 및 인력 확보 등과 같은 후속 대책이 뒤따르지 못하였다. 아울러 시민들의 대기오염(公害)에 대한 인식부족 및 무관심 등으로 인해 사실상 공해방지법은 유명무실하게 되었다. 노재식(1996)은 "공해방지법은 경제성장를 우선시 하는 정부 입장에서 대증요법적 측면에서 만든 오염방지법이었다"라고 평가하고 있다.

이후 급속한 산업화와 도시화가 이뤄지면서 환경문제가 더욱 심각해졌고, 기존의 소극적인 '공해방지법' 체계로는 한계를 보이게 되자 이를 대체하는 "환경보전법"이 1977년 12월 제정·공포(1978년 7월 1일부터 시행)되었다. 환경보전법의 제정은 고도 경제성장을 위해서는 다소의 희생은 불가피하다는 경제성장 우선정책에서 公害문제해결에 중점을 두는 방향 전환을 의미하였다. 전문 11장 70조 및 부칙으로 구성되어 있는 환경보전법의 내용은 크게 제반 기준 및 특별대책지역의 설정, 사업자비용부담 및 배상책임과 벌칙조항으로 구분할 수 있다. 당시에는 보건사회부 장관이 환경오염이 현저하거나 현저하게 될 우려가 있는 지역을 환경오염방지를 위한 특별대책지역으로 지정할 수 있도록 하였고, 특별대책지역 중 사업장이 밀접되어 있는 지역에 대해서는 오염물질을 총량으로 규제할 수 있도록 하였다. 또한 대기오염방지를 위해 필요한 경우에는 사업장의 연료사용도 제한할 수 있도록 했다. 자동차배출가스에 따른 대기오염 방지를 위해 차종별로 가스, 매연 등의 배출허용기준을 마련하는 것 외에도 허용기준 초과지역에 대한 자동차통행억제, 자동차제작자에 대한 규제, 자동차연료 첨가제의 사용규제 조항 등을 담고 있었다.[11] 노재식(1996, p.2)에 따르면 "환경보전법은 신설될 환경청의 장에게 환경보전업무를 이관하기 위해서 환경청 개청 직전인 197년 12월 28일 공포된 것인데, 대기보전정책과 직접 관련된 두 가지의 주요 규정이 담겨 있었다. 즉 연료용 유류의 종류별 황함유 기준을 정할 수 있게 한 규정과 자동차의 가스, 매연, 소음 등에 대한 장치의 정비, 대체, 통행 통제 등 필요한 조치를 취할 수 있게 한 규정이다."

하지만 환경보전법이 제정된 이후에도 환경보전에 대해 정부 각

11) 매일경제 1977년 9월 30일자 기사, "公害추방에 새轉機 환경보전법 제정 배경과 내용"중에서 인용.

부처가 제대로 협조를 하지 않아 대기환경 정책은 실효를 거두지 못하였다. 1980년 3월 20일자 동아일보 기사("環境保全 정부기관 협조 안돼")에 따르면 1978년 7월 1일부터 시행되고 있는 환경보전법에 따라 환경에 영향을 미칠 것으로 예상되는 사업의 경우 환경청과 사전에 협의를 하도록 규정하고 있으나 대부분의 부처는 환경보전 측면보다는 생산업체 입장만 중시하고 있다는 점을 지적하고 있다. 일례로 동력자원부(現 산업통상자원부)의 경우 국내 정유회사들이 유황성분이 평균 2% 함유된 석유를 그대로 판매하여 아황산가스로 인한 대기오염문제가 심각해지자 1981년부터 정유3사에 대해 탈황시설을 갖추도록 하고 유황 성분이 없는 유류를 공급하도록 할 계획이었지만, 정유회사들이 당시의 석유파동 이후 석유확보가 중요하다면서 막대한 시설비가 드는 탈황설비에 대해서는 현재 상황에서는 투자할 형편이 못 된다는 이유를 들어 강하게 반발하자 동 계획을 1980년대 중반 이후로 보류한 것이 대표적인 사례이다.[12)]

이후 1980년에 개정된 헌법에서 환경권에 대한 규정이 처음 신설됨에 따라 1990년 8월 '환경보전법'은 '대기환경보전법'을 포함한 6개 법으로 개별법화 되었다. 이때부터 대기환경 분야는 '대기환경보전법'을 근거로 다양한 정책과 제도가 신설되기 시작하였다. 대기환경보전법을 기초로 배출시설에 대해 연차별로 기준이 강화되는 배출허용기준 예고제를 도입하고, 지속적인 배출허용기준의 강화 그리고 연료사용 규제와 같은 강력한 직접규제 시행으로 고정배출원에서의 아황산가스와 같은 1차 대기오염물질 배출량과 대기오염농도를 강하게 규제하였다.

---

12) 해당업계에서는 1일 생산 5만 배럴(1981년 서울시내 1일 소비량) 규모의 정유공장인 경우 탈황시설을 하는 데만 약 1천억 원의 자금과 3년 정도의 공사기간이 소요된다고 주장(동아일보 1980년 3월 20일자 기사, "環境保全 정부기관 협조 안돼" 중에서 인용).

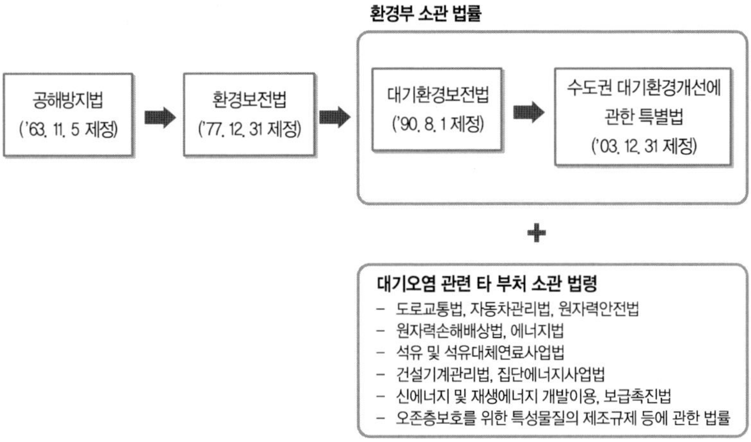

[그림 3] 대기환경 관련 법령의 변천

2. 대기환경보전법

1990년 8월 1일 제정된 대기환경보전법은 환경보전법(1977년 제정)이 환경문제를 포괄적으로 다루고는 있으나 국가환경정책의 기본틀이 갖춰져 있지 않고, 대기 · 수질 · 소음 등 이질적인 것을 단일법으로 묶어 놓아 비효율적이라는 단점을 개선하기 위해 만들어졌다. 처음 만들어진 대기환경보전법은 일본 것을 토대로 하고 내용은 주로 미국의 환경관련 법률을 참고하여 만들어 졌다. 초기의 대기환경보전법은 환경청장(現 환경부장관)이 사업자에게 대통령령에 따라 오염물질의 종류, 배출기간, 배출량 등을 산정기준으로 하는 배출부과금 납부를 명할 수 있고, 자동차 배출가스와 관련해서도 조기 정비, 벌금부과 명령과 관계 행정기관에 자동차의 사용정지 요청을 할 수 있도록 하고 있다.

대기환경보전법에서 규정하고 있는 대표적인 규제수단은 배출허용기준의 설정(8조), 총량규제(9조), 배출시설의 설치 허가 및 신고(10조), 방지시설의 설치(11조), 배출시설, 방지시설의 개선 명령 및 조업정지 명령(16조, 17조), 시설의 이전명령(18조), 배출부과금(19조), 연료용 유류 및 기타 연료의 황 함유 기준설정(26조), 연료의 제조, 사용 등의 규제(28조), 제작차 및 운행차의 배출허용기준 설정(30조, 31조), 운행차의 수시점검(37조), 자동차 연료 또는 첨가제의 규제(41조) 등이다. 이러한 정책수단들은 대부분이 명령통제(command-and-control) 방식으로 규제효과는 즉각적으로 나타나는 반면 비용이 많이 들고 효율성이 상대적으로 낮다는 단점을 갖고 있다. 당시에는 정부가 기업의 생산 활동에 너무 깊숙이 관여하기 때문에 생산성이 저하된다는 비판과 함께 규제수단이 획일적·경직적·행정 편의적이라는 지적과 함께 과도한 처벌규정으로 인하여 전과자를 양성할 뿐만 아니라 각종 부정 비리의 온상이 되고 있다는 비판도 있었다. 유일한 경제적 유인제도였던 배출부과금제도의 경우 역시 배출허용기준을 초과하는 경우에만 부과하고 있어 경제적 유인효과보다는 행정 규제적 성격이 강하다는 지적도 있었다(박수혁, 1996, p.157).

대기환경보전법은 2007년 4월 27일 전부 개정을 거쳐 2013년 6월 16일 7차 개정되었다. 동법 시행령은 1991년 1월 28일 제정되었고 2007년 11월 15일 전부 개정을 거쳐 2013년 1월 31일 8차 개정되었다. 동법 시행규칙의 경우 역시 1992년 2월 2일 제정된 후 1996년 9월 14일 전문개정을 거쳐 2013년 5월 24일까지 총 43차례의 개정이 이루어졌다. 특히 대기환경보전법 관련 법령들의 수많은 개정은 갈수록 복잡해지는 대기환경오염 문제를 적절하게 다루기 위한 시도와 노력으로 이해될 수도 있으나, 다른 한편으로는 1990년대 후반들어 규제완화 분위기가 조성됨에 따라 대표적인 규제부처인 환경부가 관련 법령들에 대한 정비 차원에서 관련 법령들의 조항을 수정하는 작업을 상대적으로 많이 했음을 알 수 있다.

하지만 전반적으로 대기환경보전법 관련 법령들의 개정은 사업장의 대기오염물질 배출량을 억제하는 방향으로 진행되었기 때문에 개정에 대한 타 부처의 반발과 업계의 로비로 인해 많은 어려움이 있었다. 일례로 1996년 4월 환경부는 황 함유량 0.3% 이상의 연료를 사용하는 업체에 대해서는 오염물질 농도와 상관없이 오염물질 배출량에 따라 부담금을 물리도록 하는 내용의 대기환경보전법 시행령 개정안을 입법예고한 후 동년 7월부터 실행할 예정이었다. 하지만 당시 통상산업부(現 산업통상자원부)와 한국전력은 개정안을 따를 경우 매년 350억원 정도의 추가 비용이 필요하다는 이유로 석탄과 벙커C油를 쓰는 25기의 화력발전소에 대해서는 탈황설비를 갖추게 될 1999년까지 부담금의 부과를 유예해 줄 것을 요구하면서 강력하게 반발하였고, 이에 따라 대기환경보전법 시행령 개정안 자체가 표류하게 된 사례도 있었다.[13)]

---

13) 관련하여 보다 자세한 내용은 동아일보 1996년 7월 8일자 기사 “환경관련법 개정안 표류” 참조.

[표 1] 대기환경 관련 법, 시행령, 시행규칙의 변천

연도	법	시행령	시행규칙
1963	공해방지법 제정 (법률 제1436호, 11.5)	-	-
1964	공해방지법 시행(1.1)	공해방지법시행령 제정 (대통령령 제1959호,10.16)	-
1965	-	-	-
1966	-	-	-
1967	-	-	공해방지법시행규칙 제정 (보건사회부령 제194호, 5.24)
1968	-	일부 개정(5.15)	-
1969	-	전부 개정(11.17)	전부 개정(7.15)
1970	-	-	-
1971	전부 개정(1.22)	전부 개정(8.14)	전부 개정(9.18)
1972	-	-	-
1973	-	-	-
1974	-	일부 개정(12.3)	일부 개정(9.10)
1975	-	일부 개정(9.23)	일부 개정(12.18)
1976	-	-	일부 개정(2.19)
1977	공해방지법 폐지, 환경보전법 제정 (법률 제3078호, 12.31)	-	-
1978	환경보전법 시행(7.1)	공해방지법시행령 폐지, 환경보전법시행령 제정, (대통령령 제9066호, 6.30)	공해방지법시행규칙 폐지, 환경보전법시행규칙 제정 (보건사회부령 제602호, 7.1)
1979	일부 개정(12.28)	-	-
1980	-	일부 개정(8.6)	-
1981	일부 개정(12.31)	일부 개정(1.7)	일부 개정(1.7, 8.24)
1982	-	-	-
1983	-	일부 개정(4.13)	전부 개정(8.1)
1984	-	-	일부 개정(8.16)
1985	-	-	일부 개정(10.28)
1986	일부 개정(12.31)	-	일부 개정(4.9)
1987	-	일부 개정(6.4)	일부 개정(8.3)
1988	-	-	-
1989	-	-	일부 개정(1.5)
1990	환경보전법 폐지, 대기환경보전법 제정 (법률 제4262호, 8.1)	-	-

연도	법	시행령	시행규칙
1991	대기환경보전법 시행(2.2), 일부 개정(5.31)	환경보전법 폐지, 대기환경보전법시행령 제정 및 시행(대통령령 제13259호, 1.28)	환경보전법시행규칙 폐지, 대기환경보전법시행규칙 제정 및 시행(총리령 제377호, 2.2)
1992	일부 개정(12.8)	일부 개정(6.30)	일부 개정(8.8)
1993	일부 개정(12.27)	일부 개정(6.9)	일부 개정(7.31)
1994	-	일부 개정(5.4, 7.26)	일부 개정(5.24, 11.11)
1995	일부 개정(12.29)	-	일부 개정(3.7; 총리령에서 환경부령으로 변경)
1996	-	전부 개정(8.31)	전부 개정(9.14)
1997	일부 개정(8.28)	일부 개정(12.31)	-
1998	-	일부 개정(12.31)	일부 개정(2.21)
1999	일부 개정(4.15)	일부 개정(10.13)	일부 개정(1.25, 10.22)
2000	-	-	일부 개정(10.30)
2001	-	-	일부 개정(10.16)
2002	일부 개정(12.26)	일부 개정(8.8)	일부 개정(8.2, 10.1)
2003	-	일부 개정(6.30)	일부 개정(1.4, 8.5)
2004	일부 개정(12.31)	-	일부 개정(7.19, 12.31)
2005	일부 개정(3.31, 12.29)	일부 개정(9.30, 12.9)	일부 개정 (5.6, 9.30, 12.30)
2006	-	일부 개정(5.22, 12.21)	일부 개정(12.29)
2007	일부 개정(1.3), 전부 개정(4.27)	전부 개정(11.15)	일부 개정(1.31, 3.14) 전부 개정(12.31)
2008	일부 개정(3.21, 12.31)	일부 개정(1.15, 12.31)	일부개정 (4.17, 9.19, 10.6)
2009	일부 개정(5.21)	일부 개정(2.13, 6.30)	일부 개정 (1.14, 2.25, 7.14)
2010	-	일부 개정(3.26, 12.31)	일부 개정 (1.6, 4.13, 12.31)
2011	-	-	일부 개정 (3.31, 8.19, 12.2, 12.30)
2012	일부 개정(2.1, 5.23)	일부 개정(5.22)	일부 개정 (1.25, 2.3, 10.26, 12.31)
2013	일부 개정(4.5, 7.16)	일부 개정(1.31)	일부 개정(2.1, 5.24)
2014	-	일부 개정(2.5)	일부 개정(2.6)

자료 : 법제처 국가법령정보센터, www.law.go.kr 내용을 토대로 정리함.

3. 수도권 대기환경 특별법[14)]

2000년대 초 서울·인천을 포함한 수도권의 대기환경은 선진국 주요 도시에 비하여 매우 열악하였다. 2002년 서울시의 대기질은 미세먼지(PM10) 농도가 연평균 76㎍/㎥으로 선진국 주요 대도시들의 1.7~3.5배, 스모그와 오존 발생의 주범인 이산화질소 농도는 연평균 36ppb로 선진국의 1.7배에 달하였다. 또한 전국 오존주의보 발령 횟수의 64~75%, 미세먼지 및 이산화질소의 환경기준 초과횟수 중 75~99%가 수도권에 집중되어 있었다. 하지만 기존의 지방자치단체의 사후농도규제 중심의 대기질 관리로는 이러한 수도권의 대기오염 문제를 근본적으로 해결하는 것이 어렵다는 인식하에 2003년 12월 「수도권 대기환경개선에 관한 특별법(이하 '특별법')」을 제정하고, 2004년 12월에 하위법령 제정을 완료하였다.[15)]

특별법의 주요 내용은 대형사업장을 대상으로 총량관리제 및 배출권거래제를 시행하며, 자동차관리 대책으로 전기 하이브리드 자동차 등 저공해 자동차를 보급함과 동시에 운행 중인 경유자동차에는 배출가스저감장치를 부착하는 내용이다. 2005년 11월에는 수도권대기환경개선을 위한 종합계획인 「수도권대기환경관리기본계획」을, 2007년 1월에는 「수도권대기환경관리시행계획」을 수립하여 향후 10년간의 세부추진계획을 마련하였다.

총 46개 조항으로 구성된 특별법의 주요 내용은 수도권 대기환경

---

14) "환경부에서 발간한 환경백서(2013), 환경30년사(2010), 수도권대기환경관리 기본계획(2013)의 관련 내용을 기초로 하여 재구성함."

15) 특별법 제정 당시인 2003년 말 정부는 수도권특별법 제정에 따른 효과로서 대기오염으로 인한 조기 사망자 수가 1,272명(전체 호흡기질환 사망자의 24%), 15살 미만 어린이의 천식 입원환자 수가 554명(전체 소아천식환자의 10%) 줄어들고, 대기오염에 따른 사회적 피해비용이 10조 원에서 3조 원까지 줄어들 것이라는 청사진을 제시함.

관리 기본계획의 수립(2장), 사업장 오염물질에 대한 총량관리(3장), 자동차배출가스의 억제(4장), 휘발성유기화합물(VOCs) 배출 억제(5장) 및 재원확보 · 교육 · 벌칙 등이다. 이 중 휘발성유기화합물 배출 억제와 관련된 조항인 제30조와 제31조는 각각 2012년 5월 23일과 2011년 4월 28일 삭제되었다. 이유는 특별법에 따라 수도권 대기관리권역(서울, 인천, 경기도)에 대해서만 적용되던 환경친화형 도료의 사용의무를 전국적으로 확대하기 위하여 특별법에 있는 관련 조항을 삭제하고 환경부령에 추가 개정하였기 때문이다. 이에 따라 도료(塗料)에 대한 휘발성유기화합물의 함유기준을 환경부령으로 정하도록 되었고 수도권을 포함하여 동 기준을 초과하는 도료는 판매가 금지되어 있다.

특별법에 따라 2005년 마련된 제1차 수도권대기환경관리기본계획은 자동차 배출가스 저감사업(제작차 배출허용 기준 강화, 경유차 배출가스 줄이기, 친환경자동차 보급 등), 사업장 총량관리제 및 환경친화적 에너지 · 도시 관리 등을 통해 수도권 대기오염물질 배출량을 2014년까지 2001년 대비 절반수준으로 삭감하는 것을 목표로 하였다(백성옥 · 구윤서, 2008). 구체적으로는 미세먼지(PM10), 질소산화물(NOx), 황산화물(SOx), 휘발성유기화합물(VOCs) 4가지 오염물질을 관리대상 물질로 선정하였고, 서울 · 인천 · 경기지역에서 이들 오염물질을 일정량 이상 배출하는 사업장들을 총량규제 대상으로 선정하였다. 이를 통해 제1차 대책기간이 끝나는 2014년에 관리권역(서울 · 인천 · 경기도)에서 미세먼지 · 황산화물 · 휘발성유기화합물은 2001년 대비 38.7%, 질소산화물은 53% 적게 배출하고, 서울의 경우에는 인체 건강에 특히 유해한 미세먼지 농도를 연평균 40㎍/㎥, 이산화질소 농도를 연평균 22ppb까지 떨어뜨리는 것을 목표로 잡았다. 이러한 목표들이 과연 달성되었는지에 대해서는 다음 장에서 기술하고자 한다.

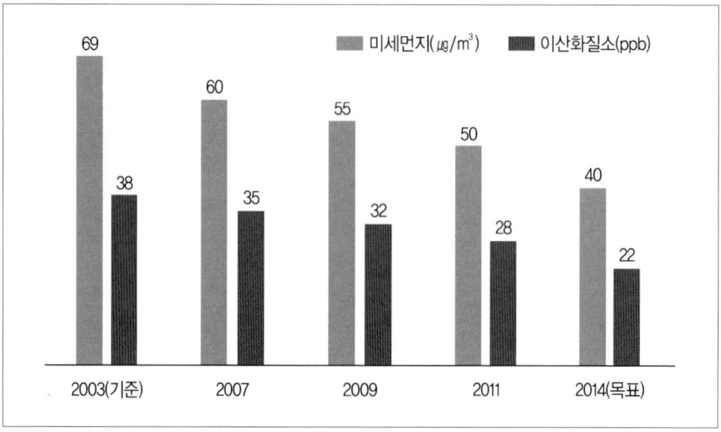

자료 : 환경부, 환경부 고시 제2005-151호, 2005.

[그림 4] 연도별 수도권 대기환경개선 목표(2005년 기준)

4. 대기오염관리 관련 행정조직 및 예산

대기오염관리를 위한 행정조직은 1967년 보건사회부 공해계에서 시작하여 1973년 환경행정전담과인 공해과로 확대되었다. 우리나라 공해방지법은 일본 공해법(1967년 제정)보다 4년이나 앞서서 만들어진 것이지만 법 제정 후 바로 시행되지 못하다가 1967년에야 시행규칙이 만들어지고 또 당시 보건사회부 환경위생과에 공해계가 설치됨으로써 그때서야 법 시행을 위한 본격적인 행정 체제를 갖추게 되었다(환경부, 2000). 1980년 1월에는 당시 보건사회부의 외청인 환경청으로 확대되어 3국 1관 20과로 구성되었다. 1986년에는 환경측정관리사무소와 임시조직으로 운영되던 중앙환경점검반을 통합하여 6개 지방환경청(각 청별 3개과)을 신설하였다. 그 후 1990년 1월 환경처로 승격되었고, 이에 따라 대기보전국도 확대 개편되었다. 1994년 12월에는 환경부로 승격되어 독자적인 정책입안을 추진할 수 있는 역량을 갖추게 되었다.

한편, 2003년 12월에는 "수도권 대기환경 개선에 관한 특별법"이 제정되었고, 이에 따라 환경부 내에 '대기총량제도과'가 신설되었다. 아울러 기존의 경인지방환경청을 수도권 대기환경개선 전담기구인 '수도권대기환경청'으로 개편하였다. 2008년 정부기능 및 조직 개편에 따라 기상청 기능이 환경부로 이관되면서 동년 3월 관계규정을 개정하여 대대적인 조직개편을 단행하였다. 이때 환경정책실은 환경전략실로 개편되었고 산하에 기후대기정책관(구 대기정책국)을 두었지만, 이듬해인 2009년 2월에는 다시 환경전략실을 환경정책실로 개편하면서 기후대기정책관을 신설하였다.

[그림 5]에 나타나 있듯이 환경정책실에는 3개 관(환경정책관, 환경보관정책관, 기후대기정책관)으로 나눠져 있고, 이 중 기후대기정책관은 기후대기정책과, 기후변화협력과, 대기관리과, 교통환경과로 구성되어 있다. 이러한 조직 구성은 2000년의 환경부 조직 즉, 1실(기획관리실), 6국(환경정책국, 자연보전국, 대기보전국, 수질보전국, 상하수도국, 폐기물자원국), 3관(공보관, 감사관, 국제협력관) 체계로 운영되는 때와 비교해 보면, 당시의 대기보전국(대기정책과, 대기관리과, 교통공해과, 생활공해과)과 환경정책국이 합쳐져서 현재의 환경정책실로 확대 개편되었고, 환경정책실 산하 기후대기정책관

은 기존의 국내 대기보전 관련 업무 외에도 온실가스와 같은 전 지구 차원의 대기오염물질 관리도 담당하도록 확대된 것을 알 수 있다.

환경예산의 경우 환경부가 발족한 1990년에는 3,447억 원대 수준이었지만 20년이 지난 2013년의 환경부 예산은 5조 2,477억으로 무려 15.2배 증가하였다. 특히 대기보전 부문 2013년 예산은 2,919억 원으로 15년 전인 2000년(450억 원)에 비하면 장족의 발전을 하였다.

대기보전 부문의 예산은 주로 자동차배출가스 관리, 기후변화, 기후변화 적응 및 대기유해물질관리, 수도권대기개선대책추진사업, 전기자동차 보급 및 충전 인프라 구축 등에 사용되고 있다. 하지만 대기부문 예산은 전체 환경부 예산 중 단지 5~6% 정도를 차지하고 있어 환경의 다른 부문과 비교할 때 상대적으로 작은 예산을 사용하고 있다. 이러한 비중은 15년 전과 비교하여 별반 달라진 것이 없다. 환경부에서 2000년에 발간한 환경백서(p.53)에 따르면 "2000년도 대기보전 분야의 예산은 1999년에 비해 390%가 증가되었으나 아직도 환경부 소관 전체 예산에서 차지하는 비중은 3.6% 수준에 불과하므로 정부가 관심을 가지고 적극적으로 예산을 지원해 나가야 할 것이다."라고 강조하고 있다. 향후 대기분야에 있어서 적절한 인력 및 예산 확보가 중요하다.

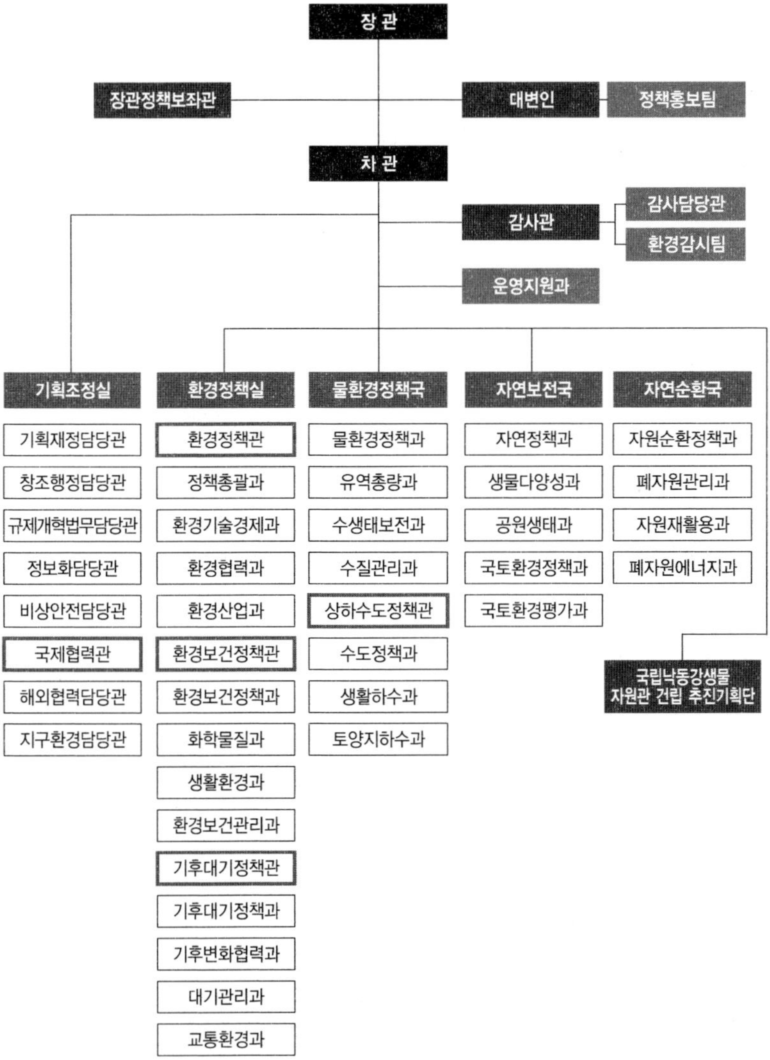

자료 : 환경부 홈페이지(www2.me.go.kr)

[그림 5] 환경부 조직도(2015년 1월 현재)

Ⅳ 대기환경보전 관련 주요 정책

1. 연료사용규제[16)]

(1) 제도 개요 및 특징

연료사용규제는 저황유 사용의무제도, 고체연료 사용금지제도, 그리고 청정연료 사용의무제도 세 가지를 포괄적으로 지칭한다. 이 중 가장 먼저 시행된 것은 1981년 도입된 저황유 사용의무제도이다. 이 제도는 연료유 사용으로 인한 아황산가스의 배출량을 원천적으로 감소시키기 위해 경유와 중유에 포함되어 있는 황 함유량의 최대허용치를 설정하여 연료생산자로 하여금 허용범위 내에서 제품을 생산, 공급하도록 하고 있다. 법적 근거는 대기환경보전법 제26조, 동법 시행령 제34조, 환경부 고시 제2002-52호(2002. 4. 8. 개정), '청정연료 등의 사용에 관한 고시' 등이다. 저황유 의무제도가 처음 도입된 1981년에는, 서울시만을 적용대상지역으로 정했고, 당시의 황 함유 기준은 경유 0.4%, 중유(B-C유) 1.6%였었다. 이 제도가 도입되기 직전 서울시의 연간 아황산가스 오염도는 94ppb로써 WHO 권고기준인 19 ppb를 무려 4배 이상 초과하여 심각한 대기오염 피해가 우려되는 상황이었다. 저황유 사용의무제도 도입 이후 기준 및 적용대상지역은 강화·확대되어 2012년부터 경유는 황 함유기준이 0.1% 이하인 제품을 전국에 공급·사용하도록 하고 있다. 중유는 서울 및 6대 광역시, 제주도 전역 및 수원 등 50개 시·군 등 총 58개 지역에 대해서는 0.3% 이하의 중유(LSWR 포함)를, 안성, 포천 등 104개 시·군에 대

16) 환경부에서 발간한 환경백서(2013)와 환경30년사(2010)의 관련 내용을 기초로 하여 재구성함.

해서는 0.5% 이하의 중유(LSWR 포함)를, 0.3% 또는 0.5% 이하 중유 공급·사용 지역을 제외한 전국에서는 1.0% 이하의 중유를 공급·사용하도록 규제하고 있다.

이 제도하에서는 연료 자체의 황 함유량이 일정 범위 내로 제약되므로 소비행태 및 기기의 성능 등 소비조건에 크게 상관없이 소비단계에서 발생하는 배출량이 원천적으로 감축된다. 반면, 연료자체의 황 함유량 저감, 즉 연료탈황을 위해서는 추가적인 시설투자비가 소요되어 제품가격 인상을 초래하게 된다.

황 함유기준이 강화되면 소비자는 기준강화 이전 보다 고가의 연료를 사용하게 됨에 따라 연료비 부담이 가중된다. 그러나, 최적방지시설을 설치하거나 방지시설을 설치하여 강화된 기준 이하로 아황산가스를 배출하는 것이 가능하다고 인정되는 경우에는 종전 기준의 연료사용이 허용되기도 하였다. 또한 저황유 外 연료사용승인제도(대기환경보전법 시행령 제35조 및 동법 시행규칙 제60조의 2)에 따라 소비자는 고가의 저황유를 사용하거나 방지시설을 설치하는 조건으로 저황유 外의 다른 연료를 사용하는 것 중 유리한 것을 선택할 수 있는 재량권이 보장되기도 하였다.

저황유사용의무제도의 시행으로 도시지역의 아황산가스 오염도는 어느 정도 개선되었지만 WHO 기준치 또는 세계 주요 도시의 오염도 수준으로 저감시키는 데는 한계가 있었다. 그 이유는 대기용량의 지표로 활용될 수 있는 국토 면적당 오염물질 배출량도 주요 선진국에 비해 매우 높았을 뿐 만 아니라 에너지의 절대 사용량이 많고 소비도 급속히 증가하였기 때문이다. 즉 저황유 사용의무제 하나만으로는 도시지역의 아황산가스 및 먼지오염도를 적정 수준으로 개선하는 것은 한계가 있었다. 이러한 한계를 극복하기 위하여 도입된 것이 고체연료사용금지제도이다.

1985년 도입된 고체연료 사용금지제도는 석탄사용으로 인한 대기오염을 방지하기 위해 환경기준을 초과하거나 초과할 우려가 있는 지역을 지정, 해당지역의 사업자에 대하여 석탄류, 코크스, 가연성폐기물 등의 고체연료 사용을 금지하였다. 이 제도의 법적 근거는 대기환경보전법 제27조, 동법 시행령 제36조, 청정연료 등의 사용에 관한 고시(환경부고시 제2002-52호) 등이다.

1973년 제1차 석유파동 이후 에너지원 다원화의 일환으로 석탄사용이 적극 권장됨에 따라, 수도권 등 대도시 지역에서 난방연료로 연탄사용이 증가하게 되었고 그 부산물로 대기오염 문제가 심각하게 되었다. 일례로 1984년 서울의 아황산가스 오염도는 66ppb로써 WHO 권고기준을 3배 정도 초과하였고, 1986년 서울의 먼지오염도는 183 $\mu g/m^3$로 시정장애 및 호흡기 질환 피해가 심각하였다.[17]

1985년 제도도입 이래 금지지역을 계속 확대한 결과 2013년 현재 고체연료 사용금지(혹은 제한)지역은 서울특별시 및 6대 광역시, 경기도 13개시 등 총 20개 지역에 달하고 있다.[18]

저황유 사용의무화 및 고체연료 사용금지 시행으로 대도시 지역의 아황산가스 및 먼지오염도가 상당히 개선되었지만, 발전시설 및 대규모 주택단지에서 오염부하가 높은 중유(B-C유) 및 석탄 사용량이 급

---

17) 먼지는 호흡기질환 발생의 직접적인 원인물질이며, 대기 중 오염도가 150$\mu g/m^3$ 이상일 경우 시정거리가 8km까지 감소하는 것으로 알려져 있음.

18) 고체연료 사용금지지역 내의 시설일지라도 다음 중의 하나에 해당하는 시설은 대기환경보전법 시행령 제 36조 제 2항의 규정에 의하여 고체연료사용이 가능함. 즉, 주물공장·제철공장 등의 용해로 시설, 시멘트점석회석 등의 소성로 시설, 폐기물에너지를 이용하는 폐기물처리시설, 고체연료를 사용하는 경우라도 해당시설에서 배출되는 오염물질이 배출허용기준 이하로 배출되는 시설로 인정되어 고체연료 사용승인을 얻은 시설, 청정연료 이외의 연료사용이 인정된 화력발전소 등임.

속하게 증가하면서 여전히 선진국 주요 도시보다 높은 오염수준을 나타내었다. 도시 스모그 현상 및 시정장애가 자주 발생하였고 호흡기 질환 피해가 증가하였다. 이에 따라 1988년부터 도시지역 내 일정규모 이상의 발전 및 업무·난방시설에 대해 청정연료를 의무적으로 사용하도록 하였다. 이 제도의 법적 근거는 대기환경보전법 제27조, 동법 시행령 제37조, 환경부 고시 제2002-52호(청정연료 등의 사용에 관한 고시)이다. 제도 도입 이래 청정연료사용의무화 지역 및 대상시설을 단계적으로 확대한 결과 2013년 기준 사용의무화 지역은 전국 총 37개시에 달하고 있다. 또한 대상시설은 중앙집중난방방식의 공동주택, 지역난방시설, 업무용보일러(산업용보일러 제외), 발전시설 등이다. 이 제도 역시 다른 두 제도와 마찬가지로 산업계, 특히 발전시설의 연료비 부담을 완화해 주는 측면에서 자발적 협력을 체결하거나 최적방지시설을 설치하는 사업장에 한하여 청정연료사용의무를 예외적으로 면제해 주기도 하였다.

2) 연료규제제도의 성과

서울, 부산, 대구 등 주요 대도시에 연료사용규제가 적용되면서 SO_2와 미세먼지(PM, TSP)의 농도가 현저하게 개선되었다.[19] 서울의 경우 아황산가스 오염도는 저황유 사용의무화가 적용되기 전인 1980년 0.094ppm이던 것이 2001년에는 0.005ppm으로 급격히 감

19) 발전용 연료로 사용되고 있는 중유(B-C유), 유연탄, LNG를 대상으로 SO_2, CO, HC, NO_2, TSP 등 주요 오염물질의 배출계수를 비교해 보면, 중유(B-C유)는 유연탄에 비해 HC를 제외하고는 모든 오염물질을 적게 배출함. 특히 PM은 10배 정도 적게 배출. LNG는 중유(B-C유)와 유연탄에 비해 SO_2를 각각 480배, 1,152배, 그리고 PM은 각각 34배, 328배 더 적게 배출함. 따라서 연료사용규제는 여러 가지 대기오염물질 중 주로 SO_2와 PM의 배출량 감축에 효과적임을 알 수 있음.

소하였으며, TSP의 경우는 청정연료사용의무화 적용 바로 직전인 1987년 175㎍/m^3이던 것이 1996년에는 85㎍/m^3로 현격하게 감소하였다.

이처럼 연료사용규제제도는 오염물질 배출량을 원천적으로 감축시키는 강제적인 제도이므로 다른 경제적 상황의 변화와 상관없이 에너지의 단위당 사용에 따른 오염물질 배출량은 자동적으로 감소한다. 예를 들어, 저황유 사용의무기준을 강화하면 아황산가스 배출량은 기준 강화에 비례하여 감소하며, 이렇게 비례적으로 감소되는 부분은 에너지 사용기기의 효율적 사용여부 또는 방지시설의 가동여부에 전혀 영향을 받지 않는다. 따라서, 연료사용규제제도는 오염물질 배출량 감축목표 달성을 위한 가장 확실한 직접규제 수단이다.

그러나, 연료사용규제는 1990년대 후반 IMF 금융위기 상황에서 경제가 전반적으로 침체되자 발전 및 지역난방부문을 중심으로 “연료규제는 기존에 실시되고 있는 배출허용기준제도와 동일한 목적을 추구하는 중복규제의 성격을 가지며 업계의 연료를 선택권을 사전적으로 규제하는 비효율성을 갖고 있고, 그 결과 해당산업의 가격경쟁력 및 수익성 제고에 상당한 부담요인으로 작용하고 있다.”는 주장이 강하게 제기되었다. 전력 및 난방열 등 제품의 가격은 일정한 상태에서 고가의 청정연료를 의무적으로 사용하거나 또는 비용이 많이 드는 고품질의 연료를 사용하게 됨에 따라 생산비가 상승하고 수익성이 악화되어 사업추진에 상당한 애로를 겪고 있다는 것이 당시의 업계측 주장이었다(강광규, 1997). 이 당시 경제활동에 필수적인 전력 또는 난방열의 원활한 공급을 위해 사업자의 수익을 적정하게 보장해 주는 것과 대기질을 개선·보전하여 국민의 건강 및 재산상의 피해를 최소화하는 두 가지 갈림길에서 많은 충돌이 발생하였다. 결국 대기질 보전과 사업자의 수익성 보장이라는 서로 상충되는 두 가지 목표 사이에서 연료사용규제는 규제를 완화하는 길을 선택하게 되었고, 연료사용규제라는 직접규제는 명맥을 유지하기는 하였지만 초기 도입 당시처럼 강력한 규제효과는 보지 못하게 되었고, 자연스럽게 배출부과금제도와 같은 간접규제제도 혹은 경제적 유인제도로 전환되었다.

자료 : 환경부, 환경통계연감, 각 년도

[그림 6] 서울, 부산, 대구의 연도별 아황산가스농도 추이(단위 : ppm)

2. 대기배출부과금제도

1) 제도 개요 및 특징

대표적인 간접규제인 대기배출부과금은 "대기오염물질로 인한 대기환경상의 피해를 방지 또는 감소시키기 위하여 대기오염물질을 배출하는 사업자에게 오염물질의 배출정도에 따라 경제적 부담으로서 부과금을 부과함으로써 사업자가 스스로 오염물질의 배출을 억제토록 유도하기 위해서" 1981년 12월 도입되어 2년 뒤인 1983년 9월부터 시행되었다.

대기배출부과금의 법률적 근거는 대기환경보전법 제35조에 있으며, 동법 시행령 제23조와 제37조 그리고 동법 시행규칙 제45조와 제50조에 근거를 두고 있다. 도입 초기에는 배출허용기준을 초과한 대기오염물질량에 대하여 부과했지만(이하 초과배출부과금),[20] 대기오염물질을 배출하는 사업장이 많아지면서 대기오염물질 배출 총량이 계속 증가하기 시작하자 1996년 8월부터 배출량이 '0'이 아닌 이상, 즉 배출허용기준 이하로 배출하는 대기오염물질량에 대해서도 부과금을 내도록 하는 기본배출부과금을[21] 도입하여 1997년 1월부터 시행하였다.

---

20) 초과부과금은 배출허용기준을 초과하여 오염물질을 배출하는 경우에 경제적 부담을 주어 동 기준의 준수(개선명령의 실효성 등)를 확보하고 오염물질 저감을 유도하기 위한 목적으로 도입됨. 초과부과금은 배출허용기준 초과 오염물질 배출량에 오염물질 1kg당 부과금액과 누진 계수적 성격의 각종 부과계수(배출허용기준 초과율별・지역별・위반횟수별 부과계수)와 연도별 산정지수를 곱하여 산정. 일반적으로 행정기관의 단속 적발 시에는 배출허용기준을 초과하여 오염물질을 배출하기 시작한 날(배출한 날을 알 수 없을 경우에는 시료채취일)부터 배출허용기준 이하로 배출한 날(행정처분 이행완료일 또는 행위중단일 등)까지, 자진 개선계획서를 제출 시에는 개선계획서에 명시된 배출허용기준 초과일 부터 개선기간의 만료일까지의 기간으로 함. 당초 개선명령 기간 내에 개선이행보고를 하였으나, 그 개선이행보고에 따른 오염도 검사결과, 동일 항목이 재차 배출허용기준을 초과하였을 경우에는 2차 개선부과기간은 개선이행 보고일 다음날부터 2차 개선이행 보고일까지로 함. 초과부과금은 배출허용기준을 초과한 사업자에 대하여 벌과금적인 성격으로 부과하며, 강제적으로 배출허용기준 준수 확보를 목적으로 운영.

21) 기본부과금은 배출허용기준제도가 환경용량과 직접적으로 연계되어 있지 않아 개별사업장에서 배출허용기준을 준수하더라도 배출사업장 수와 오염물질 배출량이 지속적으로 증가하는 관계로 오염물질 배출총량 저감에 한계가 있어 적극적인 오염물질 배출량 저감을 유도하기 위하여 도입, 시행되고 있음. 즉, 기본부과금은 배출허용기준이하로 배출하는 대기오염물질의 배출 총량에 대하여 부과하는데, 이것은 연료대체, 공정개선, 고효율방지시설의 설치 등으로 오염물질의 배출을 억제하고 오염의 원인제공자 부담원칙에 따라 환경자원의 사용대가 차원에서 부과하는 것임. 기본부과금은 배출허용기준을 준수하더라도 부과되지만, 배출농도가 허용기준의 30%미만이면 부과계수가 0으로서 대기배출부과금이 면제되고 있음. 기본부과금은 연2회(상반기 및 하반기) 정기적으로 부과하며, 부과 기간 중에 새로이 배출시설 설치허가를 받았거나, 신고를 한 사업자는 최초 가동일 부터 해당 부과기간 종료일까지 부과하고, 사업자로부터 오염물질 배출량에 관한 자료를 제출받아 이를 토대로 부과대상 오염물질 배출량을 산정하여 부과하고 있음.

초기의 대기배출부과금제도는 아황산가스, 불소화합물, 분진(각종 먼지), 악취 등 4종류에 대해 부과금을 징수하였고, 부과금은 허용기준을 초과해 오염물질을 배출함으로써 오염방지시설의 개선 명령이나 공장이전명령을 받은 업소를 대상으로 징수하도록 되어 있었다. 부과금은 배출허용기준을 초과한 량에 대해 단가를 곱하여 부과금 액수를 정하였다. 구체적인 산정방법은 오염물질별로 다르게 책정된 배출총량에 대한 1kg당 부과금액에다 허용기준초과농도 조업일수, 지역별 계수 등 기술적이고 복잡한 단가 계산을 하도록 되어있다.

징수된 부과금은 기금으로 적립되어 환경오염방지사업에 쓰이도록 하였다. 1982년 당시 환경청의 통계에 따르면 대기오염물질 배출업소의 22.7%가 배출허용기준을 초과해서 오염물질을 배출하고 있는 것으로 나타났다. 그러나 당시에는 부과금은 개선명령이나 이전명령을 받고도 이행하지 않은 경우를 전제로 한 것이어서 부과금제도의 시행은 환경오염방지사업기금의 조성보다는 개선명령이나 이전명령을 가능한 한 빠르게 이행시키는 자극제로서의 역할이 강조되었다.[22]

이후 초과배출부과금의 부과대상 오염물질은 초기 4종에서 황산화물, 암모니아, 황화수소, 이황산탄소, 먼지, 불소화합물, 염화수소, 염소, 시안화수소, 악취 10종으로 증가하였고,[23] 이 중 황산화물과 먼지에 대해서는 기본배출부과금을 부과하였다.

대기배출부과금제도의 가장 큰 장점은 원인 발생자의 합리적 선택을 허용함으로써 경제적 효율성을 확보하고 간접적으로 행정의무이행을 강제하는 기능을 한다는 점이다. 재정수입을 확보할 수 있다는

---

22) 동아일보, 1983년 3월 30일자 기사 "부과계수 등을 모두 따져 부과금을 물어야 한다" 중에서 인용함.

23) 2005년 2월 악취방지법의 제정으로 대기배출부과금 대상 오염물질 중 악취를 제외시킴.

점 역시 또 다른 장점이다. 2007년 대기배출부과금으로 징수된 금액은 약 74.5억 원이다. 하지만 조업중단이나 영업정지 등의 조치 대신에 부과되는 것이기 때문에 부과금이 낮게 책정되는 경우에는 소기의 규제효과를 거둘 수 없을 뿐만 아니라, 최소 부담에 의한 합법적 행정의무 위반 행위를 조장할 우려가 있다.

2) 대기배출부과금제도의 한계

대기배출부과금제도는 현재까지 명맥을 유지하고 있지만 여전히 많은 문제점과 논쟁거리를 갖고 있다. 일례로 박준우(1996) 연구에서 지적된 대기배출부과금제도의 문제점이 10년이나 뒤에 수행된 서울행정학회(2008) 연구에서 동일하게 지적되고 있는 점은 대기배출부과금제도의 도입 취지가 무색해 진다. 박준우(1996)와 서울행정학회(2008)에 공동으로 지적하고 있는 문제점은 첫째, 경제적 유인제도로서의 성격을 상실하고 있다는 점이다. 특히, 제도의 실효성에 대한 의문이 강하게 제기되고 있는데, 2007년도의 경우 전체 기본부과금 부과대상 사업장 중 32.7%가 50% 감면, 56.3%가 완전 면제되고 있었고, 부과금 체납, 개선명령 불이행 등 불성실 사업장에 대한 확실한 제재가 없다는 것은 제도의 실효성을 낮추는 하나의 원인이 되고 있다.

두 번째는 부과금 산정과 관련하여 요율, 지역별 부과계수 결정 등에 대한 합의를 도출하기가 어려워 결국엔 경제적 분석 결과에 기초하는 것이 아니라 정치적 타협을 통해 부과금 액수가 결정됨으로써 제도 본연의 목적이 퇴색해 가고 있다는 점이다.

일례로 2002년 7월 25일자 매일경제 기사(정제계 '대기배출부과금 개선案 적극 대응키로')에 따르면 환경부에서 대기배출부과금제도 개선(안)을 마련하자, 대한상의를 중심으로 시멘트, 철강, 정유, 전력

산업계에서는 새로운 제도 개선안에 따라 경제적인 부정적 파급효과가 크고 기업의 경제적 부담 증가는 물론, 기술혁신 및 시설투자에 시간이 필요함을 강조해야 한다는 등 업계의 공동 대응전략을 마련하기로 했다는 내용을 보도하고 있다.

1996년 6월 21일자 한겨레 기사에 따르면 당시 환경부가 대기환경보전법 시행령을 개정하여 초과배출부과금 외에 기본배출부과금제도를 도입하려고 하자 화력발전소에 대한 부과 유예, 중소기업에 대한 경감조치 연장 등에 대해 부처 이견을 좁히지 못하고 환경부와 통상산업부(現 산업통상자원부) 간의 협의가 사실상 중단돼 개정안에 따른 시행일을 지킬 수 없게 됐음을 보도하고 있다.

김홍균(2000, p.431)에 따르면 "시장유인적 규제수단은 무엇보다도 비용 경제적이고, 혁신적인 기술의 도입을 촉진하며, 기업에게 최적의 선택을 할 수 있는 기회를 준다는 점에서 유연성이 있다는 장점이 있다. 또한 민주적인 의사결정과정을 갖고 있으며, 오염 피해를 회복하는 데 필요한 재원을 조달하는 효과도 있다."라고 설명하고 있다. 과연 우리나라 대기배출부과금은 이러한 특정을 만족하고 있는지 고민해봐야 할 문제이다.

3. 수도권지역 대기질 개선 대책[24)]

1) 제도 개요 및 특징

2003년 12월 수도권지역의 대기환경 개선을 위한 「수도권대기환경개선에 관한 특별법」이 제정되었고 2005년 1월부터 서울특별시,

24) 환경부에서 발간한 환경백서(2013), 환경30년사(2010), 수도권대기환경관리 기본계획(2013)의 관련 내용을 기초로 하여 재구성함.

인천시, 경기도 등 수도권 지역을 대상으로 시행됨에 따라, 같은 해 11월 수도권 지역의 대기환경개선을 위한 범정부 10개년 종합계획인 「수도권대기환경관리기본계획(이하 '기본계획')」이 수립되었다. 제1차 기본계획은 자동차 배출가스 저감 등 자동차 관리대책, 대형사업장 총량관리제 등 사업장 관리대책, 환경친화적 에너지·도시 관리 등 오염저감대책을 통해 대기오염물질 배출량을 2014년까지 2001년 대비 절반 수준으로 줄여 미세먼지 및 이산화질소 농도를 선진국 수준으로 개선하는 것을 목표로 하였다.

수도권지역의 대기질 개선을 담당하는 특별기구로 환경부 산하 수도권대기환경청이 설립되었고, 2005년 설립 당시 수도권기획과, 지역협력과, 조사분석과, 총량관리과, 자동차관리과 등 5개과, 총 53명으로 구성되었다. 현재 수도권대기환경청은 수도권대기환경관리위원회사무국을 비롯하여 총 4개 과(기획과, 대기총량과, 조사분석과, 자동차관리과)에 56명이 근무하고 있다. 수도권대기환경청의 주요 기능은 수도권대기환경관리위원회 사무국 기능 외에 사업장 총량관리제 및 배출권거래제 실시, 자동차배출가스 저감대책 추진, VOC 및 소각시설 관리와 악취대책 추진 등이다. 구체적으로 사업장 오염물질 총량관리를 위해 지역별·배출원별 총량을 할당한 후 총량초과사업자에 대해서는 부과금을 부과하고 징수하고 있다. 자동차 배출가스 저감을 위해서는 저공해자동차 보급, 노후차 폐차, 저공해 자동차 표지 부착, 자동차 대기오염물질 배출등급 및 자동차 연료품질의 등급을 공개하고 있다.

2) 성과 및 한계

특별법이 제정되고 기본계획이 수립되던 당시, 모든 계획이 원활히 추진될 경우 향후 수도권의 미세먼지, 이산화질소 오염도가 동경, 파리 수준으로 개선될 것으로 전망하였다. 3조 원이 넘는 예산이 투입된 제1차 수도권대기 특별대책의 결과를 살펴보면 절반의 성공에 그치고 있다. 환경부의 자체분석자료(환경부 · 수도권대기환경청, 2013)를 보면, 오염물질 배출량 목표 달성 가능성이 있는 것은 황산화물과 미세먼지뿐이다.

황산화물은 배출총량제를 적용받는 사업장들의 오염방지시설 개선, 자동차 연료의 황 함량 기준 강화 등이 효과를 발휘해 2008년부터 이미 2014년 목표 수준을 달성하고 있다. 미세먼지 배출량도 경유차에 대한 배출저감장치(DPF) 부착, 배출허용 기준 강화 등의 효과로 2004년 1만 3,915t이던 배출량이 2010년 9,519t까지 줄어, 2014년 목표 배출량(8,999t)에 근접했다. 특히 경유차를 대상으로 한 미세먼지 저감 대책의 효과로 서울의 도로변 미세먼지(PM10) 평균 오염도는 2004년 73㎍/㎥에서 2011년 55㎍/㎥까지 내려갔다. 서울시의 미세먼지 농도가 2012년 41㎍/㎥까지 떨어진 추세를 이어간다면 2014년 40㎍/㎥ 목표 달성이 가능할 것으로 예상된다.

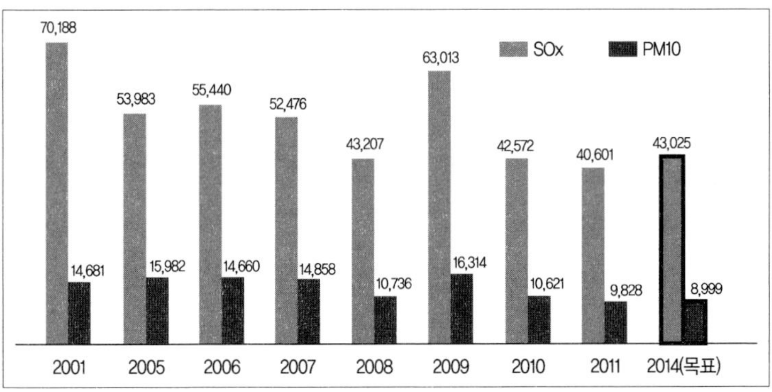

[그림 7] 수도권지역 SOx와 미세먼지 배출량 현황 및 추세

반면, 질소산화물 배출량은 특별대책 시행 이후 감축되는 속도가 느려 2011년 배출량이 2014년 목표에 견줘 여전히 많은 상태다. 사업장의 탈질설비 확충과 같은 질소산화물 저감에 효과적인 수단이 부족한 가운데, 배출량 통제가 안 되는 항공기·선박 등 오염원이 증가하였고, 영흥화력발전소 1~4호기 가동 등에 의한 질소산화물 증가분이 제작차와 사업장 배출허용 기준 강화 등에 따른 감축효과를 상당 부분 상쇄한 결과라는 게 환경부의 자체 분석이다.

휘발성유기화합물 배출량 역시 전체 VOCs 배출량 비중의 70%를 차지하는 도장업체·세탁소 등 유기용제 사용시설에 대한 효과적인 저감대책이 추진되지 못한 결과로 2011년 배출량이 2014년 목표 배출량보다 매우 높아 목표달성이 어려운 상황이다.

2014년 제1차 수도권 대기환경관리기본 계획이 종료됨에 따라 2024년까지 인체 위해성 관리 강화를 주요 내용으로 하는 제2차 수도권 대기환경관리 기본계획(2015~2024)이 2013년 12월 수립되었다. 동 계획은 인체위해성이 큰 초미세먼지($PM_{2.5}$), 오존(O_3)을 관리대상물

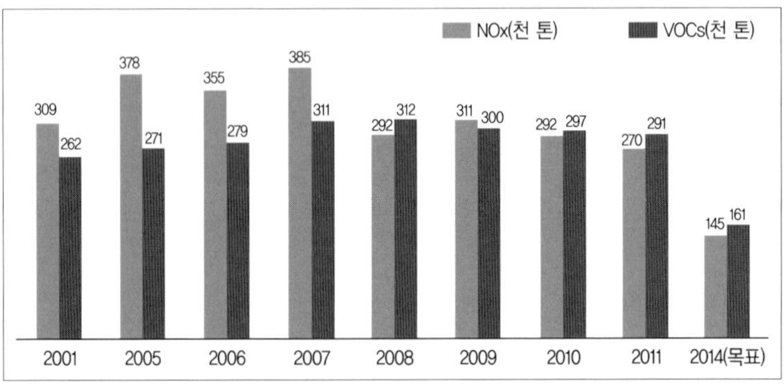

[그림 8] 수도권지역 NOx와 VOCs 배출량 현황 및 추세

질에 추가하여 인체 위해성 관리 중심의 대기개선을 도모하며, 4개 분야 62개의 관리대책 추진으로 오염물질별 배출량을 전망치 대비 34∼56% 수준으로 감축할 것을 목표로 하고 있다. 하지만 제1차 기본계획에서 목표로 했으나 달성하지 못한 질소산화물(NOx), 휘발성 유기화합물(VOCs) 배출량 증가는 새로운 방향으로의 정책전환이 이뤄지지 않으면 달성하기 어려운 문제이다.

통계청은 수도권 인구 집중이 앞으로도 계속돼 2010년 현재 전체 인구의 49%(2,300만 명)를 차지하는 수도권 인구 비중이 2025년이면 53%(2,600만 명)에 도달할 것으로 전망하고 있다. 인구 증가는 에너지 사용량과 자동차 등 대기오염물질 배출원의 증가로 이어질 수밖에 없다. 특히, 수도권 지역의 자동차 배출가스로 인한 오염문제는 가장 먼저 해결해야 할 사안이다. 자동차는 대표적 대기오염물질인 미세먼지 배출량의 52%, 질소산화물 배출량의 48%를 차지한다. 자동차에서 배출되는 오염물질을 줄이기 위해서는 교통유발 부담금 제도와 도심혼잡통행료 징수제도 확대 등을 통한 교통수요 관리와 함께 도심 특정지역에 대기오염물질을 많이 배출하는 차량의 진입을 금지하거나 배기가스 저감장치를 단 경우에만 출입할 수 있도록 하는 공해차량 운행제한지역(LEZ) 제도를 보다 적극적으로 시행할 필요가 있다.

V 요약 및 결어

대기오염이 사회적 문제로 떠오른 것은 1960년대 공업화를 본격적으로 추진하면서부터였다. 서울과 울산 등 대도시와 공업단지에서 대기오염물질의 누출, 자동차 매연, 공장에서의 굴뚝 매연과 악취 등과 같은 문제가 발생하였다. 당시에는 대형 산업시설과 가정용 난방으로 유황성분이 많이 포함되어 있는 고황유과 석탄연료를 주로 사용하고 있어서 이산화황(SO_2), 매연, 일산화탄소(CO)와 같은 대기오염물질 오염도가 심각하였다. 하지만 당시의 유일한 환경법인 공해방지법은 거의 유명무실하였다. 그러다 1977년 환경보전법이 제정되면서 대기환경기준의 지정, 특별대책지역의 지정 등과 같은 방안이 나오기 시작했다.

하지만 1980년대에 접어들면서 경제 규모가 확대되고 에너지 사용량이 증가하게 되어 각종 산업시설의 대기오염물질 배출량이 증가함과 동시에 도시지역의 대기오염문제가 커져 갔다. 또한 1990년대에는 자동차 증가로 인한 도시의 대기질이 악화되어 갔다. 이에 따라 1980년 정부조직 내에 환경을 전담하는 부서로 환경청이 발족되었고 1990년 8월에는 환경보전법에서 대기환경보전법이 분법화되어 대기오염문제를 별도로 특화하여 전문적으로 관리할 수 있는 기틀을 마련하게 되었다.

이처럼 대기환경정책은 1980년부터 본격적으로 기반이 정립되면서 초기에는 대기환경 관리체제의 구축에 역점을 두고 다양한 대기환경정책을 수립 추진하였다. 아울러 대도시 지역의 대기질 문제가 심각해지고, 1986년 아시안게임, 1988년 서울올림픽 그리고 2002년 한일 월드컵을 치루면서 교통환경에 대한 관리와 대기보전특별대책을 추진하기 시작하였다. 이후 광역 대기환경 관리에 역점을 두어 왔고, 국지적인 대기오염물질 관리에서 탈피하여 전 지구환경오염물질인 온실가스에 대한 관리까지 그 영역을 확대하였다. 현재 대기환경보전은 대기질 관리 영역 외에 실내공기질 관리, 악취 관리, 소음·진동

관리 등과 같은 4개 전문 영역으로 구분되어 있다.

대기분야 환경정책에 대해서는, 물론 우리나라 환경정책 전반을 포함하는 것이긴 하지만, 1997년 OECD 가입과 함께 환경성과에 대한 1차 평가를 받은 적이 있고, 2005년부터 2006년에 걸쳐 두 번째의 평가를 받은 적이 있다. 제1차 OECD 환경성과평가에서 대기부문의 경우, 원자력과 LNG 연료 혼합사용 등 에너지정책과 저황·저납성분 연료정책으로 대기환경이 개선되고 있고 대기질 환경기준과 배출허용기준을 강화하고 잘 관리·감독하여 주요 대도시 지역의 SOx와 먼지 농도가 감소추세를 보이고 있는 점 등을 긍정적으로 평가하였다.

하지만 이러한 성과에도 불구하고 대기오염물질 배출량 관리에 여전히 어려움을 보이고 있고, 특히 경제성장에 따라 SOx, NOx, TSP의 절대적 양이 증가하는 것을 막지 못하고 있음을 지적하였다. 일례로 GNP 대비 SOx 배출량은 OECD 국가들 중 가장 높다고 지적하였다. 이에 따라 대기분야 환경정책에 대한 8개의 권고사항(전체 권고사항은 총 55개)을 제시하였는데, 주요 내용은 대도시에 공중보건 중심의 대기질 기준을 설정하고 구체적인 이행계획을 수립하는 것, 에너지 사용으로부터 발생되는 대기오염물질을 줄이고 에너지 소비량을 줄이기 위해 에너지 가격조정정책을 시행할 것, 그리고 환경문제를 고려한 에너지 공급정책을 추구하면서 중유 및 디젤 연료에 포함된 황성분을 더 저감하는 것이 바람직하다는 것이 주요 권고사항이었다.

그 후 10년이 지난 2006년 OECD는 한국의 환경정책을 재평가하면서 제1차 환경성과평가 때 제시했던 권고사항이 그동안 어떠한 성과를 보였는지에 대한 검토와 함께 새로운 권고사항을 제시하였다. 〈표 2〉에 나타나 있듯이 대기환경정책 분야에 대한 1997년 8개 권고사항 중 1개를 제외하고 대부분이 〈보통〉 이상의 평가를 받았다. 하지만 여전히 에너지 사용과 관련된 정책 그리고 경제성장에 따른 새로운 오염물질인 유해대기오염물질들에 대한 관리가 적절하게 수행되어야 함을 시사하고 있다.

[표 2] 대기환경 분야에 대한 제1차 OECD 권고 사항 및 성과

권고 사항	평가	설명
대기질 개선을 위한 경제적 정책수단의 확대	향상	1983년 도입된 배출부과금 제도를 변경하여 1997년 기본배출부과금을 도입. 배출권거래제도가 2007년 7월부터 수도권 지역에서 시행될 예정
환경적 고려를 에너지 공급정책에 통합하고 디젤유 및 중유의 황 함량 감축	향상	가스저장과 교통인프라의 개선 및 재생가능 에너지원에 대한 정책목표 설정. 중유 및 디젤유의 황함량을 감소됨.
국제적인 수준과 절차에 맞는 산업재해 및 환경사고의 예방·대비책의 추진	향상	포괄적인 시스템이 갖춰졌으며 지난 10년 동안 더 강화됨.
대도시지역에서 국제적인 관행에 따른 건강에 기초한 대기환경기준 채택, 구체적인 계획 및 일정에 따른 이행	보통	대기 환경기준은 2001년까지 강화되었으나, NO_2 및 PM_{10}의 경우 WHO 기준에는 미달
지자체 대기관리능력의 향상, 지자체의 배출허용기준 집행 시 집행효율성 제고, 중앙정부와 국민에게 대기질 및 배출관련 정보 제공	보통	지방정부, 특히 비수도권 지방의 자자체들은 법률적으로 이양된 기능을 수행하기에는 인력과 자원이 충분하지 않은 경우가 많음.
에너지 절약을 촉진하기 위해 에너지 가격 조정을 위한 대책 시행	보통	에너지 관련 세제의 점진적인 개혁이 2001년 실시된 점은 긍정적, 하지만 에너지 기격에 환경비용을 반영시키기 위한 노력을 계속해야 함.
에너지 다소비 산업 등 주요 에너지사용부문의 구체적인 에너지 보전 목표치와 deadline 설정	보통	에너지효율성을 향상시키기 위해 지속적으로 노력을 해왔고, 그 결과 긍정적인 개선 결과가 있었음. 하지만 다른 OECD 국가에 비해서는 그 개선정도가 크지는 않음.
환경비젼21에서 언급된 정책수단들의 추진과 유해대기오염물질의 관리	미흡	환경비젼21 수단들이 이행되었지만 그럼에도 불구하고 경제성장에 따른 총량 확대로 그 결과는 실망적임. 한편, 화학물질배출량조사제도(Toxics Releases Inventory)는 1999년에 시작되었으며, 유해대기오염물질 관리 10개년 계획이 2004년에 채택되었으나 아직 초기 단계임.

자료 : 환경부(2006, p.16) 내용을 재정리

OECD는 제2차 환경성과평가보고서를 통해 지난 10년 동안 청정 연료 사용, 발전소 등 대규모 배출원에서 배출되는 가스의 탈황 및 청정산업공정 등으로 인해 SO_2 배출량이 현격히 감소하였고(GDP 단위당 SOx 배출량은 OECD 평균의 절반 수준), 특히 배출허용기준의 강화, 연료품질의 단계적 향상, 청정연료로의 전환, 자동차 배출가스의 엄격한 통제, 오염행위에 대한 세금・부과금 등과 같은 경제적 도구의 사용을 긍정적으로 평가하였다. 또한 2007년 기준 대기환경기준은 WHO 기준과 비슷하다고 평가하였다.

하지만 PM_{10}, 지표층 오존, NOx 농도, CO_2 배출량은 여전히 과제로 남아 있다고 지적하였다. 특히 연료품질과 엔진기술의 향상보다 차량 및 자가용의 증가가 더욱 빨리 증가함으로써 수도권지역의 NO_2와 미세먼지 농도는 다른 OECD 회원국의 대도시들보다 높으며, 우리나라는 에너지 집약적인 국가임에도 불구하고 그간 에너지 원단위를 낮추는 데 큰 성과를 거두지 못했다고 평가하였다. 이와 함께 대기환경관리 관련하여 6가지의 권고사항을 제시하였는데, 에너지 효율성 증가, 신재생에너지 이용 확대, 환경비용을 반영한 에너지 가격 결정, 대기정책과 분야별 정책(에너지, 산업, 교통, 도시계획 등)의 통합 강화, 지방정부 역량 강화, 그리고 건강피해 고려 등이 주요 내용이다.

OECD의 2차 환경성과평가 이후 또 다시 10년이 되어가는 2015년 현재 우리나라의 대기환경 분야는 과연 어떠한 상황일까? 전통적인 대기오염물질인 SOx, CO, HC, Pb 등은 뚜렷하게 개선을 보이고 있고, OECD 국가들과 비교해서도 좋은 성과를 보이고 있다. 하지만 대도시 지역의 초미세먼지(PM_{10})와 오존 문제 그리고 나날이 늘어만 가는 새로운 유해대기화학물질에 대한 관리 그리고 CO_2 배출로 인한 지구온난화 문제 및 중국으로부터 때마다 찾아오는 황사문제 등은 여전히 해결해야 하는 문제로 남아 있다. 더욱이 대기오염문제는 단순히 환경분야의 정책과 노력만으로는 한계가 있고, 산업, 도시, 교통, 특히 에너지 등과 함께 종합적으로 고려되어야 한다. 아울러 이러한 종합적인 정책이 효율적으로 추진되기 위해서는 지방 정부 및 지자체의 정책수행 능력 향상이 매우 중요하다.

결국 1963년 공해방지법 제정 이래 40년이 넘는 기간동안 다양하면서도 지속적인 대기환경 분야에 대한 노력으로 전통적인 대기오염문제는 획기적으로 개선되었지만 21세기를 맞이하면서 새로운 대기오염문제를 해결하기 위해서는 단순히 환경부의 노력만으로 한계가 있고 범 정부차원에서의 통합적인 대기환경관리에 대한 관심과 노력이 필요하다.

참고문헌

- 강광규, 대기보전정책과 에너지정책의 조화방안 연구: 연료규제제도의 합리적 개선방안, 한국환경정책평가연구원 기본연구보고서, 1997.
- 경향신문, 發動(발동) 甘川(감천) 火力發電所(화력발전소)에 公害防止法(공해방지법) 제1호, 1965년 6월 15일자 기사.
- 경향신문, 공해구제에 획기적 판례, 1974년 12월 12일자 기사.
- 경향신문, 인간환경 淨化를 위한 시리즈(1), 「단하나뿐인지구」는 심각한 공해문제에 부딪쳐있다, 1972년 5월 24일자 기사.
- 경향신문, 서울 통합변호사회 공해마을에 인권출동, 1982년 12월 10일자 기사.
- 김동술, 우리나라 대기오염 역사, 규제의 변천, 현행 규제제도의 개선방안, 한국대기환경학회지 제29권 제4호, 2013, pp.353~368.
- 김영성, 수도권 대기질 관리의 쟁점과 과제, 환경정책연구 제4권 제1호, 2005, pp.1~19.
- 김홍균, 한국과 미국의 대기환경정책 비교, 환경법연구, 제22권, 2000, pp.401~440.
- 나진균, 대기관리 정책변천과 대기오염도 추이, 2003, 국립환경연구원.
- 노재식, 대기질 관리정책의 현황과 평가, 21세기 정책수립을 위한 대토론회 요지집, 한국대기환경학회, 1996. pp.11~23.
- 동아일보, 公害二重苦, 1982년 9월 28일자 기사.
- 동아일보, 시급한 서울의 공해대책, 1979년 3월 27일자 기사.

- 동아일보, 環境保全 정부기관 협조 안돼, 1980년 3월 20일자 기사.
- 동아일보, 환경관련법 개정안 표류, 1996년 7월 8일자 기사.
- 동아일보, 부과계수 등을 모두 따져 부과금을 물어야 한다, 1983년 3월 30일자 기사.
- 매일경제, 경제개발의 부산물 산업공해, 1970년 5월 23일자 기사.
- 매일경제, 판례를 만드는 사람들, 공해소송 인과관계 가능성만 있으면 인정, 1993년 7월 26일자 기사.
- 매일경제, 公害추방에 새轉機 환경보전법 제정 배경과 내용, 1977년 9월 30일자 기사.
- 매일경제, 경제계 대기배출부과금 개선案 적극 대응키로, 2002년 7월 25일자 기사.
- 박수혁, 우리나라 환경정책의 문제점과 개선방향: 대기보전을 중심으로, 21세기 정책수립을 위한 대토론회 요지집, 한국대기환경학회, 1996. pp.153~175.
- 박준우, 대기 배출부과금제도의 평가 및 개선방안, 경제정책연구 제2권, 1996, pp.1~21.
- 백성옥 · 구윤서, 수도권 대기환경 개선사업-진단과 제언, 한국대기환경학회지 제24권 제1호, 2008, pp.108~121.
- 법제처 국가법령정보센터, www.law.go.kr
- 이동찬, 우리나라 환경법의 변천과 발전방향에 관한 연구, 한국자치행정학고 제8집, 1994, pp. 111~124.
- 서울행정학회, 대기배출부과금 제도개선 방안 조사연구, 2008.
- 한겨레, 대기오염부과금제 표류, 1996년 6월 21일자 기사.
- 환경부 · 수도권대기환경청, 2차 수도권대기환경관리 기본계획, 2013.

- 환경부, OECD 환경성과평가 권고사항 이행계획 수립에 관한 연구, 2006.
- 환경부, 환경부고시 제2005-151호, 2005.
- 환경부, 환경 30년사, 2010.
- 환경부, 환경백서, 1988, 2000, 2013.
- 환경부, 환경통계연감, 2013.
- OECD, OECD Environment Performance Review Korea, 1997.
- OECD, OECD Environment Performance Review Korea, 2006.
- 법제처 국가법령정보센터 홈페이지(www.law.go.kr)
- 통계청 국가통계포털 홈페이지(kosis.kr)
- 환경부 수도권대기환경청 홈페이지(www.me.go.kr/mamo/web/main.do)

[부록] 연도별 주요 대기환경정책

연대	연도	월	주요 내용
1960년대	1963년	11월	공해방지법 제정
1970년대	1977년	12월	환경보전법 제정
	1979년	2월	대기환경기준 설정(아황산가스)
1980년대	1980년	1월	환경청 출범
		5월	자동차 배출가스 검사방법에 관한 규정 제정, 고시
			6개 환경측정관리소 신설
		10월	헌법에 환경권 조항 명시
	1981년	6월	제1차 연료용 유류 황 함유 기준 강화
	1983년	8월	대기환경 기준 설정(CO, NO_2, TSP, O_3, HC)
		9월	배출부과금제도 시행
	1985년	3월	고체연료사용 규제지역으로 고시(수도권 및 대도시 8개 시군)
	1986년	2월	대기오염자동감시체계 구축 착수(수도권 및 울산, 온산공단)
		6월	27종의 화학물질을 취급제한 유해성 독극물로 지정
	1987년	2월	울산, 온산 및 미포 산업단지를 대기보전 특별대책지역으로 지정
		4월	비산분진 발생원 시설관리 기준 제정
		7월	신규 또는 수입자동차에 촉매전환장치 설치 의무
			저공해자동차 및 무연휘발유차 보급 추진
		10월	대기오염감시체제 온라인화(서울, 수도권 및 울산, 온산지역)
	1988년	1월	신규 또는 수입자동차에 촉매전환장치 설치 의무화 (전체 휘발유 사용 승용차로 확대)
		8월	대기오염자동감시체제 온라인화(부산지역)
		9월	LNG 사용 의무화(서울 보일러용량 0.5톤 이상 빌딩)
	1989년	11월	대기오염자동감시체제 온라인화(광주, 대구, 대전, 원주지역)
1990년대	1990년	1월	환경처로 승격
		8월	환경보전법 분법화(대기환경보전법 등)
	1991년	2월	대기환경 기준 설정(납)
			배출허용기준의 단계별 예시제 도입 (대기환경보전법 시행규칙 제정)
		12월	환경개선비용부담법 제정
	1992년	7월	배출업소 지도점검 업무 지자체 이관
	1993년	1월	고체연료사용 규제지역으로 고시(22개 시군으로 확대)
		7월	제2차 연료용 유류 황 함유기준 강화
		12월	대기환경기준 전면 개정

연대	연도	월	주요 내용
	1994년	12월	환경부 승격
	1995년	7월	오존경보제 시범실시(서울지역)
		12월	대기환경규제지역 지정, 고시제 도입
	1996년	6월	자동차배출가스 질소산화물 규제(검사항목 추가)
		9월	여천산업단지 대기보전 특별대책지역 지정
			휘발성유기화합물질(VOC) 규제 시행(여천)
	1996년	12월	다중이용시설 등의 실내공기질 관리법 제정
	1997년	7월	기본배출부과금제 도입
			대기환경규제지역 지정(서울시 등 수도권지역 지정)
			소각시설 다이옥신 규제 착수
		11월	자동차배출가스 질소산화물 규제(수도권 시범 실시)
	1998년	1월	자동차배출가스 질소산화물 규제(전국 확대)
	1999년	1월	천연가스버스 보급(서울, 안산지역 시범 운행)
		4월	2000년대 대기오염측정망 기본계획 수립
		6월	TMS 부착 의무화(1~3종 업체)
2000년대	2001년	1월	TMS 관제센터 설립(수도권)
		5월	휘발성유기화합물질 장단기 종합관리계획 수립
	2002년	2월	수도권대기질개선 특별대책 추진계획 수립
		12월	수도권대기질개선 특별대책 마련
	2003년	12월	수도권 대기환경개선에 관한 특별법 제정
			저공해차 보급의무 및 구매의무 등 법적근거 마련
	2004년	1월	무·저공해 자동차 보급 추진 (클릭 하이브리드 무공해 자동차 시범보급)
	2005년	1월	수도권대기환경청 신설
		3월	황사피해 방지 종합대책 수립
		11월	수도권대기질개선 기본계획 수립
	2006년	3월	황사피해방지를 위한 범정부 종합대책 수립
	2007년	7월	지하철역 공기질 개선대책 수립
			수도권대기질개선 사업장 총량관리제 및 배출권거래 시행
		8월	황사피해방지 종합대책(2008~2012) 확정
	2009년	3월	자동차정기검사, 배출가스정밀검사를 자동차종합검사로 통합

자료: 환경부(2010) 부록에 있는 내용을 재정리.

| 색 인 |

ㄱ

간접규제제도 387
감축목표 후퇴방지(no backsliding) 원칙 261
개발제한구역 67, 80
개발제한구역제도 169
개발행위허가제도 71
건축법 57
경관지구 75
고객지향적인 분석가 (clients' advocates) 143
고체연료사용금지제도 384
공통적이지만 차별화된 책임원칙 259
공해 361
공해방지법 10, 168, 224, 367
공해법 378
공해차량 운행제한지역(LEZ) 제도 395
관리지역 69, 80
교토의정서(Kyoto Protocol) 114 ,256
국립공원 184
국민의식 197
국민환경의식조사 197
국제화학물질관리전략(SAICM: Strategic Approach to International Chemicals Management) 139
국제환경협약 90
국토기본법 68, 83
국토의계획및이용에관한법률 68
국토이용관리법 58, 61
국토환경성평가제도 74
기본배출부과금 388
기업 173, 204
기후변화 249, 253
기후변화 대응 종합기본계획 265
기후변화에 관한 정부간협의체 (United Nations Inter-governmental Panel on Climate Change, IPCC) 253
기후변화협약(UNFCCC) 113
기후변화협약대응 종합대책 269
김대중 192
김영삼 188

ㄴ

나고야의정서 108, 195
넝마주의 322
노무현 192
노태우 185
녹색기후기금 (Green Climate Fund, GCF) 260
녹색성장정책 34
녹색화학센터 154
농지 82
능력에 입각한 부담원칙 (Respective capability principle) 259
님비 현상 319

ㄷ

다계층 거버넌스 체계 85
다목적댐 223
당사국총회 (Conference of Parties, COP) 255
대기배출부과금제도 387
대기오염 359
대기총량제도과 379
대기환경보전법 371

대표 농도 경로(Representative Concentration Path, RCP) 254
도시계획법 57, 59
도시광산 347
도시재생정책 71
도시재생활성화및지원에관한특별법 70
도시폐기물 319
독물 및 극물에 관한 법률 133
동적 평형 314
등록대상 기존화학물질 148, 150

ㄹ

람사르협약 98
런던의정서 93
런던협약 92
로테르담협약 117, 131
리우 환경회의 135, 330
REACH(Registration, Evaluation, Authorization and Restriction of Chemicals) 131, 160

ㅁ

맑은 물 공급 종합대책 226
명령통제(command-and-control) 372
몬트리올의정서 110
물관리 업무분담 248
물이용부담금 231
미관지구 75
미나마타병 130

ㅂ

바젤협약 120
박정희 182
배출권 거래제 298
배출부과금제도 372, 387
보건사회부에 공해계 168
보존지구 75
부속서 I 국가들 (Annex I Parties) 114, 256
비부속서 I국가들 (Non-Annex I parties) 258
비성형 고형연료 제품 351
비엔나협약 110

ㅅ

4대강 물관리종합대책 229
4대강 사업 207, 209
4대강 살리기 사업 246
4대강 수질관리개선대책 18
4대강 유역 조사사업 223
사업장 총량관리제 377
사유재의 비극 (Tragedy of private property) 49
사전예방 318
사전예방원칙 139
사전예방적 위해관리 147
사전예방체계 32
산림녹화사업 168
산림법 57
산업계 204
산정·보고·검증(Measuring, Reporting, and Verifying: MRV) 294
산지 82
산지자원화계획 187
상충관계 46
생명공동체 194
생물다양성국가전략 191

생물다양성협약 106
생물자원 211
생물자원보전 196
생산자책임재활용제도 32, 341
생태계 서비스 52
생태계조사 193
생태네트워크 196
생태독성 통합관리제도
(WET : Whole Effluent Toxicity) 233
생태자연도 73, 209
생태하천 복원사업 235
생태하천 복원사업 중장기 추진계획 234
세계화 177
수계관리위원회 231
수도권 대기환경개선에 관한 특별법 376
수도권대기환경청 379
수도권대기환경특별법 376
수도법 57
수변구역제도 230
수변생태벨트(Riverine Eco-belt) 234
수질 및 수생태계 보전에 관한 법률 232
수질 및 수생태계 환경기준 233
수질오염총량관리제도 243
수질환경보전법 227
스톡홀름협약 118, 131
습지보호 98
시민단체 173, 201
신기후체제 256
쓰레기 종량제 336
CITES 협약 102

ㅇ

야생동식물 국제 거래 102
야생동식물보호 187
업사이클링 349
엔트로피 314
연료사용규제 364, 382
오물청소법 312
오염발생부하량 241
오존 366
오존층보호 110
온실가스 감축 113, 114
온실가스 배출권 거래제 298
온실가스·에너지 목표관리제 266, 294
용도구역 76
용도지역 65, 79
우수실험실제도 136
원진레이온 사건 365
위생매립지 324
위생행정 26
위해 우려제품 153
위해성 148
위해성(Risk) 평가 151
유엔 기후변화협약(United Nations Framework Convention on Climate Change, UNFCCC) 255
유역관리기법 228
유해성 148
유해폐기물 120
유해화학물질 교역 117
유해화학물질관리 기본계획 136
유해화학물질관리법 134, 142
유해화학물질관리정책 132
이명박 195
이황화탄소 365

ㅈ

자동차 배출가스 저감사업 377

자발적 기여방안(Intended Nationally Determined Contributions, INDCs) 256
자연보전국 189
자연보호헌장 184
자연환경기본방침 194
자연환경보전기본계획 194
자연환경보전법 83, 186
자연환경보전정책 168, 179
자연환경보전지역 80
자원순환 312
자원전쟁 211
자원화 317
잔류성 유기오염물질 118
저탄소 녹색성장 기본법 34, 266
저탄소 녹색성장 195, 347
저황유사용의무제도 382, 383
전국경제인연합회 204
전국자연환경조사 185
전두환 185
전략환경영향평가제도 72
정책유형 174, 175, 208
정책조정 210
정책흐름모형 24
준농림지역 66
준농림지역제도 193
지방환경청 379
지속가능발전 세계정상회의(WSSD: The World Summit on Sustainable Development) 137
지속가능발전기본법 13, 192
지속가능발전법 14
지속가능성 51
지속가능한 발전 4
지표수 관리체계 248
지하수 관리체계 249

ㅊ

청정연료사용의무화 385
초과배출부과금 388
초미세먼지 366
취급제한 유독물 지정제도 136
치산녹화 184
친수구역 개발사업 246
침묵의 봄(Silent Spring) 130

ㅋ

토지개발 거버넌스 제도 54
토지구획정리사업법 60
토지수용법 60
토지이용 거버넌스 제도 53
토지이용규제심의위원회 70
토지자원 46, 48
토지적성평가 73, 77
TSCA (Toxic Substance Control Act) 144

ㅍ

폐기물 312
폐기물 적법처리 시스템 344
폐기물 해양투기 92
폐기물관리기금 335
폐기물관리법 312

ㅎ

행위와 영향 간의 불일치 46
허용행위열거방식 64
화학물질 보고제도 149
화학물질 유해성(Hazard) 심사제도 151, 134

화학물질 정보제공	152	환경영향평가	190, 209, 210
화학물질관리법	142	환경영향평가법	67
환경 6법	12	환경영향평가제도	63, 77
환경 패러다임	4	환경예산	17, 380
환경기술	37	환경운동연합	201
환경백서	380	환경의식	29
환경법	10	환경입법	30
환경보전법	11, 60, 225, 369, 370	환경정책기본법	67, 83
환경보전장기종합계획	191	환경정책실	379
환경보전정책	173	환경처	7
환경부	379	환경청	6
환경비전21	191	효율성	50
환경성과평가보고서	399	휘발성유기화합물질(VOCs)	366, 394

| 저자 약력 |

• 박순애

연세대 행정학과를 졸업하고 연세대 행정대학원에서 석사(도시행정 전공) 학위를, 미국 미시건대에서 박사(Environmental Planning 전공) 학위를 받았다. 현재 서울대 행정대학원 교수로 재직 중이며, 지속가능위원회 민간위원, 환경정책학회 편집위원장, 환경운동연합 중앙집행위원을 역임하였다. 저서로는 『환경과 복지』(공저 2014), 『공기업개혁: 쟁점과 사례』(편저 2014), 『한국사회의 부패: 진단과 처방』(편저 2014), 국제공인저널(SSCI) 게재 논문으로는 The Environmental Effects of the CNG Bus Program on Metropolitan Air Quality in Korea(2012), and Regional Model of EKC for Air Pollution(2011) 등이 있다.

• 김성배

서울대 조경학과를 졸업하고 미국 UCLA에서 석사(도시계획학 전공) 학위를, 미국 하버드대에서 박사(도시계획학 전공) 학위를 받았다. 현재 숭실대 행정학부 교수로 있으며, 국토연구원 연구위원, 세종시 민관합동위원회 위원, 숭실평화통일연구원 원장, 한국지역학회 회장 등을 역임하였다. 저서로는 『두개의 시선 하나의 공감 : 보수와 진보, 한국의 상생과 소통을 말하다』(공저 2011), 『대한민국 역대정부 주요정책과 국정운영: 이명박 정부』(공저 2015) 등이 있다.

• 나태준

연세대 행정학과를 졸업하고 미국 시라큐스대에서 행정학 석사를, 미국 인디애나대에서 행정학 박사 학위를 받았다. 현재 연세대 행정학과 교수로 재직 중이며, 연세대 행정학과장, 연세대 공공문제연구소 소장, 연세대 대학원 부원장 등을 역임하였다. 저서로는 『국제환경협약의 이해』(2013), 『The Routledge Handbook of Global Public Policy and Administration』(2016, forthcoming) 등이 있다.

• 문성진

경희대 조경학과를 졸업하고 미국 인디애나대에서 공공정책 석사와 환경과학 석사를, 미국 콜로라도 주립대에서 정책학 박사 학위를 받았다. 현재 인하대 행정학과 교수이자 같은 학교 정책대학원 부원장으로 재직중이며, 미국 그랜밸리주립대학교(Grand Valley State University)의 조교수를 역임하였다. Voluntas (2014), Business Strategy and the Environment (2013), Public Administration Review (2012) 등의 국제 공인 저널(SSCI)과 법학연구(2014), 한국행정연구 (2013),정책분석학회보 (2013)등의 등재지에 다수의 논문을 게재하였다.

• 문태훈

연세대 정치외교학과를 졸업하고 연세대 행정대학원에서 석사(일반행정 전공) 학위를, 미국 뉴욕주립대(Albany)에서 박사(행정 및 정책학 전공) 학위를 받았다. 현재 중앙대 도시계획부동산학과 교수로 재직 중이며 지속가능발전위원회 위원으로 있고, 서울연구원 환경연구부 책임연구원, 한국시스템다이내믹스학회 회장을 역임하였다. 저서로는 『환경정책론』(1997), 『시스템사고로 본 지속가능한 도시』(2007) 등이 있다.

• **문현주**
연세대 경제학과를 졸업하고 한국과학기술원에서 경영과학 전공으로 석사와 박사 학위를 받았다. 현재 한국환경정책・평가연구원 선임연구위원으로 재직 중이며, 한국과학기술원 산업경영연구소 연수연구원, 영국 Oxford대학 Regulatory Policy Institute and Research Center 객원연구원, 일본 Institute for Global Environmental Strategies(IGES) 객원연구원 등을 역임하였다.

• **윤순진**
서울대 사회학과를 졸업하고 미국 델라웨어대에서 석사(도시문제와 공공정책 전공, 환경・에너지정책 심화전공)와 박사(환경・에너지정책 전공, 환경・에너지의 정치경제학 심화전공) 학위를 받았다. 현재 서울대 환경대학원 교수이자 부원장으로 재직 중이며, 한국환경교육학회와 한국공간환경학회의 부회장, 한국환경사회학회와 한국환경정책학회, 한국기후변화학회 등의 이사, 기후변화행동연구소와 시민환경연구소의 이사, 환경부 중앙환경정책위원회 위원, 서울시 원전 하나 줄이기 실행위원회 위원으로 있다. 저서로는 『환경사회학: 자연과 사회의 만남』(공저 2015), 『환경행정학』(공저 2014), 『환경사회학 이론과 환경문제』(공저 2014) 등이 있다.

• **이승지**
계명대 환경계획학과를 졸업하고 서울대 환경대학원에 석사(환경계획학 전공) 학위를 받았으며, 서울대 환경대학원에서 박사과정(환경계획학 전공)을 수료하였다. 현재 서울대 환경대학원 환경계획학과 교무조교이자 사단법인 피스빌리지네트워크 이사로 재직 중이며, 사단법인 푸른아시아 정책팀장, 서울대학교 환경계획연구소 연구원, 사단법인 환경과문명 선임연구원을 역임하였다. 저서로는 『바이오에너지 희망을 찾아서』(공저 2007), 『에너지자립마을 만들기 가이드북』(공저 2008), 『(현장에서 삶을 배우는 UNGO 활동가들) 세상은 나의 멘토』(공저 2012) 등이 있다.

• **정회성**
영남대 경영학과를 졸업하고 서울대 환경대학원에서 석사(도시계획학 전공) 학위를, 미국 West Virginia University에서 박사(정책학 전공) 학위를 받았다. 현재 사단법인 환경과문명 대표이사로 재직 중이며, 한국환경정책・평가연구원 원장, 한국환경정책학회 회장, 일본 지구환경전략연구소(IGES) 이사를 역임하였다. 저서로는 『전환기의 환경과 문명』(2009), 『기후변화의 이해』(공저 2013), 『한국의 환경정책』(공저 2014) 등이 있다.

• **조용성**
고려대 농업경제학과를 졸업하고 같은 대학원에서 석사(자원・환경경제 전공) 학위를, 미국 미네소타대에서 박사(자원・환경경제 전공) 학위를 받았다. 현재 고려대 식품자원경제학과 교수로 재직 중이며 환경부 중앙환경정책위원회 위원으로 있고, 에너지경제연구원 연구위원, 고려대 대외협력처장을 역임하였다. 저서로는 『그린에너지원론』(공역 2014) 등이 있다.

환경정책의 역사적 변동과 전망

2015년 10월 23일 초판 인쇄
2015년 10월 30일 초판 발행

저 자 박 순 애 외
발 행 인 김 영 훈
기획 영업 전 영 완
편 집 김 병 성
발 행 처 도서출판 문우사 MoonWooSa

주 소 경기도 고양시 일산동구 정발산로 24
(장항동, 웨스턴돔타워) 2동 814호
전 화 031) 901-6542 / 070) 4200-6542
팩 스 031) 906-6542
이 메 일 moonwoosa@hanmail.net
홈페이지 www.munu.co.kr

출판신고번호 제396-2013-000113호

정가 30,000원 ISBN 979-11-85994-17-8